21세기 중국 외교정책

'부강한 중국'과 한반도

아연 중국연구총서 01

21세기 중국 외교정책 '부강한 중국'과 한반도

1판1쇄 펴냄 2006년 4월 10일
1판6쇄 펴냄 2013년 8월 30일

지은이 | 서진영
펴낸이 | 박상훈

펴낸 곳 | 도서출판 폴리테이아
등록 | 2002년 2월 19일 제300-2004-63호
주소 | 서울 마포구 합정동 413-7호 1층 (121-883)
편집 | 02-739-9929, 9930 제작·영업 | 02-722-9960 팩스 | 02-733-9910

인쇄 | 천일_031.955.8083 제본 | 일진_031.908.1407

값 18,000원
ⓒ 서진영, 2006

ISBN 978-89-955215-8-9 04340
       978-89-955215-7-0 (세트)

21세기 중국 외교정책

'부강한 중국'과 한반도

폴리테이아

차례

서문 6

제1부 이론과 전략

제1장 서론 : 중국은 무엇인가 11
제2장 중국 대외정책 : 이론과 실제 49
제3장 개혁개방 시대 중국의 대외정책 결정 과정 70
제4장 중국 대외정책의 성향, 특징, 유형 99
제5장 중국의 '대전략'은 무엇인가 134

제2부 강대국 외교와 대만문제

제6장 중·미관계 : 대결과 협력, 경쟁의 복합적 관계 153
제7장 중·소—중·러 관계 : 적과 동지, 그리고 동반자 193
제8장 중·일관계 : 협력과 경쟁, 갈등의 3중주 226
제9장 대만문제 : 독립과 통일, 전쟁과 평화의 기로 273

제3부 '부강한 중국'과 한반도

제10장 중국과 한반도 : 위협인가 기회인가 313
제11장 북·중관계 : 후진타오 중국과 북한 핵문제 329
제12장 한·중관계 : 수교와 전면적 동반자관계의 발전 370
제13장 중·미관계와 한반도 397
제14장 결언 : '신조선책략'을 찾아서 410

찾아보기 427

서문

거의 10년이 되었다. 1997년에 졸고 『현대중국정치론』을 세상에 내 보낸 후 거의 10년 만에 『21세기 중국 외교정책』을 탈고할 수 있었다. 『현대중국정치론』이 1989년 천안문 사건과, 소련 및 동구 사회주의 국가들의 몰락을 초래한 사회주의체제의 위기에 직면해 중국적 사회주의가 생존할 수 있었던 이유는 무엇인가를 규명하는 것이었다면, 『21세기 중국 외교정책』의 중심적 주제는 부강한 중국의 등장이 세계 정치 무대에 어떤 변화를 가져올 것인지, 특히 한반도에 어떤 영향을 줄 것인지 규명해 보려는 데 그 초점이 있다고 하겠다.

사실 21세기에 가장 주목해야 할 현상 중의 하나는 부강한 중국의 등장이다. 지난 1979년 개혁개방 이후 중국은 그야말로 세계가 놀랄만한 고도성장을 계속하고 있다. 이와 같은 중국의 질주가 언제까지 계속될지 아무도 모른다. 그러나 한 가지 분명한 사실은 부강한 중국의 등장은 열강의 세력관계 변화를 불가피하게 촉발한다는 것이며, 그런 변화는 우리 모두에게 기회와 위기를 동시에 제공한다는 것이다.

지금까지 새로운 패권국가의 등장은 흔히 전쟁과 갈등을 동반하였다. 과거 역사는 새로운 제국이 등장할 때마다 패권 경쟁과 전쟁을 촉발했다는 사실을 증명하고 있다. 그렇다면 부강한 중국의 등장도 역시 과거 패권 국가들의 사례에서 그러했듯이 강대국간 세력 개편 과정에서 전쟁과 갈등을 촉발할 것인가.

아니면 중국이 스스로 주장하는 것처럼 '평화로운 일어남'(和平崛起)을 통해 새로운 다원적 질서의 출현을 촉진할 것인가. 이 책을 관통하는 문제의식이 바로 부강한 중국의 출현에 따른 위기와 기회를 규명하는 것이다.

지난 10여 년간 필자는 바로 이런 문제의식을 가지고 중국의 대외정책에 대한 강의와 세미나를 조직해 왔다. 대체로 필자의 강의와 세미나는 이론과 전략, 강대국 외교와 대만문제, 중국과 한반도의 세 부분으로 구성, 운영되었다. 이 책도 3부로 구성하고, 제1부에서 이론과 전략을 개괄하였다. 즉, 국제정치 일반이론을 원용하여 중국 대외정책의 특징과 성격, 그리고 유형을 분석·소개하면서 중국의 전략을 규명해 보려고 하였다. 그리고 제2부에서는 강대국 관계와 대만문제를 통해 중국 외교의 현장을 파악하려고 하였다. 즉, 중국과 미국, 중국과 소련 및 러시아, 그리고 중국과 일본 등 주변 강대국들과의 관계를 분석하여 중국 대외정책의 특징과 이슈를 구명하려고 하였고, 대만문제를 통해 중국이 당면한 전쟁과 통일의 딜레마를 파악해 보려고 하였다. 그리고 제3부에서 부강한 중국의 등장이 한반도문제에 어떻게 투영되고 있는가를 한·중관계와 북·중관계, 그리고 중·미관계의 관점에서 분석해 보려고 하였다.

이와 같이 강의와 세미나를 통해 21세기 중국의 대외정책을 다각도로 분석 정리한 것이 바로 이 책이기 때문에 이 책은 필자 개인의 저작물이라기보다 필자의 강의와 세미나에 참여했던 많은 이들의 공동 노력과 지혜의 산물이라고 해야 할 것이다. 사실, 필자는 이 책을 집필하는 과정에서 일일이 거론할 수 없을 만큼 여러 사람들로부터 도움을 받았다. 특히 필자의 강의와 세미나에 참여해 발제와 토론을 주도해 준 수 많은 수강생들, 그리고 필자의 강의나 세미나에 직접 참여하지 못했지만, 필자의 홈페이지 게시판을 통해 여러 가지 질문을 제기해 준 수 많은 이들에게 감사한다. 언제나 그렇지만, 나는 이들로부터 더 많은 것을 배우고 얻을 수 있었기 때문이다.

그 중에서도 필자의 조교로 근무했거나, 또는 지도학생으로 차출되어 노력 봉사한 필자의 지도학생들에게 고마운 마음을 전한다. 특히 현재 필자의 조교로 근무하고 있는 이상원 군을 비롯해서 이학수, 신소연, 김혜진, 강수정은 초고 단계에서부터 출판에 이르기까지 모든 과정에서 원고를 꼼꼼히 읽고 교정해 주었으며, 날카로운 코멘트로 필자를 각성시켜주었다. 이들의 도움과 자극이 없었다면 아마도 이 책은 제 때에 출판되기 어려웠을 것이다.

그리고 끝으로 이 책을 준비하는 과정에서 필자는 고려대학교 특별연구비의 지원과, 아세아문제연구소 중국연구총서 프로젝트의 지원을 받았음을 밝히고자 한다. 특히, 아세아문제 연구소 최장집 소장은 이 책의 조기 출판을 위해 여러 가지 배려를 해 주었다. 이 기회에 최 교수에게 감사드린다. 마지막으로 이 책의 편집과 출판을 위해 노력해 준 도서출판 폴리테이아 관계자들의 노고에 감사한다. 그러나 무엇보다도 언제나 필자의 곁에서 필자를 격려하고, 필자에게 힘과 위안이 되어준 필자의 아내이며 연인인 구은희에게 마음의 감사를 바치고 싶다.

2006년 4월 안암동 연구실에서
서진영

제1부

이론과 전략

제1장

서론: 중국은 무엇인가

> 중국의 대외정책에 대한 논의를 시작하기에 앞서 먼저 (1) 우리는 왜 중국에 대해 관심을 가지는가 라는 질문을 제기하면서 우리의 문제의식을 간단히 소개하고, (2) 중국의 세 가지 얼굴을 소개한다. 여기서 중국의 세 가지 얼굴이란 ① 방대한 국토와 인구의 고대문명 대국으로서의 중국, ② 개발도상 국가로서의 중국, 그리고 ③ 사회주의 국가로서의 중국을 말하는데, 중국의 이러한 특징이 중국 외교정책에 어떻게 투영되고 있는가를 간략히 살펴보고, (3) 최근 대두하고 있는 중국위협론의 실체를 점검하면서 중국이 우리에게 위협인가 기회인가를 생각해 본다.

1. 중국에 대해 관심을 갖는 배경

중국 정치나 중국의 대외정책에 대해 관심을 가지는 사람들의 동기는 무엇인가? 물론 우리의 모든 행동에 대해 특별한 동기와 목적성을 찾는 것은 자연스러운 일이 아닐 수 있다. 특히, 어떤 면에서 인간의 중요한 행동은 특별한 의도성이나 목적성으로만 설명될 수 없는 경우가 많다. 이를테면 측은지심과 같은 연민과 동정의 마음, 그리고 사랑의 행위 등에는 의도성이나 목적성을 찾으려는 것이 오히려 이상하다. 사람들의 행동과 결정에는 산이 거기 있어서 산에

갔다는 알피니스트의 대답에서 엿볼 수 있는 것과 같이 효용성과 실용성으로만 설명될 수 없는 어떤 것이 있다.

마찬가지로 중국에 대해, 또는 어떤 대상에 대해 지극히 단순하고도 순수한 호기심에서 출발해서 관심을 가지게 되는 경우가 많다. 우리 이웃에 중국이라는 큰 나라가 있기 때문에 자연히 중국에 대해 관심을 가지게 되었다는 것은 당연한 반응일지도 모른다. 그럼에도 불구하고 우리의 행동, 특히 우리가 선택하는 거의 대부분의 행동에는 나름대로의 의도성과 목적성이 있다고 가정할 때 중국에 대한 우리의 관심에도 순수한 호기심 이상의 다른 배경적 요인이 작용하고 있다는 점을 인정해야 한다. 더구나 중국에 대해 지속적으로 관심을 가지고 관찰하기 위해서는 단순한 지적 호기심 이상의 어떤 배경적 요인이 작동해야 한다는 점을 인정하지 않을 수 없다.

여기서 중국에 대한 우리의 관심을 지속적으로 촉발시키고 있는 배경에는 중국의 실용적·전략적 가치에 대한 우리 나름의 평가와 기대가 있다는 점을 부인할 수 없다. 솔직히 말한다면, 우리의 세속적·물질적 욕망은 거대한 중국 시장에 대한 기대감으로 표출되고, 바로 그런 욕망이 중국에 대한 우리의 관심의 동력으로 작용하기도 한다. 또한 21세기 아시아에서 중국의 정치적·전략적 효용 가치가 증대되고 한국과의 국제 협력 범위가 확대되면서 중국에 대한 우리의 관심이 지속적으로 확대되고 있는 것도 사실이다.

이처럼 중국에 대해 우리가 관심을 갖는 배경에는 중국의 실용적·전략적 가치에 대한 고려가 있는 것도 사실이지만, 또 한편으로 중국이라는 대상이 우리의 사회과학적 탐구 의욕을 자극하는 측면도 있다. 사실, 중국의 근현대사와 중국의 국내외 정책노선, 그리고 중국 사회의 변화는 사회과학자들의 다양한 이론적 논쟁의 주제가 되고 있다. 이를테면, 20세기 후반기에 중국과 소련, 그리고 모든 '현존 사회주의 국가들'이 당면했던 '현존 사회주의 위기'에서 중국만이 어떻게 그리고 왜 사회주의 체제의 붕괴를 경험하지 않고, 점진적 체제 이행을 통해 위기에서 벗어나면서, 오히려 비약적인 경제발전을 달성할 수 있었는가의 질문은 사회과학자들의 문제의식을 자극하기에 충분히 흥미 있는 것이었다. 동시에 중국의 '성공'이 앞으로 중국의 민주화에 어떤 영향을 미칠 것인가의 문제도 민주화와 체제 이행에 대한 사회과학 이론에 중요한 논쟁거리를 제공하고 있다.

국제정치적 측면에서는 부강한 중국의 등장이 21세기 동아시아 국제질서에 어떤 영향을 미칠 것인가라는 문제는 현실적으로 대단히 중요한 문제이면서 동시에 강대국의 등장과 몰락, 그리고 세력균형의 개편 과정에 대한 논쟁을 포함하고 있으므로 학문적으로 흥미로운 문제라고 하지 않을 수 없다. 다시 말해 압축성장과 국력증강으로 명실상부한 강대국으로 등장하고 있는 중국이 앞으로도 협력적이고 평화지향적인 국가로 그 역할을 하게 될 것인지, 또는 현상에 대해 도전적이고 갈등지향적 행동양식을 보일 것인지의 문제는 이론적으로나 실용적으로 대단히 중요한 문제이다.

이와 같이 개혁개방 이후 경제대국, 군사대국을 지향하며 급속도로 부상하고 있는 중국은 주변 국가들에게 기회와 위협을 동시에 제공해 주는 이중적 존재가 되고 있다. 따라서 중국에 대해 좀 더 객관적이고 과학적인 분석과 평가가 그 어느 때보다도 필요하다고 하겠다. 특히, 역사적으로나 지정학적으로 한반도 주변의 국제정세는 중국의 영향력 확대와 수축과정에 밀접하게 연계되어 있기 때문에 더더욱 우리는 중국이 무엇인가라는 문제를 심각하게 고민하지 않을 수 없다.

2. 중국의 대외정책을 어떻게 이해할 것인가

그렇다면 중국의 대외정책을 어떻게 분석하고 설명할 것인가. 우리는 여기서 사회과학 일반의 문제점에 대해 간단히 짚고 넘어가려 한다. 즉, 중국의 대외정책을 분석하고, 설명하고, 예측하는 과정에서도 우리는 역시 사회과학이 당면하고 있는 기본적 문제, 다시 말해 보편성과 특수성의 문제, 이론과 실제, 그리고 행위자와 구조의 문제에 직면하게 된다는 것이다. 따라서 우리는 중국의 대외정책을 파악하기 위해 먼저 중국도 역시 일반적 다른 국가들과 마찬가지라고 가정하고, 국제정치 일반의 이론적 가설을 원용, 분석해야 한다. 그러나 동시에 중국이라는 행위자가 가지고 있는 특수성을 통해 중국의 선택과 행동의 특징을 이해하지 않으면 안 된다.

따라서 우리는 중국의 대외정책을 분석하기 위해 먼저 중국이라는 개별적 행위자의 개별적 특수성을 고려하지 않고, 모든 행위자들에게서 공통적으로 발견되는 행동 목표, 양식, 그리고 반응이 무엇인가라는 질문에서부터 시작하여 중국 대외정책의 목표와 수단을 추론해 보려고 한다. 이를테면, 중국도 다른 모든 나라와 마찬가지로 국제사회에서 국가로서의 생존과 번영, 그리고 영향력의 확대를 추구할 것이다. 그렇다면 중국은 과연 어떤 방식으로 생존(안보)과 번영(경제발전), 그리고 영향력(국제적 지위)의 확대를 실현하려고 할 것인가? 이러한 문제를 제기하면서 중국이 선택하는 수단과 방식의 특징에 주목하려고 한다.[1]

그런데 모든 나라가 이처럼 공통적으로 안보와 경제발전, 그리고 국제적 영향력 확대를 위하여 노력하지만, 대외정책의 목표를 설정하는 과정에서 우선순위를 어떻게 설정할 것인지, 그리고 누가 어떤 방식으로 어떻게 그런 우선순위를 결정하는 것인지의 문제에 이르게 되면 개별 행위자들의 특수성을 분석하지 않으면 안 된다. 그렇다면 개별 행위자들의 특수성은 어떻게 분석해야 할 것인가.

---

[1] 여기서 모든 국가가 추구하는 공통적인 목표로서 생존, 번영, 영향력을 상정한 것은 사회과학 일반에서 영향력의 3가지 형태, 즉 물리적 힘(생존), 경제력(번영), 사회적 지위(명예 및 국제적 영향력)에서 유추한 것이며, 그것은 곧 베버(M. Weber)의 개념인 power, class, status를 원용한 것이다.

이런 문제에 대해서는 이론과 실제 문제를 소개하는 단원에서 좀 더 자세히 설명할 것이다. 그러나 여기서는 무엇보다도 행위자 자체의 구조적 특징과 행위자의 인식 세계의 특징이 무엇인가를 규명해야 행위자인 개별 국가들이 어떤 대외정책의 목표를 강조하고 있으며, 왜 특정한 정책 수단을 선택하게 되는 것인지를 설명할 수 있다는 점을 지적하고자 한다. 즉, 중국이라는 개별 행위자의 구조·제도적 특징, 이를테면 당-국가체제라는 중국 국가의 특성이 중국 내부에서 대외정책을 결정하는 데 참여할 수 있는 정책 결정자들의 범위와 성격을 결정하며, 그런 국가적, 내부 조직적 특징이 특정한 정책 목표를 강조하게 한다는 것이다. 또한 중국의 역사와 정치문화, 이데올로기 등을 분석함으로써 중국이 자신이 처한 세계와 현실 조건을 어떻게 인식하고 있으며, 어떤 가치를 중시하는지, 그리고 어떤 전략적 구상을 추구하는지도 설명할 수 있다는 것이다.

이를테면, 마오쩌둥(毛澤東) 시대에는 마오쩌둥이라는 개인의 역할이 결정적으로 중요했고, 마오쩌둥의 좌파노선을 지지하는 정치세력들이 주도하여 계급투쟁의 관점에서 세계정세를 분석하고 위협과 기회를 평가하여 나름대로의 대외정책 목표와 수단을 설정했다면, 개혁개방 이후에는 마오쩌둥 시대와 마찬가지로 외형적으로는 동일한 당-국가체제를 유지하면서도 대외정책 결정과정에 참여하는 행위자들의 수와 성격이 달라졌다. 따라서 덩샤오핑(鄧小平) 시대에는 기술관료를 중심으로 구성된 새로운 지도부가 등장, 이념적 목표보다는 경제적 목표와 수단을 강조하게 됨으로써 마오쩌둥 시대와 전혀 다른 대외정책을 추구하게 되었다. 이런 점에서 개별 행위자의 성격과 특징, 그리고 이들의 세계관은 대단히 중요한 변수이다. 그리고 중국의 특수성이란 바로 이런 행위자의 구조적·체제적·문화적 특징과 독특한 세계관을 분석하지 않으면 설명될 수 없는 것이다. 따라서 중국의 대외정책도 국제정치 일반이론에 입각한 보편적 성향을 분석하면서도 동시에 특수성을 파악해야만 중국 대외정책의 전면모가 드러난다고 할 수 있다.

이처럼 중국의 보편성과 특수성을 모두 고려하여 중국의 대외정책에 대한 이론적 가설을 도출하는 데 성공했다면, 과연 그런 이론이 중국 외교라는 실재를 얼마나 정확하게 예측할 수 있을 것인가. 여기서 우리는 이론의 두 가지 기능을 지적하고자 한다. 즉, 이론이란 어떤 현상을 설명하는 가설이며, 이론적 가설이 필요한 이유는 근원적으로 현상에 대한 호기심에서 비롯된 것이므로, 이론적 가설을 통해 현상을 '설명'하고 그런 설명을 납득할 수 있게 된다면 일단 이론의 일차적 필요 요건이 충족된 것이라고 보아야 한다.2)

따라서 중국의 대외정책에 대한 이론의 적실성 여부는 중국의 대외정책에 대한 호기심을 촉발한 사건이나 현상을 어느 정도 잘 '설명'하고 있는가의 기준에 따라 우선 판단할 수 있다. 이를테면 중국은 왜 북한 핵문제에 대한 정책에서 과거와 달리 적극적으로 중재 역할을 수행하려고 하는가라는 질문에 대해 탈냉전시대 중국의 국익에 대한 인식 변화를 통해 설명하려는 이론적 가설의 적실성 여부는 그런 설명, 즉 국익에 대한 인식 변화가 중국의 대외정책 변화(북한 핵문제에 대한 중국의 태도 변화)를 초래했다는 '설명'이 어느 정도의 설득력이 있는가에 달려 있다는 것이다.

그런데 이론은 단순한 설명만을 제공하는 것이 아니다. 이론의 옳고 그름을 판단하기 위해서는 설명과 더불어 예측성이 있어야 한다. 칼 포퍼(Karl Popper)의 반증주의와 조건부 진리론을 빌어 이론의 진리 여부를 판단하려면 그것이 현실의 세계 속에서 행위자의 행위를 예측하고 검증할 수 있어야 한다. 이를테면, 대만 독립을 추구하는 민진당(民進黨) 세력이 계속 정권을 장악하고, 대만 독립을 향해 구체적 행동을 취하려고 할 때, 중국 당국이 여러 차례 공언한 바와 같이 대만에 대한 무력침공을 감행할 것인가의 문제는 심각한 이론적·현실적 문제라고 하지 않을 수 없다. 현실주의 국제정치 이론이나 중화민족주의의 관점에서는 중국의 무력 침공 가능성을 높게 보고 있지만, 과연 중국이 이들 이론적 가설이 예측하고 있는 것과 마찬가지로 대만에 대해 무력을

---

2) 이론을 수수께끼 풀기 과정으로 설명한 것으로는 김웅진 외, 『정치학 조사방법: 재미있는 퍼즐 풀기』(서울: 명지사, 2000) 참조.

동원한 공격적 행동을 실천으로 옮길 것인가의 문제는 대단히 심각하고도 중요한 질문이 아닐 수 없다.

물론 현실 세계에서 이론의 예측성을 검증하는 작업이 그렇게 단순하고 명쾌한 것은 아니다. 마르크스주의가 자본주의 필망론을 주장했고, 초기의 맑스주의자들이 예측한 것과는 달리 선진 자본주의 국가에서 사회주의 혁명이 폭발하지 않았지만, 맑스주의의 영향력이 당장 소멸된 것이 아니라는 점에서 사회과학에서의 예측의 어려움, 그리고 이론의 예측성을 판단하는 것이 그렇게 쉽지 않다는 사실을 잘 보여준다고 하겠다. 그럼에도 불구하고 이론에서 예측성이 없다면 이론의 가치는 절감된다. 이런 점에서 중국의 대외정책에 대한 이론이 얼마나 중국의 대외정책이라는 실체를 예측할 수 있게 하는가의 문제는 대단히 중요하다고 할 수 있다. 이러한 문제에 대해서는 제2장에서 다시 논의하게 될 것이다.

3. 현대 중국의 세 가지 얼굴

위에서 우리는 중국의 대외정책을 이해하기 위해서는 대외정책에 대한 이론적 가설(보편성)이 구체적 중국이라는 조건에서 어떻게 표출되는가에 주목해야 한다고 지적하였다. 그런데 보편적 이론적 가설을 좀 더 상세하게 소개하기 이전에 먼저 중국 대외정책의 구체적 무대가 되고 있는 중국의 물리적·외형적·실체적 특징을 간략히 살펴볼 필요가 있다.

물론 현대 중국의 복잡다기한 모습을 한마디로 설명하기는 어렵다. 그러나 오랜 역사와 전통을 가진 대국인 중국의 특징을 다음과 같이 세 가지 차원에서 개괄할 수 있다. 즉, 중국은 (1) 방대한 국토와 인구를 가진 고대문명 대국이고, (2) 경제적으로 고도성장이 계속되면서 급속도의 사회변화를 경험하고 있는 개발도상국가이지만, (3) 대담한 시장경제와 사영경제를 수용하면서도 정치적으로 사회주의 국가의 틀을 견지하고 있는 것이 바로 현대 중국의 3가지 얼굴 또는 특징이라고 할 수 있다.

(1) **방대한 국토와 인구의 고대문명 대국**

중국이 방대한 국토와 세계 제1의 인구대국이라는 점, 그리고 고대문명의 대국이라는 '객관적 사실'은 새삼 강조할 필요가 없다. 그러나 우리의 관심은 중국의 영토와 인구 규모 그 자체에 있는 것이 아니라, 중국의 대국의식이 중국의 국내외 정치에 어떤 영향을 줄 것인지에 있다.

물론 이런 질문에 대한 대답을 찾기는 쉽지 않다. 그러나 아주 거칠게 단순화한다면, 중국이라는 나라의 규모와 전통이 중국 정치의 무한한 잠재력과 가능성으로 작용하기도 하지만, 동시에 잠재적 저해 요인이 되기도 한다는 것이다. 국내정치적으로 방대한 국토와 인구를 통일된 국가의 틀 안에 유지하는 일은 그것만으로도 대단한 도전이라고 하지 않을 수 없다. 또한 국제정치적 차원에서도 영토와 인구의 방대한 규모가 조성하는 위압감 때문에 중국은 끊임없이 중국경계론의 대상이 되기도 하였다. 또한 세계에서 가장 긴 국경선을 가지고 있기 때문에 인접 국가와 자주 영토분쟁에 휘말리면서 호전적 국가라는 인식을 주기도 했다.3)

그런데 중국의 정치적 인식에 직간접적으로 영향을 주는 것은 물리적 규모의 문제뿐만이 아니다. 규모도 그렇지만, 고대문명 국가라는 사실에 대한 자부

---

3) 중국의 대국적 규모가 중국 국내외 문제에 직간접적으로 영향을 줄 수밖에 없다는 사실은 최근 유행하고 있는 원자바오(溫家寶) 총리의 셈법이라는 이야기에서도 엿볼 수 있다. 원자바오 총리는 최근 중국의 강점과 취약점을 설명하면서 무슨 문제이든지 13억의 인구로 나누면 가벼운 문제가 되고, 아무리 사소한 것이라도 13억 인의 인구로 곱하면 엄청난 규모의 문제가 된다고 지적함으로써 중국의 거대한 규모의 경제가 안고 있는 강점과 취약점을 모두 지적한 바가 있다.

심, 그리고 한때는 세계 문명의 중심이었다는 자부심은 중국의 현실과 미래를 인식하고 파악하는 과정에서 영향을 줄 수밖에 없는 요인이다. 이런 점에서 고대문명 대국으로서 중국, 영토 및 인구대국으로서 중국의 잠재력과 문제점을 개괄적으로 살펴볼 필요가 있다.

① 고대문명 대국

잘 알려진 바와 같이 오늘의 중국과 중국인, 중국문화는 기원전 2000년경 허난성(河南省)을 중심으로 형성된 중원문화에서 비롯되었다. 그런데 이 중원문화는 갑골문자로 확인된 상(商) 또는 은(殷)나라(BC 17~11세기)는 물론이고, 그 이전에 존재했다는 하(夏)나라의 역사적 실체도 확인되면서, 하-상-주(夏-商-周) 고대 3왕조를 거치면서 기본 틀이 형성되기 시작했다고 하겠다.4) 그러나 중국 대륙에서 통일된 국가의 형태가 등장한 것은 기원전 221년 진시황의 천하통일 이후라고 할 수 있다. 진시황 시대에 문자와 사상, 도량형의 통일, 제국의 기본 통치제도가 형성되어 근대에까지 지속되고 있기 때문이다. 사실, 진(秦) 이후(漢-晉-隨-唐-宋-元-明-淸) 중앙집권적인 통일국가의 형태를 유지하면서 오늘날의 중국과 중국의 영토가 형성되었다.5)

---

4) 지난 1996년 중국에서는 그동안 연대가 불분명하던 하, 상, 주 고대 3왕조의 구체적 연표 확인을 위해 200여 명의 학자들을 동원, 연구 작업을 추진하여, 지난 2000년에 그 연구 결과 일부를 발표한 바 있다. 이 당시 '하, 상, 주 3왕조 연표조사 특별 소조'는 하왕국의 개국 시점을 기원전 2070년이라고 확인할 수 있었으며, 나머지 시기도 정리하여 중국 고대사를 지금부터 4,000~5,000년 전까지 확장하였다. 이런 발표에 대해서 "夏商周年代學的考古學基礎,"『光明日報』(2000/11/24) 참조.
5) 중국의 영토지리는 처음부터 오늘과 같은 모습으로 시작된 것은 아니다. 최소한 신석기시대부터 현재에 이르기까지 중국의 영토는 수축과 확장을 거듭하면서 점차 중국 대륙 전체로 확대되어 청(淸) 제국에 이르러 오늘의 중국 영토가 형성되었다. 이런 영토지리의 변화과정을 보여주는 역사 지도는 필자의 홈페이지 "수업 자료란"에 올라가 있다. "지도로 본 중국의 역사, 영토 및 인구"(http://www.eastasianstudies.org/map-china.html)를 참조.

이처럼 장구한 역사를 통하여 수많은 이민족의 침략과 지배를 받기도 했지만, 중국은 꾸준히 주변지역을 정복, 확장하여 오늘의 중국과 같은 광대한 영토를 가진 대제국이 되어, 동아시아에서 그야말로 중심적 국가(中國)가 되었다. 이처럼 중국이 영토대국으로 성장하면서 중국인들은 중국이 세계 문명의 중심이라는 중화의식을 과시하였다. 그러나 근대에 들어와 중국은 서방세계와 일본의 침략을 받으면서 중화문명의 몰락과 더불어 이른바 치욕의 100년사를 경험했다. 이와 같은 역사적 배경에서 경제발전과 더불어 중심적 국가로서의 중국과 중화민족의 영광을 재현해 보려는 중화민족주의가 등장하게 되었다.

② 국토와 인구 : 지대물박을 자랑하는 대국

중국의 영토 면적은 공식통계에 의하면 약 960만㎢이다. 이런 면적을 기준으로 하면, 중국은 러시아와 캐나다에 이어 세계 3위이며, 4위인 미국과 거의 비슷하다. 그러나 중국은 일본과 비교하면 영토에서 일본의 26배, 남한의 약 96배, 한반도(22만㎞)의 약 44배가 되는 그야말로 영토대국이다.6)

이처럼 광대한 영토면적을 가지고 있는 영토대국이기에 당연히 중국은 세계에서 가장 길고 복잡한 국경선을 가지고 있다. 중국의 국경선 총연장거리는 대략 2만 2천여㎞ 가량이고, 우리나라를 비롯하여 러시아, 몽골, 카자흐스탄, 키르기스스탄, 타지키스탄, 아프가니스탄, 파키스탄, 인도, 네팔, 부탄, 미얀마, 라오스, 베트남 등 14개국과 육지로 국경을 맞대고 있다.

이처럼 중국이 여러 나라들과의 긴 국경지역을 공유하고 있고, 또한 중국의

---

6) 중국은 동쪽 흑룡강과 우수리강의 합류지점에서 파미르 고원까지의 거리는 5,200㎞가 되고, 남쪽 하이사 췬다오(海沙郡島)에서 북쪽 흑룡강의 모허(漠河)까지는 5,500㎞가 되는 대륙 국가이며, 기후도 1월을 기준으로 할 때, 하이난다오(海南島)는 영상 18℃인데, 북부 국경부근은 영하 30℃가 되어 그야말로 한 나라의 국토 안에 열대성 기후지역부터 대륙성 냉대기후지역까지 포함되어 있으며, 시차도 약 4시간을 계산해야 할 정도로 방대한 영토대국이다.

영토가 역사적으로 끊임없는 침략과 정복과정을 거치면서 확장과 수축과정을 경험했기 때문에, 중국은 주변의 수많은 나라들과 국경 및 영토분쟁의 소지를 안고 있다. 따라서 건국 이후 중국은 러시아-중앙아시아국가들-인도-베트남 등과의 날카로운 국경분쟁을 경험한 바가 있고, 일본과는 댜오위다오(釣魚島) 문제로 지금도 대립하고 있다. 그리고 난사췬다오(南沙群島) 문제를 둘러싸고 베트남 및 아세안 국가들과 아직도 갈등이 계속되고 있다. 그러나 최근 중국은 러시아와 중앙아시아 국가들, 베트남, 인도 등을 포함하여 대부분의 주변 국가들과 국경문제에 대해 협상을 통한 해결책에 합의했거나, 또는 평화적 해결 원칙에 합의하였다.7)

이와 같이 중국의 방대한 국토는 주변 국가들과의 영토분쟁 등 갈등의 소지도 되고 있지만, 동시에 중국인들로 하여금 지대물박(地大物博), 다시 말해 땅은 넓고 크며, 물산이 풍부하다고 자랑하면서 중국의 자립적 발전을 모색할 수 있는 물리적 토대를 제공하기도 한다. 사실 중국은 개발 가능한 거의 모든 자원이 있다고 호언할 만큼 다양한 지하자원과 물리적 조건들을 구비하고 있다. 그러나 세계화시대에 오히려 그런 물리적 조건과 지대물박에 대한 자부심은 중국의 발전에 저해요인이 될 수 있다는 주장도 제기되고 있다. 중국이 영토가 광대하고 물산이 풍부한 것처럼 보이지만, 정작 필요한 자원은 부족하다면서 그런데도 중국인은 지대물박이라는 믿음에서 자원 낭비를 자초하고 있다는 것이다. 또한 모든 자원을 보유하고 있다는 잘못된 인식 때문에 세계경제의 분업체제에 적극적으로 참여하여 상호의존적 경제발전을 모색하는 데에도 지장이 되고 있다는 것이다.8) 따라서 일부 개방론자들은 중국인들이 적극적으로

---

7) 국경문제에 대한 최근의 중국 외교부 입장에 대해서는 "外交部條約法律司司長談中國與隣國的劃界工作," 『人民日報』(2005/08/31) 참조.
8) 일부 지식인들은 오늘날 중국 당국이 '절약형 사회'를 강조하면서 여전히 중학교와 소학교 교재에서 지대물박을 자랑하는 것은 문제가 있다고 지적하고 있다. 즉, 이들은 주요 산업 자원의 잠재량이 세계 평균에도 미치지 못하는 사실을 적시하면서, 이런 상황에서는 오히려 소학교와 중학교 교재에서 지대물박이라는 표현을 삭제하고, 땅은 넓지만 물산이 풍부하지 않다(地大物不博)는 점을 주지시켜야 한다고 주장하였다. 이러한 주장에 대해서 余丰慧, "'地大物博'退出教科書意義深遠," 『江南時報』(2005/08/26) 참조.

해외로 진출하여 세계경제에 참여하려고 하지 않고 폐쇄적이고 자족적인 중국 대륙에 안주하려는 것이 중국문명의 정체 원인이 되었다고 주장하면서 차제에 지대물박을 자랑하며 대륙지향적이고 폐쇄적인 세계관을 견지하려는 중국인들의 보수성을 타파해야 한다고 역설하기도 한다.9)

이처럼 중국 국토의 대륙적 성격이 반드시 중국의 발전에 유리하게 작용하는 것만은 아니라는 점도 부인할 수 없다. 그러나 광활한 국토 배경이 제공하는 전략적 특징과 이점도 무시할 수 없다고 하겠다. 이를테면, 손자병법에서 36계가 상책이라는 고사가 현실적으로 가능했던 것도, 그리고 중국공산당의 대장정(大長征)이 가능했던 것도 광활한 국토를 배경으로 한 것이었다. 또한 소련과 중국이 독일과 일본군의 침략에 대해 지구전과 게릴라전으로 맞서 이들을 물리칠 수 있었던 것도 광대한 영토를 전략적으로 활용할 수 있었기 때문에 가능했던 것이다. 이런 점에서 중국의 광활한 영토와 다양성은 국가 발전에 유리한 측면도 있지만, 불리한 측면도 동시에 제공하고 있다고 할 수 있다. 그러나 이런 영토와 인구의 광대성과 다양성 때문에 중국에서 정치는 중앙집중적 통일성을 유지하면서도 지방의 다양성을 인정하는 방향에서 발전해 왔다고 하겠다.

③ 인구와 민족구성 : 인구대국의 다민족국가

중국은 영토대국이기도 하지만, 역시 인구대국이다. 2000년 11월 인구조사 결과에 의하면, 중국의 총인구는 약 12억 9천 533만 명(대만, 홍콩, 마카오 등

---

9) 이와 같은 논리는 1980년대 후반 개혁개방에 대한 격렬한 논쟁을 촉발한 '치우지'(球籍) '허상'(河殤) 논쟁의 배경 논리라고도 할 수 있다. 이 당시 중화문명의 쇠퇴와 재건을 호소한 1986년 TV Document '허상'은 중화문명의 상징인 황허(黃河)에 대한 엘러지(挽歌)라고 할 수 있는데, 황토 빛깔의 황하와 내륙 문화를 중국의 낙후성, 정체성, 폐쇄성을 상징하는 것으로 보여주고, 해양을 개방성, 투명성, 진보성을 의미하는 것으로 제시하였다. 이를 통해 중국은 퇴영적인 대륙문화를 깨고 나와 진보적인 대양문화를 수용하고 세계로 진출해야 한다고 주장하였다.

포함)이라고 한다. 이런 인구 규모는 단연코 중국을 세계 1위의 인구대국으로 만들고 있으며, 인구 규모면에서 중국은 미국의 4.6배, 일본의 9.7배, 한국의 26.7배이고, 세계 인구의 21%가 중국인이다.10)

이와 같이 방대한 인구는 그것 자체가 국력이라고 마오쩌둥은 한때 호언했지만, 중국의 인구 증가 추세를 좀 더 냉정히 살펴보면, 인구 문제의 심각성을 인정하지 않을 수 없다. 건국 이후 1953년에 처음으로 체계적인 인구조사가 실시되었고, 이때 확인된 총인구가 5.82억 명이었다. 그러나 1964년에 6.95억, 1982년에 10.08억, 1990년에 11.34억 명이 되었고, 앞에서 지적한 바와 같이 2000년도에는 13억 명이 되었다. 이처럼 빠르게 증가하는 방대한 인구의 먹고 사는 문제를 해결한다는 것 자체가 세계 평화에 기여한다는 중국 지도자들의 주장이 전혀 틀린 말은 아니라고 할 수 있다.

이처럼 중국은 인구대국이지만, 동시에 한족(漢族)을 포함, 총 56개 민족으로 구성된 다민족 국가이기도 하다. 중국의 민족구성을 보면, 한족이 전체의 약 91.59%를 차지하면서 압도적인 다수를 구성하고 있고, 기타 55개 소수민족이 중국 전체 인구의 8.41%를 차지하고 있다.11) 이런 민족 구성 때문에 민족문제의 심각성에 있어서 중국과 구소련을 평면적으로 비교하는 것은 무리라고 할 수 있다. 다시 말해 중국의 소수민족 문제가 구소련의 소수민족 문제처럼 체제붕괴 및 해체의 직접적인 원인을 제공할 만큼 급박하고도 심각한 문제라고 주장하는 것은 약간 과장이라는 것이다. 전체 소련 연방 구성원들

---

10) 2000년 11월 현재 중국의 인구조사 결과에 대해서는 필자의 홈페이지에 올려 있는 해설 논문, "제5차 인구조사와 중국의 인구 현황 및 전망"을 참조할 수 있다(http://www.eastasianstudies.org/technote/read.cgi?board=STUDIES_ISSUES&y_number=4&nnew=2).

11) 55개 소수민족 중에서 2000년도 인구조사에서 100만 명 이상의 인구를 가진 소수민족으로는 약 16만 1,790만 명의 쫭족(壯: Zhuang)을 비롯해서, 약 1천만 명의 만저우족(滿州: Manchu), 9백만의 후이족(回: Hui), 8백만의 먀오족(苗: Miao), 7백만의 위구르족(維吾爾: Uygur), 7백만의 이족(彛: Yi), 5백만의 멍구족(蒙古: Mongolian), 5백만의 짱족(티베트족)(藏: Tibet), 3백만의 부이족(布依: Buyi), 그리고 약 2백만 명의 조선족 등을 포함하여 총 18개 민족, 또는 종족이 있다.

중에서 거의 절반 이상이 소수민족으로 구성된 구소련 연방체제에서 소수민족의 동요는 연방 해체로 곧바로 연결될 만큼 심각한 문제였지만, 전체 인구의 8.41%의 소수민족을 가지고 있는 중국에서 소수민족 문제가 곧바로 중국의 해체를 초래할 만큼 위협적 문제라고 과대평가할 필요는 없다.

그러나 소수민족 문제의 심각성이 단순한 인구비중의 정도와 비례하여 결정되는 것은 아니다. 사실, 중국에서 소수민족 문제는 단순한 인구 비례 이상의 중요성을 가지고 있다는 것이 역사적으로나 현실적으로 증명되고 있다. 다 아는 바와 같이 소수민족의 밀집 거주지역이 안보상 취약한 변방 국경지역이기 때문에 소수민족의 분리 독립운동과 내부 저항운동은 중앙정부의 안정성과 통일성을 위협하고 있으며, 외부 강대국의 내정간섭을 초래하는 단초를 제공하기도 한다. 따라서 소수민족 문제는 중국 대륙을 지배하는 한족의 입장에서는 항상 통일 국가의 분열과 반란의 근원지로서 경계 대상이 되었고, 오늘날에도 역시 그런 위험성을 안고 있다고 내심 경계하고 있다. 특히, 티베트와 신강위구르 지역에서 활동하고 있는 티베트 불교도들의 자치운동과 회교도들의 분리 독립운동은 중국으로서는 대단히 신경이 쓰이는 국내적·국제적 문제라고 하지 않을 수 없다.

이처럼 소수민족 문제는 정치적으로 민감한 문제이기 때문에 중국 정부는 각별히 자치지역을 설정하여 소수민족에게 자치권을 부여하면서 동시에 이들에 대한 중앙정부의 행정적 관리를 강화하고 있다.[12] 다시 말해 중국의 중앙정부는 소수민족이 밀집 거주하는 지역을 자치구역으로 지정하여 행정적으로 소수민족들의 자치를 허용하고 있는데, 2003년 현재 전국적으로 소수민족들이 밀집 거주하는 지역을 중심으로 5개의 자치구, 30개의 자치주, 113개의 자치현과 1,173개 민족향이 있다.[13]

---

[12] 최근 중국의 소수민족 자치구역에 대한 정책에 대해서는 지난 2005년 2월 28일에 중국 정부가 발표한 12,000여 자의 소수민족에 관한 백서 『中國的民族區域自治』(北京: 中華人民共和國國務院新聞辦公室, 2005年2月) 참조.

(2) 국력 : 개발도상국가로서 중국

개혁개방이 추진되면서 중국은 그야말로 세계가 놀랄 만큼 빠른 속도의 경제발전을 기록하고 있다. 미국의 경제 전문지 『포춘』(Fortune)지에 따르면, 개혁개방 이후 중국은 기록적인 압축 경제성장을 계속하고 있다면서 중국의 경제발전 속도는 역사상 가장 빠른 기록이라고 지적하였다. 『포춘』지에 따르면, 19세기 영국이 1인당 국민소득을 2.5배 증가하는 데 거의 1백년의 시간이 필요했고, 미국은 1870년부터 1930년 60년의 시간을 거쳐서 국민 소득 3.5배를, 일본은 1950년부터 1975년 사이에 1인당 국민소득 6배를 달성했지만, 중국은 1979년부터 2000년까지 1인당 국민소득 7배 증가라는 경이적인 업적을 성취했다는 것이다.14)

이처럼 중국 경제가 고도성장을 계속하면서 중국 경제의 규모는 이미 미국과 일본 경제 규모를 바짝 추격, 세계 3위의 경제대국으로 부상하고 있다. 사실 구매력으로 계산하면 중국 경제 규모는 이미 일본을 추월했으며, 21세기 전반기에 미국마저 추월해서 세계 최대 규모의 경제대국이 될 것이라는 예측도 더 이상 먼 미래의 이야기는 아니다. 세계에서 가장 빠르게 성장하는 경제, 세계 제1의 석탄과 강철, 시멘트 생산국, 세계 제2의 에너지 소비국, 세계 2위의 외화 보유국, 그리고 매년 10% 이상 국방비를 증액하고 있는 세계 최대 규모의 군대 보유국인 중국의 등장은 세계가 주목하는 현실이 되고 있다.15)

---

13) 5개의 소수민족 자치구에는 네이멍구(內蒙古)자치구; 광시쫭족(廣西壯族)자치구; 티베트자치구; 닝샤후이족(寧夏回族)자치구; 신장위구르(新疆維吾爾)자치구가 있다. 이런 자치지역의 총 면적은 전체 중국 영토의 63.5%나 되며, 자치지역에 거주하는 인구는 1억 4,200만 명(이중에서 소수민족은 6,252만 명)이나 된다. 조선족의 경우는 한반도와 인접해 있는 연변지역에 옌볜(延邊)조선족자치주가 있는데, 연변지역은 발해시대에는 우리 영토로 되어 있었으며, 일제시대에는 한민족 독립운동의 근거지였던 간도(間島)로 알려졌던 곳이다. 연변 지역은 1952년에 조선족자치주로 공포되었다.

14) Jim Rohwer, "China on the Move," *Fortune* (Monday, May 14, 2001) 참조.

15) 이와 같은 중국의 등장에 대해서는 최근의 『뉴스위크』 특집을 참고할 수 있다. Fareed Zakaria ed., "Does the Future Belong to China? A new power is emerging in the East.

이와 같이 중국의 고도성장이 계속되고 강대국으로서 중국의 역할이 확대되면서 당연히 중국은 공동 발전과 협력의 기회로 인식되지만, 동시에 부강한 중국의 등장에 대한 경계론도 확산되고 있다. 따라서 중국은 이와 같은 중국위협론 등장에 민감하게 반응하고 있다. 중국 당국은 일부 서방세계의 중국경계론자들이 중국의 경제력이나 군사력을 과대평가하고 있을 뿐만 아니라, 중국의 평화지향적 대외정책 노선을 왜곡하고 있다고 비난하고 있다. 특히, 중국 당국은 중국 경제가 규모의 측면에서 대국화되고 있는 것은 사실이지만, 중국 경제의 실력은 아직도 개발도상 국가의 수준이고, 세계 경제에서 중국 경제가 차지하는 비중이 미약하다는 점을 간과해서는 안 된다고 지적하고 있다. 이런 점은 아래 표에서 부분적으로 확인할 수 있다.

〈표 1-1〉 세계 속의 중국(2002년 기준)

국 가	면적 (1,000만㎢)	인구 (백만)	인구 밀도	GNI (억 달러)	1인당 GNI (달러)	구매력 기준 1인당 GNI (억 달러)
중 국	9,598	1,280.4	137	12,342(6)	960(136)	4,520(125)
대 만	36	22.3	622	2,819(-)	11,627(-)	-
홍 콩	1	6.8	-	1,676(25)	24,690(16)	27,490(18)
인 도	3287	1,048.6	353	4,948(11)	470(161)	2,650(146)
인도네시아	1,905	211.7	117	1,499(28)	710(146)	3,070(141)
베트남	332	80.4	247	348(57)	430(166)	2,300(151)
한 국	99	47.6	483	4,730(13)	9,930(53)	16,960(51)
일 본	378	127.2	349	43,239(2)	34,010(7)	27,380(2)
미 국	9,620	288.4	31	102,070(1)	35,400(6)	36,110(4)
세 계	133,895	6,198.5	48	317,200	5,120	7,820

출처: 21世紀中國總研 編, 『中國情報 ハンドブック 2004年版』, pp. 222-224.
주: 1) GNI(Gross National Income: 국민총소득)은 GDP에서 고정자산감소액을 제외한 것.
　　2) (　)은 2002년도 기준 세계 순위.

How America should handle unprecedented new challenges, threats and opportunities," *Newsweek International* (May 9, 2005) 참조.

〈표 1-1〉이 시사하고 있는 것은 첫째, 중국은 인구와 면적에서 비교 대상 국가들 중에서 가장 많은 인구와 영토를 가진 세계 제1의 다국이며, 통상적으로 경제 규모를 측정하는 국민총소득(GNI) 또는 국내총생산(GDP)의 차원에서도 미국과 일본의 그것보다는 작지만, 여전히 세계 6위의 경제대국임에 틀림없다는 사실이다. 그러나 둘째로, 중국은 2002년 현재 1인당 국민소득을 기준으로 보면 개발도상 국가의 수준에 해당하는 960달러에 불과하며, 이것은 세계 순위에서 136위에 해당하고, 구매력 기준으로 계산한 국민소득 역시 세계 순위에서 125위에 불과하다. 끝으로 중국 경제가 세계 경제에서 차지하는 비중은 중국 정부가 지적한 바 있듯이, 아직은 미약한 수준이다. 중국 경제가 세계 경제 전체에서 차지하는 비중을 세계 국민총생산(GNP)에서 중국 GNP가 차지하는 비중으로 측정하면, 중국 경제는 세계 경제의 약 3.9%에 불과하지만, 미국 경제의 비중은 대략 32%라는 점에서 다시 한번 중국 경제가 개발도상 국가의 수준에 불과하고, 미국 등 선진 국가와의 경제적 격차는 아직도 상당하다는 사실을 인정하지 않을 수 없다.

이처럼 중국의 현실은 비약적인 경제발전과 급속도의 현대화가 진행되면서 부강한 강대국으로 등장하고 있는 것처럼 보이지만, 중국의 국력은 미국과 일본 등 선진 국가들과 비교하면 여전히 상당한 차이를 보이고 있다. 심지어 한국이나 싱가포르, 대만과 비교해도 중국은 경제적으로나 기술적으로 아직 뒤떨어져 있는 개발도상 국가라는 점을 부인할 수 없다. 따라서 중국은 급속도의 경제발전에도 불구하고 개발도상 국가의 지위에 머물고 있고, 중국의 국력 규모와 비약적 발전에도 불구하고 여전히 낙후된 국가로 여기는 국제사회의 인식 때문에 불만과 좌절을 경험하기도 한다. 이와 같은 중국의 '발전'과 국제사회의 인식의 차이에서 파생되는 국제사회에 대한 불만과 좌절감이 중국으로 하여금 국제사회의 기득권 세력에 대해 도전하게 함으로써 중국을 국제사회의 잠재적 불안 요인으로 만들 수 있는 위험성도 있다.

사실 중국만큼 국제적 지위의 극명한 추락을 경험한 나라도 그리 많지 않다. 이미 잘 알려진 바와 같이 과거 중국은 그야말로 모든 분야에서 세계의 중심국이었다. 문화적으로 중국 문명은 동양문화의 중심이었고, 경제적으로도 중국 경제는 당시 세계 경제의 중심이었다. 서구 경제사학자들의 추론에 의하면, 1700~1820년 중국은 비약적인 경제발전을 이룩하였고, 당시 중국 경제는 세계 총생산량 중 최소 23.1%에서 최고 32.4%까지 점유할 정도였다. 이런 점에서 19세기 중국 경제는 바로 오늘날의 미국 경제가 세계 경제에서 차지하고 있는 비중과 같은 중심적 경제였다. 이처럼 압도적으로 중요한 경제력과 문화력을 바탕으로 세계의 중심국 역할을 하던 과거의 역사를 기억하고 있는 중국이 일반적인 개발도상 국가 수준의 국제적 지위와 역할에 불만을 가지는 것은 당연하다고 할 수 있다.16) 특히 중화민족의 영광을 강조하는 중화민족주의 정서가 확산되고 있는 상황에서 개발도상 국가로 대우받는 중국의 국제적 지위에 대한 불만과 좌절감이 앞으로 중국의 대내외정책에 어떻게 반영될 것인가라는 문제는 흥미롭고도 중요한 관심사라고 하지 않을 수 없다.

(3) **사회주의 국가로서의 중국**

앞에서 중국의 대외정책을 이해하는 데 있어서 고대문명 대국으로서의 중국과

---

16) 18세기와 19세기의 중국 경제에 대한 연구동향과 관련해서는 李伯重, "中國經濟史硏究的新趨勢," 『光明日報』(2000/09/01) 참조. 이 글에서 李伯重은 安古斯·麥迪森(Angus Maddison) 추산을 인용하면서 1700년에서 1820년 사이 중국의 GDP가 세계 GDP에서 차지 한 비중이 23.1%에서 32.4%로 증가했다고 지적하였다. 즉, 아편전쟁 전의 중국 경제가 세계 경제 중에서 차지하는 비중은 오늘날 세계 경제에서 미국 경제가 차지하는 비중과 비슷한 것이었다고 주장하였다. 이와 같은 중국 경제가 지배적이었던 근대의 세계 경제 동향에 대해서는, Andre Gunder Frank, *ReOrient: Global Economy in the Asian Age* (Berkeley: University of California Press, 1998) 참조. 또한 1793년 영국의 King George III가 Lord Macartney를 청조에 파견, 상호 호혜적인 교역관계를 요청하였을 당시, 청조의 건륭황제가 중국은 더 이상 서방세계의 문물이 필요하지 않다고 자부했던 것도 세계 경제의 중심에 위치했던 당대 중국의 국력에 바탕을 둔 것이라고 하겠다.

개발도상 국가로서의 중국이라는 점을 간과할 수 없다고 주장하였다. 특히 고대문명의 중심이었던 중국의 역사와, 1840년 아편전쟁 이후 100년간 서방과 일본 제국주의 침략으로 중국이 경험한 치욕과 굴욕의 역사는 오늘날의 중국 대외정책에도 상당한 영향을 끼치고 있다. 이를테면 중국이 유독 주권국가의 권리와 자결권에 대해 강조하고 있는 것, 그리고 강대국의 패권정치를 비판하는 것에는 바로 그런 치욕적 역사의 경험이 반영되어 있다. 그렇다면 사회주의 국가로서 중국의 세 번째 얼굴은 과연 어떤 방식으로 그리고 어떻게 중국의 대외정책에 영향을 미치는 것일까?

두말 할 것도 없이 과거 냉전시대에는 한 나라의 이념적 성향과 입장이 그 나라의 국내외 정책의 기본 목표와 수단을 결정했다. 특히, 자본주의 국가와 사회주의 국가간 대립과 갈등을 전제로 한 양대 진영론이 관철되었던 시대에 사회주의 국가로서 중국의 대외정책은 거의 선택의 여지가 없을 정도로 '소련 일변도'의 정책노선을 추진하였다. 다시 말해 중국공산당이 1949년에 중국 대륙을 장악하고, 중국공산당이 주도하는 중국적 사회주의 건설을 국가적 목표로 선언한 것은 사실상 대외정책에 있어서 친소-반미 노선을 추구할 것임을 선언한 것이고, 다음에 다시 설명하겠지만, 소련의 지원을 받아 중국의 안보와 경제발전을 확보하려고 한다는 것을 선언하는 것이나 다름이 없었다.

물론 중국도 티토의 유고슬라비아와 같이 사회주의 국가의 건설을 지향하면서도 소련이나 미국 등 강대국으로부터 상당히 자율적이고 독립적인 대외정책을 추구할 수 있었을지 모른다. 일부 학자들은 한국전쟁으로 중국과 미국이 돌이킬 수 없을 정도로 상호 적대적인 관계로 악화되기 이전에 중국은 미약하나마 소련 일변도로 나가지 않고, 소련과의 우호관계를 유지하면서도, 미국 등 서방세계와의 관계를 개선할 수도 있었다고 주장하고 있다. 그러나 그런 역사적 가설이 성립될 수 있을 것인지를 검토해 보기도 전에 이미 중국은 양대 진영론을 주창하면서 스스로 사회주의 진영에 속한다는 사실을 행동으로 증명하려고 하였고, 그것은 결국 중국의 친소-반미 외교정책으로 표출되었다.

이처럼 냉전 초기에 중국의 이념적·체제적 선택은 중국의 국내외 정책에 결정적인 영향을 주었지만, 탈냉전과 더불어 국가의 이념보다 국가이익이 우선시 되면서 사회주의 국가라는 사실이 중국의 대외정책에 주는 영향이 점차 퇴색하기 시작하였다. 특히, 중국은 개혁개방정책을 본격적으로 추진하면서 소련이나 동구 유럽 국가들과 같은 사회주의 국가와의 협력관계보다는 미국과 일본, 유럽 등 서방세계와의 관계를 더욱 중시하였다. 즉, 사회주의 국가라는 정치체제의 특징이 중국의 대외정책에 별다른 영향을 주지 않게 되었다.

그렇다고 중국의 사회주의적 정치체제가 중국의 대외정책과 아주 무관한 것은 아니다. 중국의 당-국가제도는 중국의 국내외 정책 결정 과정에 참여할 수 있는 개인과 집단들, 그리고 그들의 행동 규범 등을 결정하는 기본 틀을 제공하고 있다는 점에서 사회주의 국가로서 중국의 특징은 중국의 대외정책 결정 과정에 표출되고 있다고 할 수 있다. 그러나 이런 제도적 영향 이외에 체제의 문제가 중국의 대외정책에서 심각한 문제로 인식될 수도 있다는 점에 주목할 필요가 있다. 잘 아는 것처럼 중국은 현재 대담한 체제개혁과 경제발전으로 격렬한 사회경제적 변화를 경험하고 있고, 이런 변화와 발전 과정에서 국내외적으로 중국의 당-국가제도의 정당성이 약화되면서 정치불안 요인이 증가하고 있다. 이와 같은 중국의 국내정치적 체제의 불안이 중국의 대외정책에 어떻게 투영될 것인가는 대단히 흥미롭고 주요한 관심사항이 되고 있다.

4. 부강한 중국과 중국위협론의 실체

21세기 최대의 화두는 부강한 중국의 등장이라고 해도 과언이 아니다. 엄청난 속도로 성장하고 있는 중국 경제, 두 자리 숫자로 국방비를 증액하면서 군사력을 정비하고 있는 군사대국 중국, 그리고 전 세계의 모든 나라들과 동반자적 관계를 확산하고 있는 정치외교 대국인 중국의 '위협'은 어디까지가 진실이고 어디까지가 과장인가. 부강한 중국은 위협인가 기회인가?

(1) 개혁개방과 부강한 중국의 등장

부강한 신중국의 건설은 근대 이후 중국의 모든 지도자들이 공통적으로 추구했던 숙원 사업이었다. 19세기 일본과 서방세계의 제국주의적 침략과 군벌정치의 암흑기를 경험하면서 중국의 근대적 지식인들과 정치 지도자들은 나름대로의 방식으로 부강한 신중국 건설의 이상을 실현하려고 노력하였다.

1949년 중화인민공화국 건립과 더불어 마오쩌둥도 "중화민족의 궐기와 독립, 민주, 평화, 통일 및 부강한 신중국의 건설"을 당면 과제로 선언하고, 사회주의 방식으로 급속도의 경제발전과 산업화를 추진하면서 부강한 사회주의 신중국의 건설을 실현하려고 하였다.17) 그러나 1930년대 장제스(蔣介石)의 국민당 정부와 1949년 이후 마오쩌둥이 주도했던 부강한 신중국 건설은 정치적 차원에서 중앙정부 건설에는 성공했지만, 경제적 측면에서는 많은 좌절과 실패를 반복하였다. 따라서 1978년 말 덩샤오핑(鄧小平) 정권이 등장하여 대담한 개혁개방으로의 역사적 노선 전환을 선언한 이후 중국 역사상 가장 놀라운 고도성장을 기록하면서 부강한 신중국 건설의 꿈이 비로소 현실화될 수 있게 되었다.

이미 잘 아는 바와 같이 1978년 12월 중국공산당 11기 3중전회(中全會)에서 덩샤오핑을 중심으로 한 개혁파들이 권력을 장악한 이후 경제발전과 현대화가 당과 국가가 추구해야 할 최고 최대의 목표라고 선언하고, 이를 실현하기 위한 대담한 개혁개방 정책을 추진하였다. 특히, 이들은 덩샤오핑의 '검은고양이 흰고양이론'(黑猫白猫論)이 시사하는 바와 같이 생산력 증강과 경제발전 제일

---

17) 毛澤東, "論人民民主專政," 『毛澤東選集』 第4券 (北京: 人民出版社, 1969), p. 1357.

주의에 입각하여 자본주의 시장경제를 과감하게 도입하였다. 그 결과 중국은 역사상 유례가 없는 고도성장을 실현하였고, 마침내 2001년 덩샤오핑이 1980년대 초 제시했던 3단계 발전 전략(三步走的 發展戰略)의 목표 중 2단계 목표를 달성했다고 선언하였다.

덩샤오핑이 1980년에 제시했다는 3단계 발전 전략은 대담한 개혁개방을 통해 1980년대 말까지 1980년 국민총생산액의 2배를 달성하여 모든 인민들이 배부르고 따스한 수준, 즉, 원바오(溫飽) 수준에 도달하는 것을 1단계 발전의 목표로 하였다. 그리고 1990년대 말까지 다시 국민총생산액을 2배 이상 증대해서 국민들이 의식주 문제에 구애받지 않고 어느 정도 여가생활을 즐길 수 있는 샤오캉(小康) 수준에 도달하는 것을 2단계 발전의 목표로 설정하였다. 3단계 발전은 건국 100주년이 되는 2049년까지 1인당 국민총생산량이 중진국 수준에 도달하는 것을 목표로 하고 있었는데, 2001년 현재 1978년의 국민총생산액의 4배 이상의 성장을 기록함으로써 원바오와 샤오캉 수준에 도달하는 데 성공했다는 것이다.[18]

〈표 1-2〉 개혁개방 이후 중국의 고도성장 (1985~2004)

(단위: %)

	1985~1994년 10년	1995~2004년 10년
중국	10.2	8.2
개도국 평균	5.1	5.1
세계 평균	3.2	3.6

출처: IMF, *World Economic Outlook*, 2004.

---

18) 朱鎔基, "關于國民經濟和社會發展第十個五年計劃綱要的報告,"『人民日報』(2001/03/17).

이처럼 중국의 개혁정치는 1979년 이후 현재까지 약 25년간 우여곡절은 많았지만, 경이적인 경제발전을 달성한 것은 부인할 수 없다. 〈표 1-2〉는 중국이 개혁개방 시기에 세계에서 그 유례를 찾아 볼 수 없는 고도의 경제성장을 기록하고 있음을 보여주고 있다.

이와 같은 중국의 경이적인 경제발전은 시장경제를 도입하고 미국과 서방세계가 주도하는 세계 경제에 적극적으로 참여함으로써 얻어진 것이다. 따라서 중국이 지속적인 경제발전을 추진하기 위해서는 미국과 서방세계와의 우호적 관계가 계속되어야 하며, 안정적인 국제환경이 보장되어야 한다. 따라서 중국이 상당 기간 국제사회에서 안정과 평화를 강조할 것이라는 점은 중국의 발전이 가져다준 긍정적 효과라고 할 수 있다. 또한 세계 각국과의 교역을 확대해 가는 것이 중국 경제에 유리할 뿐만 아니라, 동시에 중국의 교역 상대국에게도 유익하다는 점에서 중국 경제의 비약적인 발전은 중국 사회의 안정과 국제정치의 안정, 그리고 세계 경제의 발전에 기여한다고 할 수 있다.

그러나 또 한편 영토와 인구 면에서 이미 무시할 수 없는 대국인 중국이 급속도의 경제발전을 통해 경제대국으로 성장하고, 막강한 경제력을 바탕으로 군사적·정치외교적 영향력을 확대하면서 국제사회에서 새로운 강대국으로 등장하는 것에 대하여 이웃 국가들이 불안과 위협을 느끼게 되는 것도 피할 수 없는 현상이다. 특히, 소련이 붕괴한 이후 거의 세계 유일의 패권국가로 남아 있는 미국에게 부강한 중국은 잠재적인 도전자이며 경쟁자이지만, 동아시아에서 영향력을 확대하려는 일본에게 부강한 중국의 등장은 심각한 위협이 아닐 수 없다. 이런 점에서 미국과 일본에서 특히 중국위협론이 심각하게 제기되고 있는 것도 놀라운 일은 아니다. 그렇다면 미국과 일본 등지에서 제기되고 있는 중국위협론의 실체는 무엇인가?

(2) **탈냉전시대 중국위협론의 실체**

이미 잘 알려진 바와 같이 1972년 닉슨(Richard Nixon)의 중국 방문과 상하이(上海) 공동성명의 발표를 계기로 미국과 중국은 소련 견제라는 전략적 공동 목표를 바탕으로 긴밀한 협력관계를 발전시켰다. 그러나 1989년 동구의 몰락과 1991년 소련의 해체 등으로 소련 견제를 위한 중국의 전략적 효용가치가 감소된 반면, 1989년 천안문 사태로 중국적 사회주의에 대한 혐오감이 서방세계에서 확산되면서 미국과 일본 등 일부 서방 세계에서는 중국을 경쟁자로 인식하고, 중국에 대해 경계심을 표출하는 중국위협론이 제기되기 시작하였다. 특히, 1990년대에 중국 경제의 고도성장이 계속되고, 부국강병을 주장하는 중화민족주의 정서가 확산되면서 서방세계 일부에서 제기하는 '중국위협론'은 더 많은 설득력을 가진 것 같이 보였다. 과연 중국은 21세기에 경제대국, 군사대국, 정치대국으로 등장하여 아시아에서 미국과 일본 등과 맞서 패권을 다투게 될 것인가? 미국과 일본, 그리고 서구 사회에서 제기하고 있는 중국위협론의 실체는 무엇인가? 이런 질문에 대한 해답을 찾기 위해서는 중국위협론의 경제적·군사적·중화민족주의적 배경을 살펴볼 필요가 있다.

① **중국의 경제대국화와 중국위협론**

서방세계에서 중국위협론이 제기된 것은 역사적으로 상당히 오래된 것이었다. 나폴레옹이 중국을 '잠자는 거인'으로 지칭한 이후에도 중국에 대한 서방세계의 우려는 기회가 있을 때마다 여러 가지 형태로 표출되었다. 그러나 현재적 형태의 중국위협론은 천안문 사태 이후 중국의 지속적인 고도성장과 경제대국화에 대한 예측을 바탕으로 제기된 것이다. 즉, 중국 경제가 앞으로도 지금과 같은 고속 성장을 계속한다면 멀지 않은 장래에 경제규모 면에서 일본과 미국을 제치고 제1의 경제대국으로 등장하게 될 것이라는 일부 서방 경제전문가들의 예측이 각종 중국경계론을 촉발시켰다는 것이다. 이를테면, IMF는

1993년 보고서에서 중국의 GNP를 구매력 기준으로 계산하여 현재 중국 경제는 규모면에서 이미 세계 3위의 경제이며, 2015년경에는 일본과 미국을 추월하여 세계 최대 규모의 경제대국으로 성장할 것이라고 예측하였다.[19]

이처럼 GNP를 구매력 기준으로 계산할 때 1997년 현재 중국의 경제 규모는 3조 3,770억 달러로, 이는 미국의 GNP 7조 7,830억 달러보다는 작지만, 일본의 GNP 3조 760억 달러를 추월한 것으로 중국이 세계 2위의 경제대국이 되었음을 의미한다. 구매력 기준이 아닌 정상적 방식으로 GDP를 산출한 결과를 보더라도 중국이 이미 상당한 규모의 경제대국으로 성장하고 있는 것을 확인할 수 있다. 최근 전국적인 경제통계 조사를 실시한 후 중국 통계국이 수정 발표한 자료에 따르면, 지난 10차 5개년 계획 기간인 2001~2005년에 중국의 GDP의 평균성장률은 9.0%를 상회하였고, 2005년 현재 중국의 GDP는 1조 9,317억 달러로, 경제 규모의 측면에서 이탈리아를 추월해 세계 6위로 올라섰고, 2조 1,330억 달러인 4위의 영국, 2조 463억 달러인 프랑스를 추월하는 것도 시간문제라고 주장하였다.[20] 세계은행의 2004년 발표에 따르면, 경제규모(GNI) 면에서 세계 1위는 역시 미국이고, 2위는 일본, 3위는 독일이고, 중국은 GNI가 1조 2,340억 달러로 6위였다. 그러나 구매력평가(PPP) 환율로 환산하면, 세계 1위는 역시 미국이지만, 중국이 세계 2위의 경제대국이라고 한다.

이처럼 중국은 지난 25여 년간 세계 최고 수준의 고도성장을 기록하였으며, 이러한 고도성장의 추세가 계속된다면 최소한 경제규모의 측면에서는 금세기 안에 세계 제일의 경제대국이 될 것이라는 전망이 나오고 있다. 아래의

---

[19] 서방세계에서 처음으로 중국위협론이 제기된 데는 IMF와 세계은행 등이 중국 경제 규모를 구매력 기준으로 재산정하여 발표하면서 촉발되었다고 할 수 있다. 이와 관련해서 International Monetary Fund, *World Economic Outlook* (May, 1993); World Bank, *Economic Trends in Developing Countries* (Washington D. C., 1993); *World Development Report, 1996* (New York: Oxford University Press, 1996) 참조.
[20] 2001~2005년의 경제개발 5개년계획 기간의 경제적 성과에 대한 통계는, "Looking at China's progress in the past five years," *People's Daily* (January 6, 2006) 참조.

〈표 1-3〉에서 보여 주고 있는 바와 같이 일부 서방의 경제 전문기관의 계산에 따르면, 중국의 국민총생산량은 2005년에 이미 세계 4위를 기록하였고, 2010년이면 세계 3위, 2020년에는 세계 2위, 그리고 마침내 2041년에는 세계 제1위의 경제규모가 될 것이라고 예측되고 있다.

〈표 1-3〉 2050년까지의 성장 전망과 위상 변화

(단위 : 10억 달러)

	중국	미국	일본	독일	영국	프랑스
2000	1,078	9,825	4,176	1,875	1,437	1,311
2005	1,724	11,697	4,427	2,011	1,688	1,489
2010	2,998	13,271	4,601	2,212	1,876	1,622
2020	7,070	16,415	5,221	2,524	2,285	1,930
2030	14,312	20,833	5,810	2,697	2,649	2,267
2040	26,439	27,229	6,039	3,147	3,201	2,668
2050	44,453	35,165	6,673	3,603	3,782	3,148

출처 : Goldman sachs, "Dreaming with BRICS : the Path to 2050," *Global Economics Paper* No. 99 (October, 2003), p. 9 도표 재구성.

물론 경제적 차원에서 중국위협론을 제기하는 사람들이 단순히 경제규모만을 강조하고 있는 것은 아니다. 중국위협론의 저변에는 오히려 중국 경제의 경쟁력이 날로 증가하면서 중국 경제가 자국의 중요한 경쟁자로 등장하고 있다는 인식이 자리잡고 있다. 이런 점에서 일본 경제산업성이 발표한 『2001년판 통상백서』(2001年版 通商白書)는 여러 가지로 시사하는 바가 많다.

사실 지금까지 경제적인 측면에서 거의 모든 전문가들은 아시아에서 일본의 지도적 역할을 의문 없이 인정하였고, 중국 경제가 일본경제의 경쟁 대상이 되기에는 상당한 시간이 필요하다는 데 이론이 없었다. 그런데 일본의 경제침체가 계속되고, 중국의 비약적인 경제발전이 지속되자, 중국 경제의 추월가능성에 대한 경계심이 점차로 대두하였다. 2001년 통상백서가 바로 그런 중국경계론을 표출하였다. 2001년 통상 백서에 따르면, 일본 경제는 "자기혁신 능력을 상실했다"고 분석하면서 일본이 아시아 경제를 주도하던 '기러기형 발전'의 시대는 끝났고, 이제부터 아시아 각국이 치열한 경쟁을 벌이는 '대경쟁의 시대'에 돌입했다고 선언하였다. 2000년까지만 해도 중국을 '동아시아 고도 성장 국가 중 하나' 정도로 취급하던 일본은 중국 경제의 급부상과 질적 발전에 주목하면서 일본 경제의 라이벌로 중국 경제를 인식하기 시작하였다. 따라서 백서는 중국형 성장 시스템의 구조와 현상에 대해 자세히 분석하면서 "높은 기술력이 필요한 정보기기 산업, 일본의 독무대였던 첨단산업 분야에서도 급속히 경쟁력을 붙여가고 있다"고 지적하면서 '세계의 공장'으로서 중국의 등장에 대한 경계심을 노골적으로 표출하였다.[21]

이와 같은 경제적 경쟁 상대로서의 중국에 대한 경계심은 한국이나 주변 국가들에게서도 제기되고 있다. 예를 들어 대한상공회의소가 전국 275개 제조업체를 대상으로 '중국의 기술 추격과 업계 대응실태'를 설문조사한 결과, 상당수의 업체는 중국 경쟁 업체와의 기술 격차를 평균 4.6년으로 보고 있으며, 중국의 기술 추격에 별다른 대책을 마련하지 못하고 있다고 인정하였다.[22] 사실 경제 전문가들은, 중국의 급성장으로 한국을 비롯한 동아시아 국가들이 급속히 수출경쟁력을 잃어 가고 있다고 우려하고 있다. 현재 중국의 노동비용은 동아시아 국가들의 1/8~1/10 수준에 불과하고, 중국도 다른 동아시아 국가들처럼 이미 진입장벽이 높은 생명과학 등 신기술 개발에 착수하여 경쟁력을 갖추고 있다는 것이다. 따라서 이러한 중국의 부상에 제대로 대응하지 못하면, 중국 경제가 한국을 비롯한 다른 동아시아 국가들을 추격 발전할 것이라는

---

[21] 일본 경제산업성이 발표한 『2001년도 통상백서』 전문은 경제산업성 웹사이트(http://www.meti.go.jp/report/whitepaper)에서 찾아 볼 수 있다. 2001년 당시 한국과 중국의 언론들은 백서의 주요 내용을 발췌 소개했다. 이를테면 중국의 『인민일보』는 "日本頭雁逐漸落伍亞洲進入大競爭時代"라는 제목의 긴 해설기사를 게재, 관심을 표명했다. 『人民日報』(2001/05/30) 참조.
[22] 대한상공회의소 설문조사 결과에 대한 개략적인 보도내용은, 『중앙일브』(2006/02/01) 참조.

전망도 나오고 있다.23)

이처럼 중국이 개혁개방 이후 가장 빠른 경제성장을 기록하면서 규모의 면에서 세계 최대의 경제로 발전하고, 공업 대국, 공업 강국의 모습을 보여주고 있는 것도 사실이다. 그러나 반대로 이러한 중국의 경제력이 과대평가되고 있다는 주장도 있다. 이를테면, 영국의 저명한 중국전문가 세갈(Gerald Segal)은 중국의 경제규모가 1997년을 기준으로 세계 전체 GNP의 3.5%에 지나지 않으며, 구매력 기준으로 환산해 보아도 세계 전체 GNP의 11.8%에 불과하며, 1인당 GDP의 경우 세계 65위에 그쳤다는 점을 지적하고 있다.24) 만일 여기에 통계상의 오류와 중국 금융기관이 안고 있는 부실 등을 감안할 경우 중국 경제는 일부에서 주장하는 것처럼 고도성장하는 경제 강국의 실력을 가진 위협적인 존재라기보다는 오히려 언제 붕괴될지 알 수 없는 대단히 불안정한 경제라는 비판적 평가도 존재한다.25)

물론 중국 경제의 위협을 과도하게 강조하는 것도 문제이지만, 그렇다고 해서 중국의 실력을 과소평가하거나 폄하하는 것도 경계해야 할 것이다. 아래의 〈표 1-4〉에서 알 수 있듯이, 중국이 인구와 국토, 그리고 경제규모에서 대국인 것만은 틀림없다. 그러나 1인당 GNP 등 경제력의 측면에서 중국은 미국이나 일본 등과는 상당한 실력 차이를 보이는 개발도상 국가인 것도 부인할 수 없는 사실이다. 비록 총량 규모에서 중국 경제는 앞에서 지적한 바와 같이 GDP 2조 달러를 초과해서 세계 6위로 올라섰지만, 기술과 내용 면에서

---

23) 이와 같은 경제적 차원에서 중국위협론을 제시하는 각종 보고서는 많다. 이를테면, 산업경제연구원의 이경숙, "중국 산업의 발전에 따른 위협 확대에 대비해야," 『산업경제정보』 제280호 (2005/12/01)이나 현대경제연구원의 주원, "중국 경제에 대한 의존도 급증의 위험요인과 대응 과제," 『현대경제』 No. 7 (2004년) 등 참조.
24) Gerald Segal, "Does China Matter?," *Foreign Affairs*, 78:5 (September/October, 1999).
25) 중국통계의 문제점과 중국 경제 붕괴론을 주장하는 견해에 대해서는 Joe Studwell, *The China Dream: The Quest for the Last Great Untapped Market on Earth* (New York: Atlantic Monthly Press, 2002); 邱曉華, "對中國的統計數據持懷疑態度沒有道理," 『人民日報』(2002/04/17); 荊林波, "正確評價中國的經濟狀況," 『中國經濟時報』(2002/09/28); 洪朝輝, "中國特殊論 VS. 中國威脅論, 崩潰論和奇跡論," 『多維新聞』(2005/02/05) 참조.

일본이나 독일, 영국과 프랑스 등 선진국 경제와 비교할 수 없는 수준이라는 것은 너무나 명확하다. 더구나 1인당 GNP를 기준으로 비교하면 중국의 GNP는 미국이나 일본의 그것과 비교할 수 없을 정도로 미약하며, 한국의 1인당 GNP와 비교해도 1/10 수준에 불과하다.26)

〈표 1-4〉 중국과 한국, 일본의 부문별 비교(2000년도 기준)

	현황	전 세계 비중	순위	한국과 비교	일본과 비교
인구	12.7억 명	21.0%	1위	27배	10배
국토면적	960만km²	7.2%	4위	96배	26배
GDP	1조 800억 달러	3.4%	6위	2.4배	0.24배
1인당 GDP	850달러	-	97위	0.09배	0.026배
수출	2,751억 달러	4.0%	7위	1.4배	0.57배
수입	2,260억 달러	3.2%	8위	1.3배	0.06배

최근 중국과학원은 중국 경제가 규모의 측면에서 곧 일본을 추월하고, 또 미국까지 따라잡을 수 있다고 해서 중국이 곧 선진국 대열에 합류할 수 있는 것이 아니라는 점을 부각하는 보고서를 발표하였다. 중국과학원이 작성한 『2005 중국현대화보고』(2005 中國現代化報告)에 의하면 2001년을 기준으로 중국의 경제발전 단계는 미국과 비교하면 109년, 독일과 87년, 일본과는 44년, 그리고 한국과도 25년의 차이가 있다고 한다.27)

---

26) 朱夢魁 "爲何質疑中國繁榮," 『人民日報』(2002/05/10).
27) 이런 계산은 1인당 국내총생산(GDP per capita), 농업노동력의 비중, 그리고 국내총생산(GDP)에서 농업부가가치가 점하는 비중 등 세 가지 요소를 기준으로 한 것이다. 예를 들어 2001년 현재 중국의 1인당 GDP는 3,583달러인데, 미국은 109년 전인 1892년에 이 수준에 도달했고, 동년 중국의 농업노동력 비중은 전체 50%를 차지하는데, 미국은 131년 전인 1870년에 이 수준이었고, 중국 국내총생산에서 농업분야가 생산한 부가가치 총액은 전체 15%인 데 반해 미국은 87년 전인 1914년에 이 수준에 도달했다는 것이다. 따라서 이 세 수치를 평균했을 때 중국이 미국보다 경제 현대화의 측면에서 적어도 109년 뒤떨어졌음을 알 수 있다는 것이다. 같은 방법으로 계산할 때 2001년을 기준으로 중국 경제는 일본보다 44년, 한국보다 25년 뒤처

이처럼 중국이 앞으로도 지난 25년과 마찬가지로 지속적인 고도성장을 계속할 수 있다면 경제의 양적 규모면에서 21세기 전반부에 일본과 미국 경제를 추월할 것이고, 중국 지도부가 목표로 삼고 있는 바와 같이 2050년까지 세계 제일의 경제대국이 될 수 있을 것이다. 그러나 중국과학원의 현대화 조사팀이 지적한 바와 같이 1인당 국민 총생산량이나 또 다른 경제적 기준에서 이를테면, 생산성과 효율성의 수준 등을 기준으로 평가한다면, 중국 경제는 여전히 개발도상 국가의 경제인 것도 틀림없는 사실이다. 더구나 중국 경제는 상당기간 미국이나 일본 경제와의 협력을 통해서만 발전할 수 있다는 점을 누구보다도 중국이 잘 알고 있다. 이러한 점에서 중국은 앞으로 상당기간 동안 미국이나 일본 경제에 '위협'이 되기보다는 미국-일본-서방 경제와의 '상호 협력과 호혜관계'를 강조하면서 국내 경제의 지속적 발전을 모색하려고 할 것이다.

② 중국의 군사대국화와 중국위협론

중국위협론에는 중국을 경제적 차원의 경쟁과 위협의 대상으로 인식하는 것 이상의 군사·안보적 요인이 작용하고 있다. 중국이 고도성장의 경제력을 토대로 지속적으로 군비를 확충하고 군 현대화를 추진하여 지역 강대국으로 등장하려는 것에 대한 경계심과 의구심이 있다. 특히, 21세기에 군사적 분쟁이 발생할 위험성이 가장 높은 지역인 동아시아 지역에서 중국은 미국의 최대 도전국가가 될 것이라고 지적하면서 중국이 군사 강대국으로 등장하여 이 지역의 안정을 위협할 위험성에 대비해야 한다고 주장하기도 한다.[28] 미국 국방

져 있다는 것이다. 이와 같이 지난 300년 동안 세계 경제의 현대화 과정을 정리하여 131개 국가가 지난 52년 동안 경제 방면에서 이룩한 성과를 비교 평가하고, 이를 기초로 중국의 경제 현대화가 안고 있는 과제를 제시한 보고서는 중국과학원 산하의 중국현대화연구중심(中國現代化硏究中心)의 중국현대화전략연구과제조(中國現代化戰略硏究課題組)가 편찬한 『2005 中國 現代化報告』(北京大學出版部, 2005)로 출판되었다.
[28] Zalmay Khalilzad, et. al., *The United States and Asia: Toward a New U.S. Strategy*

성이 조사 발표한 2003년 중국 군사력 연례보고서(이하 보고서)에 따르면, 현재 중국은 주로 무역과 기술 분야에서 미국과의 교류를 통해 기회와 이득을 얻고 있지만, 중국은 분명히 장기적인 관점에서 미국을 주요한 도전 상대로 믿고 있다고 강조하면서 중국의 군비 증강과 군사력 현대화에 주목해야 한다고 경고하고 있다.

보고서에 따르면, 중국은 천안문 사건 이후 지금까지 계속 국방예산을 두 자리 수로 증액하고 있는데, 중국의 실제 국방예산은 중국 정부의 공식 발표 액수보다 훨씬 더 많을 것이라 주장한다. 2002년 국방예산의 경우 공식 발표된 2백억 달러보다 몇 배 더 많은 450억 달러에서 650억 달러에 이를 것으로 추정하면서, 이러한 증가 추세에 비추어 볼 때 그 액수는 2020년에는 3~4배로 늘어날 것으로 예측된다고 지적하였다. 이와 같이 많은 군사비 증액을 통해 중국군의 현대화와 무기 첨단화가 추진되고 있다면서, 보고서는 현재 중국은 350개의 탄도미사일을 보유하고 있으며, 이를 매년 50개씩 증강하고 있다고 주장하면서 "탄도미사일의 정확성과 파괴력이 매우 향상됐다"고 평가하였다. 보고서는 이러한 중국의 무기 증강의 주된 이유를 미국의 대만문제 개입을 막기 위한 전략에서 찾고 있지만, 이 정도 수준의 전력이면 대만뿐만 아니라 미국도 위협할 수 있다고 주장하였다.29) 2005년에도 미국 언론은 미 국방성의 비밀보고서를 인용하여 중국의 해군력 강화에 주목하면서 중국의 군사력이 태평양에서 미국의 우월적 지위를 위협하고 있다고 주장하였다.30)

---

    and Force Posture(Rand: MR-1315-AF, 2001).
29) 미 국방성이 매년 미국 의회에 중국 군사력 현황에 대한 보고서를 제출하고 있는데, 2003년판 전문은 인터넷으로 받아 볼 수 있다. US Defenselink, *Annual Report on the Military Power of the PRC* (http://www.defenselink.mil/pubs/20030730chinaex.pdf).
30) 『뉴욕타임즈』는 2005년 2월 18일 "Rumsfeld Warns of Concern About Expansion of China's Navy"라는 기사를 게재하여 중국의 해군력 강화에 대한 미국 정부의 우려를 제기하였고, 2005년 4월 8일에는 "Chinese Navy Buildup Gives Pentagon New Worries"라는 제하의 기사에서 중국의 해군력 강화가 태평양에서 미군의 작전에 도전 요인이 될지도 모른다는 국방성의 비밀보고서를 인용 보도하였다.

일본 역시 중국의 군사력 현대화에 대하여 우려를 표명하고 있다. 일본은 이미 2001년 『방위백서』에서 중국의 미사일 현대화와 해군력 강화 등을 거론하면서 중국위협론을 제기한 바 있다. 일본의 유력한 야당인 자유당의 오자와 이치로(小澤一郞) 당수는 "중국과 북한이 속해 있는 동북아시아는 세계에서 가장 불안정한 지역이며 중국은 미국에 이어 초강대국이 되기 위해 군사력 확장을 꾀하고 있다"고 주장하면서, 중국이 지나치게 군사력을 확충할 경우 일본이 핵무기를 제조하여 중국의 군사력을 손쉽게 능가할 수 있다고 역설하여 파문을 일으키기도 하였다.31) 또한 일본은 2004년 "신방위대강"(新防衛計劃大綱)을 마련하면서 처음으로 중국 위협을 명기하여 중국에 대한 경계심을 노골적으로 표현하기도 하였다.32)

이처럼 미국과 일본의 전략가들과 정치인들이 중국의 군사대국화 위험성을 경고하고 나서는 배경에는, 지금 당장 군사적으로 미국이나 일본에 도전하는 것은 아니지만 앞으로 최소한 아시아에서 미국의 패권적 지배에 도전할 수 있는 잠재력을 가진 국가로서 중국을 경계하는 인식이 자리 잡고 있다. 물론 중국의 군사적 위협에 대한 이런 인식은 다소 과장된 측면이 많다. 그러나 중국의 군사비 증강과 군 현대화 노력이 이들의 경계심을 촉발시키고 중국위협론을 합리화시키는 요인으로 작용하고 있는 점도 있다.

중국은 지난 1989년 천안문 사태 이후 공식 국방예산의 두 자리 수 증액을 계속하고 있다.33) 아래의 〈표 1-5〉에서 알 수 있는 바와 같이 지난 1990년대 후반 이후 중국은 고도 경제성장과 더불어 꾸준히 국방예산의 증액을 추진해 왔다.

---

31) 일본 방위청의 『2001年版 日本の防衛』(防衛白書)에 대한 해설기사는 『讀賣新聞』(2001/07/06) 참조.
32) 일본의 2004년 "신방위대강"의 내용을 개략적으로 소개한 기사로는 "新防衛計劃大綱을 決定 自衛隊の海外派遣「本來任務」に,"『朝日新聞』(2004/12/10) 참조.
33) 1989년 이후 중국의 국방정책과 국방예산 증액에 대한 자료는 國務院 新聞辦公室, 『2000年 中國的國防: 白皮書』(北京: 2000年10月16日) 참조.

〈표 1-5〉 최근 중국의 국방 예산 (1997~2005)

국방예산	1992	1998	2000	2001	2002	2003	2004	2005
(억 위안)	370	935	1,213	1,410	1,660	1,853	2,065	2,477
(억 달러)	4.5	11.3	14.6	17.0	20.0	22.4	25.0	29.9
전년대비 증가율 (%)	13.8	-	14.6	17.0	20.0	22.4	25.0	20.9
GDP 성장률 (%)	12.8	7.8	8.4	8.3	9.1	10.0	10.1	9.9

출처: Global Security, *China's Defense Budget*; 중국 국가통계국의 『제1차 전국경제조사보고서』.

그런데 서방의 군사 전문가들에 의하면 중국의 실제 국방비는 공식적으로 발표되고 있는 국방예산의 약 4배에서 7배 수준에 이를 것이라고 지적하고 있다. 따라서 이렇게 계산할 경우 중국의 군사비는 미국과 비슷한 GNP 대비 3.5%에 달하며, 실질 구매력으로 환산하면 그 규모는 아시아 최대라고 주장하는 학자들도 있다. 물론 외부 군사 전문가들의 이러한 계산법에 대하여 중국측은 강력히 반발하고 있다.

중국은 공식적으로 1999년 현재 중국의 국방비 비중은 GNP 대비 1.31%에 불과하며, 이것은 미국과 한국의 국방비 비중인 3.0%와 2.8%에 훨씬 못 미치는 것이라는 입장이다. 또한, 〈표 1-6〉에서 볼 수 있는 것처럼 중국의 국방비는 그 절대 액수에서 미국이나 일본과 비교할 수 없을 정도라고 강변하고 있다. 즉, 절대 액수의 차원에서 2002년 현재 미국 부시 행정부는 약 3,790억 달러의 국방예산을 의회에 요청했고, 일본은 450억 달러의 국방예산을 책정하고 있지만, 중국의 국방예산은 겨우 200억 달러에 불과하다는 주장이다. 또한, 중국이 국방예산을 증액하는 이유는 대부분 국민들의 생활수준 향상에 부응한 병사들의 처우 개선 등을 위한 것이며, 일부만이 인민해방군의 현대화를 위한 증액이라고 주장하고 있다.[34]

---

34) 국방예산의 증액 배경에 대한 공식 입장에 대해서는, 項懷誠, "關于2001年中央和地方預算執行情況 及2002年中央 和地方預算 草案的報告,"『人民日報』(2002/03/06) 참조.

결국, 중국은 국방예산의 증액을 부인하지 않으면서도 그 이유는 중국이 군사적으로 미국이나 일본에 대항하고 강대국으로서 중국의 영향력을 확충하려는 데 있지 않고, 동아시아 지역에서의 미국이나 일본 등의 군비 증강에 대한 최소한의 방어체제를 유지하려는 데 있음을 강변하면서 자국의 군사비 증강이 방어적·수동적 대응임을 강조하고 있다. 미국의 민간단체인 외교관계협의회(Council on Foreign Relations)의 중국 군사력에 대한 2003년 보고서에서도 중국의 군사력 수준이 동아시아에서는 지배적 군사력이라고 할 수 있지만, 미국보다 20년은 뒤떨어진 상태라면서 중국의 군사대국화에 대한 지나친 과잉 반응을 경계하기도 하였다.[35]

〈표 1-6〉 중국과 동북아 국가들의 국방비 증가 추세 (1998~2002)

(단위: 10억 달러)

	2002	2001	2000	1999	1998
중국(예산안)	20.0	17.0	14.5	12.6	11.0
중국(실질경비)		40.4	45.6	40.8	37.5
대만		8.2	12.8	15.0	14.2
한국		11.8	12.8	12.0	10.2
북한			2.2	2.1	2.0
일본	45.0		45.6	40.8	37.5
미국	379.0				

출처: Anthony H. Cordesman, *The Asian Conventional Military Balance in 2002: Northeast Asia* (CSIS, 2002), p. 6; "China Raises Defense Budget Again," *Washington Post* (March 5, 2002).

---

[35] Harold Brown and Joseph Prueher et. al., *Chinese Military Power* (Council of Foreign Relations, 2003) (http://www.cfr.org/publication/5985/chinese_military_power.html?breadcrumb=default) 참조.

③ 중화민족주의와 중국위협론

중국위협론의 배경으로 앞에서 지적한 바와 같이 중국의 급속한 경제발전과 군사력 강화와 같은 구체적 조건을 지적할 수 있지만, 경제발전이나 군비증강 자체가 곧 중국의 팽창정책이나 공격성을 증명하는 것은 아니다. 첸치천(錢其琛)이 지적한 바와 같이, 고도성장을 하고 있는 나라가 공격적인 나라라고 주장할 수 있는 근거는 없다. 2차 대전 후의 일본이나 독일처럼 경제적 번영을 구가한 나라들은 모두 평화지향적이었고, 반대로 제정 러시아와 나치스 독일은 경제위기나 경제 침체기에 팽창적이고 공격적인 대외정책을 추구했다는 점을 고려한다면, 중국이 경제발전을 거듭할 때보다 오히려 경제가 실패하고 좌절할 때 위협적일 수 있다.36)

사실, 중국위협론자들이 주목하고 있는 것은 중국의 경제발전이나 군비증강 그 자체라기보다는 중국인들 사이에서 확산되고 있는 중화민족주의의 도발적 성향이라고 하겠다. 다시 말해서, 경제발전과 현대화가 성공적으로 추진되면서 어느 정도 민족적 자신감을 회복하고, 이에 따라 아편전쟁 이후 과거 100년간 중국이 경험했던 굴욕과 치욕의 역사에서 벗어나 중국의 독자적이고 자주적인 지위와 역할을 회복해야 한다는 중화민족주의적인 정서가 확산되면서 중국이 미국과 일본 등 서방세계에 대해 비판적인 자세로 돌아서고 있다는 것이다. 특히, 1990년대 중국의 지식인 사회에서는 중국의 전통가치를 비판하고 서구적 가치와 문화에 대한 전면적 수용을 주장했던 급진 개혁파들의 영향력이 위축된 반면, 유교와 같은 중국의 전통문화와 가치를 '재발견'하고, '민족자존'(民族自尊)을 강조하면서 '미국에 대해서 아니오라고 말할 수 있는 중국'이 되어야 한다는 중화민족주의 정서가 확산되고 있음을 지적하면서, 이 때문에 중국은 앞으로 미국 등 서방세계에 대하여 위협적이고 도전적인 세력이 될

---

36) Qian Qichen, "Will Fast Economic Growth Lead to External Expansion?," *People's Daily* (April 22, 2002).

것이라고 경고하는 주장이 강하게 제기되고 있다.37)

중국위협론자들은, 이처럼 국력이 신장됨에 따라 강대국으로서 자국의 권익을 추구하는 과정에서 중국이 현재의 타협적이고 안정지향적인 자세를 견지하기보다는 도전적이고 공격적인 자세로 전환할 개연성이 높다는 점을 우려하고 있다. 특히, 이들은 중국의 전통적인 '전략문화'와 현실주의적 정치관이, 힘의 사용의 억제보다는 오히려 힘을 통한 정치적 목적 추구를 현실 정치의 속성으로 파악하고 있기 때문에 국제적 분쟁 과정에서 정책수단으로 힘을 사용하는 것을 자연스러운 선택지로 보는 경향이 있음에 주목하고 있다. 따라서 중국은 힘의 균형이 자신에게 유리하다고 판단되면 힘을 통한 국익 추구도 불사할 것이라고 주장한다.38)

물론 이러한 주장에 대해 중국은 강력하게 반론을 제기하고 있다. 그와 같은 중국위협론의 논리는 갈등보다는 조화와 안정을 추구하는 중국의 전통문화와 가치에 대한 몰이해에서 비롯된 것이고, 이는 평화와 발전을 강조하는 중국의 대외정책에 대한 심각한 왜곡이라고 반발하고 있다. 일부 중국 학자들은, 중국의 전통문화는 소농경제를 물적 토대로 하여 형성되었기 때문에 기본적으로 내향적이고 방어적인 특징을 띠고 있으며 역사적으로도 중국 민족이 세계에서 가장 평화적이고 안정지향적인 민족임을 증명할 수 있다고 주장한다.39) 특히, 개혁개방 이후 중국은 경제발전과 현대화를 국가의 최고 최대의 목표로 설정하였고, 2050년까지 중진국 수준의 경제발전을 실현하기 위해 누구보다도 평화와 안정을 강조하고 있으며, 적극적으로 세계 경제와 국제기구

---

37) Yongnian Zheng, *Discovering Chinese Nationalism in China: Modernization, Identity, and International Relations* (Cambridge University Press, 1999).
38) Alastair I. Johnston, *Cultural Realism: Strategic Culture and Grand Strategy in Chinese History* (Princeton: Princeton University Press, 1995).
39) Mark Burles and Abram N. Shulsky, *Patterns in China's Use of Force: Evidence from History and Doctrinal Writings (Rand: MR-1160-AF, 2000)*; 林治波, "中國是一個威脅嗎?," 『人民網』(2001/03/29)(www.people.com.cn).

에 참여하고 있다는 주장이다.

(3) 중국은 위협인가 기회인가

앞에서 설명한 것처럼 중국은 개혁개방 이후 비약적으로 발전하는 경제발전을 기초로 종합 국력을 축적해 가면서 경제대국, 군사대국, 그리고 정치외교 대국으로 등장하고 있다. 이와 같은 중국의 등장은 과장된 측면도 있지만, 중국의 경제적 토대와 군사력, 그리고 지정학적 위치를 고려하면 강대국으로서의 영향력을 무시할 수 없다. 특히, 동아시아에서 중국의 영향력은 모든 분야에서 놀라운 속도로 확산되고 있기 때문에 이 지역의 기득권 세력인 미국과 일본이 경계하는 것은 충분히 예상할 수 있는 것이다.

일반적으로 새로운 강대국의 등장은 필연적으로 기존 세력구도의 변화를 초래하며, 그런 세력균형이 재편되는 과정에서 강대국의 갈등과 대결을 잘못 처리하면 전쟁이라는 파국적 현상을 촉발시키는 사례가 많았다. 나치 독일과 일본 제국이 새로운 강대국으로 등장하면서 세력 개편 과정에서 기득권 세력과의 충돌이 2차 대전으로 확산된 것처럼, 중국이 강대국으로 등장하는 과정에서도 신흥 강대국인 중국과 기득권 세력인 미국과 일본이 정면으로 충돌하는 불행한 사태가 재연될 것인가. 부강한 중국은 미국과 일본의 기득권을 위협하고, 기득권 세력은 신흥 강대국을 포용하지 못함으로써 신·구세력의 대결과 충돌이 재발할 것이라는 위험도 부인할 수 없다.

그러나 21세기 탈냉전의 시대적 여건과 중국 발전의 배경과 논리를 고려하면 부강한 중국의 등장은 '위협'이기보다 '기회'의 측면이 많다. 다시 말해 신흥 강대국의 등장 과정이 과거의 역사와 다르게 전개될 수 있다는 것이다. 우선 탈냉전시대는 실용주의적이고 실리 중심의 사고가 우선되는 시대이기 때문에 이익에 기초한 윈-윈 게임이 가능하다는 데 주목할 필요가 있다는 것이다.

이런 점에서 신흥 강대국인 중국과 기득권 세력인 미국이나 일본이 모두 실리를 중심으로 협상과 타협을 통해 윈-윈 게임을 전개할 수 있기 때문에 갈등의 평화적 해결이 가능하다는 것이다. 특히 경제적인 측면에서 중국의 발전은 미국과 일본, 그리고 세계 경제의 발전에 연동되어 있고, 또한 미국이나 일본, 그리고 세계 경제도 중국 경제의 발전으로부터 혜택을 받고 있기 때문에 경제 영역에서 중국은 위협이라기보다는 기회라고 할 수 있다. 정치외교적인 차원에서도 중국은 상당기간 힘의 사용을 자제하고 책임 있는 강대국으로 국제사회의 평화와 안정을 보장하려고 할 것이기 때문에 중국은 역시 국제질서에 대한 위협이 아니라 기회라고 할 수 있다.

이처럼 중국이 책임 있는 강대국으로서 국제사회의 안정과 평화를 보장하는 데 기여할 것이라고 판단하는 이유는 중국 민족의 평화지향성과 아무 관계가 없다. 사실, 앞으로 다시 언급하겠지만, 중국의 전통적 전략문화에는 힘의 사용을 정당화하는 성향이 있다. 따라서 전통적 전략문화와 권력정치적 성향을 고려하면 오히려 중국의 대외정책은 호전적인 경향을 보이기 쉽다. 그럼에도 불구하고 탈냉전과 개혁개방 이후 중국과 국제사회는 경제발전을 중시하는 경향이 지배적이었고, 경제발전을 추진하기 위해서는 국제사회의 안정과 평화가 필요하다는 전제가 있었기 때문에 중국은 물론 다른 강대국들도 전쟁보다는 평화를 선호하였다. 따라서 중국이 경제발전과 현대화를 국가의 최고 목표로 설정하고, 이를 실현하기 위해서 자본주의 시장경제와 개혁개방정책을 지속적으로 추진하는 한 중국은 위협이라기보다 기회라는 것이다.

제2장

중국 대외정책: 이론과 실제

> 이 단원에서는 중국의 대외정책을 이론적 차원에서 어떻게 접근할 것이며, 일반 국제관계 이론이 중국의 대외정책을 얼마나 적실성 있게 설명하고 예측할 수 있는가를 검토해 본다. 따라서 먼저 (1) 정책 결정 과정에 대한 일반이론을 간단히 소개하면서 외교정책론 전체의 구성을 파악할 수 있게 하며, (2) 대외정책에 영향을 주는 국내적·국제적 요인을 각기 구조결정론과 행위자 중심 논의 입장에서 검토하면서, (3) 연계이론의 관점에서 국제·국내정치의 상호 침투와 상호 영향을 밝히고, (4) 중국 대외정책에서 이론과 실제의 문제를 개괄한다.

1. 정책 결정 과정에 대한 일반이론

흔히 행태주의 사회과학에서는 인간의 행동을 의식적·의도적 행동과 무의식적 행동으로 구분하고, 경험과학의 탐구 대상을 인간의 의식적·의도적 행동에 집중해야 한다고 주장한다. 왜냐하면 의식적·의도적 행동만이 경험적으로 탐구하고 확인할 수 있기 때문이다. 따라서 이들은 인간의 행동이란 행위자의 의도와 의지의 표현이며, 따라서 일정한 조건에서 행위자의 목표와 가치, 의도를 구현하기 위해 행위자가 선택한 합리적 행동이라고 정의하고 있다.

여기서 인간의 의식적·의도적 행동 및 행태에 대한 행태주의의 정의를 간단하게 소개한 이유는 행태주의 인식론을 설명하려는 것이 아니고, 인간 행동에 대한 행태주의적 정의를 원용해서 국가라는 행위자의 행동 프로그램, 즉, 정책을 정의하고, 또한 행태주의에서 개발한 '투입-산출' 모델을 통해서 대외정책 결정 과정을 설명하는 것이 유용하다고 생각하기 때문이다. 다시 말해서 '정책'을 국가라는 행위자의 행동 프로그램이라는 관점에서 파악한다면, 정책은 '일정한 조건에서 행위자가 자신의 목표와 가치, 이익을 추구하기 위해 선택한 합리적 행동'이라고 정의할 수 있으며, 국가의 대외정책이란 결국 국가라는 행위자 스스로 중요하다고 생각하는 목표와 가치, 이익을 실현하기 위해 외부 환경과 다른 외부 행위자의 행동 방향에 영향을 미치려고 하는 선택된 행동 프로그램이라고 정의할 수 있다는 것이다. 이런 관점에서 사무엘 킴(Samuel Kim)은 중국의 대외정책을 다음과 같이 정의하였다.

> "분석적 목적을 위해 중국의 대외정책을 어떤 가치와 이익, 목표를 추구하기 위해 국제환경이나 다른 국제적 행위자들의 행위에 영향을 미치려는 의도를 가진 합목적적 대외 행동과 활동의 총합이라고 정의할 수 있다(For analytical purposes, Chinese foreign policy may be defined as an aggregate of purposeful external actions and activities designed to affect the international situation or behavior of other international actors in the pursuit of some values, interests, or goals)."[1]

이처럼 국가의 대외정책을, 주어진 조건과 환경에서 행위자인 국가가 특정한 목표와 가치, 이익을 실현하기 위해 다른 행위자들의 행동이나 주변 상황에 영향을 끼치려고 하는 대외지향적 행동이라고 정의할 수 있고, 또 이런 대외정책 결정 과정도 투입-행위자-산출(Input-Actor-Output)의 모델로 설명할 수 있다

---

[1] Samuel S. Kim, "Chinese Foreign Policy in Theory and Practice," in Kim ed., *China and the World : Chinese Foreign Policy Faces the New Millennium: Fourth Edition* (Westview Press, 1998), p. 11.

는 것이다. 이런 경우에 모든 국가가 공통적으로 추구하는 대외정책의 목표란 결국 생존(Survival)과 번영(Prosperity), 그리고 영향력의 확대(Prestige)라고 설정할 수 있다.

즉, 국가이든 개인이든 1차적인 활동의 목적은 자신의 생존에 있다고 할 수 있고, 그 다음으로 중요한 것은 물질적·경제적 욕구를 충족하기 위한 경제 발전이나 번영을 모색하는 것이라는 데 이론이 없을 것이다. 그러나 인간의 욕구 세계는 생존과 번영만으로 만족할 수 없고, 나름대로 정치사회적 지위를 가지고 대접받고 싶어 하며, 영향력을 추구하는 것이 보편적 현상이라고 할 수 있다. 따라서 한 국가의 대외정책도 모든 국가 행위자들이 공통적으로 추구하는 3가지 목표, 즉, 생존(안보), 번영(경제발전), 그리고 정치적 영향력과 위신의 확대를 추구하기 위해 주어진 환경과 조건이 제공하는 기회와 제약 안에서 의도적·의식적으로 선택한 행동이라고 정의할 수 있다. 이와 같은 대외정책의 정의를 도식화하면 아래와 같다.

〈표 2-1〉 정책 결정이론

국내외 환경요인	행위자/과정	정책결과/행태
기회와 제약	외부환경인식	의도와 선택
1) 국제체제 - 구조현실주의 - 세계체제론 - 국제규범	1) 행위자의 신념체제 /인지구조	수동적 태도 도전적 태도 현상유지적 태도 적극적 태도
2) 국내체제 - 국가구조 - 사회구성 - 문화와 가치구조	2) 정책 결정 구조와 기구 - 영도중심 모델 - 집단지도체제 모델 - 관료주의 모델	

위의 표에서 보여주는 바와 같이 한 국가의 정책이란 국내외 환경으로부터 표출되는 여러 가지 형태의 자극과 요구 등의 투입으로부터 시작된다고 할 수 있다. 다시 말해서 개별 인간의 행동 선택도 그렇지만, 국가의 정책 결정도 환경적 조건과 제약 안에서 이루어진다는 것이다. 아무리 강력한 행위자라고 해도 행위자인 개별 국가들이 아무 제한 없이 마음대로 자신들이 선호하는 가치와 목표를 추구할 수 있는 것이 아니라는 것이다. 행위자들은 모두 그들의 의도와 목표가 무엇이든 일단 환경적 조건, 즉, 국내외 객관적 조건의 제약을 받지 않을 수 없다는 것이다. 그렇다고 객관적인 조건이 반드시 행위자의 행동과 국가의 정책 선택에 제약 조건으로만 작용하는 것은 물론 아니다. 경우에 따라서 객관적 조건은 우리의 선택을 제한하기도 하지만, 동시에 행위자에게 자신의 의도와 이익을 구현할 수 있는 기회를 제공하기도 한다. 그러나 기회이건 제약이건 행위자의 선택 범위는 이런 국내외 객관적 조건의 영향을 받는다는 사실을 부인할 수 없다.

이처럼 국가의 대외정책은 1차적으로 행위자인 국가의 외부에 실재하면서 행위자에게 기회와 제약을 제공하는 국제·국내 환경의 영향을 받는다. 그렇다고 국제·국내 환경의 객관적 조건이 '기계적으로' 행위자의 선택을 '결정'하는 것은 아니다. 객관적 조건과 기회는 행위자의 인지구조 및 신념체제를 통해서 인식되어야 하고, 해석되어야 하며, 그리고 행위자의 특정한 내부적 의사소통 과정을 거쳐서 일정한 행동 방향이 선택되고 결정된다고 할 수 있다. 다시 말해서 행위자인 특정 국가와 사회 내부의 조건에 따라서 정책 결정 과정에 참여하는 행위자들의 범위가 결정되고, 또 이들의 선호도에 따라서 정책 결정의 방향도 다를 수 있다는 것이다. 이처럼 정책 결정 과정에 참여하는 행위자의 수와 성격에 따라서 선택 방향도 다를 수 있기 때문에 특정한 정책을 설명하기 위해서는 누가 어떻게 정책 결정 과정에 참여하는지를 분석해야 한다는 것이다.

이와 같이 한 나라의 대외정책을 행위자인 국가가 자신을 둘러싸고 있는 국내외적인 '객관적 조건'이 제공하는 기회와 제약을 인식하고 해석하면서 자신이 선호하는 목표와 가치, 이익을 실현하기 위해 선택한 구체적 행동 프로그램이라고 정의한다면, 정책 결정 과정에 대한 분석은 행위자가 행동 프로그램을 선택하는 과정에 대한 분석과 설명이고, 또 그렇게 선택된 행동 프로그램인 정책이 어떻게 행위자의 객관적 조건과 행위자의 인지구조에 변화를 초래하게 되는 것인가를 규명하는 작업이며, 그것은 결국 행위자와 주변 환경 사이에 반복적으로 전개되고 있는 투입-산출-투입의 순환 과정에 대한 분석과 설명 작업이라고 할 수 있다.

2. 중국 대외정책의 국내외적 요인

사회과학에서 구조와 행위자의 문제는 오랫동안 학문적 쟁점의 대상이 되어왔다. 행동은 행위자의 의도와 목표를 통해서 결정되는 것인가, 또는 행위자의 의도와 목표 등 주관적 요인보다는 객관적이고 구조적인 조건에 의하여 제한되는 것인가. 구조주의적 관점에서는 객관적 조건이 부여하는 행동의 제한을 중시했지만, 행위자 중심의 논리는 행위자의 의도와 선택이 결국 중요하다는 입장을 견지했으며, 국제정치 학자들 사이에서도 이런 논쟁은 계속되고 있다.[2] 그렇다면 행위자인 국가 외부에 실재하면서 국가의 행동과 선택에 영향을 주는 객관적 외부 환경 요인에는 어떤 것이 있는가?

---

[2] 사회과학에서 구조와 행위자의 문제에 대한 논쟁을 체계적으로 소개한 것으로는, Alex Callinicos, 김용학 역, 『역사와 행위』(*Making History: Agency, Structure and Change in Social Theory*) (교보문고, 1992)을 참고할 수 있다.

(1) 대외정책과 국제체제의 구조적 요인

일부 구조주의나 경험주의 사회과학 이론가들에 의하면, 개인의 행동이나 국가의 정책을 설명하는 데 있어서 행위자의 의도와 목적, 이익 등도 중요하지만, 그런 주관적 요인보다도 더 중요한 것은 객관적 구조의 조건이라고 주장한다. 이를테면, 개별 국가들의 대외정책을 분석하기 위해서는 개별 국가의 목표와 이익, 주관적 의도도 중요하지만, 그런 것보다 행위자인 개별 국가의 국내외 객관적 조건이 개별 국가의 행동과 정책 방향을 결정하는 데 결정적으로 주요한 요인으로 작용한다고 주장한다.

다시 말해서 그것이 국제체제이든, 세계체제이든, 또는 국제적 규범질서이든 행위자인 국가의 주관적 의도나 이익과 별개로 개별 국가 외부에 객관적으로 실재하면서 개별 국가의 행동을 직접적으로나 간접적으로 제약하고 선택을 조건 짓는 요인을 분석함으로써 개별 국가의 외교정책이 지향하는 기본 방향과 성격을 올바로 파악할 수 있다는 것이다. 이런 점에서 국제체제 결정론, 세계경제체제론, 그리고 규범적 질서의 제약 등을 간략히 소개하면 아래와 같다.

① 구조현실주의와 국제체제 결정론

국가의 행동과 선택을 설명하면서 객관적으로 실재하는 외부적 요인의 중요성을 강조하는 주장 중에서 우리에게 가장 잘 알려진 견해는 구조현실주의(structural realism)라고 할 수 있다. 구조현실주의는 첫째, 국제정치와 국내정치에 있어서 가장 중요한 분석 단위는 힘과 영향력이고, 그것은 마치 경제학에서 화폐를 기본 분석 단위로 설정하고 있는 것처럼 정치학의 기본 분석 단위가 되어야 하며, 따라서 국제정치의 주요 관심 사항은 개인과 집단, 국가간 힘과 영향력의 관계를 규명하는 것이라고 가정하고 있다. 둘째, 국제정치가 국내정치와 확연히 구별되는 특징 중의 하나는 국제사회가 기본적으로 만인에 의한 만인의 투쟁이 일상화되어 있는 무정부 상태의 성격을 가지고 있다는 점이다.

따라서 셋째, 국제정치에서 중요한 것은 개별 국가들 사이의 힘의 관계이고, 따라서 개별 국가의 대외정책을 설명하기 위해서도 개별 국가의 의도와 이익보다는 국가간 힘의 관계를 응축 표현하고 있는 국제체제의 구조적 특징과 그런 국제체제 안에서 각 국가들이 점유하고 있는 구조적 위상을 분석하는 것이 필요하다고 지적한다.3)

이런 관점에서 중국의 외교정책을 설명하기 위해서는 중국의 주관적 의도와 목표보다는 중국이라는 행위자의 외부 환경을 구성하고 있는 국제체제의 구조적 조건과 국제사회의 다른 행위자들의 행동을 설명해야 한다는 것이다. 이를테면 냉전이나 탈냉전과 같은 국제체제의 구조적 성격과 특징을 분석해야 중국이 선택할 수 있는 정책의 범위를 설명할 수 있고, 동시에 중국 이외의 다른 행위자, 특히 미국이나 소련 등과 같이 중국의 정책적 선택에 중요한 영향을 미치는 다른 행위자들의 행동을 분석하는 일이 중국의 대외정책을 설명하는 데 중요한 요인이 된다는 것이다.

사실, 중국뿐만 아니라 거의 모든 나라들의 대외정책이 구조적으로 제약을 받고 있다는 점에 대해서는 별다른 이론이 없다. 이를테면 냉전시대 중국의 대외정책은 기본적으로 양대 진영론적 냉전구도의 제약을 받았고, 소련이나 미국 등 초강대국가들의 상호 견제와 긴장, 그리고 상호 협력관계에 따라서 중국의 입지가 제약받게 되었다는 것은 부인할 수 없다. 이러한 차원에서 냉전시대 중국의 대외정책은 대체로 냉전구도와 미국-소련-중국의 삼각관계의 맥락에서 분석해야 한다는 것이다. 물론 탈냉전시대에는 냉전시대의 양대 진영의 대결구도가 이완되면서 중국이 선택할 수 있는 범위와 기회가 확장되었지만, 여전히 중국의 선택 범위는 탈냉전시대의 시대적·구조적 제약 요인과 미국 등 서방세계와의 힘의 비대칭적 관계에 의하여 영향을 받고 있다고 할 수 있다.

이처럼 냉전시대와 마찬가지로 탈냉전시대에도 중국이나 개별 국가의 대

---

3) 구조현실주의에 대해서는 서진영, "중국의 정치적 현실주의와 대외정책," 우암평화연구원 편, 『정치적 현실주의의 역사와 이론』(화평사, 2003), pp. 153-178 참조.

외정책은 개별 국가의 의도와 목표보다는 국가간 객관적 힘의 구조와 국제체제의 조건에 의하여 더 큰 영향을 받는다는 구조결정론적 시각이 상당히 설득력을 가지고 있는 것은 사실이다. 그러나 과연 구조현실주의에서 주장하는 것처럼 대외정책을 결정하는 과정에서 힘, 그것도 물리적인 힘의 구조만이 결정적인 요인이라고 할 수 있을 것인가?

② 세계경제체제론과 대외정책

탈냉전과 세계화가 본격적으로 진행되면서 자본주의 세계 경제로의 통합과 상호의존성이 급속도로 심화 확산되고 있다. 따라서 개별 국가나 개별 경제단위가 더 이상 자급자족적이고 폐쇄적인 상태로 발전할 수 없는 상황이 전개되고 있고, 거의 모든 국가들이나 경제단위들이 세계경제체제의 테두리 안에서 활동하지 않을 수 없게 되었다. 이런 세계화시대에 세계경제체제의 요구에 따라서 개별 국가나 경제단위의 행동양식도 변화하지 않으면 안 된다고 하겠다.

이런 상황에서 개별 국가들의 대외 행동은 개별 국가들 외부에 실재하는 물리적 힘의 구조에 의하여 선택의 범위가 제약되는 것처럼, 경제적 이익 때문이라도 세계경제체제가 제공해 주는 기회와 제약 요인의 영향을 받지 않을 수 없게 되었다. 이를테면 중국은 경제 세계화가 진행되고 있는 상황에서 중국 경제의 지속적인 발전을 실현하기 위해서도 WTO의 가입을 추진하지 않을 수 없게 되었고, 그런 과정에서 중국은 미국이나 유럽연합, 그리고 일본 등 다른 나라들과의 힘든 협상을 통해서 시장 개방과 제도 개혁에 대한 상당한 양보를 약속하지 않으면 안 되었다. 이를테면, 수입 물품에 대한 대폭적인 관세 인하를 포함하여 자국 시장의 개방을 약속하였고, 공정한 시장 질서를 저해하는 각종 법률적·정책적 장애요인의 제거, 그리고 투명성 제고를 위한 국내법과 제도의 개선을 약속하지 않을 수 없었다는 것이다. 다시 말해서 중국은 WTO에 가입하기 위해 WTO와 다른 선진 국가들이 요구하는 조건을 대폭적으로 수용하여 중국의 제도와 행동 양식을 변화시키지 않을 수 없다는 것이며, 이런 점에서 세계경제체제는 중국이라는 행위자의 행동을 규제하고 변화시키고 있다고 할 수 있다.

③ 규범적 구조와 대외정책

이처럼 개별 국가의 행동을 제약하는 객관적 요인에는 국제체제의 권력구조와, 세계 경제가 제공하는 이익구조도 있지만, 동시에 힘과 이익이라는 물리적·물질적 구조 이외에 규범적 구조 역시 무시할 수 없다고 하겠다. 다시 말해서 국제사회는 일견 무정부적이고 무규범적인 정글의 논리만이 관철되는 것처럼 보이지만, 그런 가운데에서도 국제사회가 보편적으로 받아들이는 국제규범이 존재하고 있으며, 이런 국제규범도 역시 개별 국가의 대외정책에 직접, 또는 간접적으로 영향을 미친다고 할 수 있다. 이를테면 인권, 주권과 같은 보편적 가치가 중국과 미국의 외교관계에서 중요한 쟁점이 되고 있는 것도 바로 이런 국제규범의 영향을 보여주는 사례라고 할 수 있다.

앞으로 인권문제에 대해 다시 거론하겠지만, 중국은 인권문제를 제기하는 미국의 주장에 대항하여 인권보다 주권이 더 우선된다는 논리에서 미국의 인권외교를 비판했지만, 결국 중국 정부 역시 인권을 국제사회의 보편적 가치로 인정하지 않을 수 없었고, 인권 존중을 요구하는 국제사회의 압력에 부분적으로 반응하지 않을 수 없었다. 다시 말해 중국은 중국의 인권문제를 거론하고 나서는 미국과 서방세계의 도덕적 자격에 대해 의문을 제기하고, 인권문제에 대한 중국적 특수성을 강조하면서도 인권문제에 대한 국제규범을 수용하기 위해 나름대로 국내의 법과 제도를 개선하려고 노력하고 있다는 것이다. 최근 2004년 3월에 제10기 전국인민대표대회 제2차 회의에서 헌법 개정안을 통과시키면서 사유재산권 보호와 함께 인권 보호 조항을 삽입한 것도 역시 국제사회의 압력을 의식한 것이라고 할 수 있다.[4]

이처럼 구조주의-국제체제론자들은 개별 국가의 대외정책을 분석하기 위해서 행위자인 개별 국가의 목적이나 의도에 대한 분석보다도 국제체제의 물리적 힘의 구조, 물질적 이익 구조, 또는 규범적 구조라고 하는 객관적 조건에 대한 분석이 더 중요하다고 주장한다. 그러나 이런 구조주의적 관점, 특히 힘의 관계를 중시하는 구조현실주의가 중국의 대외정책을 얼마나 설득력 있게 설명할 수 있는가에 대해서 의문을 제기할 수도 있다.

④ 국제체제 결정론의 한계

중국의 대외정책을 구조현실주의적 관점으로 설명하려고 하는 경우, 중국 외교의 몇 가지 사례는 구조현실주의적 설명의 한계를 보여 준다. 이를테면, 중국의 한국전쟁 참전과정이나 중·소분쟁, 특히 반미-반소 정책과 같은 중국의 대외정책은 구조현실주의 관점으로 충분히 설명되지 않는다는 것이다.

중국이 한국전쟁에 참전하려고 결정한 시기에 중국과 미국은 물리적 힘의 관계에서 압도적으로 비대칭적이었다. 다시 말해서 객관적 힘의 관계라는 측면에서만 보면 중국은 미국보다 압도적으로 열세에 놓여 있었다. 따라서 중국이 미국의 직접 공격 대상이 되지 않는 한, 중국이 미국과의 전쟁을 감행하는 위험을 선택할 합리적 이유가 없다는 것이다. 다시 말해 중국이 합리적 행위자라면, 압도적 힘의 우위를 점유하고 있는 미국을 상대로 한반도에서 군사대결을 감행하는 '모험'을 선택하지 않을 것이라는 것이 많은 군사 전략가들의 '합리적 판단'이었다는 것이다. 그런데도 중국이 그러한 모험을 선택한 것을 구조현실주의로는 충분히 설명할 수 없다.

---

4) 2004년 3월 14일 제10기 전인대 제2차 회의에서 통과된 〈中華人民共和國憲法修正案〉 전문은 『人民日報』(2004/03/15) 참조; 그리고 헌법 수정안에 인권 보호 조항을 첨가한 것에 대해서는 董云虎, "'人權'入憲 : 中國人權發展的重要里程碑," 『人民日報』(2004/03/15) 참조.

또한 1960년대에 중국이 반제-반수정주의를 표방하면서 소련과 미국을 모두 적대적 세력으로 간주하고, 스스로 국제적 고립을 자초한 것도 역시 구조현실주의 관점으로 충분히 설명되지 않는다. 한국전쟁 참전이나 미국과 소련을 모두 적대시하는 다소 '모험적이고 비합리적'인 것처럼 보이는 중국의 정책 결정을 설명하기 위해서는 객관적이고, 구조적인 조건 이상의 다른 요인에 대한 설명, 이를테면 중국 지도부의 세계관과 이들의 이데올로기적 성향 등을 분석하지 않을 수 없다.

이처럼 구조주의-국제체제 결정론은 개별 행위자들의 특수성을 간과하고 개별 행위자들의 의도와 목표, 그리고 주관적 소망보다는 구조와 조건의 영향을 과도하게 강조하는 경우가 있다. 또한 구조주의-국제체제 결정론은 구조가 행위자의 행동에 영향을 준다는 점을 설명하고 있지만, 역으로 행위자의 행동이 어떻게 구조를 변화시키는 것인지는 충분히 설명하지 못한다는 문제점도 있다. 다시 말해서 냉전구조가 중국이나 다른 행위자의 정책 결정에 영향을 미치는 것은 부인할 수 없지만, 동시에 중국을 비롯한 국제정치의 개별 행위자들의 정책 결정이 어떻게 구조, 즉, 냉전구조나 탈냉전구조의 변화에 영향을 미치는 것인지, 그래서 그렇게 변화된 구조가 다시 행위자의 선택에 어떻게 영향을 미치는 것인지 설명하지 못한다는 것이다.

⑵ **국내적 요인 : 외교정책을 국내정치의 연장선에서 설명**

개별 국가의 대외정책의 기본 방향을 설명하기 위해서는 위에서 지적한 외부적 구조보다 행위자를 중심으로 분석해야 한다는 주장도 제기되고 있다. 즉, 행위자인 개별 국가의 국내정치적 요인, 이를테면 정권유형이나 정치체제의 성격, 개별 국가의 정치문화, 그리고 개별 국가의 정책 결정 과정에 참여하는 이익단체와 사회세력들간의 복잡한 상호작용을 분석함으로써 개별 국가의 행동, 정책을 설명할 수 있다는 것이다.

① 국가주의 시각 : 정권유형과 대외정책

우선 행위자 중심의 견해 중에서 행위자인 개별 국가의 정치체제의 성격이 개별 국가의 대외정책의 기본 방향에 영향을 미친다는 이론을 지적할 수 있다. 특히, 전쟁과 평화와 같이 중대한 문제는 정권유형이나 사회체제의 기본 성격과 무관하지 않다는 가설을 암암리에 전제하고 있는 이론이 있다는 것이다.

이를테면, 전통적인 맑스-레닌주의는 자본주의 국가의 등장을 통해서 제국주의적 침략 전쟁을 설명하고 있는 것이 바로 그런 이론의 사례라고 할 수 있다. 즉, 자본주의 국가의 제국주의적 침략 정책은 논리적으로 자본주의의 고도화 과정에서 시장과 자본의 확대와 독점을 추구하게 되고, 그것이 곧 제국주의적 팽창정책으로 표출되면서 식민지 건설과 제국주의적 침략 전쟁을 촉발하게 된다는 것이다.5) 이러한 점에서 맑스-레닌주의에서는 자본주의 사회와 자본주의 국가의 기본 성격과 그들의 대외정책이 직접적인 인과관계가 있음을 가정하고 있다. 그런 맑스주의적 인과론이 아니더라도 일부 국제정치학자들은 '혁명적' 정권의 등장으로 기존의 힘 관계가 위협을 받게 되고, 따라서 기득권 세력들의 반발을 초래하여 국제적 분쟁과 전쟁이 촉발된다는 견해를 제시하고 있다. 이런 경우 역시 혁명적 정권의 등장을 전쟁의 촉발요인으로 보고 있다는 점에서 정권유형과 호전적 대외정책의 상관관계를 전제하고 있다고 하겠다.

최근 일부에서 제기되고 있는 중국위협론이나 민주평화론 역시 이런 가설에 입각하고 있다고 하겠다. 다시 말해서 중국이 위협적인 이유는 단순히 중국의 급속도의 경제발전이나 군사비 증액 등이 아니고, 중국의 권위주의적 정치체제의 성격이 중국으로 하여금 대외 팽창적인 정책을 추구하게 할 위험성을

---

5) 자본주의 발전 과정에서 독점자본주의의 등장과 제국주의 국가들간의 세계전쟁 불가피론을 강조한 것이 바로 레닌의 '제국주의론'(Imperialism: the Highest Stage of Capitalism)이라고 할 수 있다. 맑스주의 이론과 레닌의 제국주의론에 대해 간략히 설명한 것으로는 Michael Burawoy, "Marxism as Science: Historical Challenges and Theoretical Growth," *American Sociological Review*, No. 55 (December 1990), pp. 775-793 참조.

안고 있다는 점에서 중국의 정권 성격이 변화하기 전에는 중국을 경계할 수밖에 없다는 것이다. 따라서 이런 국제적 우려를 불식하고, 동아시아의 평화와 번영에 기여하기 위해서도 중국의 민주화가 추진되어야 한다고 주장하는 견해도 있다. 물론 정권의 유형이 대외정책과 얼마나 긴밀한 상관관계가 있는 것인지는 논쟁의 여지가 많다.6) 그러나 최근 미국의 대외정책은 상당 부분 민주평화론의 관점에서 권위주의국가들에게 민주주의로의 정치개혁을 요구하고 있으며, 때로는 이라크의 경우와 같이 무력 개입을 통해 정권 교체를 강제하는 것도 민주평화론의 관점에서 정당화하고 있다. 이와 같이 민주주의 국가들간에는 전쟁이라는 폭력적인 문제 해결 방안을 정책 수단으로 선택하지 않는다는 민주평화론의 가설은 정권유형과 대외정책의 상호 관련성을 전제하고 있다고 하겠다.

② 이데올로기와 전략문화, 그리고 대외정책

개별 행위자가 외부 세계를 인식하고 자신의 선택을 결정하는 과정에서 이데올로기와 문화적 요인에 의하여 영향을 받게 된다는 것은 새로운 주장이 아니다. 특히, 정책 결정 과정에서 영도자의 역할이 중시되는 이른바 영도자 중심 모델의 경우, 특정 지도자의 이데올로기적 선택이 대외정책의 기본 방향에 상당한 영향을 미치는 경우가 많은 것을 부인할 수 없다. 이를테면, 마오쩌둥(毛澤東)의 이데올로기적 성향을 파악하지 않고, 1960년대 중·소분쟁의 성격이 충분히 설명되지 않는다는 것은 잘 알려진 사실이다. 이처럼 개별 지도자나

---

6) 과연 민주화가 평화에 기여한다고 주장할 수 있는가라는 문제로 중국 전문가들 사이에서도 찬반 논쟁이 제기되었다. 이런 논쟁에 대해서는 Edward Friedman and Barrett L. McCormick eds., *What If China Doesn't Democratize? : Implications for War and Peace* (New York: M.E.Sharpe, 2000) 참조; 특히, 이 책에 수록된 David Bachman의 논문과 Edward Friedman의 논문을 통해 민주평화론에 대한 비판론과 찬성론을 비교할 수 있다.

권력 엘리트들의 이데올로기적 성향을 분석하여 세계질서에 대한 이들의 인식논리를 파악하고, 이들의 인식논리에서 출발해서 이들이 어떤 정책적 선택을 선호하게 될 것인가를 예측할 수 있다.

이러한 점에서 중국의 대외정책을 설명하는 과정에서 마오쩌둥의 이데올로기적 성향이나 중국적 국제정치 이론의 특징, 그리고 중국 사회에 지배적인 전략문화 등이 중요한 분석 대상이 된다고 하겠다. 이를테면, 중국의 대외정책이 공격적인 성향을 띠게 될 것이라고 예측하는 근거로 일부에서는 중국의 전략문화의 특징을 지적하고 있다. 즉, 중국 전통문화에는 전쟁을 국제관계의 상시적 요인으로 간주하고 물리적 힘에 대해 민감하게 반응하는 현실주의적 전략문화가 존재하고 있고, 따라서 이런 현실주의적 전략문화의 영향을 받아 중국의 대외정책도 물리적 힘의 중요성을 강조하고 있으며, 힘을 통한 이익의 관철을 자연스럽게 선호하는 경향이 있다는 것이다.

이를테면, 존스턴(Alastair Johnston)은 중국의 전통적인 전략문화에 전쟁과 힘의 행사를 정당화하는 경향이 있다고 주장했다. 다시 말해 중국의 전통적 전략문화에는 국제관계를 적대적인 제로섬(zero-sum)게임의 개념에서 파악하고, 힘에 의한 정치적 목적 추구를 정당화하는 현실주의적 경향이 있다고 주장하면서 이와 같은 중국의 전통문화에 구조화되어 있는 현실주의적 전략문화는 오늘날 중국 지도부의 전략사상에도 큰 영향을 미치고 있다고 주장했다.[7]

③ 사회중심적 시각 : 이익집단과 대외정책

개별 국가의 대외정책은 개별 국가의 정치사회를 구성하는 주요한 사회세

---

[7] 존스턴은 명대(明代)의 전략문화를 분석하면서 이러한 주장을 제시했는데, 이에 대해서는 Alastair I. Johnston, *Cultural Realism: Strategic Culture and Grand Strategy* (Ithaca, N. Y.: Cornell University Press, 1993); "Thinking About Strategic Culture," *International Security,* 19:4 (Spring 1995), pp. 32-64 참조.

력, 또는 이익집단들간의 복잡한 정치관계를 반영하기도 한다. 흔히 다양한 이익집단들이 국내정치의 주요 정책 이슈에는 적극적으로 참여하고, 자신들의 이익을 정책 결정 과정에 반영하려고 노력하지만, 대외정책 분야에 대해서는 관심도 적고, 또 참여 기회도 많지 않기 때문에 대외정책 분야가 이익집단으로부터 비교적 자유로운 것 같이 생각되기도 한다.

그러나 국제화, 세계화가 진행되면서 국내정치의 이익관계도 국제정치적 이슈가 되고 있기 때문에 이익집단들도 국제정치적 이슈에 민감하게 반응하고 있다. 이를테면 국제화, 세계화가 진행되면서 미국의 노동조합은 중국의 WTO 가입으로 인하여 자신들의 이익이 침해된다고 판단. 미국과 중국의 WTO 가입을 위한 협상 과정에서 반대 입장을 분명하게 표명하였으며, 경우에 따라서 중국과의 협상을 저지하기 위해 국내정치에서는 서로 적대적이었던 공화당의 보수파와 연합을 하기도 하였다.

중국에서도 점차로 정책 결정 과정이 분권화, 개방화되면서 대외정책에 대한 중앙정부의 독점적 영향력이 약화되고, 지방정부와 지역 이익집단들, 그리고 군부와 같은 제도적 집단들의 영향력이 증가되는 경향이 나타나고 있다. 사실 중국에서는 미국에서와 같이 다양한 이익집단들이 공개적으로 대외정책 결정 과정에 참여해서 자신들의 이익과 주장을 적극적으로 표방하고 있는 것은 아니지만, 그렇다고 해서 중앙의 소수 지도자들이 마음대로 결정하는 것도 아니다. 중국 사회의 다원화, 다양화가 진행되면서 중국에서도 지방정부와 각종 이익집단들이 자신들의 견해와 이익을 표출하고 있으며, 대외정책 이슈에 대해서도 적극적으로 자신들의 주장을 표출하고 있다. 이를테면 WTO 가입 문제와 관련해서 중국의 내륙지방은 연해안 지방과는 달리 지나친 개방화에 우려를 표명하고 있으며, 농업과 일부 국유기업의 이익을 보호해야 한다고 주장하면서 지나친 양보를 요구하는 미국이나 또는 개방파들의 주장을 비난하기도 하였다. 또한 대만문제에 대해 군부는 전통적으로 강경한 목소리를 내면서, 미국과의 교류 협력을 중시하는 중국 정부 내 협상파들을 비판하기도 한다.
 따라서 앞으로 다시 설명하겠지만, 중국의 대외정책 결정 과정은 소수의 영도자 중심의 정책 결정 과정에서 점차로 집단지도체제 모델이나 관료주의 모델의 성격을 띠면서 다양한 지역과 집단들의 이익 갈등이 표출되는 경향을 보여주고 있다고 하겠다.

3. 연계이론 : 국내외 요인의 상호침투와 상호영향

 앞에서 정책 결정 과정을 간략히 살펴보면서 외교정책에서 구조와 체제가 결정적 요인인가, 아니면 행위자인 개별 국가의 국내정치적 요인이 더 중요한가에 대한 논쟁을 소개하면서 우리는 구조와 행위자, 국제체제와 국내정치의 역동적인 상호침투와 상호영향을 분석해야 한다고 지적하였다.
 다시 말해 구조와 국제체제가 개별 국가의 선택의 범위를 설정해 주고, 또한 행위자인 개별 국가에게 제약과 기회를 제공하는 것은 틀림없지만, 결국 그런 제약과 기회는 행위자에 의하여 인식되고 해석되어야 한다는 점에서 국내정치적 상황, 다시 말해서 행위자인 개별 국가의 조건과 상황이 중요한 매개변수가 된다는 것이다. 즉, 구조와 체제가 주는 기회와 제약 조건이 행위자에 의하여 인지되고 해석되면서 행위자의 선택의 범위와 방향이 정해지고, 그렇게 결정된 행위자의 행동, 즉 정책 결정은 다시 구조와 체제에 영향을 주게 된다는 것이다.
 이와 같이 국제·국내 요인의 상호침투와 상호영향을 통해 중국의 대외정책과정을 설명할 수 있다고 지적하면서 사무엘 킴은 중국의 대외정책 결정 과정을 아래와 같이 정의하였다.

"중국의 대외정책과정은 …… 외부적 요인의 영향이 중국 대외정책에 대한 인식과 개념화 과정, 그리고 정책 결정 과정과 제도 건설 과정의 한 부분이 되는 일종의 순환적 환류 과정이라고 할 수 있으며 …… (따라서 중국의 대외정책은) 국제적 실질 압력과 규범적 압력에 대한 정책 결정 행위자의 인식과 반응, 그리고 정책 결정자의 필요와 이익, 믿음간의 지속적 상호작용의 산물이다(It is …… a circular feedback process in which external influences become part of the conceptual, definitional, policy making, and institution-building processes of Chinese foreign policy …… (and Chinese foreign policy is) the outcome of a continuing interplay between decision-maker's perceptions of needs, interests, and beliefs and their perceptions of and responses to international material and normative pressures)."[8]

다시 말해 정책 결정 행위자의 외부에 실재하면서 행위자의 선택 범위를 제한하기도 하고 기회를 제공하기도 하는 방식으로 행위자의 결정에 영향을 주는 외부적 조건이 ― 그것이 구체적이고 물리적인 압력이든, 국제규범이든, 직접적으로 행동 결정에 그 영향력을 행사하는 것이 아니라, 행위자의 인식과 반응을 통해 표현된다는 것이다. 그런데 행위자의 외부 조건에 대한 인식과 반응에는 행위자의 필요와 이익, 믿음이 반영된 것이므로 결국 행위자의 선택과 결정은 한편으로는 행위자 외부에 존재하는 외부적 조건, 그리고 또 한편으로는 행위자 자신의 필요와 이익, 믿음의 상호작용 결과라는 것이다. 이런 점에서 중국의 대외정책은 국제 환경과 국내적 조건의 상호작용이라는 차원에서 파악되어야 한다.

---

[8] Samuel S. Kim, "Chinese Foreign Policy in Theory and Practice," in Kim ed., *op. cit*, p. 23 참조.

4. 중국의 대외정책에서 이론과 실제

이상에서 우리는 중국의 대외정책을 설명하면서 국제정치의 일반이론(보편이론)을 중국의 대외정책이론(특수이론)에 원용할 수 있다고 전제하였다. 이와 같은 전제에는 중국도 다른 국가들과 마찬가지로 행동할 것이며, 따라서 일반 국가들의 대외정책을 설명하는 일반이론으로 중국이라는 특수 행위자의 행동도 설명할 수 있다는 가설에 입각하고 있다고 해도 과언이 아니다. 그렇다면 과연 국제정치 일반이론으로 중국의 외교정책을 충분히 설명하고 예측할 수 있는가. 중국이라는 행위자의 특수성을 고려하지 않고도 국제정치 일반이론만으로 중국의 대외정책을 충분히 설명하고 예측할 수 있는가.

이런 문제에 대해서 자신의 학문적·실무적 경험을 바탕으로 중국 외교정책 분야에서 이론과 실제의 상호 관련성을 분석한 미국의 중국 전문가 앨런 화이팅(Allen Whiting)의 논문이 대단히 흥미롭고 시사점이 많다고 하겠다.9)

화이팅은 미국 국무성 근무의 경험과 국제정치 학자로서의 식견을 바탕으로 중국 외교정책 가운데 자신이 실무적으로 직접 간여했던 4개의 사례를 선별하고, 그런 사례 연구를 통해서 중국의 대외정책 행동을 예측하고 해석하는 데 있어서 국제정치 일반이론과 중국 전문가의 접근방식이 가지는 유용성을 검토함으로써 이론과 실제의 문제에 대해 나름대로 해답을 얻으려고 하였다. 여기서 화이팅이 선택한 사례는 (1) 1958년 대만 위기 상황에서 중국의 대응, (2) 1962년 인도-중국간 전쟁에서 중국의 대응 방식, (3) 1964~65년 미국에 대항하여 베트남을 지원하는 문제에 대한 중국의 반응, (4) 1969년 중·소 유혈분쟁과 대만문제에 대한 중국의 타협적 태도 등이었다.

---

9) Allen S. Whiting, "Forecasting Chinese Foreign Policy: IR Theory vs. the Fortune Cookie," in Robinson and Shambaugh eds., *Chinese Foreign Policy: Theory and Practice* (Clearendon Press, 1995), pp. 506-523 참조.

화이팅이 이상의 4개 사례를 선별한 이유는 그 자신이 당시 미 국무성의 실무 전문가로서 개별 사례에서 중국의 대응을 예측하는 작업에 직간접으로 간여하였고, 그 결과를 확인할 수 있었기 때문이라고 한다. 따라서 그는 이상의 사례 분석을 통해 당시 국제정치 일반이론에 근거하여 예측했던 것이 얼마나 맞고 틀렸는지 직접 확인할 수 있었고, 그리고 중국의 대응에 대한 예측이 틀린 경우에 그 이유가 중국이라는 행위자의 특수성을 충분히 고려하지 않은 것 때문인지를 확인해 볼 수 있다는 점에서 화이팅의 작업은 이론과 실제에 대한 의미 있는 사례연구라고 할 수 있다.

그러면 화이팅의 연구 결과는 어떠했는가? 화이팅에 의하면, 위의 4개 사례는 모두 각각의 경우에 해당 국제정치 이론에 입각해서 중국의 대응이나 반응을 예측하려고 했다는 것이다. 그런데 4개 사례 중 2개의 사례에서는 중국의 행동을 정확하게 예측할 수 있었지만, 나머지 2개 사례에서는 중국의 반응에 대한 예측이 별로 적중하지 못했다는 것이다.

그런데 화이팅이 이론과 실제가 서로 맞았다고 지적한 사례는 1962년의 중국과 인도 전쟁에서 중국 측 대응에 대한 예측, 그리고 1969년 대만문제에 대한 중국의 양보를 예측한 것 등이었다. 1962년 인도와 중국 전쟁에서 중국의 대응을 분석하면서 억지와 강압 외교에 대한 일반 국제정치의 이론에 입각해서 중국이 압도적으로 우세한 군사력을 보유하고 있으면서도 인도에게 치욕적 굴복을 강요하기보다는 제한적인 양보를 얻어내는 데 만족할 것이라고 예측했다는 것이다. 그런데 그런 예측대로 중국은 개전과 더불어 인도군의 군사적 저항을 분쇄하고도 더 이상 인도 국경지대 내부로 진격하지 않고 인도와의 협상을 통해 갈등을 해결하려고 했다는 것이다. 또한 1969년 소련과의 무력분쟁을 계기로 미국 국무성의 전문가들은 전통적인 세력균형 이론과 '기회의 창'(a window of opportunity) 이론에 입각해서 중국이 대만문제에도 불구하고 미국과의 화해를 수용할지도 모른다고 예측했고, 1972년에 이들이 예측한 바와 같이 대만문제의 해결이 선행되지 않은 조건에서도 닉슨의 중국 방문과 중·미

화해가 실현되었다는 것이다.

이처럼 1962년과 1969년의 사례 연구는 이론의 예측성을 증명해 주는 것이었지만, 1958년 대만위기 당시 중국의 반응과 1964~65년 베트남전쟁 당시 베트남 지원 문제에 대한 중국의 대응에 대한 예측은 부분적으로 틀렸다는 것이다. 이를테면 1958년 대만위기 당시 미국의 예측은 중국과 소련이 동맹국가이기 때문에 상호 지원할 것이고, 따라서 중국은 소련의 지원을 바탕으로 대만 해협에 있는 인근 도서지방에 대해 군사적 공격을 감행할 것이라고 예측했다는 것이다. 과연 미국의 이런 예측대로 중국은 대만 해협의 인근 도서지방에 대해 군사적 공격을 감행했지만, 미국의 예측과 달리 소련은 중국의 이런 군사행동을 지원하지 않았다. 따라서 중국은 소련의 지원 없이 더 이상의 군사적 행동을 확대할 수 없었기 때문에 일방적 공격을 중단하였다는 것이다.

이 경우 중국의 초기 군사적 행동에 대한 예측은 맞았지만, 동맹국가간의 상호 지원이라는 가정과는 달리 중국의 동맹국인 소련이 중국의 군사행동을 지지하지 않았다는 사실을 미리 예측할 수 없었다는 것이다. 이렇게 1958년 당시 대만에 대한 무력 공격에 대해 소련과 중국의 대응에 대한 예측이 틀린 이유는 당시 소련과 중국이라는 두 동맹국간에 벌어지고 있었던 심각한 내분을 파악하지 못했기 때문이었다. 특히, 마오쩌둥과 흐루시초프(Nikita Khrushchyov)라는 강력한 개성을 가진 두 국가 지도자간에 벌어지기 시작한 반목과 갈등을 미처 짐작하지 못했기 때문에 일반적인 동맹국 논리를 중·소관계에 적용함으로써 오류를 자초했다는 것이다.

마찬가지로 1964~65년 베트남에 대한 미국의 공격이 확대되면서 한국전쟁과 같은 상황이 조성되었고, 미국 내에서는 중국의 베트남 지원 가능성에 대해 조심스럽게 예측하는 견해가 있었다고 한다. 한국전쟁 당시와 같이 중국이 다시 베트남전쟁에 군대를 파병하지는 않겠지만 월맹을 방어하기 위한 나름대로의 조치를 취할 것이라고 예측했으나, 현실은 그렇지 않았다는 것이다. 사실 당시 중국 지도부 내부에서는 베트남전쟁을 적극 지원하기 위해 소련과의 화해까지 모색할 것인가, 아니면 베트남전쟁을 베트남 인민들의 인민해방 전쟁이라는 성격으로 규정할 것인가에 대해 격렬한 논쟁이 전개되고 있었다.10) 결국 인민전쟁론을 강조하는 마오쩌둥과 린뱌오(林彪)의 주장이 우세하여 베트남에 대한 지원 문제는 사실상 거부되었다. 그러나 당시 외부의 전략가들은 중국 지도부 내부에서 전개되었던 전략 논쟁을 알아차리지 못했기 때문에 베트남 지원에 대한 중국의 반응을 예측하는 데 실패했다는 것이다.

이처럼 1958년과 1964~65년 사례에서 모두 중국의 대응을 예측하는 데 실패한 이유는 국제정치 일반이론의 문제점 때문이라기보다 행위자인 중국의 특수성, 특히 마오쩌둥과 같은 주요 행위자의 이데올로기적 선택 등에 대해 충분히 이해하고 분석하지 못했기 때문이라고 주장하였다. 따라서 중국 외교정책을 제대로 설명하고 예측해 내려면, 보편적인 국제정치 이론과 중국이라는 행위자의 특수성을 규명하는 지역연구를 상호 결합하는 작업이 필요하다고 하겠다.

---

10) 1965년 베트남전쟁에 대한 지원 문제에 대해 당시 군부 내부에서는 국방부장 린뱌오와 총참모장 뤄루이칭(羅瑞卿)간에 격렬한 논쟁이 전개되고 있었다고 한다. 당시 총참모장이었던 뤄루이칭은 "반파시즘 전쟁의 역사적 경험"이라는 논문을 발표, 소련과 협력하고, 베트남전쟁을 적극 지원해야 한다고 주장한 반면, 린뱌오 당시 국방부장은 "인민전쟁 승리 만세"라는 논문을 발표, 이에 반대하였다. 물론 이러한 중국 군부 내 논쟁은 당시 외부 세계에 잘 알려지지 않았고, 뤄루이칭은 문화혁명 폭발과 함께 숙청당하게 된다. 이러한 린뱌오-뤄루이칭 논쟁에 대해서 개괄적 설명한 것은, 宇野重昭 外, 『現代中國の歷史: 1949~1985』(有斐閣, 1986); 이재선 옮김, 『중화인민공화국』(학민사, 1988), pp. 207-208 참조.

제3장

개혁개방 시대 중국의 대외정책 결정 과정

> 이 글의 목적은 중국의 정치과정과 대외정책 결정 과정의 제도적 맥락을 개괄하려는 것이다. 따라서 이 글에서는 먼저 중국의 당-국가제도의 특징을 간단히 소개하면서 당-국가제도에서의 정책 결정과 정책 집행 과정에 중국 지도부의 업무 분담과 조직 관리체제가 어떻게 이루어지고 있는지 알아보고, 정책 결정 과정에 대한 3가지 모델, 영도중심 모델-집단지도체제 모델-관료주의 모델을 간략히 검토하려고 한다.

1. 중국의 당-국가제도와 정책 결정 과정

이미 잘 알려진 바와 같이 1949년 중화인민공화국이 건립된 이후 현재까지 중국은 정치적으로는 기본적으로 당-국가체제의 골간을 유지하고 있다. 개혁개방 이후 중국은 경제적 측면에서는 계획경제를 포기하고 시장경제를 대폭적으로 수용하여 이른바 중국적 시장경제체제로 전환하고 있지만, 정치행정적으로 당-국가체제의 기본 틀이 유지되고 있다고 하겠다. 그렇다면 현실 사회주의 국가들이 일반적으로 채택하고 있는 당-국가체제, 또는 당-국가제도의 특징은 무엇인가?1)

일반적으로 정치적으로 사회주의를 표방했던 국가들이 채택했고, 현재에도 중국이 견지하고 있는 당-국가체제는 약간의 변형이 있었지만, 다음의 몇 가지 제도적 특징을 공유하고 있었다고 하겠다. 무엇보다도 중요한 당-국가제도의 특징은 국가와 사회에서 공산당의 영도권을 보장하는 정치제도라고 할 수 있다. 다시 말해 공산당의 지배는 헌법이나 공식 이데올로기에 의하여 정당화되고 있을 뿐만 아니라, 제도적으로도 당은 국가기관을 영도하도록 보장되고 있는 것이다. 이런 점에서 공산당은 일반적인 집권당과 달리, 이데올로기-헌법을 비롯한 모든 법률체제-정치행정제도의 차원에서 그 영도권이 보장되고 있다는 점에서 당이 국가를 지배하는 제도라는 의미로 기존의 현실 사회주의 국가를 당-국가체제라고 명명하고, 다른 정치제도와 구별한다는 것이다.

이처럼 당이 국가를 지배하고 영도한다는 의미에서 당-국가제도의 기본 성격이 있지만, 동시에 구체적 국가제도에서도 자본주의 국가와는 다른 제도적 특징을 가지고 있다고 하겠다. 즉, 자본주의 국가의 3권 분립제도와는 달리, 이른바 3권 합일의 소비에트 제도의 특징을 견지하고 있다는 것이다. 다시 말해 구소련의 소비에트 제도와 중국의 전국인민대표대회 제도와 같이 입법, 사법, 행정의 3권을 모두 포괄하고 있는 대규모 대의제도의 형식 안에서 일반 행정은 국무원을 중심으로, 사법과 검찰권은 소비에트와 인민대표대회에서 선출되는 검찰과 법원에 의하여, 그리고 군에 대한 업무는 중앙군사위원회를 통해서 관리되는 특이한 국가제도를 견지하고 있다는 것이다.[2]

---

[1] 소련과 중국 등 현실 사회주의체제의 당-국가제도에 대해 상세하게 분석한 것으로는, Janos Kornai, *The Socialist System: The Political Economy of Communism* (Princeton University Press, 1992); Graeme Gill, *The Origins of the Stalinist Political System* (Cambridge University Press, 1990) 참조; 중국에서 당-국가제가 어떻게 작동되고 있는가에 대해서는 Kenneth Lieberthal, *Governing China: From Revolution Through Reform* (W.W. Norton & Company, 1995/2004) 참조.

[2] 중국의 소비에트라고 할 수 있는 인민대표대회에 대해서는 蔡定劍, 王晨光 主編, 『人民代表大會二十年發展與改革』(中國檢察出版社, 2000) 참조; 중국의 전국인민대표대회와 국무원의 관계에 대해서는 Jean-Pierre Cabestan, "The Relationship between the National People's Congress and the State Council in the People's Republic of China: A Few Checks but No Balances," *CEFC Working Paper*, No. 1 (July 2000) 참조.

따라서 당-국가제도에서 국가의 주요 정책은 공산당에서 토의 결정되고, 정책의 입법화는 전국인민대표대회 및 전인대 상무위원회를 통해서 구체화되며, 그리고 정책의 실무적 집행은 국무원을 중심으로 작동하고 있는 행정기구들이 실행하는 체제라고 할 수 있다. 이와 같은 당-국가제도에서 당과 국가 및 행정, 사법기관의 제도적 관계를 도표화하면 아래와 같다.[3]

〈그림 3-1〉 중국의 당-국가제도

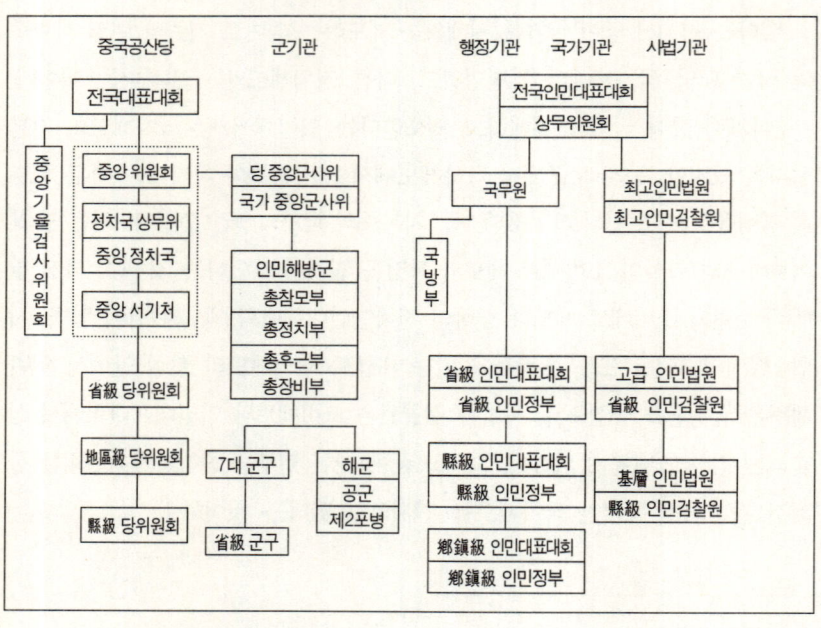

---

[3] 당-국가제도를 시각적으로 도식화한 그림은 "서진영 교수의 중국정치연구실"에 있는 "수업자료"란에서 찾아 볼 수 있음(www.eastasianstudies.org).

(1) **정책 결정 기관으로서 중앙 당 기구와 기능**

위의 도표가 당의 기능과 역할에 대해 부분적으로 보여 주고 있는 것은 국가제도에서 당은 수평적으로 군부-행정기관-국가기관-사법기관 등 모든 국가와 사회에 조직적으로 침투하여 당의 영도권을 행사하고 있다는 것이며, 수직적으로는 중앙에서 최하위 지방 단위까지 조직화되어 있기 때문에 중앙 조직에서 보여지는 당의 침투와 통제의 패턴이 지방에까지 그대로 반복되고 있다는 것이다. 다시 말해 중앙과 지방에서 당은 국가와 사회 각 부문에 조직적으로 침투하여 영도권을 행사하고 있다는 것이다.

그런데 이처럼 방대하고 막강한 당의 조직과 권력이 집중되어 있는 핵심적 당의 기구는 역시 중앙위원회, 중앙정치국과 정치국 상무위원회, 중앙군사위원회, 그리고 중앙서기처라고 할 수 있다. 당헌에 따르면 전국대표대회가 전체 당원의 의사를 대표하지만, 실제로는 매 5년마다 소집되는 전국대표대회에서 선출된 중앙위원회가 전국대표대회의 모든 권한을 위임받아 거의 모든 주요 권한을 행사하고 있으며, 그리고 매년 1년에 한번 이상 개최되는 중앙위원회 전체회의의 권한을 위임을 받아 중앙위원회의 권한을 실질적으로 행사하는 것은 중앙정치국과 중앙군사위원회 및 중앙서기처이다.

이처럼 중국공산당은 다른 현실 사회주의 국가들의 공산당들과 마찬가지로 전국적 대표기구에서 출발하여 단계적으로 권한을 위임하고 있는 위계적 조직 체제를 유지하고 있기 때문에 모든 권한은 총서기-중앙정치국 상무위원-중앙정치국원-중앙군사위원회/중앙서기처를 통해서 행사된다고 할 수 있다.[4]

그런데 2002년 11월에 개최된 제16차 전당대회에서 구성된 주요 당기구 조직구도를 기준으로 살펴보면, 당의 주요 정책 결정은 356명으로 구성된 중앙위원회에서 선출된 25명의 중앙정치국원들에 의하여 토의-검토-실천된다.

---

[4] 2002년 11월에 개최된 제16차 당대회에서 선임된 중국공산당의 주요 중앙당 기구의 위원과 조직구도에 대해서는 "서진영 교수의 중국정치연구실" 홈페이지의 "수업자료"를 참고할 것.

물론 25명의 정치국원이 모두 똑같이 주요 정책 결정에 참여하는 것은 아니다. 그 중에서도 9명의 정치국 상무위원들은 총서기와 더불어 실질적으로 중국을 지배하는 중추적인 권력기관을 장악하고, 주요 정책 결정을 내린다고 해도 과언이 아니다. 이를테면, 국가주석과 부주석, 중앙군사위원회 주석, 국무원 총리 등은 모두 중앙정치국 상무위원이 겸직하고 있다. 이처럼 중앙정치국 상무위원과 중앙 정치국원들은 당과 국가의 주요 기관을 조직적으로나 정치적으로 장악하고 있는 권력의 핵심 기관이라고 해도 과언이 아니다.

이와 같이 중앙정치국이 당정국가체제에서 모든 주요 정책 결정 과정에서 중추적 역할을 하는 기관이라면, 중앙정치국의 활동을 실무적 차원에서 지원하는 조직이 중앙서기처이다. 중앙서기처는 중앙판공청, 중앙조직부, 중앙선전부 등 약 20여 개의 직속 기관들을 두고 있으며, 7명의 중앙정치국원이면서 동시에 중앙서기처 서기로 임명된 서기들의 지휘를 받아 실무적인 업무를 처리하고 있다. 다시 말해 중앙정치국이 당내의 주요 정책 결정 기구라면, 중앙서기처는 당 내의 정책 집행 기관인 것이다.

물론 중앙정치국과 중앙서기처는 대외정책을 포함해서 거의 모든 주요 국내외 정책 문제에 직접·간접으로 개입하고 있지만, 군사-안보 문제는 중앙군사위원회에서 전문적으로 다룬다고 할 수 있다. 사실, 당과 국가의 중앙군사위원회는 동일한 인물이 겸직을 하고 있기 때문에 실질적으로 같은 기구라고 해도 과언은 아니지만, 중국의 군대가 당의 군대(黨軍)에서 출발해서 국가의 군대(國軍)의 성격을 가지게 되었기 때문에 당과 국가의 중앙군사위원회를 개별적으로 두고 있으면서도 하나의 기구와 같이 운영하고 있다고 하겠다. 하여간 당과 국가의 중앙군사위원회는 대체로 당의 최고 지도자인 총서기나 그의 후계자가 주석과 부주석을 차지하여 군에 대한 문민지배의 형식을 유지하면서도 군사 지도자들이 비교적 자율적으로 군사-안보문제에 대한 주요 정책을 결정할 수 있게 하는 제도적 장치라고 할 수 있다.[5]

(2) **정책 집행 기구로서 국무원의 부와 위원회**

위에서 개괄적으로 살펴본 바와 같이 당-국가제도하에서 주요 정책 결정 과정은 당이 담당하고, 그것도 중앙정치국이 중심이 되어 주요 정책 결정이 내려지고 있고, 중앙정치국의 업무를 실무적 차원에서 집행하고 있는 조직이 서기처이기 때문에 국내외 정책 결정 과정에서 중요한 역할을 하는 조직은 중앙정치국과 서기처이라고 할 수 있다. 이처럼 정책 결정이 당-중앙정치국-중앙서기처를 중심으로 운영되고 있다면, 입법은 전국인민대표대회 상무위원들이 중심이 되어 추진되고 있고, 국무원은 국가기구 중에서 주요 정책 집행 기구의 역할을 한다고 할 수 있다.

이처럼 정책 집행의 핵심적 위치에 있는 국무원은 사실상 내각, 또는 행정부와 같은 기능을 수행한다고 할 수 있으며, 총리책임제로 운영되고 있다고 하겠다. 2003년 3월 현재 제10기 전국인민대표대회가 선임한 새로운 국무원 조직은 총리를 중심으로 부총리 4명과 국무위원 5명, 국무원 판공청 비서장 1명으로 국무원 상무위원회를 구성하고 있으며, 이들 이외에 28개 부와 위원회가 실무 행정기관을 형성하고 있다.

개혁개방 이후 국무원은 여러 차례에 걸쳐 행정개혁을 단행하여 방대한 관료조직을 간소화하고, 개혁개방의 시대적 요청에 따라서 정부의 조직과 기능을 재조정하려고 노력하고 있다. 지난 1982년 이후 지금까지 모두 5차례의 행정개혁을 단행하면서 국무원 부와 위원회 등 100여 개의 행정기구를 현재의

---

5) 지난 2002년 11월 16기 중국공산당 중앙위원회에서 선임된 당의 중앙군사위원회는 장쩌민 당시 국가주석 겸 당 총서기를 주석으로 하고, 장쩌민의 후계자인 후진타오(胡錦濤) 신임 총서기를 부주석으로 선임하여 군에 대한 당의 통치 원칙을 견지하면서도, 후진타오와 함께 2명의 직업 군인 출신의 장성인 궈보슝(郭伯雄)과 차오강촨(曹剛川)을 부주석으로, 4명의 직업 군장성을 중앙군사위원으로 임명함으로써, 당의 영도하에서도 군사-안보정책에서 군부의 자율적 역할을 제도적으로 보장하고 있다고 하겠다. 그런데 지난 2004년 9월에 열린 중국공산당 제16기 4중전회에서 장쩌민이 중앙군사위원회 주석직에서 사임하고, 후진타오 총서기가 중앙군사위원회 주석직을 승계함으로써 후진타오는 명실상부하게 당과 군부의 지도권을 장악하게 되었다.

28개로 대폭 축소해 왔다.6)

따라서 이런 행정개혁 과정을 거쳐 지난 2003년 3월에 개최된 제10기 전인대에서 재조정한 국무원 조직에 따르면, 현재 28개의 부와 위원회를 유지하고 있는데, 28개 국무원 부/위원회에는 국가발전과 개혁 위원회, 국가민족사무위원회 등 4개 위원회와 외교부, 국방부, 민정부, 재정부, 상무부 등 전문적 성격의 24개의 실무 부서가 있으며, 또한 업무의 성격상 특수하거나 독립된 담당 부처를 설치하는 것이 부적절한 경우는 직속기구(이를테면 국가통계국, 국가세무총국 등)와 국무원 외사판공실 등 사무기구 등을 설치 운영하고 있다.

특히 이번 행정개혁에서 주목할 점은 WTO 가입 이후 새로운 시대에 적응하기 위해 기존의 국가경제무역위원회와 대외무역경제합작부를 폐지하고, 그 대신 상무부를 신설하는 것을 골자로 하는 국무원 기구 개편을 단행했다는 것이다. 그렇다면 이번의 국무원 기구 개편의 의미, 특히 상무부의 신설은 왜 필요했을까?

한마디로 WTO 가입 이후 시장경제의 발전에 적극적으로 대응하기 위한 것이라고 할 수 있다. 즉, 중국의 시장경제가 발전하면서 중국 경제와 세계 경제의 통합성이 급속도로 진행되고 있는 상황에서 국내 경제와 국제 경제, 특히 국내 시장과 해외 시장의 구분이 점차로 무의미해지고 오히려 국내 교역과 국제 교역을 통합 운영하는 것이 바람직하기 때문에 행정조직도 과거와 같이 국내 시장을 담당하는 국가경제무역위원회와 대외무역을 담당하는 대외무역경제합작부로 나누어 관리하는 것보다는 이들 두 개의 관료조직을 통합해서 상무부라는 하나의 조직으로 정비하는 것이 효율적이기 때문에 이런 행정기구의 개편을 단행했다고 할 수 있다.

따라서 과거 국가경제무역위원회가 담당했던 여러 가지 기능 중에서 산업정책에 대한 것은 국가발전개혁위원회로 이관하고, 국내 시장경제의 관리 기

---

6) 1982년 이후 현재까지의 행정개혁을 개괄적으로 소개한 글로는, "1982~2003 五次大規模的機構改革," 『人民日報』(2003/03/06) 참조.

능은 대외시장과 대외 무역을 담당했던 대외무역경제합작부와 통합한 신설 상무부가 담당하도록 함으로써 상무부가 그야말로 국내외 유통과 시장을 통합 운영 관리할 수 있도록 했다는 것이다. 따라서 앞으로 상무부는 외교부와 더불어 중국의 대외정책 결정과 집행 과정에서 중추적 역할을 하게 되는 행정조직이라고 할 수 있다는 것이다.7)

(3) **정책 결정과 집행 과정에서 지방정부와 이익집단의 역할**

앞에서 이미 지적한 바와 같이 중국의 당-국가제도는 기본적으로 위계적으로 조직화된 당과 정부의 관료조직을 중심으로 철저하게 중앙집권적인 정책 결정과 정책 집행 과정의 특징을 보여주고 있다고 하겠다. 그러나 중국과 같이 방대하고도 다양한 지역과 사회에서 중앙집권적인 관리체제는 한계가 있기 마련이다. 따라서 전통적으로 중국에서는 중앙의 권한을 위협하지 않는 범위에서 다양한 형태의 지방과 계층적 이익을 용인해 왔다.

당-국가제도에서도 중앙당과 중앙정부의 지배력은 이데올로기적·조직적

---

7) 이처럼 2003년 3월에 개최된 10기 전인대에서는 WTO 가입 이후 새로운 국내외적 시장경제 상황에 적응하기 위해 국가경제무역위원회와 대외무역경제합작부를 통합하여 새로운 상무부를 신설하는 것 이외에도 다음과 같은 기구 개편도 단행하였다. (1) 계획경제시대의 경제 사령탑 기능을 수행했던 '국가발전계획위원회'의 명칭을 '국가발전과개혁위원회'(國家發展和改革委員會)로 고치고, 과거 국가경제무역위원회가 담당했던 장기 산업정책을 비롯하여 거시 경제정책과 조정 기능을 수행하도록 하였고, (2) 그동안 국가경제무역위원회 등 각 부서에서 분산 관리되었던 국유기업 개혁 및 국유자산 관리문제 등을 종합 처리할 수 있는 '중국자산감독관리위원회'(國有資産監督管理委員會)를 설립했으며, (3) 중앙은행의 금융기관 감독기능을 넘겨받아 금융개혁을 주도해 가기 위해 '중국은행업감독관리위원회'(中國銀行業監督管理委員會)를 설립했고, (4) 경제발전에 따라서 국민들의 건강과 복지에 대한 관심이 제고되면서 식품과 건강보조식품 등의 안전성에 대한 감독을 대폭 강화한다는 방침에 따라 미국의 식품의약국과 유사한 '국가식품약품감독관리국'을 신설했으며, (5) 인구 발전 전략에 관한 연구 기능을 강화한다는 계획 아래 '국가계획생육위원회'(國家計劃生育委員會)를 '국가인구와계획생육위원회'(國家人口和計劃生育委員會)로 확대 개편하였다. 이와 같은 내용의 국무원 기구 개편에 대한 중국어 자료에 대해서는 2003년 3월을 전후로 발표된 『인민일보』의 특집 논문을 참조.

영도권을 주장하는 차원을 넘어, 구체적 인사권을 매개로 전국 각 지역과 사회 각 분야에 영향력을 행사하려고 하고 있다. 이를테면, 당과 정부는 전국 지방당과 지방정부에 대한 인사권을 장악하고, 예산 배정권을 행사함으로써 중앙의 영향력을 실질적으로 담보하려고 하고 있을 뿐만 아니라, 사회 각 분야의 이익집단들에 대해서도 역시 인사권과 재정권을 매개로 영향력을 행사하고 있다는 것이다. 이처럼 중앙당과 정부의 영도권과 영향력은 막강하고, 특히 중앙정부가 관심을 가지는 주요 정책에 대해서는 결정적으로 영향력을 행사하는 것이 틀림없지만, 그러한 중앙의 정책을 해석하고 집행하는 과정에서 지방과 개별 이익집단의 이익이 개입되는 경우가 많고, 지방적·개별적 이익에 의하여 중앙정부의 정책이 왜곡되는 사례도 흔하다는 것이다.[8]

따라서 중국에서는 "중앙에 정책이 있다면, 지방에는 대책이 있다"는 말이 있듯이, 중앙의 지배력을 인정하고, 중앙의 정책을 관철하는 것처럼 보이는 가운데, 다양한 지방과 이익집단들이 자신들의 당파적·지역적 이익을 관철하는 모습을 흔히 찾아 볼 수 있다는 것이다. 특히, 개혁개방이 추진되면서 더욱 지방정부와 다양한 이익집단이나 전문가 집단들의 역할이 증대되고 있는 현상에 주목할 필요가 있다. 개혁개방이 중앙에서 기획되어 하향식으로 추진되는 것이 아니고, 분절적으로 지방과 일부 집단들이 밑으로부터 실험적으로 시도해 보고, 성과가 좋은 경우 단계적이고 점진적으로 확대하는 양상으로 추진되었기 때문에 개혁개방 시대에 더욱 더 지방정부와 이익집단들의 역할이 증대되고 중앙정부와 중앙당의 통제력이 약화되는 경향이 있다고 하겠다.

사실, 전통적으로 외교정책 분야는 다른 정책 분야, 특히 경제정책 분야와는 달리, 중앙당과 중앙정부의 고유한 영역으로 간주되었다. 이를테면 대

---

[8] 중국 정치의 고질적인 문제 중의 하나는 중앙과 지방의 긴장과 협력관계라고 할 수 있다. 중앙과 지방의 긴장관계는 전통사회에서도 그랬지만, 밑으로부터의 개혁개방을 추진하면서 중앙과 지방의 긴장은 더욱 심화되는 경향을 보인다고 할 수 있다. 개혁개방 시대 중앙과 지방의 관계에 대해서는 정재호, 『중국의 중앙-지방 관계론』(나남, 1999); 天兒慧 編, 『現代中國の構造變動 4: 政治-中央と地方の構圖』(東京大學出版會, 2000) 참조.

외관계는 중앙당과 국가가 주도하는 사업이고, 일반 국민들이나 지방정부가 특별한 관심을 가져야 할 만큼 대외관계가 지방이나 계층적 이해관계와 직결된 것이라고 생각되지 않았다. 그러나 개혁개방이 본격적으로 추진되면서 대외관계에 대한 지방정부와 다양한 사회집단들의 관심도와 참여도가 급증하게 되었다.

이처럼 지방정부나 개별 기업들이 적극적으로 대외개방을 추진하게 된 배경에는 두말 할 것도 없이 개혁개방을 통해 지방적 이익을 증대할 수 있었기 때문이다. 다시 말해 지방정부는 대외개방을 통해서 외국 자본뿐만 아니라, 국내의 투자 자본도 유치할 수 있고, 지방 산업의 발전을 꾀할 수 있기 때문에 각 지방과 개별 기업, 단체들이 앞을 다투어 대외개방을 추진하려고 하고 있다는 것이다. 따라서 대외정책은 이제 지방정부와 개별 기업의 이해관계와도 불가분의 관계를 가지게 됨으로써 외교정책 일반에 대한 밑으로부터의 관심과 참여 요구가 증대하고 있다는 것이다.

이런 점에서 대외정책 결정 과정이나 집행 과정에는 중앙당과 정부뿐만 아니라 지방정부와 다양한 계층과 이익집단들이 참여하게 되었고, 이들은 나름대로 자신들의 이익을 위해 여러 가지 형태로 참여하면서 자신들의 이익과 견해를 표출하고 있다고 하겠다.

2. 지도부의 업무 분담과 정책 결정 과정 : 영도소조와 분구지도체제

위에서 중국의 당-국가제도의 조직적 특징을 개괄하면서 결국 당이 정부와 사회 각 분야에 대해 조직적으로 침투하고, 주요 인사권을 통해 모든 영역에서 영향력을 발휘한다는 점을 지적하였다. 다시 말해서 당-국가제도에서 주요 정책 결정은 당이 주도하고, 정책 집행 과정에서 정부의 관료조직이 동원된다는 것이다.

이처럼 당이 정책 결정 과정에서 주도적인 역할을 한다는 것은 곧 당의 중앙정치국이 거의 모든 주요 정책을 결정하는 과정에 직접 또는 간접적으로 간여해서 영향력을 행사한다는 것을 의미한다. 그렇다면 중앙정치국이 어떻게 정책 결정과 집행 과정에 간여하는가. 이와 관련해서 중국의 중앙영도소조(中央領導小組)와 분구지도체제(分口指導體制)를 간략히 살펴볼 필요가 있다.[9]

(1) 중앙영도소조

당 중앙정치국원들이 당과 정부의 복잡한 업무를 모두 파악하고 조직적으로 지도하기는 대단히 어렵다. 따라서 당의 정책 결정이나 정책 집행 과정에서 다양한 조직과 집단들의 참여와 상호 협의를 제도적으로 보장하기 위해 운영하고 있는 것이 중앙영도소조라고 할 수 있다. 중앙영도소조는 주로 중앙정치국원과 국무위원이 중심 역할을 하면서 관련 분야 관료조직의 실무 책임자들

---

9) 중국의 정책 결정 과정에 대한 학계의 연구업적을 모두 다 소개할 수 없지만, 여기서 등장하는 중국의 당-국가체제하에서의 정책 결정 과정의 특징에 대해서는 다음의 문헌들을 참고할 수 있다. 먼저 중국의 정책 결정 과정에 대한 개괄적 연구로는 Kenneth Lieberthal and Michel Oksenberg, *Policy Making in China* (Princeton University Press, 1988); Kenneth Lieberthal and David M. Lampton eds., *Bureaucracy, Politics, and Decision Making in Post-Mao China* (University of California Press, 1992); Carol Lee Hamrin and Suisheng Zhao eds., *Decision-Making in Deng's China* (M.E. Sharpe, 1995); Kenneth Lieberthal, *Governing China From Revolution Through Reform*, Second Edition (W.W. Norton & Company, 1995/2004); 謝慶奎, 燕繼榮, 趙成根 著, 『中國政府體制分析』(中國廣播電視出版社, 1998) 등을 참고할 수 있고, 외교정책에 대해서는 A Doak Barnett, *The Making of Foreign Policy in China* (Westview Press, 1985); David Bachman, "Structure and Process in the Making of Chinese Foreign Policy," in Samuel S. Kim ed., *China and the World: Chinese Foreign Policy Faces the New Millennium*, Fourth Edition (Westview Press, 1998), pp. 34-54; David M. ed., *The Making of Chinese Foreign and Security Policy in the Era of Reform* (Stanford University Press, 2001); 정재호 편 『중국정치연구론: 영역, 쟁점, 방법 및 교류』(나남, 2000), pp. 121-187; 서진영 외, 『중국의 대외관계: 동북아 신질서와 중국』(고려대학교 아세아문제연구소, 2000), pp. 1-57 등을 참고할 수 있다.

이 참여하여 주요 정책을 협의하고 조정하는 일종의 관계기관 협의체라고 할 수 있다.

그런데 중앙영도소조에는 중앙재경영도소조, 중앙대대(대만)공작영도소조, 중앙외사영도소조 등과 같이 당의 상시적 조직으로 운영되는 것도 있지만, 중요한 사안을 처리하기 위해 한시적 조직으로 운영되는 것도 많이 있다. 이를테면, 문화대혁명을 조직하고 관리하기 위해 중앙당이 이른바 문혁소조를 조직 운영하였던 전례가 보여주고 있는 것처럼, 중앙의 지도부는 중요한 정책을 종합적으로 관리하고 지도하기 위해 한시적으로 중앙영도소조를 운영한다고 할 수 있다. 이처럼 중앙의 당 지도부는 중앙영도소조를 매개로 업무 분담과 조직 관리를 한다고 할 수 있는데, 이와 관련해서 4개의 구(口)와 6개의 계통(系統)을 골자로 한 분구지도체제를 이해할 필요가 있다.

(2) 4개의 구와 6개의 계통, 그리고 분구지도체제

분구지도체제나 계통이라는 용어도 생소하고, 그것이 작동하는 과정도 중국 정부가 분명하게 밝힌 바가 없고, 분구와 계통이 자주 바뀌고 있기 때문에 중국 전문가들도 오해하거나 잘못 이해하는 경우가 많다. 그러나 당-국가제도하에서 당의 지도부가 어떻게 정책과 관료조직을 관리하는가를 분석하려면 분구지도체제에 대한 이해가 선행되어야 한다고 할 수 있다. 그렇다면 분구지도체제는 도대체 무엇인가.[10]

분구지도체제란 국가기구와 업무에 대한 당의 지도가 관철되는 과정에서 등장한 지도부의 업무 분담 방식이라고 할 수 있다. 즉, 당과 정부의 최고 지도

---

[10] 중국의 정책 결정 과정과 분구지도체제에 대해서는 Kenneth Liebertha., *Governing China* (2004), pp. 215-233; 謝慶奎, 燕繼榮, 趙成根 著, 『中國政府體制分析』(1998), pp. 217-220; 毛里和子, 『世界史 51 : 現代中國政治を讀む』(山川出版社, 1999), p. 45 참조; 그리고 분구지도체제에 대한 간단한 문답식 설명은 "서진영 교수의 중국정치연구실" 게시판 참조.

부가 영역별[分口]로 업무를 분담하여 정책과 조직을 체계적으로 관리 운영하는 제도라는 것이다. 이런 점에서 분구지도체제는 건국 초기부터 형성되기 시작했고, 여러 차례에 걸쳐 4~6개의 영역으로 업무 분야를 나누어 지도부가 분담 관리했다는 것이다.

이를테면 1959년 마오쩌둥 시대에는 당의 중앙정치국 내에 재정·경제, 정치·법률, 외사, 과학, 문화 등 5개 영역[口]을 두고, 각 영역별로 영도소조를 구성하여 당과 국가기구의 업무를 처리했으며, 덩샤오핑-장쩌민(江澤民) 정권에서는 당무, 정무, 군사-안보, 그리고 외사 등 4개의 업무 영역, 즉 4개 분구로 나누어 진 분구지도체제를 유지했다는 것이다.

이처럼 분구제도는 기본적으로 당과 국가 지도부의 업무 영역의 분담체제라고 이해할 수 있는데, 현재에는 당 중앙정치국원과 국무원의 국무위원들이 앞에서 지적한 4개의 분구로 업무 분담을 하고 있으며, 그에 따라 6개의 계통, 즉, 당무, 조직, 교육-선전, 정법, 재경, 군사 등 6개의 계통에 따라 당과 정부의 관료조직이 관리되고 있다고 하겠다. 이러한 점에서 분구지도체제는 말 그대로 지도체제라고 할 수 있지만, 계통이란 당과 정부의 관료조직의 분류 방식이라고 할 수 있다. 다시 말해서 기능적으로 서로 관련이 있는 관료조직들을 같은 계통으로 분류하고 있다는 것이다. 현재까지 알려진 바로는 모든 관료조직(당의 중앙서기처 실무 부서 및 국무원의 부와 위원회 등의 행정 관료조직)은 앞에서 지적한 6개의 계통으로 구분되어 관리되고 있다는 것이다.

그렇다면 지도 업무 분담 체제로서 구와 행정관료 체제로서 계통의 관계를 도식적으로 나타내면 아래와 같다.

구(口) – 영도소조 – 계통 – 당 및 정부의 관련 개별 관료조직

위의 도식에서 제시하고 있는 것처럼, 당 정치국원과 국무원 국무위원들로 구성된 최고 권력 엘리트들은 기본적으로 4개의 구로 지도 업무를 분담하고 있으며, 이에 따라서 최소 4개 이상의 영도소조(영도소조의 숫자는 정해진 것

이 아니다)를 조직해서 정책 결정과 집행 과정을 관리하고 있다고 할 수 있고, 이들은 또 자신들이 분담하고 있는 업무와 관련해서 6개의 계통으로 구성된 당과 정부의 실무 관료조직을 관장하고 있다고 할 수 있다.

(3) **지도부의 업무 분담과 위계질서**

위에서 살펴본 바와 같이 중국의 권력 엘리트들은 분구제도와 계통에 따라 정책 결정과 집행 업무와 관련된 관료조직을 관리하고 있는데, 이런 과정에 자연스럽게 최고 지도부 내부 3~4개의 위계적 집단이 형성되고 있다는 것이다.

즉, 마오쩌둥이나 덩샤오핑과 같이 카리스마적 지도자가 최상부를 차지하고 있는 경우에는 두말 할 것도 없지만, 그렇지 않은 경우에는 총서기를 핵심으로 하는 3~4명이 최상부 지도부를 형성하고 있고, 이들은 특별한 업무 분담에 제한 받지 않고, 거의 모든 영역에서 영향력을 행사할 수 있다고 하겠다. 그럼에도 불구하고 이런 최상부의 최고 지도자 집단들도 특별히 관심이 있는 영역이 있고, 경우에 따라서 영도소조의 조장을 직접 책임지면서 실무에 깊숙이 간여하기도 한다. 이를테면, 마오쩌둥은 이데올로기와 중국의 외교정책, 특히, 소련과 미국과의 관계에 대해 특별한 관심을 가지고 간여했고, 농촌업무에 대해서도 깊은 관심을 표명하였다는 것은 잘 알려진 사실이며, 덩샤오핑은 군사문제에 직접 간여하였다.

또한 마오쩌둥과 덩샤오핑과 같이 걸출한 지도자가 사라지고 난 이후 중국의 최고 지도부에는 집단지도체제적 성격이 나타났는데, 이 경우 2~3명의 최고 지도자 집단이 영도 핵심을 형성, 당과 국가의 주요 업무와 조직을 장악하였다. 이를테면 장쩌민 시대에는 장쩌민을 핵심으로 한 3인의 최고 지도자 집단이 형성되어, 당과 전인대, 그리고 국무원을 각기 분담 장악하는 모습을 보였다. 이를테면 장쩌민 시대 전반부에는 장쩌민 총서기-리펑(李鵬) 국무원 총리-차오스(喬石) 전인대 상무위원장의 체제로 운영되면서 당무는 장쩌민, 경제 및 행정은 리펑, 입법과 공안 분야는 차오스의 업무 분담체제가 형성되었지만, 1997년 15차 당대회 이후 장쩌민 시대 후반기에는 차오스가 숙청되고 3인체제의 구성 변화가 있었는데, 장쩌민 총서기-주룽지(朱鎔基) 총리-리펑 전인대 상무위원장의 3인체제로 운영되었다. 그러나 2002년 16차 당대회에서 장쩌민 총서기가 은퇴한 이후, 당과 국가의 핵심부는 후진타오(胡錦濤) 총서기-쩡칭훙(曾慶紅) 부주석-원자바오(溫家寶) 총리-우방궈(吳邦國) 상무위원장 체제로 운영되고 있다.

이처럼 최고 지도부 안에서도 2~4인의 최고 지도자 집단이 영도 핵심을 형성하여 당과 정부, 그리고 입법기관인 전인대를 분담하여 관리하는 형세를 보이고 있는데, 이러한 최고 지도자 집단 이외에도 정책 결정과 집행 과정에 직접, 또는 간접적으로 깊이 간여하는 원로 집단이 있는 경우도 있다. 사실, 1997년 덩샤오핑이 사망하기 이전에 덩샤오핑을 비롯하여 약 8~10명의 당 원로들이 각 분야에서 상당한 영향력을 행사했던 것은 잘 알려진 사실이다. 그러나 덩샤오핑과 대부분의 당 원로가 연로해서 사망한 이후, 특히 1997년 이후 장쩌민 시대 후반기에는 실질적으로 정치적 영향력을 막후에서 행사하는 원로 집단이 거의 다 없어졌다고 해도 과언이 아니었다.

그러나 2002년 11월의 16차 당대회와 금년 3월에 개최된 제10기 전인대에서 장쩌민이 당 총서기와 국가 주석직을 사임, 후진타오에게 당과 국가의 권력 이양을 하면서도 군사위원회 주석직을 유지하여, 앞으로 원로로서 영향력을 계속 행사할 것이 아닌가 하는 의구심을 낳게 하였다. 그러나 장쩌민은 2004년 11월의 16기 4중 전회에서 군사위원회 주석직도 사임함으로써 당과 국가, 그리고 군부의 모든 직책에서 물러나 실질적으로 제1선에서 은퇴함으로써 원로정치의 부활 우려가 상당히 해소되었다고 할 수 있다. 따라서 장쩌민 이후 중국의 최고 지도부에서 원로집단의 영향력은 제한적이고, 공식적인 조직 라인에서 선출된 지도자 집단들이 중심이 되어 지도부가 구성된다고 할 수 있다.

이러한 점에서 중국 정치의 최고위층에는 중국공산당 총서기를 핵심으로 한 2~3인의 최고 지도자 집단이 위치하여 당과 국가 및 군부를 총괄하고 있고,

이들을 포함하여 약 25명에서 30여 명 수준의 중앙정치국원, 부총리와 국무위원급 인사들이 중간 지도자 집단을 형성하고 있으며, 이들이야말로 앞에서 지적한 분구지도체제를 직접 관장하는 업무를 수행한다고 할 수 있다. 다시 말해 중앙정치국원과 국무위원급 지도자들은 4개의 구와 6개의 계통에 따라서 업무 분담이 이루어지고 있으며, 자신들이 책임 맡은 분야에서 정책 결정과 집행 과정을 지휘한다고 하겠다. 이를테면 지난 16차 당대회에서 정치국원으로 승진된 우이(吳儀)는 1990년대에 대외무역경제합작부 부장으로 중국의 WTO 가입을 총지휘했던 경력을 바탕으로 앞으로 중국의 대외경제 분야에서 지도력을 발휘할 것으로 예상되며, 정치국원은 아니지만, 지난 2003년 제10기 전인대에서 국무위원으로 승진된 전 외교부장 탕지쉬안(唐家璇)은 은퇴하는 첸치천(錢其琛)을 대신해서 외사 분야를 총괄하게 되었다.

이처럼 중앙정치국원과 국무위원급 인사들이 중간 지도부를 형성한다면, 그 아래에서 전문 분야와 특정 관료조직을 책임지고 있는 기능적 지도자 집단이 있으며, 이들은 우리 식으로 표현하면 장·차관급으로서 외교부나 국방부 등 국무원의 특정 부서 및 위원회를 담당하거나 지방당과 지방정부의 책임자들로 구성되어 있다고 할 수 있다. 대체로 이들은 당의 중앙위원이며, 해당 지방이나 해당 전문 분야에서는 지도적 역할을 하는 인사들이고, 정책 결정과 집행 과정에서 최고 실무 책임자 집단이라고 할 수 있다.

3. 정책 결정 과정의 3가지 모델과 5가지 사례 연구

앞에서 중국의 당-국가제도에서 주요 정책 결정 과정의 제도적 틀과 지도부 내부의 업무 분담에 대해 간략히 살펴보았다. 이런 제도와 업무 분담이 구체적으로 정책 결정 과정에서 어떻게 표출되는가에 따라서 영도중심-집단지도체제

-관료주의 정책 결정 모델을 설정할 수 있다고 하겠다. 물론 이런 구분은 인위적인 측면이 있다. 현실의 세계에서는 영도중심의 정책 결정 모델이 관철되는 것처럼 보일 때에도 집단지도체제적 성격이나 관료주의적 성향이 나타나기 때문이다. 카리스마적인 리더십을 행사했던 마오쩌둥 시대에도 그렇고, 개혁개방의 총설계사라고 추앙을 받았던 덩샤오핑의 압도적 영향력이 관철되던 시대에도 집단지도체제적 또는 관료주의적 정책 결정 사례를 많이 발견할 수 있다.

이를테면 문화혁명 이전에 특히 영도중심 정책 결정보다는 집단지도체제와 관료주의적 정책 결정 모델 양상이 현저하게 나타나고, 마오쩌둥이 공개적으로 그런 경향에 대해 불평을 하기도 했다. 그러나 문화대혁명 이전에는 당의 주요 지도자들이나 관료집단들이 당권파를 형성하고, 마오쩌둥의 지시를 무시하거나 저항하기도 했다는 것은 잘 알려진 사실이다. 또한 덩샤오핑 시대에도 원로들의 개입 등으로 영도중심 정책 결정과 집단지도체제가 혼합적으로 등장하는 양상을 보이기도 하였고, 대외정책 분야에서 관료와 전문가들의 역할이 확대되면서 전형적인 관료주의적 정책 결정 모델이 나타나기도 하였다.

이처럼 영도중심-집단지도체제-관료주의 정책 결정 모델은 혼합적으로 나타나지만, 그래도 개별적 사례를 면밀하게 분석하면 특정한 모델의 특징이 더 많이 나타난다는 사실을 확인할 수 있다. 아래에서 바흐만(David Bachman)의 논문을 중심으로 건국 이후 중국의 주요 외교정책에 대한 정책 결정 과정 사례를 소개하면 다음과 같다.11)

(1) 한국전쟁 참전 결정

마오쩌둥이 언제, 어떻게 한국전쟁에 참전하기로 결심했는가에 대해서는 아직

---

11) David Bachman, "Structure and Process in the Making of Chinese Foreign Policy," in Samuel S. Kim ed., *China and the World* (1998), pp. 34-54.

도 명확하게 밝혀진 것이 없다. 한 가지 분명한 사실은 중국의 한국전쟁 참전을 공식적으로 논의한 당 정치국의 첫 번째 회의는 1950년 10월 2일이었고, 이때 중국은 북한과 소련으로부터 다급한 참전 요청을 받았고, 마오쩌둥은 개인적으로 이미 참전을 결심한 상태였다는 것이다.[12]

사실 마오쩌둥은 한국전쟁이 발발하면서 김일성이 장담한 것과는 달리, 미국이 신속하고도 단호하게 대응하는 것을 지켜보면서 중국의 참전 여부를 심각하게 고려한 흔적이 많이 남아 있다. 특히, 마오쩌둥은 소련과는 달리 미국과의 대결이 불가피하다고 판단했던 것 같고, 한·중 국경지대에서 미국과의 군사적 대결 가능성을 검토하고 있었다. 따라서 6월 25일 개전 이후 중국은 국경지대에 군대를 집결시키기 시작했고, 1950년 7월 13일에는 50만 병력의 동북국경방위군을 중심으로 참전에 대비하였다.

그러나 이런 대비 태세가 중국의 참전을 사전에 결정한 증거라고 할 수는 없다. 그럼에도 불구하고 한반도에서 전세가 급속도로 악화되면서 마오쩌둥과 중국 지도부는 심각하게 참전을 고려하지 않으면 안 되었다. 특히, 1950년 9월 15일 미군의 인천상륙작전 성공과 북한군의 붕괴, 그리고 1950년 9월 30일 유엔군의 38선 돌파로 북한의 괴멸을 더 이상 피할 수 없는 절박한 상황이 조성되면서 북한과 소련은 마오쩌둥과 중국 지도부에게 참전을 정식으로 요청하게 되었고, 10월 2일 마오쩌둥은 마침내 당 정치국 확대회의를 개최하였다.

그런데 10월 2일의 당 정치국 확대회의에서 마오쩌둥은 참전 여부에 대한 토론을 제안한 것이 아니라 참전을 기정사실로 선언하고, 참전 시기와 총사령관의 인선문제를 논의하자고 제안하였다. 그러나 이런 마오쩌둥의 제안에도 불구하고, 많은 참석자들은 참전 자체에 대해 심각하게 토의하기 시작했고,

---

[12] 중국의 한국전쟁 참전과정에 대한 연구는 Chen Jian, *China's Road to the Korean War: The Making of the Sino-American Confrontation* (Columbia University Press, 1994); Sergei N. Gorncharov, John W. Lewis, Xue Litai eds., *Uncertain Partners: Stalin, Mao and the Korean War* (Stanford University Press, 1993); 박명림, 『한국전쟁의 발발과 기원 I, II』(나남, 1996) 등을 참조.

일부는 참전에 반대하는 의견을 개진하기도 하였다. 결국 며칠간 지도부 내부에서 고뇌에 찬 논의 끝에 마오쩌둥이 제안한 대로 한국전쟁에 참전하기로 결정하고, 펑더화이(彭德懷)를 총사령관으로 하는 대규모 인민 지원군을 구성, 참전하기로 했다.

이와 같은 참전 결정 과정을 살펴보면 기본적으로 중국의 한국전쟁 참전 결정은 전형적인 영도중심 정책 결정에 따라 결정되었다고 할 수 있다. 마오쩌둥이라는 최고 지도자가 소수의 지도자 집단과 비공개적으로, 그리고 비밀리에 협의하여 결정했다는 것이다. 그러나 최종적으로 중국공산당 정치국 확대회의를 통해 공식적인 참전 결정을 확정하려고 하였을 때, 마오쩌둥의 결심에도 불구하고, 지도부 내부에서 비교적 공개적이고 개방적인 정책 논쟁이 허용되었다는 것을 알 수 있다.

(2) 1960년대 초 왕자샹의 대소 정책 제안

1962년 당시 당 대외연락부장인 왕자샹(王稼祥)은 마오쩌둥을 중심으로 한 당 최고 지도부의 중·소 이데올로기 논쟁과, 소련과 미국 두 초강대국을 모두 적대화하는 비타협적 대결정책에 대해 의문을 제기하였다. 특히, 안보적 차원에서 미·소 양대 초강대국을 모두 적대국으로 삼는 것은 대단히 위험하고 무모한 것이라고 지적하였다. 또 중국의 경제 사정 및 국력을 감안할 때, 중국이 중간지대론이나 세계 3분론을 주장하면서 제3세계 국가에 대해 이데올로기적 지원뿐만 아니라 실질적인 대외 경제 원조를 제공하는 것도 현실에 맞지 않는다고 지적하였다. 더구나 실질적인 경제 지원을 제공하지 못하면서 이데올로기 차원에서 혁명 수출을 강조하는 중국의 대외정책은 실리가 없을 뿐만 아니라 중국의 국익에도 도움이 되지 않기 때문에 그런 이데올로기적 대외 지원은 축소해야 한다고 주장하였다.

왕자샹은 당시 실무적 차원에서 중국의 대외관계를 관리하고 있던 외교

관료 내부의 의견을 수렴하였고, 특히 당 중앙서기처 대외연락부의 지지를 바탕으로 이런 내용의 보고서를 작성, 당시 당 중앙정치국 내에서 대외관계에 관심을 가지고 있었던 저우언라이(周恩來), 덩샤오핑, 천이(陳毅) 등에게 제출했고, 이들의 암묵적 지원을 받아 마오쩌둥을 중심으로 추진되고 있었던 대소, 대미 강경노선의 기조를 변경시키려고 했던 것으로 알려져 있었다. 그러나 이와 같은 온건주의로의 대외정책 전환 제안은 결국 마오쩌둥의 반대로 무산되었다.

이런 사례는 비록 그것이 무위로 끝나기는 했지만, 마오쩌둥과 같은 최고 지도자의 고유영역이라고 할 수 있는 이데올로기와 강대국 외교정책 분야에서도 관료세력을 대변하는 중간 지도자들이 최고 지도자의 선호도와 다른 정책적 대안을 제시할 수 있었다는 것을 보여 주는 것이라는 점에서 성패와 관계없이 놀라운 일이라고 하지 않을 수 없다. 비록 왕자샹의 정책 제안이 당시에는 부결되었지만, 마오쩌둥과 같은 카리스마적 리더십이 관철되고 있던 상황에서도 실무 관료들이 정책 대안을 모색할 수 있었다는 점에서 정책 결정 과정에서 관료들의 역할을 무시할 수 없었다는 사실을 증명해 준다고 하겠다.

(3) 마오쩌둥의 제3선 건설 정책

1964년에 인민해방군 총참모부는 강대국의 공습에 노출된 중국 안보의 취약점을 지적한 내부 보고서를 작성해서 마오쩌둥을 비롯한 최고 지도부에 제출하였다. 이러한 군부의 보고서를 받고, 평소 중국에 대한 소련의 기습 공격 가능성에 대해 불안하게 여기고 있었던 마오쩌둥은 일방적으로 제3차 5개년 계획을 변경하도록 지시하였다. 즉, 방위산업의 발전을 강조하고, 동부 연해안 등 안보상으로 취약한 지방에 있는 기간산업 시설을 내륙지방으로 이전하여, 내륙지방에 이른바 제3선(第三線)을 구축하도록 명령하였다.

이런 마오쩌둥의 지시로 국내 경제개발계획의 대강이 재조정되었고, 안보

정책의 골격도 변경되었다. 특히, 경제적 효율성보다는 전략적 필요와 제3선 구축이라는 명분에 따라 중국은 상당한 예산을 투입해서 연해안 지방의 산업시설을 내륙지방으로 이전하거나, 또 경제적 효율성은 없지만, 안보적으로 필요하다고 선정된 내륙지방의 산업시설에 상당한 예산을 투입하기도 하였다. 이처럼 경제적 합리성도 없고, 지도부 내부에서 합의된 것도 아니지만, 최고 지도자인 마오쩌둥 개인의 일방적인 결정으로 국내 경제정책과 국가 안보정책의 골격이 변화된 사례에서 전형적인 영도중심 정책 결정 모델의 병폐를 발견할 수 있다고 하겠다.

(4) 1970년대 초 대외 무역정책의 전환

1970년대 초에 마오쩌둥의 암묵적인 동의하에 저우언라이 총리는 천원(陳雲) 등 경제 관료들의 도움을 받아 대외 경제정책의 변화를 추진하였다. 저우언라이는 문화대혁명의 대혼란이 어느 정도 수습된 이후 국내외 정책의 대전환을 모색하게 된다. 물론 저우언라이의 이런 정책 전환 노력은 마오쩌둥의 지지를 바탕으로 한 것이었지만, 당시 국무원 총리로서 실무적인 차원에서 중국의 안보와 경제발전을 확보하기 위해 저우언라이는 미국과의 관계 개선을 모색하면서 동시에 경제를 활성화시키기 위한 대외 무역정책의 변화도 추구했다는 것이다.

저우언라이와 천원 등이 1970년대 초에 추구한 경제정책의 전환은 국내적으로 자본주의적 성향을 활용해서 경제발전을 촉진하고, 대외적으로는 서구의 자본과 기술을 도입하여 중국 경제를 발전시킨다는 것이기 때문에, 이런 정책노선에 대해 당시 좌파들은 '양노철학'(洋奴哲學)의 반영이며 우경 수정주의라고 혹독하게 비판하였다. 이처럼 마오쩌둥이 국내외의 정치과정을 장악하고 있는 과정에서도 당 지도부 내부에는 나름대로 마오쩌둥이나 좌파 이론가들과 차별화된 정책노선과 대안적 정책 제안이 존재했었고, 부분적으로 이들의 대안적 정책이 실무적으로 시행되었다는 사실을 확인할 수 있었으며, 이런 정책 대안의 존재가 후일 개혁정책의 기초가 되었다고 하겠다.

(5) 중국의 포괄적 핵실험 금지 조약 수용

1996년 장쩌민을 핵심으로 하는 중국 지도부는 당시 논쟁의 대상이 되었던 포괄적 핵실험 금지 조약(CTBT; Comprehensive Nuclear Test Ban Treaty)에 서명하기로 결정함으로써 국내외에서 놀라움의 대상이 되었다. 당시 중국 내외에서는 장쩌민의 군부 지지세력 기반이 취약하기 때문에 군부가 반대하는 포괄적 핵실험 금지 조약을 수용할 수 없을 것이라고 예상했었기 때문이었다.

그러나 이런 일반적 예상과 달리 장쩌민을 중심으로 한 중국의 문민 지도부가 군부의 반대를 무시하고 포괄적 핵실험 금지 조약을 수용할 있었던 것은 장쩌민 등 민간 지도부의 영향력이 예상보다 크고 안정적이라는 추론을 확인해 주는 것이었다. 사실, 당시 중국 지도부의 의도가 무엇인지는 분명하지 않지만, 군부 일부의 반대에도 불구하고 포괄적 핵실험 금지 조약을 수용하도록 한 결정은 그것이 미국과의 협력관계 확충에 긍정적으로 작용할 것이며, 그렇게 하는 것이 결국 중국의 더 큰 국익에 도움이 된다고 판단했기 때문이었다는 데 의심의 여지가 없다. 이런 점에서 중국의 포괄적 핵실험 금지 조약 수용 결정은 중국에서 민-군관계가 외부 세계가 예상하는 것보다 더 제도화되어 있어서 중앙당의 민간 지도부의 결정에 대해 군부가 순응하는 패턴이 확립되어 있다는 사실을 증명하는 사례라고 할 수 있다.

그렇다면 이상의 5가지 사례가 시사하는 점은 무엇인가? 첫째, 외교정책 결정 과정에서 최고 지도자의 영향력이 막강하다는 사실을 증명하고 있다. 최고 지도자는 주요 외교정책의 아젠다를 결정하고 전반적인 외교정책 방향을 정하는 데 결정적인 역할을 한다는 것이다. 이처럼 최고 지도자와 소수의 지도자 집단들이 주요 외교정책 결정 과정에 참여하여 막강한 영향력을 행사하고 있지만, 한국전쟁 참전을 결정하는 과정에서 알 수 있는 것처럼 건국 초기에는 정책 결정 과정이 비교적 개방적이었다는 것이다. 1950년 10월에 개최된 정치국 확대회의에서 마오쩌둥이 이미 결심한 사항(한국전쟁에 참전한다는 결정)에 대해서도 개방적인 토론이 진행될 수 있었다는 것이다. 그러나 시간이 지나가면서 정치과정의 폐쇄성이 증대되고, 정치과정의 '합리성'도 하락하는 경향을 보이고 있다. 1960년대 초의 제3선 구축에 대한 결정은 영도자 중심의 정책 결정 과정의 '비합리성'을 그대로 보여주는 사례라고 할 수 있다.

둘째, 중국의 당-국가제도라는 복잡한 이중구조, 즉 당과 정부의 복잡한 관료조직망에서 이슈와 정책간 연계가 약하고, 대외정책 결정 과정이 분절화되는 경향이 크다는 것이다. 사실, 관료주의적 분절화의 위험성은 외교정책 분야에서만 나타나는 현상이라고 할 수는 없다. 거의 모든 정책 분야에서 관료주의적 폐쇄성을 극복하고 이슈와 정책의 상호 연계성을 증대시키는 것이 대단히 중요한 과제라고 할 수 있다. 이러한 문제를 해결하는 방안 중의 하나가 바로 영도소조와 분구지도체제라고 할 수 있다. 그러나 영도소조를 통해서 관련 기관과 조직간의 협의와 협력을 제고할 수 있지만, 영도소조는 특정한 영역의 정책 협의기관이므로 특정 정책영역 안에서의 협의는 증진시킬 수 있지만, 서로 다른 정책 영역간의 협의에는 한계가 있다.

셋째, 외교정책도 점차로 국내 경제정책 결정 과정에서 나타나는 것과 같이 여러 집단들간의 이해관계를 반영하여 이익집단들간 협상과 타협의 산물이라는 성격을 띠기 시작했다는 것이다. 비록 다른 정책 영역에 비하여 외교정책은 아직도 중앙의 지도부와 중앙정부의 영향력이 압도적으로 관철되는 정책 영역으로 남아 있지만, 여기에서도 점점 더 관료들의 역할과 기능이 증대되고 있으며, 전문가와 지방정부, 그리고 다양한 이익집단들의 이익이 반영되는 경향이 증가하고 있다.[13]

---

[13] 이와 같은 대외정책 결정 과정의 변화 경향에 대해서는 David Lampton, "China's Foreign and National Security Policy-Making Process: Is It Changing and Does It Matter?," in

이처럼 외교정책 결정 과정에서도 국내 경제정책 결정 과정과 마찬가지로 중앙정부가 독점적인 영향력을 행사하지 못하고, 다양한 행위자들, 이를테면 지방정부와 다양한 이익집단들이 참여하여 그들의 이해관계를 표출하게 됨으로써 대외정책도 정도의 차이는 있지만, 경제정책과 마찬가지로 다양한 이익집단들간의 갈등과 타협의 산물이 되고 있다는 것이다.

4. 중국의 대외정책 결정 과정 : 제도적 맥락

앞에서 우리는 당-국가체제에서 대외정책이 어떻게 결정되고 집행되는지 개략적인 제도적 틀을 소개하였다. 그렇다면 오늘날 중국에서 대외정책은 구체적으로 어떤 제도적 맥락에서 결정되고 있는가. 장쩌민-후진타오 시대의 외교정책 결정 과정의 제도적 맥락을 도식화하면 아래와 같다.14)

(1) 중앙 외사영도소조와 국무원 외사판공실

앞에서 간략히 설명한 것처럼 중앙영도소조, 특히, 중앙 외사영도소조는 일반적인 대외정책에 대해 당과 정부의 유관 지도자들과 기관들이 협의하는 일종의 외교관계 당-정 협의체라고 할 수 있다. 당의 중앙정치국과 대외관계 실무

Lampton ed., *The Making of Chinese Foreign and Security Policy in the Era of Reform* (2001), pp. 1-36; 孫哲, "中國外交政策: 制度變遷, 制定過程及決策特点," 『中國戰略』 第1期 (2004/01/30) 참조.
14) 이와 같은 도표에 대해서는 서진영, "새로운 동북아 국제질서와 중국 : 장쩌민 시대 중국의 대외정책과 한반도문제를 중심으로," 서진영 편, 『중국의 대외관계』(2000), p. 6 참조.

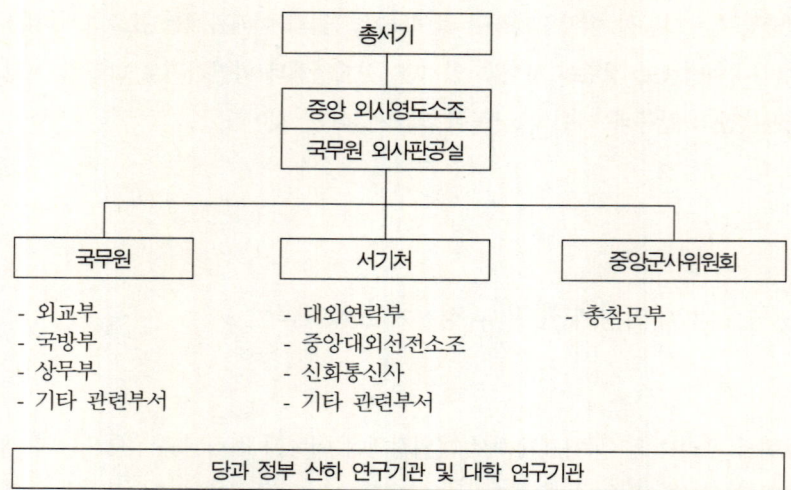

〈그림 3-2〉 중국 대외정책 결정 과정의 제도적 맥락

부서를 연결하고, 중국의 대외정책 전반에 대해 정책 협의와 정책 조정을 구사하는 협의기구가 바로 중앙 외사영도소조라고 할 수 있다. 이 중앙 외사영도소조는 1958년에 설치되어 운영되다가 문화혁명으로 한때 폐지되었다. 그러나 문화혁명 이후 중앙 외사영도소조는 재건되었고, 일반적인 대외정책 협의기구로 다시 활동하게 되었다.

그런데 이처럼 중앙 외사영도소조는 대외정책에 대한 당과 정부의 협의기구로 운영되고 있으면서도 외사영도소조의 조장과 참여 기관에 대한 정보와 자료가 공식적으로 발표된 바가 거의 없다. 그러나 간접적 자료에 의하면, 1987년 이후 1997년경까지 약 10년간은 리펑 당시 국무원 총리가 조장으로 활동했다고 하며, 1997년 이후 최근까지는 장쩌민 총서기가 중앙 외사영도소조 조장으로 외교정책 전반을 총괄했던 것으로 확인되고 있다. 그러나 장쩌민이 총서기직을 사임하고, 후진타오가 총서기로 취임한 이후 중앙 외사영도소조의 조장 역할도 역시 장쩌민에서 후진타오로 변경되었을 것이다.

이와 같이 중앙 외사영도소조가 대외정책 일반에 대한 협의기관이라면, 국무원 외사판공실은 중앙 외사영도소조를 실무적으로 뒷받침해 주는 실무 비서 조직이라고 할 수 있다. 국무원 외사판공실은 약 20명 내외의 실무 전문가들로 구성되어 있으며, 이들은 국무원 외사판공실과 당 중앙서기처 산하의 외사판공실에 겸직 배치되어 있기 때문에 이 두 기구는 사실상 동일한 기구라고 해도 과언이 아니다. 그런데 국무원 외사판공실은 차관급인 주임과 부주임의 지휘를 받아 중앙 외사영도소조의 업무를 실질적으로 조직·운영하고 있는데, 장쩌민 시대 후반기에는 장쩌민 총서기의 신임을 받고 있던 류화추(劉華秋) 주임의 책임하에 중앙 외사영도소조가 운영되면서 그 영향력도 증대되어 중국판 국가안전보장회의(NSC) 사무국에 비유되기도 하였다. 그러나 중국의 외사판공실은 미국이나 한국의 국가안전보장회의 사무국보다는 상당히 제한적 권한만을 가지고 있다고 해야 할 것이다. 우선 중앙 외사영도소조는 일반적인 대외정책 문제만을 취급하고 있고, 군사-안보 문제는 중앙군사위원회에서 전담하고 있기 때문에 외사판공실의 영향력도 그만큼 제한적이라고 하지 않을 수 없다.

(2) 대외정책 실무 부서

위의 도식화에서 알 수 있는 것처럼, 중앙 외사영도소조를 통해서 정책 협의와 조정에 참여하는 실무 부서들은 국무원과 당 서기처, 그리고 군부의 유관 기관들이라고 할 수 있다. 이를테면, 국무원의 외교부와 국방부, 상무부, 그리고 당의 중앙서기처 산하의 대외연락부 등 약 10여 개 유관 부서들은 중앙 외사영도소조의 구성 기관들이 되어 일반적인 대외정책 결정 과정과 집행 과정에 지속적으로 참여하고 실무적인 업무를 수행한다는 것이다. 물론 군사-안보 문제는 중앙군사위원회에서 전담하고 있기 때문에 중앙 외사영도소조에서 다루는 문제는 일반적인 대외관계와 대외경제문제 등이라고 할 수 있는데, 일반적인 대외관계는 국무원 산하의 외교부가 전담하고, 대외경제문제는 과거에는 대외무역경제합작부가, 그리고 2003년의 행정개편 이후에는 신설된 상무부가 실무 책임을 맡고 있다고 하겠다.

이를테면 최근까지 중국의 WTO 가입 문제 등에 대해서는 대외무역경제합작부가 책임을 지고 중국의 협상안을 마련하고 실무적인 협상을 수행했지만, 중국의 WTO 가입이 성사된 이후 새로운 시대에 맞추어 중국은 이번 제10기 전인대에서 대외무역과 국내 무역을 모두 총괄할 수 있는 상무부를 신설했기 때문에 앞으로는 상무부가 과거 대외무역경제합작부가 했던 기능을 수행하게 될 것이라고 예측할 수 있다는 것이다.

(3) 당과 정부 연구기관 및 대학 연구기관

개혁개방과 탈냉전시대에 대외정책의 이슈들이 전문화되고 다원화되면서 정책 결정과 집행 과정에서 관료들의 역할도 증대했지만, 그에 못지않게 전문가들의 역할도 중시되기 시작하였다. 따라서 국무원이나 중앙서기처 산하의 관료조직과 연계된 각 분야의 연구기관 등 다양한 두뇌집단들(Think Tanks)이나 민간 대학의 연구기관의 기능이 강화되기 시작했다.15)

따라서 대외정책 이슈와 관련해서 국무원 산하의 중국사회과학원과 국무원 발전연구중심, 국제문제연구중심 등을 비롯해서, 외교부 산하의 중국현대

---

15) 최근 *China Quarterly*는 중국의 전문적 연구기관을 비롯한 다양한 두뇌집단들에 대한 특집을 편집, 발표하였다. 여기에는 David Shambaugh, "China's International Relations Think Tanks: Evolving Structure and Process," *The China Quarterly, 171* (September 2002) pp. 575-596을 비롯해서 모두 5편의 논문이 실려 있다.

국제관계연구소, 상해국제문제연구소, 그리고 상무부 산하의 국제무역연구소 등의 활동이 활성화되기 시작했고, 이런 연구기관에 소속된 전문가 집단들은 정책현안에 대한 분석 보고서를 제출하기도 하고, 중요한 정책 이슈에 대한 자신들의 견해를 여러 가지 형태로 관련 관료기관이나 주요 정치 지도자들에게 전달함으로써 정책 결정과 집행 과정에 영향력을 행사한다.

5. 탈냉전시대 중국의 대외정책 결정 과정 변화

이상에서 간략히 개괄한 바와 같이 중국은 개혁개방 이후 대외정책 결정 과정에서 몇 가지 중요한 변화를 보여주고 있다고 하겠다.

무엇보다도 먼저 지적될 수 있는 변화는 대외정책 결정 과정에 참여하는 행위자들의 수와 종류가 급속히 증대되고 있다는 것이다. 과거에 대외정책이 중앙의 소수 당 지도자들의 독점적인 관심사항이었고, 이들의 역할이 막강한 것이었다면, 중국의 개혁개방이 확대 심화되면서 대외정책은 지방정부와 개별 기업, 그리고 다양한 이익집단들의 관심사항이 되고 있으며, 이들은 대외정책 결정 과정에 좀 더 적극적으로 참여하기를 요구한다고 하겠다. 사실 세계화시대에 대외정책은 다양한 집단과 지역의 이익과 밀접하게 관련되어 있기 때문에 과거에는 무관심했던, 그리고 배제되었던 지역과 집단들도 외교정책 결정 과정에 참여하기를 요구한다는 것은 자연스러운 현상이라고 할 수 있다.

이를테면 WTO 협상 과정에서 확인할 수 있는 것처럼, 중국 정부조직 내부에서도 대외무역 관련 부처와 연해안 지방 정부, 그리고 첨단 산업 분야에 종사하는 기업 및 노동자들은 조속한 WTO 가입을 희망하고 있지만, 동시에 내륙지방과 농업 분야 등 WTO 가입으로 상당한 경제적 손실이 예상되는 계층과 지역이 반발하는 것은 당연하다는 것이다.[16]

이와 같이 대외정책 이슈의 다원화, 다양한 집단의 참여 현상과 더불어 나타나는 변화는 정책 결정 과정에서 관료와 전문가들의 영향력이 꾸준히 증대되고 있다는 것이다. 그것은 외교정책의 다양한 이슈가 전문적인 지식을 필요로 하게 되었다는 것, 그리고 이슈와 정보가 다원화되면서 직업 관료들과 전문가들의 지원을 받지 않고서는 중요한 정책 결정을 하지 못하는 사례가 늘어나고 있다는 것과 무관하지 않다고 하겠다. 이를테면, WTO 문제라든가, 핵 기술 확산문제 등은 모두 고도의 전문적 지식이 필요한 분야이기 때문에 일반 행정가나 정치가들은 직업 관료와 전문가의 조언을 받지 않고 이런 전문적 이슈에 대한 정책 결정을 내릴 수 없는 형편이다.

이와 같이 대외정책 이슈가 다원화되고, 다양한 집단들의 이해관계와 밀접하게 연계되면서 한 편에서는 정책 결정 과정의 개방화와 투명화에 대한 요구도 증대되고 있지만, 또 다른 편에서는 직업 관료와 전문가의 역할이 확대되는 전문화의 경향도 역시 증대하고 있다고 하겠다. 이처럼 외교문제에 대한 정책 결정 과정이 개방화·다원화되고, 전문화·관료화되고 있지만, 아직도 국가이익이 달려 있는 외교문제는 최고 지도자의 관심 사항이 아닐 수 없다. 특히, 민감한 국가이익이 달려 있는 문제에 대해서는 최고 지도자들이 직접 간여하는 것을 당연시하고 있기 때문에 외교정책 결정 과정이 아직은 국내정치의 정책 결정 과정과 일정한 차별성을 보이고 있다고 하겠다.

---

16) WTO 가입을 둘러싼 중국 내의 논쟁에 대해서는, Joseph Fewsmith, "China and the WTO: The Politics Behind the Agreement," *NBR Analysis, 10 : 5*(The National Bureau of Asian Research, 1999); Kye Woo Lee, "China's Accession to the WTO: Effects and Social Challenges," *China Perspective*, No. 33 (January/February 2001) (http://www.cefc.com.hk/cgi-bin/restricted2_gb.cgi).

제4장

중국 대외정책의 성향, 특징, 유형

> 이 장에서는 앞에서 소개한 중국의 대외정책과정의 제도적 맥락이 어떤 정책 논쟁의 맥락에서 작동되고 있는가를 살펴보기 위해 먼저, 중국 사회의 대외정책에 대한 인식과 정책논쟁을 간단히 소개하고, 개혁개방 시대 중국 대외정책의 목표와 특징을 정리하면서 전반적으로 중국의 대외정책 행동유형에 관심을 가진다. 다시 말해 중국의 대외정책이 평화와 안정지향적인가, 아니면 분쟁과 갈등지향적인가에 대한 논쟁을 검토해 보면서, 중국위협론에 대한 중국 측의 반론과 중국의 분쟁지향적 성향에 대한 서구 학자들의 견해를 비교해 본다. 이후 중국 대외정책의 복합적 논리 구조와 행동유형에 대한 몇 가지 이론적 분석 사례를 소개하면서, 중국의 대외정책이 앞으로 어떻게 전개될 것인지를 나름대로 전망해 보고자한다.

1. 중국 사회의 대외인식과 대외정책 논쟁

앞에서 투입-산출의 모델에 입각하여 정책 결정 과정을 설명하는 경우, 행위자의 행동을 행위자 외부에 실재하는 객관적·구조적 환경에 대한 기계적 반응으로만 설명할 수 없다고 지적한 바가 있다. 행위자의 행동에 영향을 주는 그런 객관적·구조적 환경은 기계적으로 행위자의 행동을 자극하는 것이 아니라, 행위자의 인식세계를 통해서 해석되면서 행위자의 행동 선택의 기회와 조건으로 작동한다는 것이다. 다시 말해 행위자의 세계관과 인생관 등을 통해 객관적 환경 조건이 인식되고 해석되면서 객관적·구조적 환경에 대한 대응 방식, 즉

정책방향이 형성된다.

따라서 중국의 대외정책을 파악하기 위해서도 중국이라는 행위자의 외부적 조건에 대한 분석뿐만 아니라, 외부적 환경에 대한 중국의 대외 인식을 규명할 필요가 있다. 중국은 탈냉전과 세계화가 급속도로 진행되고 있는 세계체제의 변화를 어떻게 인식하고 있으며, 그와 같이 변화하고 있는 외부 환경에 대해 어떻게 대응해야 한다고 생각하는가를 파악해야 현재와 미래의 중국 대외정책 방향을 추론할 수 있다는 것이다. 이런 관점에서 장쩌민 시대 중국 사회에서 제기되었던 대외인식에 대한 논쟁을 간단히 살펴볼 필요가 있다.

21세기 초 중국 사회에서는 탈냉전시대 세계질서의 개편 과정을 어떻게 해석하고, 어떻게 대응해야 하는가 하는 문제에 대해 대략 4가지 관점, 또는 주장이 제기되고 있다고 할 수 있다. 그것은 첫째, 국제정치의 본질을 힘의 정치라고 파악하면서 중국의 군사·안보력을 바탕으로 중국의 종합 국력 증강을 강조하는 현실주의 관점, 둘째, 상호의존적인 신세계질서에 적극 참여하고, 서방세계와의 협력과 합작을 통해 중국의 발전을 모색해야 한다는 자유주의 또는 세계화론자들의 관점, 셋째, 중국과 서방세계의 전통과 가치관, 그리고 체제의 차이점을 지적하면서 중국은 독자적인 제3의 길을 모색해야 한다는 이데올로기파, 또는 중화민족주의의 관점, 그리고 넷째로 앞의 여러 가지 의견을 종합·조정하면서 중국의 국가이익을 추구해야 한다는 개혁개방 주류파의 견해들이 있다. 이런 4가지 견해를 간단히 부연 설명하면 아래와 같다.

(1) **현실주의와 부국강병론**

중국의 현실주의자들은 서방세계의 현실주의자들과 마찬가지로 국제정치과정의 주요 특징을 주권국가들간의 경쟁과 갈등으로 인식한다. 국제사회는 기본적으로 '무정부적인 약육강식이 지배하는 사회'이며, '힘의 정치'(power politics)가 관철되고 있다고 강조한다. 따라서 이들은 탈냉전과 세계화의 확산으로 이념적 대결구도가 해체되고, 경제적 상호의존성이 증대되었지만, 국제정치의 현실은 여전히 국가이익을 추구하는 주권국가를 중심으로 전개되고 있고, '힘의 정치'라고 주장한다.1)

따라서 중국의 현실주의자들은 중국의 국력을 바탕으로 중국의 주권과 국가이익을 수호하고 확산하는 것이 대내외정책의 최우선 순위가 되어야 한다고 강조한다. 이런 점에서 이들은 상호의존적인 세계질서를 강조하고 있는 자유주의, 또는 세계화론자들과 구별되며, 이데올로기와 체제의 문제를 중시하는 신좌파나 신보수주의자들과도 어느 정도 차별성을 가지고 있다.

이와 같이 국가이익 우선주의와 중국의 국력 증진을 강조하는 현실주의의 입장은 장쩌민 시대에 특히 사회적으로 확산되고 있는 중화민족주의 경향과 결합되면서 중국 사회에서 상당한 영향력을 행사하고 있다. 특히, 부국강병을 통한 중국의 종합국력, 특히 국방 및 안보능력 증강을 강조하고, 명실상부한 독립자주외교를 통해 중국의 영향력 확대를 모색해야 한다는 중국 정부 내부의 강경파들의 입장은 바로 이런 현실주의적 국제정치관에 입각하고 있다고 할 수 있다.

이런 현실주의자들은 탈냉전 이후 세계질서가 다극화 경향을 보이면서도 동시에 유일 초강대국으로 등장한 미국 패권주의의 위험도 내포하고 있다고 주장한다. 특히 이들은 21세기에 동아시아에서 미국의 패권적 지배에 방해가 되는 중국을 견제하기 위해 미국이나 일본, 서방세계 일부에서 '중국위협론'을 제기하고 있다고 주장하고 있다. 이러한 관점에서 이들은 미국과 서방세계의 민주주의와 인권외교 등도 결국은 중국의 체제변혁을 유도하려는 '평화적 변화'[和平演變] 전략이라고 경계하고 있다.

따라서 이들은 미국과 서방세계의 이런 압력을 중국의 주권에 대한 도전이

---

1) 중국의 대외정책 논쟁에서 나타나는 중국적 '현실주의'에 대해서는 서진영, "중국의 정치적 현실주의와 대외정책," 우암평화연구원 편,『정치적 현실주의의 역사와 이론』(화평사, 2003), pp. 153-178 참조.

며, 내정간섭이라고 비난하면서 중국은 이런 미국과 서방세계의 압력에 단호하게 맞서야 한다고 주장하고 있다. 특히, 대만문제에 대한 미국의 간섭에 대해서는 완강하게 저항하고, 무력을 사용하는 한이 있더라도 대만의 분리·독립을 저지해야 한다고 강조하고 있다. 이처럼 미국과 서방세계의 압력에 대항하고, 자주독립의 외교노선을 관철하기 위해서 중국은 한편으로 종합국력을 증강하고, 또 한편으로는 미국의 패권주의를 견제할 수 있는 적극적이고 실리적인 외교정책을 추진해야 한다고 주장한다.

(2) 자유주의, 또는 세계화론자의 상호의존적 세계와 중국의 대외정책

1980년대 이후 중국의 지식인 사회에서 나타난 중요한 변화 중 하나는 자유주의적 성향의 개혁과 지식인 집단이 등장하면서 적극적인 개방과 개혁을 주장하기 시작했다는 것이다. 물론 천안문 사태로 중국 사회의 민주화를 주장했던 급진적 개혁파들은 정치적으로 억압의 대상이 되어 일단 중국 사회에서 이들의 주장은 잠복하게 되었지만, 서방세계와의 적극적이고 광범위한 개방과 협력을 요구하는 자유주의적 성향의 대외 개방파의 입장은 오히려 천안문 사태 이후 더욱 확산되었다고 할 수 있다.[2]

따라서 1990년대에 등장한 신자유주의적 개방파들은 앞에서 소개한 현실주의론자들과는 달리, 탈냉전과 세계화라는 대 변혁기에 전통적인 군사-안보 문제보다 경제이익의 중요성이 증가하고 있으므로, 상호의존적인 세계에서 중국이 살아갈 수 있는 길은 개혁과 개방을 통해 적극적으로 세계 경제에 참여하

---

[2] 자유주의 및 세계화론자들의 주장에 대해서는 서진영 외, 『중국의 대외관계 : 동북아 신질서와 중국』(고려대학교 아세아문제연구소, 2000), pp. 26-29; 이동률, "상호의존에 대한 중국의 인식과 대응 외교전략", 세종연구소 연구논문 99-09; 이호철, "탈냉전과 중국의 동북아 정책 : 세력균형, 민족주의, 상호의존의 결합," 『국가전략』 5:2 (1999); 宋强, 張藏藏, 喬邊, 『中國可以說不 : 冷戰後時代的政治與情感抉擇』(北京 : 中華工商聯合出版社; 1996); 沈驥如, 『中國不當'不先生' : 當代中國的國際戰略問題』(今日中國出版社, 1998) 등을 참조.

는 데 있다고 주장한다. 또한 이런 교역관계의 증진을 통해 세계는 공동 번영과 공동 평화를 확보할 수 있다고 강조한다.

이런 자유주의적 개방론자들의 관점에서 중국이 당면한 가장 중요한 위협요인은 전통적인 군사·안보적인 위협보다는 오히려 빠르게 발전하는 경제와 과학기술의 도전이다. 따라서 이들은 중국이 적극적으로 국제사회에 참여하고, 국제적 규범과 제도를 수용해서 세계 경제와 과학기술의 변화에 대응함으로써 중국의 '종합국력'을 증강시켜야 한다고 강조한다.

이런 관점에서 이들은 첫째, 국제적인 상호의존성 증대는 불가피한 세계적 추세이며, 상호의존성의 증대로 말미암아 군사적 요인보다 국가간의 과학기술과 경제적 경쟁과 갈등이 심화될 것이며, 둘째, 이와 같은 상황에서 전통적인 국가안보관도 군사-안보뿐만 아니라 정치, 군사, 경제, 사회, 문화안보 등을 포괄하는 '종합안보'의 새로운 개념으로 대치되어야 하며, 종합안보의 기초는 경제이기 때문에 중국 경제의 발전을 촉진할 수 있는 여건 조성이 중요하고, 셋째, 상호의존적인 세계에서 중국의 안보는 주변 국가들과의 '공동안보'의 차원에서 접근할 필요가 있다고 주장하였다.

결국 자유주의 또는 세계화론자들은 탈냉전과 세계화라는 대 변혁기에 중국의 대외정책은 지속적인 개혁과 개방을 통해서 중국 경제의 활력을 증진시키는 일이 무엇보다 중요하다고 주장한다. 또한 중국과 국제사회의 상호의존성을 증가시킴으로써 미국이나 주변 국가들의 중국 견제론을 완화시키고, 결국 대만과의 평화적 통일도 촉진할 수 있다고 주장한다는 점에서 이들의 관점은 현실주의의 권력정치론과 뚜렷하게 대비된다고 하겠다.

(3) 이데올로기파와 중화민족주의

앞에서 소개한 현실주의와 세계화론자와는 달리 중국적 이데올로기와 중국적 전통의 특수성을 강조하는 이데올로기파와 중화민족주의의 주장이 급속도로 확산되고 있다. 이를테면, 신좌파, 또는 신보수주의자들은 모두 이데올로기적 관점에서 개혁개방정책이 중국의 정체성을 위협하고 있다고 역설하면서, 마오쩌둥 방식의 중국적 사회주의를 통하여, 또는 전통적인 중국문명의 부활을 통하여 개혁개방의 부작용을 극복할 수 있다고 주장한다.3)

물론 이러한 신좌파와 신보수주의자들은 현실 정치에서 그 영향력은 별로 크지 않다. 그러나 개혁개방의 부작용이 축적되고, 신(新)냉전적인 상황이 재연되면서 이들의 견해가 주목을 받고 있는 것도 부인할 수 없다. 사실, 개혁개방에 대한 신좌파의 비판은 새로운 것은 아니다. 천안문 사건 직후에도 이른바 '사회주의인가 자본주의인가(姓社姓資)의 논쟁'을 제기하면서 중국적 사회주의의 변질과 서방세계의 '평화적 변화' 전략의 위험성을 제기하기도 하였다. 또한 이들은 최근에도 덩샤오핑과 장쩌민 정권이 추진하고 있는 개혁개방정책은 결국 중국을 서방에 예속시키는 결과를 초래할 것이라고 신랄하게 비판하고 있다. 즉, 개혁개방정책으로 중국 사회에 부르주아 자유화 사상이 광범위하게 유포되고 있고, 서방의 경제적 침투도 계속 확대되고 있기 때문에 중국적 사회주의가 변질되고 마침내 서방세계에 예속될 위험성이 증대되고 있다고 주장한다. 따라서 이들은 서방세계의 '신식민주의' 위험성, 자본주의 세계화로 인한 중국의 예속 가능성을 지적하면서 과거 마오쩌둥 사상의 중국적 사회주의 노선을 견지해야 한다고 주장한다.

이와 같이 장쩌민 정권의 개혁개방정책을 비판하고 미국과 서방세계가 주도하는 세계화를 경계하는 신좌파들은 마오쩌둥 시대의 구좌파들과는 달리 맑스-레닌주의를 신봉하기보다는 오히려 마오쩌둥 식의 중국적 마르크시즘을 긍

---

3) 21세기에 등장한 중화민족주의의 3가지 얼굴이라고 할 수 있는 국가주의-신보수주의-신좌파에 대하여는, Yongnian Zheng, *Discovering Chinese Nationalism in China: Modernization, Identity, and International Relations* (Cambridge University Press, 1999); Peter Hays Gries, *China's New Nationalism: Pride, Politics, and Diplomacy* (University of Californial Press, 2004); 西村成雄 編, 『現代中國の構造變動 3 : ナジオナリズム: 歷史からの接近』 (東京大學出版會, 2000)을 참조.

정적으로 평가하고 있다. 그리고 이들은 중국문명이 결국 세계를 구원하게 될 것이라고 주장하는 '신보수주의'와 중국적 발전의 길을 찾고 있다는 점에서 오히려 유사점을 공유하고 있다. 결국, 신좌파와 신보수주의는 모두 서방식의 현대화와 서방 중심의 세계화를 비판하면서 중국적 방식의 현대화를 통해서만이 중국이 살 수 있고, 세계가 구원될 수 있다고 주장하고 있다. 그런 과정에서 마오쩌둥의 중국적 사회주의와 중국문명의 독자성과 위대성을 강조한다는 점에서 신좌파와 신보수주의자들을 모두 중화민족주의의 표출이라고 할 수 있다.

(4) 주류세력의 실용주의적 대외인식

덩샤오핑-장쩌민 시대에 개혁과 개방을 주도한 주류세력들은 앞에서 소개한 현실주의, 자유주의, 그리고 중화민족주의의 성향을 조금씩 공유하고 있다. 따라서 이들 중에는 미국과 서방세계의 '지나친 압력'에 반발하고 서방세계에 대한 중국의 독립자주의 입장을 견지해야 한다고 주장하는 세력도 상당히 포진하고 있다. 따라서 덩샤오핑이나 장쩌민과 같은 최고 지도자들도 미국의 '인권외교'와 같은 '내정간섭'에 대해서는 강력히 반발하고, 중국의 '주권'은 어떤 가치보다 우선하며, 타협할 수 없는 것이라고 주장하기도 한다. 또한 대만문제와 같은 중국의 영토주권 문제에 대해서는 무력 사용도 불사한다고 공언하기도 한다.

이와 같이 개혁개방의 주도세력들 가운데에서도 국제정치를 권력정치의 측면에서 접근하고, 힘을 바탕으로 하는 중국의 독립자주외교를 주장하는 현실주의적인 대외인식도 있고, 중화민족주의적 경향을 격려하는 입장을 표명하는 경우도 많다. 이를테면, 장쩌민 총서기가 신유교학자들의 학술회의에 참석하여 격려한다든가, 중국역사와 중국문명의 위대성을 기리는 각종 행사에 참석하여 민족자존을 강조하는 것도 바로 대중적인 차원에서 확산되고 있는 중화민족주의적인 정서에 영합하는 것이라고 할 수 있다.

그러나 개혁개방의 주도 세력들은 미국을 비롯한 서방세계의 지원을 받지 않고서 급격하게 변화하고 있는 세계 경제에서 중국이 지속적인 경제발전을 달성하기 어렵다는 현실적인 인식에 기초하여 미국이나 서방세계와 대결보다는 타협을 통한 갈등의 해결을 모색하고 있다. 따라서 이들은 중국문명의 우수성과 중화민족의 잠재력을 강조하면서도 미국과 서방세계에 대한 이데올로기적인 갈등이 확산되는 것을 방지하려고 노력하고 있다. 또 이들은 중국의 독립자주를 강조하면서도 상호의존적인 세계 속에서 세계 여러 나라와 평화공존을 모색한다는 점을 역설하고 있다. 이런 점에서 중국 개혁개방의 주도세력들은 중국 사회에서 대두하고 있는 '현실주의', '세계화론', 그리고 '중화민족주의'를 적절히 종합하면서 중국의 실리를 추구하는 실용주의적인 대외정책을 추구하고 있다고 하겠다.

2. 보완자료 1 : 중국의 대외인식과 대외정책 논쟁 재론

앞에서 우리는 21세기 중국 사회에서 전개되고 있는 대외정책에 대한 논쟁에는 탈냉전시대 중국의 대외 인식과 대외정책이라는 차원에서 현실주의-자유주의-신보수주의-신좌파의 4가지 서로 다른 관점이 있다고 주장하였다. 이 4가지 관점을 도식화하면 〈표 4-1〉과 같다.

〈표 4-1〉 중국의 대외 인식 : 4가지 관점

	현실주의	자유주의	신보수주의	신좌파
초 점	힘	이익	힘	이익
기본단위	민족국가	개인, 집단, 국가	민족국가	계급과 국가
국제관계	Zero-Sum	Non-Zero-Sum	Zero-Sum	Zero-Sum
국제정치	지배-피지배	상호의존	패권-반패권	착취-종속
외 교	부국강병	도광양회와 4불	강대국 외교	반패권주의 외교

이상의 표에서 알 수 있는 바와 같이 현실주의자들은 국제정치의 초점은 힘이며, 국제정치의 기본 단위는 민족국가라는 가정에서, 힘을 바탕으로 한 주권국가간의 치열한 생존경쟁의 장을 국제정치라고 인식하고 있다. 따라서 이들은 기본적으로 국가간 관계가 제로섬 관계이고, 국가간에는 지배와 피지배의 관계가 관철되기 때문에 결국 부국강병을 통한 힘의 비축만이 정글과 같은 국제정치의 세계에서 살아남을 수 있는 길이라고 주장한다.

그러나 자유주의자들은 정치를 이익 추구활동의 일환으로 보고, 국제정치의 기본 단위도 국가 이외에 개인과 집단의 이익 추구라는 관점에서 다양한 측면이 있다고 주장한다. 따라서 자유주의자들에게 있어 국제정치란 다양한 국가, 집단, 개인간 이익 추구과정에서의 경쟁과 갈등이 전개되는 과정이며, 이런 과정에서 상대방과의 갈등보다 상호 협력을 통해 상호 이익을 극대화할 수 있다고 가정한다. 특히, 21세기는 과학기술과 경제발전이 중심이 되고 있기 때문에 상호 대립과 갈등보다 상호 협력과 경쟁을 통해 상호 이익을 극대화할 수 있다는 것이다. 따라서 자유주의자들은 국가간의 대립과 갈등을 초래하는 힘의 외교를 회피하고, 적극적으로 세계 경제와 국제사회에 참여하고 상호 협력을 통해 실질적인 이익을 극대화할 수 있는 대외정책을 추진해야 한다고 주장한다. 이런 차원에서 이들은 21세기에도 덩샤오핑이 제안했다는 '평화와 발전, 도광양회(韜光養晦)와 4불(四不)정책을 견지하면서 종합안보와 종합 국력 축적을 위해 노력해야 한다고 강조하고 있다.[4]

자유주의와 세계화에 대한 반발로 등장한 신보수주의는 현실주의와 공통

---

[4] 도광양회 전략이란 1989년 천안문 사태와 동구 및 소련 등 사회주의권의 대변혁, 그리고 미국과 서방세계의 대 중국 압력에 직면하여 덩샤오핑이 제시한 대외정책의 기본 방향으로 "냉정히 관찰하고, 현실 기반을 튼튼히 하며, 침착하게 대처하고, 기회를 기다리면서 앞장서는 일을 피할 것"(冷靜觀察, 穩住陣脚, 沉着應付, 韜光養晦 … 決不當頭) 등으로 요약되는 중국의 방어적인 대외정책 가이드라인이고, 4불정책이란 동맹을 맺지 않으며(不結盟), 패권을 추구하지 않고(不稱覇), 내정불간섭 원칙을 고수하고(內政不干涉), 남들보다 앞장서서 강대국 행세를 하지 않는다(不當頭)는 내용의 4가지 아니오 정책이라고 할 수 있다. 이에 대해서는 이 책의 제5장과 제11장을 참고할 것.

적으로 힘을 바탕으로 한 민족국가간 대립과 갈등이 국제정치의 본질이라고 인식하고 있으며, 국제정치는 역시 힘이 있는 강대국을 중심으로 한 패권정치가 지배적인 현상이라고 인식하면서 중국의 강대국 정치를 추구하였다. 다시 말해 안으로는 부국강병의 발전정책과 중국 문명의 위대성에 대한 재해석을 통하여 자신감과 자존감을 회복하고, 밖으로는 강대국으로서 중국의 주권과 영향력을 확보해야 한다고 주장하고 있다. 그러나 신보수주의가 전통문화와 문명의 재해석을 통해 중국 특색의 부국강병책을 모색하려고 한 것이라면, 신좌파는 급진적인 마오쩌둥 사상의 재해석을 통해 현대화와 세계화의 부작용을 극복하려고 한 것이라고 할 수 있다.

따라서 신좌파는 자유주의와 마찬가지로 국제정치의 초점을 이익 추구라고 보았고, 국제정치의 본질을 계급과 개별 국가들의 이익 갈등이라고 인식하였다. 다만 자유주의는 개인과 집단, 그리고 국가간 이익 갈등에도 불구하고 기본적으로 상호의존적 세계관에서 접근했기 때문에 협력을 통한 상호 이익 추구를 강조했다면, 신좌파는 과거 구좌파와 마찬가지로 국제관계를 기본적으로 계급과 국가의 이익 대립과 갈등의 제로섬 관계로 보았고, 착취와 종속의 관계로 보았기 때문에 계급간, 또는 국가간 상호 협력과 상호 이익보다는 대결과 대립으로 인식하고 있다는 것이다. 따라서 신좌파들은 기본적으로 반패권주의를 강조하면서 마오쩌둥 식의 자주독립과 자력갱생 외교를 주장하고 있다.

3. 보완자료 2: 개혁개방 시기 중국의 대외인식과 대외정책

앞 장에서 중국의 대외정책, 특히 개혁개방 시대의 대외정책과 관련, 중국 사회에서 전개되고 있는 현실주의-자유주의-중화민족주의 견해간의 논쟁을 간단히 소개하였다. 중국 지도부는 이런 논쟁에서 특정한 입장을 고수하기보다는 대체로 중국 사회에서 대두하고 있는 현실주의, 자유주의, 그리고 중화민족주의 성향을 적절히 종합하면서 중국의 실리를 추구하는 실용주의적인 대외정책을 추구하고 있다.5) 그렇다면 중국 지도부의 실용주의적 대외정책 노선은 구체적으로 어떤 의미를 가지고 있는가.

중국 지도부의 실용주의적 대외정책 노선의 특징은 다음과 같다. 첫째로 과거와는 달리 이데올로기보다 현실적 국익을 무엇보다도 강조하고 있다. 둘째로 현실주의자들이 주장하는 것과 마찬가지로 현실정치의 본질은 힘의 정치라는 전제에서 국력의 증강을 강조하고 있지만, 중국 지도부가 강조하는 국력은 단순히 물리적 국력을 의미하는 것이 아니라, 경제력과 과학기술력 등을 포함하는 종합국력을 의미하는 것이고, 현 단계에서는 군사력보다 경제력과 과학기술력이 더 중요하다고 인식하고 있다. 셋째, 탈냉전시대의 국제정세는 전반적으로 대규모 전쟁의 위험성이 줄어들고 있고, 평화와 발전이 시대적 주제가 되고 있으며, 국가간의 협력 가능성이 증대하고 있다는 것, 그러나 동시에 여전히 패권주의와 강권정치가 평화와 안정을 위협하고, 불공정하고 불합리한 국제경제 질서와 패권세력에 의한 내정간섭 현상도 계속되고 있다는 것이다.

이런 상황에서 중국 지도부가 추구하는 대외정책의 목표는, (1) 개혁개방을 통한 경제발전과 현대화를 실현하여 종합국력을 증강시키는 것이 중국의 국가 목표이므로 이를 실현하는 데 유리한 대외환경을 조성해야 하며, 그것은 곧 갈등과 분쟁보다는 평화와 발전을, 대결과 대립보다 타협과 협력을 촉구하는 것이고, (2) 중국위협론, 또는 중국경계론의 촉발을 회피하면서도 탈냉전시

---

5) 개혁개방 이후 중국의 대외인식과 관련해서 현실주의-자유주의-중화민족주의-실용주의간의 정책 논쟁에 대해서는 서진영, "새로운 동북아 국제질서와 중국: 강택민 시대 중국의 대외정책과 한반도문제를 중심으로," 서진영 외, 『중국의 대외관계: 동북아 신질서와 중국』(고려대학교 아세아문제연구소, 2000), pp. 1-57 참조; Yong Deng and Fei-Ling Wang eds., *In the Eyes of the Dragon* (Rowman & Littlefield, 1999), Chapters 1-3; Yongnian Zheng, *Discovering Chinese Nationalism in China: Modernization, Identity, and International Relations* (Cambridge University Press, 1999) 등을 참고할 수 있다.

대에 등장하고 있는 미국의 패권주의와 미·일 중심의 동북아 지역구도 형성을 견제하고, 지역 강대국으로서 중국의 영향력을 꾸준히 확대 인정받는 것이며, (3) 홍콩과 마카오 반환에 이어 대만문제를 해결함으로써 마침내 통일된 부강한 중화민족국가 건설의 역사적 과제를 완성하는 것이라고 할 수 있다.

이러한 목표를 달성하기 위해 중국은 미국을 비롯한 세계 강대국에 대해서는 독립자주 외교와 반패권주의 외교를 강조하면서도, 모든 나라와의 동반자 관계를 강조하면서 전방위 외교를 추구하고, 중국의 국가이익을 우선하는 실리외교를 추진한다. 이와 같은 탈냉전시대 중국 지도부의 인식과 중국의 대외정책 목표는 아래에서 제시하는 3가지 문건을 통해 확인할 수 있다고 하겠다.

(1) **장쩌민 전 총서기의 중국공산당 제15차 당대회 연설**

지난 1997년 9월에 개최된 중국공산당 제15차 전당대회에서 장쩌민 총서기는 21세기를 맞이하여 중국은 다음과 같은 세기적 변화를 정확히 인식하고, 그에 대응해야 한다고 주장하였다.[6]

첫째로 탈냉전시대의 특징은 평화와 발전이 시대적 주제가 되고 있다는 것, 둘째로 세계구조도 다극화의 추세가 지배적 현상이 되고 있다는 점, 셋째로 지금까지 중국은 개혁개방정책을 추진함으로써 상당한 성과를 달성할 수 있었지만, 선진 국가들과의 경제적 과학·기술적 격차가 여전히 크기 때문에 상당기간 전면적인 개혁개방을 지속적으로 추진하지 않으면 안 된다는 점을 깊이 인식해야 한다는 것, 끝으로 중국이 중단 없이 추진해야 할 국가적 목표는 전면적 개혁과 개방을 통해서 21세기에는 부강한 통일 민족국가로 등장할 수 있도록 노력해야 한다는 점들을 주장하였다.

---

6) 江澤民 "高擧鄧小平理論偉大旗幟, 把建設有中國特色社會主義事業全面推向二十一世紀(在中國共産黨第十五次全國代表大會上的報告," 『人民日報』(1997/09/21) 참조.

다시 말해 장쩌민 전 주석은 현재의 국제정세를 전반적으로 평화와 발전, 그리고 다극화를 지향하고 있다고 진단하면서 세계대전의 위험성은 약화되고, 국가간의 협력과 교류가 확산되고 있다고 평가한다. 그러나 이런 긍정적인 측면과 동시에 탈냉전과 세계화시대의 국제관계에서 부정적이고 갈등적인 측면도 간과해서는 안 된다고 경고하고 있다. 장쩌민 전 주석에 의하면 세계 도처에서는 아직도 냉전적 사고가 존재하고 있으며, 패권주의와 강권정치가 세계평화와 안정을 위협하고 있다는 것이다. 또한 불공정하고 불합리한 낡은 국제경제 질서는 지금도 개발도상 국가들의 이익을 해치고 있고, 일부 강대국들은 '인권' 등을 표방하면서 다른 주권국가의 내정간섭을 일삼는 현상도 벌어지고 있다고 주장하였다.

이런 부당하고 불합리한 정황을 극복하기 위해 중국은 부강한 나라가 되더라도 패권주의를 추구하지 않을 것이며, 패권주의에 반대하고 세계평화를 수호하는 일에 적극적으로 나설 것임을 선언하였다. 또한 중국은 외부 세력에 의한 내정간섭에 대해서는 강력히 저항하고, 독립자주 평화외교 노선을 견지하면서 국가간의 분규와 분쟁은 반드시 협상을 통해 해결하도록 노력할 것이라고 약속했다. 동시에 세계 각국도 국제적 갈등과 분규가 발생하는 경우 무력에 호소하거나 무력으로 상호 위협하지 말아야 한다고 역설하였다. 따라서 중국은 영토의 보존과 주권의 상호 존중, 상호 불가침, 상호 내정불간섭, 호혜평등, 평화공존을 선언한 이른바 '평화공존 5원칙'을 준수하면서 독립자주의 외교노선을 변함없이 추구할 것이라고 선언하였다.

이처럼 장쩌민을 중심으로 하는 중국의 지도부는 전면적인 개혁개방을 통한 경제발전이 중국이 추구해야 할 최대·최고의 국가적 과제라고 선언하면서, 대외정책에서도 개혁개방을 통한 경제발전을 지속적으로 추진할 수 있는 국제적 환경을 조성해야 하며, 그것은 국제사회에 평화와 안정, 공동번영을 촉구하는 것이라는 점을 강조하고 있다.

(2) 9·11 테러사태 이후 세계정세에 대한 중국의 인식

9·11 테러사태 이후에도 중국은 기본적으로 탈냉전시대의 기본적인 특징이 변화되지 않았다고 인식하고 있다. 즉, 테러집단과 대량살상무기의 위협에 대한 경각심이 높아지고 있지만, 급격한 세계화와 다극화의 확산 추세, 그리고 정보화와 지식 사회화를 향한 시대적 변화 추세에는 변함이 없다는 것이다. 이러한 중국 주류사회의 대외인식을 보여주는 문건으로, 여기서는 우선 『인민일보』 영문판에 보도된 "오늘의 세계 : 두 가지 경향"이라는 논평과 "국제적 여건의 여러 특징에 대해"라는 논문을 간략히 소개하고자 한다.[7]

중국의 국제문제 전문가들에 의하면, 탈냉전시대가 시작되면서 두 가지 변화가 뚜렷하게 대두하고 있다고 한다. 그것은 경제적 차원에서 세계화와 정치적 차원에서의 다극화 경향이라는 것이다. 경제적 세계화 과정은 자본주의 생산양식이 등장한 이후 꾸준히 확산되었던 것이지만, 1990년대 이후 과학과 기술의 발전으로 경제의 세계화가 급속도로 진행되면서 국제사회를 변화시키고 있다는 것이다.

경제적 세계화 과정에서 나타나는 특징적 현상 가운데 하나는 여러 가지 형태와 수준의 지역적 경제통합과 협력체가 등장하고 있다는 것이다. 이를테면, 미주지역에서는 미국을 비롯한 30여 개국이 참여하는 미주자유무역지대에 대한 예비적 검토가 진행되고 있고, 아시아-태평양지역에서도 아세안과 중국 간의 자유무역지대안, 두만강 국제개발지대안, 동아시아 경제지역 포럼 등 다양한 형태의 경제통합과 협력방안이 검토되고 있다. 이처럼 세계적·지역적 차원에서 경제적 협력과 통합이 추진되면서 세계의 불평등구조가 오히려 심화될 수도 있기 때문에, 경제적 세계화와 더불어 공정하고도 합리적 신 국제경제질서를 구축하기 위해 노력해야 한다는 것이다.

---

[7] 9·11사태 이후 국제사회의 변화에 대한 중국 전문가들의 견해에 대해서는, "Two Major Trends in Today's World: Commentary," *People's Daily* (2002/03/29) 참조.

이와 같은 경제적 세계화와 더불어 21세기 또 하나의 특징적 현상은 다극화 경향이다. 즉, 소련 몰락과 냉전 종식 이후 세계적 변화의 대세는 양극체제에서 다극체제로 전환되고 있는 것이며, 현상적으로는 미국이 유일 초강대국으로 남아 있으면서 일방적으로 세계를 운영하고 있는 것처럼 보이지만, 본질적으로 세계는 다극적 질서로 변화하고 있다는 것이다. 유럽연합과 러시아, 일본, 인도 등 여러 지역 중심의 세력권이 형성되고 있고, 문화와 문명의 다양성을 고려할 때, 미국의 일방주의는 별로 설득력이 없어 보이고, 다극화 경향은 거역할 수 없는 대세가 되고 있다는 것이다.

결국 이와 같은 경제적 세계화와 정치적 다극화의 변화는 궁극적으로 세계질서의 민주화를 촉진할 것이며, 중국도 이런 세계질서의 변화에 부응하여 대외정책에서 세계 경제와의 통합과 국제적 협력을 통한 경제발전을 모색해야 한다는 점을 강조하고 있다. 또한 다극화되는 세계정치에서 중국은 모든 나라와 협력을 추구하는 전면적 동반자 외교를 추진해야 한다고 주장하고 있다. 그리고 이와 같은 경제의 세계화, 정치의 다극화 경향은 9·11사건 이전과 그 이후에도 기본적으로 큰 변화가 없다고 주장한다. 9·11사건의 충격으로 비전통적 안보문제에 대한 경각심이 제고되고 있고, 테러와 대량 살상무기에 대한 국제적 불안감이 확산되고 있지만, 국제질서의 기본 패턴과 일반적 경향은 그 이전과 비교하여 큰 변화가 없다는 것이다. 9·11사건 이후에도 세계의 주요 변화의 추세는 여전히 평화와 발전이며, 우여곡절은 있겠지만, 세계화와 다극화가 진행되고 있다는 것이다.[8]

그렇다고 해서 탈냉전시대가 언제나 평화와 발전, 공동번영만이 나타나고 있는 것은 아니라는 점도 인정하고 있다. 오히려 국지적 전쟁과 긴장이 공존하고 있기 때문에 9·11 이후 세계질서의 기본적 특징은 "전체적으로는 평화, 긴장완화, 그리고 안정이 지배적이지만, 국지적으로는 전쟁, 긴장, 소요가 혼

---

[8] 9·11사태 이후 세계질서의 변화에 대한 중국의 인식에 대해서는 "On Several Features of International Situation," *People's Daily* (2002/04/03) 참조.

합되어 나타나는 상황"(overall peace, local war; overall relaxation, local tension; and overall stability, local turbulence)이라고 지적하고 있다.

이처럼 9·11 이후 세계가 국지적으로 전쟁과 긴장이 계속되면서도 전반적으로 안정을 견지할 수 있는 이유는 강대국 관계가 상대적으로 안정되고 있기 때문이라고 지적하고 있다. 이미 잘 알려진 바와 같이 탈냉전 이후 세계의 힘의 구조는 한 개의 초강대국과 여러 강대국이 공존하는 양상을 띠고 있고, 이런 세력 분포는 9·11테러 이후에도 기본적으로 변화되지 않았다는 것이다. 그런데 이와 같은 유일 초강대국과 다수 강대국의 공존체제가 비교적 안정될 수 있었던 이유는 이들 강대국간의 이익 갈등이 과거와 같은 대결로 악화될 위험성이 적기 때문이다. 다시 말해 강대국간 이익 갈등에도 불구하고 이들간의 경제적 연대 또한 심화되면서 이익 갈등의 영역보다 공동 이익의 영역이 더 크기 때문에, 그리고 국제관계의 성격도 제로섬 게임의 성격보다는 상호 이익을 증대시켜 주는 방향으로 변화하고 있기 때문에 강대국은 물론 모든 나라들이 대화와 협상, 공동 협력을 통해 갈등을 해결하려고 한다는 것이다.

(3) 이라크전쟁과 중국의 국가이익

중국에서도 이라크전쟁은 미국의 제국주의적 성격을 그대로 반영한 미국의 침략전쟁이라고 비난하는 견해가 많이 제기되었다. 중국의 공식 매체들은 전문가의 코멘트라는 이름을 빌려서 이라크전쟁의 본질이 미국의 석유이익 추구에서 비롯된 것이라고 비판하였다. 이를테면 부시(George W. Bush)의 전략에 대한 『중국청년보』의 논평은 부시 행정부가 국제사회의 반대에도 불구하고 성급하면서도 대담하게 이라크전쟁을 강행한 이유는 단순한 충동적 행동이나 결정이 아니라 심사숙고하여 선정한 전략적 목표에 입각한 행동이며, 미국의 전략 목표는 이라크의 대량살상무기 제거 이외에도 전략 물자인 석유자원을 확보하는

것이라고 주장한다.9)

미국은 산유국이지만, 미국의 석유 소비량은 세계 최대이자, 석유 소비량의 55%를 수입에 의존하고 있으며, 대부분은 중동지역으로부터 수입한다. 그리고 세계의 석유 매장량의 상당부분은 중동지역에 집중되어 있고, 그 중에서 사우디아라비아와 이라크의 매장량이 세계 1위와 2위이므로 중동의 석유를 장악하려면 역시 사우디아라비아와 이라크의 석유를 장악해야 할 필요성이 있었기 때문에 석유 자원을 확보하기 위해 이라크를 침공하게 되었다는 논리이다. 다시 말해 미국은 이미 친미 정권이 들어서 있는 사우디아라비아에 이어 이라크에서도 반미적인 후세인 정권을 축출하고, 친미 정권을 수립하여 이라크의 석유자원을 관리할 수 있게 되었다. 그리고 이를 통해 중동의 석유와 세계 경제의 명줄을 틀어 쥘 수 있게 됨으로써 미국의 세계 지배를 추구하려는 것이 부시 행정부의 원대한 목표라고 주장한다.

그러나 중국은 2003년 4월 외교부 고관들의 견해라고 전제하면서 이라크전쟁 이후 세계정세를 나름대로 아래와 같이 전망하면서 중국의 대 이라크 외교의 초점은 중국의 국가이익을 어떻게 보호하느냐에 두어야 한다고 강조하였다.10) 『인민일보』에 의하면, 이라크전쟁으로 중동과 페르시아 만 지역의 정세는 일시적으로 불안정해지고, 이질 문명간의 모순이 격화되는 위험성이 증대될 것이지만, 장기적인 관점에서 이라크전쟁에도 불구하고 다음과 같은 기본적인 세계정세에는 큰 변화가 없다는 것이다.

첫째, 국제정세는 대체로 안정적이고 온건한 성향을 띠고 있으며, 둘째로 여러 가지 곡절이 있지만 다극화와 국제적 협력이 세계의 주류를 형성하고 있으며, 셋째로 앞으로 중국이 강대국으로 등장하는 것은 논쟁의 여지가 없다는 것이다. 따라서 중국은 불필요하게 이라크전쟁 문제에 대해 명분에 집착해서 강경한 입장을 고집하다가 국가이익의 훼손을 자초하지 말고, 국가의 근본

---

9) "從伊拉克戰爭解讀布什戰略,"『中國靑年報』(2003/04/10).
10) "外交部高官: 我國正硏究如何維護在伊利益,"『人民日報』(2003/04/10) 참조.

이익을 수호하는 데 주의력을 집중해야 한다고 강조하였다.

이처럼 중국은 이라크 문제를 해결하는 과정에서 명분상 프랑스와 러시아 등 대부분의 강대국과 반전 국가들과 같은 입장에서 유엔을 통한 해결 방식을 강조하고, 미국과 영국의 무력 침공을 비난했지만, 그런 중국의 명분 때문에 미국과의 협력관계가 훼손되는 것을 경계하였고, 이라크 재건 과정에서 중국이 불리한 입장에 처해지는 것에 대해서도 우려하면서 명분과 실리의 균형을 유지하려고 하였다는 것이다.[11]

4. 중국은 평화지향적 국가인가 분쟁지향적 국가인가

이상에서 살펴본 것처럼 중국은 탈냉전 이후 세계정세를 다극화와 세계화의 시대라고 인식하고, 중국의 대외정책도 평화와 안정, 그리고 공동 번영을 추구하는 데 중점을 두고 있다고 강조하고 있다. 따라서 중국 지도부는 중국은 자신의 국가 이익 때문에도 그렇지만, 중국의 역사와 문화, 전통상 본질적으로 평화지향적이기 때문에 중국위협론은 근거가 없는 주장이라고 비판하고 있다.

사실, 서방세계에서 제기하고 있는 중국위협론의 기저에는 중국의 대외정책 성향에 대한 우려가 전제되어 있다. 중국의 경제발전이나 군비확충 자체가 경계의 대상이 되는 것이 아니라 중국이 경제력과 군사력을 구비한 이후 어떤 성향의 대외정책을 추구할 것인가에 대해 의구심을 가지고 있기 때문에 중국위협론이 제기되고 있다는 것이다. 따라서 일부 서방세계의 중국 전문가들 사

---

11) 이 점에 대해서는 필자의 홈페이지 "정세와 이슈"란에 올린 "이라크전쟁과 중미관계" (http://www.eastasianstudies.org/technote/read.cgi?board=SITUATION_ISSUES&y_number=6&nnew=2) 참조.

이에는 중국의 권위주의적 정치체제, 또는 현실주의적 전략문화의 속성상 중국은 정치적 목적을 실현하는 과정에서 무력을 사용하려는 경향이 높고, 따라서 중국이 강대국이 되면 중국의 대외정책은 분쟁지향적이고 도전적 성향을 보일 가능성이 높다고 주장한다.

물론 이런 중국위협론과 정반대의 입장에서 중국인들은 대부분 중국의 대외정책이 평화지향적이고 반패권적이라고 주장하는 견해도 있다. 비록 한국전쟁에서와 같이 다른 나라의 무력 분쟁에 중국이 개입한 것도 사실이지만, 그것은 공격적·도전적 의도에서 개입한 것이 아니라, 중국의 안보가 위협받는 불가피한 상황에서 자위적 수단으로 선택한 것이라고 강변하면서 기본적으로 중국은 패권을 추구하지 않고 강권정치에 반대하며 평화지향적이라고 주장한다. 그렇다면 이들이 주장하는 것처럼 중국이 평화애호 국가일 수밖에 없는 이유는 무엇인가?

(1) 평화지향 국가로서의 중국 문화와 역사

서방세계에서 유포되고 있는 중국위협론은 중국의 관점에서 새삼스러운 것이 아니다. 이미 중국을 잠자는 사자에 비유한 나폴레옹 이후 서구사회에서는 중국 시장에 대한 신화와 더불어 중국에 대한 경계심이 상당히 오랫동안 공존해 왔다. 특히, 중국이 개혁개방으로 역사상 유례가 없는 고도성장을 기록하면서 잠에서 깨어난 사자에 비유된 중국에 대해 위협론이 제기되고 있는 것은 이상한 일이 아니라고 할 수도 있다. 그런데 중국인들은 이런 서방세계의 중국위협론이 역사적으로나 논리적으로 성립할 수 없다고 주장한다. 그들은 서구사회에서 제기하고 있는 중국위협론의 논리가 갈등보다는 조화와 안정을 추구하는 중국의 역사와 전통문화와 가치에 대한 몰이해에서 비롯된 것이고, 평화와 발전을 강조하는 중국의 대외정책에 대한 심각한 왜곡이라고 반발하고 있다.

일부 중국 학자들에 의하면, 중국의 전통문화는 소농경제를 물적 토대로 형성되었기 때문에 기본적으로 내향적이고 방어적인 특징을 띠고 있고, 역사적으로도 중국 민족이 세계에서 가장 평화적이고 안정지향적인 민족이라는 사실을 증명할 수 있다.12) 이들은 중국위협론이 성립할 수 없다는 사실을 중국의 역사와 문화를 분석함으로써 입증할 수 있다고 주장한다. 이들은 수천 년의 중국역사 가운데, 몽고나 만주족 등 소수민족이 지배했던 시대를 제외하고는 중화민족이 앞장서서 외국을 침략하거나 영토 팽창을 위해 정복전쟁을 일삼는 침략의 역사가 없었다고 강변하면서 중화민족은 평화애호 민족이라고 주장한다.

그리고 서방세계가 중국의 경제발전과 국력증강에 대해 우려하는 것은 이해되지만, 중국의 국력과 실력증강이 곧 중국의 대외 팽창에 대한 야심을 촉발할 것이라고 생각하는 것은 오해이며, 국력증강과 팽창정책이 직접적인 관계가 있는 것은 아니라고 지적한다. 그러면서 어떤 특정한 국가나 민족이 침략적인가 평화지향적인가를 판단하려면 그 나라의 국력 증강에 주목할 것이 아니라, 그 나라와 민족의 문화적 요인에 주목해야 하며, 호전적인 침략성 여부는 그 나라와 민족의 문화적 전통에서 그 뿌리를 찾을 수 있다고 주장한다. 그러한 관점에서 중국 지식인들은 소농경제의 물적 토대에서 숙성되어, 자연과의 조화와 평화, 안정을 강조하는 중국의 전통문화 때문에 중국민족은 세계에서 가장 평화지향적이고, 관대하고 선량하다고 주장하면서, 오히려 유일신을 주장하는 서양문화가 배타적이고 호전적이며, 팽창적 성향을 가지고 있다고 비판한다.

이처럼 중국 문화와 역사는 중국이 평화지향 국가라는 점을 확인시켜주고 있으며, 특히 개혁개방 이후 중국은 앞에서 지적한 바와 같이 경제발전과 현대화를 국가의 최고 최대의 목표로 설정했기 때문에 어느 다른 나라보다도 더 국제사회의 평화와 안정, 그리고 공동번영을 바라고 있다. 또한 국제사회의 평화와 안정이 곧 중국의 국익인 경제발전과 현대화의 실현을 위한 전제조건이라

---

12) 林治波, "中國是一個威脅嗎," 『人民日報』(2001/03/29) 참조.

는 관점에서 중국은 적극적으로 세계평화와 안정, 그리고 공동 번영을 위해 노력하고 있다고 주장한다. 다시 말해 중국의 평화지향성은 그것이 중국의 국가 이익과 부합되기 때문에도 그렇지만, 중국의 문화와 전통, 역사를 통해서 형성된 중국적 본질에도 부합하는 것이기 때문에 의심할 필요가 없다는 것이다.

(2) 분쟁지향 국가로서 중국의 역사와 문화

그렇다면 과연 중국이 역사적으로 그리고 문화적으로 주변 국가들을 침략하거나 다른 나라와의 무력분쟁에 개입하는 것을 자제해 왔는가? 중국의 역사는 중국의 일부 전문가들이 주장하는 것처럼 소수민족이 지배하던 시대를 제외하고 침략전쟁이나 팽창정책을 추구하지 않았고, 방어적 전쟁만을 수행하려고 했었는가? 한사군(漢四郡) 이후 고구려와 백제의 멸망 당시까지 중국과 끊임없는 무력투쟁의 역사를 기억하고 있고, 신라에 의한 통일국가 수립 이후에도 중국의 직·간접적 무력 개입이 끊이지 않았던 역사적 경험이 있는 우리의 입장에서 중국의 대외정책이 대체로 평화지향적이었다는 중국 측 주장에 대해서 의문을 제기하지 않을 수 없다.

사실, 중국의 역사를 조금만 주의 깊게 개괄해 본다면, 중국은 여러 가지 형태의 전쟁에 끊임없이 개입했으며, 그 중에는 방어적이거나 현상유지적인 전쟁도 많았지만, 중국의 팽창주의적 정책 추구의 결과로 발생한 전쟁도 많았다는 사실을 발견하게 된다. 따라서 일부 서구 학자들의 연구에 의하면, 중국 역사는 중국 학자들이 주장하고 있는 것처럼 평화지향적 전통을 증명한다기보다 오히려 힘의 사용에 익숙할 수밖에 없는 사정을 증명한다고 할 수 있다. 이를테면, 기원전 1100년의 서주(西周) 시대부터 1911년경까지의 약 3000년의 장구한 역사 가운데 중국은 총 3,790회의 국내외 전쟁을 기록했으며, 한족이 지배했던 명대(明代)에는 연평균 1.12회 외국과의 전쟁을 수행했다는 통계는, 중국 역사에서 전쟁이 일상적 사건이었다는 점을 입증해 주고 있다 할 것이다.13)

물론 이런 외국과의 전쟁이 모두 중국의 팽창주의적 정책의 산물이라고 할 수는 없다. 오히려 상당 부분 중국의 전쟁 행위는 중국의 입장에서 방어적이고 현상유지적 성격의 전쟁이라고 주장할 수도 있다. 특히, 변방지역의 소수민족과의 전쟁은 거의 모두가 중국의 입장에서는 침략전쟁이 아니라 중국 영토에 대한 변방 소수민족의 침입을 격퇴하기 위한 전쟁이거나 또는 잃어버린 영토를 회복하려는 전쟁이라고 강변할 수도 있다. 또 소수민족의 침략 행위가 없었는데도 중국은 예방적 차원에서 소수민족이 거주하는 지역을 무력으로 진압하고 안정화시키기 위해 선제공격을 가하면서도, 그것을 침략전쟁이 아니라 예방적인 방어전쟁이라고 강변하기도 하였다.

그러나 변방지역의 소수민족의 입장에서 본다면 이런 행위는 명백한 중국의 팽창주의적 정복전쟁이고 무력을 통한 지배력 확대의 목적을 가진 것들이라고 할 수 밖에 없다. 그토록 많은 전쟁의 사례를 어떻게 구분하고 어떻게 해석하든 중국의 역사는 중국 학자들이 주장하는 것처럼 평화지향적이고 분쟁회피적인 사례만 있는 것이 아니라는 점은 명백하다고 하겠다. 그렇다면 이런 역사적 사례는 현대에서 어떻게 변형되고 있는가? 중화인민공화국이 성립된 이후 중국의 무력 분쟁 개입 사례는 어떤 식으로 변화했는가? 현대 중국의 대외관계 역사는 중국이 평화지향적이라는 사실을 증명하는가, 혹은 분쟁지향적이라는 사실을 증명하는가?

(3) 중국의 무력분쟁 개입 사례에 대한 존스턴과 화이팅의 연구

이러한 질문에 대한 객관적 해답을 모색하기 위해 중국이 개입한 국가간 무력

---

13) 이와 같은 통계자료와 그에 대한 해석에 대해서는 Michael D. Swaine, Ashley J. Tellis, *Interpreting China's Grand Strategy: Past, Present, and Future* (Project Air Force: Rand, 2000), pp. 46-48 참조.

분쟁(MID; Militarized Interstate Disputes) 사례에 대한 존스턴(Alastair Johnston)의 연구를 검토해 볼 필요가 있다.14) 여기서 국가간 무력분쟁이라는, 말 그대로 주권국가간 무력을 사용하거나, 무력을 사용하겠다고 위협하는 분쟁행위를 뜻하는 것이다. 존스턴의 자료에 의하면 1949년부터 1992년까지 중국이 개입된 국가간 무력분쟁 사례는 모두 118건이고, 그것은 중국이 연평균 2.74건의 국가간 무력분쟁에 개입했다는 것을 의미한다.

이런 중국의 국가간 무력 개입 빈도를 미국과 소련 및 다른 나라의 그것과 비교해 보면 대단히 놀랄만한 것이라고 하지 않을 수 없다. 즉, 중국의 연평균 무력분쟁 개입 빈도 2.74는 미국의 3.93보다는 낮지만, 소련의 1.72보다 높은 것이고, 이런 통계는 표면적으로 중국이 미국 다음으로 국가간 무력분쟁에 개입하는 빈도가 높은 나라라는 것을 보여주는 것이다. 이것은 곧바로 중국이 현상 유지적이고 평화와 안정지향적이라는 주장에 대해 의문을 제기하게 하는 다소 당혹스러운 통계 자료라고 하지 않을 수 없다.

사실, 미국이나 소련의 무력분쟁 개입 빈도가 높은 것은 이들 두 나라가 세계적 규모의 초강대국이라는 점을 고려할 때, 어느 정도 이해할 수 있는 것이다. 그러나 중국은 그런 세계적 규모의 강대국 역할을 추구하려는 의지도 그런 능력도 없는 것이 분명한데 어떻게 소련보다도 무력분쟁 개입 빈도가 높은가?

이러한 의문을 가지고 국가간 무력분쟁 개입 빈도에 대한 통계를 다른 각도에서 분석할 필요가 있다. 물론 존스턴도 이런 자료만을 가지고 중국이 공격적이거나 분쟁지향적 성향을 가지고 있다고 결론을 내리고 있는 것은 아니다. 사실, 중국의 국가간 무력분쟁 개입 사례를 보다 깊이 있게 분석해 보면, 중국의 무력 분쟁 개입 사례의 상당부분은 영토와 주권문제에 대한 것이고, 그것도

---

14) 중국이 개입한 국가간 무력분쟁 사례에 대한 자료 분석에 대해서는 Alastair I. Johnston, "China's Militarized Interstate Dispute Behavior 1949-1992: A First Cut at the Data," *China Quarterly*, 153 (March 1998), pp. 1-30 참조.

정권 초기 10년의 시기에 집중되어 있다는 것을 발견할 수 있다. 즉, 중국이 다른 나라와 무력분쟁에 휩쓸리게 되는 주된 이유는 중국의 팽창주의적 대외정책 때문이라기보다는 중국이 전통적으로 영토주권 문제에 대해 민감한 역사적 배경을 가졌고, 방대한 국경선을 가진 신생국가라는 차원에서 이해될 수 있고, 또 어느 정도 예상되었던 것이라고 할 수 있다.

따라서 영토 주권 문제가 거의 다 해결된 현재 이후 중국의 국가간 무력 개입 빈도는 건국 초기보다 현저하게 감소할 것이 거의 틀림없다. 하지만 영토 주권문제를 제외하고도 중국은 여전히 평균적인 국가들에 비해서 분쟁지향적이라는 점을 완전히 부인할 수는 없다. 다시 말해서 방대한 국경선을 가진 중국의 특징을 감안한다고 하더라도 국가간 무력분쟁에 대한 중국의 개입 빈도는 높은 편이고, 그것은 무력 사용을 일상적인 정치행위의 연장선에서 해석하고 있는 중국의 현실주의적 전략문화와 무관하지 않다고 지적할 수 있다. 사실, 중국은 건국 이후 여러 차례에 걸쳐 정치적 목표를 추구하는 과정에서 무력 사용이라는 수단을 이용하였다. 때로는 초강대국인 미국이나 소련을 대상으로 자신의 정치적 목적을 관철시키기 위하여 힘을 사용하는 위험한 정책 결정을 선택하기도 하였다.

앨런 화이팅(Allen Whiting)에 의하면, 1950년부터 1996년 사이에 미국이나 소련을 직접, 또는 간접적인 대상 국가로 삼아서 중국이 무력행동을 감행한 경우가 한국전쟁에 대한 개입을 포함해서 모두 8차례가 있었다고 한다.[15]

이런 중국의 대담한 무력용 사례들은 대체로 예방적 방어의 목적(한국전쟁

---

[15] 1950~1996년 사이에 미국과 소련을 대상으로 하거나 미국과 소련 대리자를 대상으로 중국이 무력행동을 감행한 8차례의 사례는 (1) 1950~53 한국전쟁; (2) 1954~56, 1958년의 대만 해협에서의 군사작전; (3) 1962년 대만 해협에서의 군사작전; (4) 1962년 인도와의 제한 전쟁; (5) 1965~68년 미국 침공에 대항한 베트남 지원; (6) 1969년 중·소 국경충돌; (7) 1979년 베트남과의 제한 전쟁; (8) 1995~96년 대만 해협에서의 미사일 발사 훈련 등이며, 이에 대한 상세한 자료 분석에 대해서는 Allen S. Whiting, "China's Use of Force, 1950-96, and Taiwan," *International Security*, 26:2 (Fall 2001) pp. 103-131 참조.

개입)이거나, 억지 전략의 차원(베트남전쟁과 중소국경분쟁의 경우), 정책목표의 강제(인도전쟁과 베트남전쟁)이거나 혹은 강압적 외교의 일환(대만에 대한 미사일 발사)의 성격을 가진 것이었다. 이처럼 중국은 개별적 분쟁 개입 사례 각각에 있어서 그 동기와 목표가 조금씩 다르기는 했지만 8가지 사례에서 공통적으로 발견될 수 있는 점은 국가이익을 추구하는 과정에서 군사적 수단을 사용하는 문제에 대해 중국 지도부가 큰 거부감을 가지고 있지 않다는 것이다.

중국 지도부가 보여주고 있는 행동유형은 한국전쟁의 참여 과정에서 알 수 있는 것처럼 객관적 조건이 불리한 상황에서도 정치적 목표를 달성하기 위해서는 군사적 수단도 과감하게 선택할 수 있다는 사실을 재확인할 수 있게 한다. 이러한 관점에서 미국과 대만이 대만 해협에서 군사적으로 우세한 위치를 점유하고 있다고 해서 중국이 대만문제를 해결하는 과정에서 군사적 수단을 사용하지 않을 것이라고 예측할 수 없다는 것이다. 만일 미국과 대만이 대만의 분리운동을 본격적으로 지원하고, 중국의 입장에서 대만문제가 주권국가로서 중국의 굴욕이라고 인식되는 경우는 객관적 군사력의 조건이 어떠하든 결국 중국은 군사력을 포함한 모든 수단과 방법을 강구할 것이기 때문이다.

5. 중국 대외정책의 복합적 행동유형

앞의 글에서 우리는 중국의 대외정책 행동유형이 특별히 평화지향적인 것도 아니지만, 그렇다고 중국이 다른 나라에 비교해서 더 분쟁지향적인 국가나 민족이라는 증거도 없다는 점을 지적했다. 물론 중국의 정치문화나 전통적 중화사상에서 다른 문명권에서도 발견될 수 있는 힘의 정치를 일상적으로 받아들이는 현실주의적 정치관, 그리고 중국 중심의 사고방식의 유산을 발견할 수 있다. 그리고 그런 과거의 영광을 되찾고 싶다는 중화민족주의적 열망이 현실

국제정치의 벽에 부딪쳐 좌절될 때 중국은 '비합리적 행동'을 선택할 가능성이 많은 것도 사실이다. 그러나 중국의 대외정책 행동유형이 특별히 비합리적이거나 분쟁지향적이라고 우려해야 할 만한 근거를 찾기는 어렵다고 하겠다.

사실, 중국은 물론이고, 모든 국가의 대외정책을 그 나라의 정치문화와 역사, 그리고 정치체제의 성격을 통해서 설명하려고 하는 것은 지나치게 단순화된 논리라고 할 수 있다. 물론, 한 나라의 정치체제와 정치문화의 성격은 대외정책 정향을 분석하고 이해하려고 할 때 중요한 배경적 요인으로 검토해야 하겠지만, 중국이나 그 밖의 나라가 복잡한 현실의 세계에서 선택하게 될 다양한 행동유형을 분석하기 위해서는 체제와 문화 등과 같은 구조적 설명보다는 행위자 중심의 설명이 더 필요하다고 할 수 있다.

다시 말해 모든 상황과 조건에서도 동일한 반응을 보일 것이라는 구조주의적 분석보다는 상황에 따라서 그리고 이슈영역에 따라서 다른 행동유형을 보여줄 것이라는 관점에서 중국의 대외정책을 분석할 필요가 있다는 것이다. 아래에서는 이와 같은 접근방식으로 중국의 대외정책 행동유형을 분석한 3가지 연구논문을 간단히 소개하고자 한다.

(1) 갈등-협력-경쟁의 복합적 행동유형

화이팅은 중국의 외교정책이 이슈에 따라 서로 다른 행동유형을 보인다는 가설에서 출발한다. 사실, 중국뿐만 아니라 모든 나라의 외교정책은 기본적으로 갈등-협력-경쟁의 복합적 행동유형을 보인다고 할 수 있는데, 화이팅에 의하면 덩샤오핑의 개혁개방 시대가 본격적으로 전개되면서 특히 중국의 대외정책이 정책 목표와 이슈영역에 따라 갈등-협력-경쟁의 행동 패턴을 보인다고 주장하였다.[16]

---

[16] Allen Whiting, "Chinese Foreign Policy: Retrospect and Prospect," in Samuel S. Kim

그렇다면 어떤 분야에서 중국은 갈등적 행동 양상을 보일 것이고, 어떤 이슈에 대해서는 협력적이거나 경쟁적인 행동 양상을 보이게 될 것인가? 이러한 문제를 파악하기 위해서는 먼저 개혁개방 지도부가 추구하는 중국의 국가적 목표와 중국 지도부의 정책적 우선순위를 나름대로 분석해 보아야 한다. 화이팅에 의하면, 덩샤오핑 이후 중국 지도부는 경제발전과 현대화를 국가의 최고·최대의 과제이며 목표라고 설정했기 때문에, 그리고 앞에서 지적한 바와 같이 중국 근대사의 경험에서부터 영토주권과 대만문제에 대해서는 특별히 민감할 수밖에 없기 때문에 중국이 어떤 영역의 문제에서 갈등-협력-경쟁의 행동양식을 보일 것인가를 용이하게 추론해 낼 수 있다고 주장하였다.

그는 이런 분석을 통해 두말 할 것도 없이 중국은 영토주권과 대만문제에 대해서는 대단히 갈등적인 행동양식을 보일 것이라고 추론할 수 있으며, 나아가서는 대만문제뿐만 아니라, 신강위구르에서의 회교도 문제나 티베트 문제 등도 모두 중국의 관점에서 영토주권의 문제이기 때문에 대만문제와 마찬가지로 국제적 타협과 협상의 대상이 된다고 보지 않는다. 따라서 만일 이들이 중국으로부터 분리 독립을 추구하여 마침내 중국의 영토주권을 정면으로 훼손한다고 판단이 되면, 주저 없이 군사력을 사용하여 문제를 해결하려 할 것이라고 추론하고 있다.

이처럼 중국은 대만이나 주요 영토주권 문제에 대해서는 대단히 비타협적이고, 관점에 따라서는 갈등지향적이라고까지 할 수 있지만, 동아시아에서 미국이나 일본 등과의 관계에서는 협력과 갈등이 교차하고, 상호 경쟁적인 복잡한 행동 양식을 보여준다. 사실, 미국과 일본에 대한 중국의 태도와 정책은 대단히 복합적이라고 할 수 있다. 개혁개방을 통한 국가발전을 위해 미국과 일본과의 협력관계를 지속적으로 확대해야 한다는 것은 중국 지도부의 관점에서 의심의 여지가 없는 것이다. 따라서 중국은 대외정책에서도 기본적으로 미

---

ed., *China and the World : Chinese Foreign Policy Faces the New Millennium* (Westview Press, 1998), pp. 287-308 참조.

국의 패권주의와 일본의 군국주의 부활 가능성을 경계하면서도 미국과 일본과의 상호 협력과 상호 이익을 강조하는 편이다. 특히, 경제와 국제교류, 그리고 동아시아의 평화와 안정과 직결된 문제 등에 있어서 중국은 미국이나 일본과의 협력 범위를 확충하려고 노력하고 있다.

이를테면, 미국의 반테러 정책에 있어서도 중국은 미국과의 협력관계를 견지하려고 하고 있고, 북한 핵문제에 있어서도 중국은 기본적으로 미국과 일본의 입장을 이해하고 지지하는 편이다. 그러나 중국은 동아시아에서 미일안보동맹이 중국을 잠재적 적대국으로 설정하는 것에 대해, 특히 대만 해협과 동아시아에서 미일 동맹이 중국의 행동을 견제한다는 경계심을 가지고 있기 때문에 중국과 미국, 일본과의 관계는 협력과 경쟁, 그리고 갈등의 복합적 구조로 표출될 수밖에 없다.

(2) 상호의존과 의존, 그리고 독립의 복합구조

중국의 외교정책을 갈등-협력-경쟁의 복합적 행동유형으로 설명할 수 있는 것처럼 로빈슨(Thomas Robinson)은 중국의 대외관계에서 상호의존성-의존성-독자성의 또 다른 복합구조로 분석할 수 있다고 주장하였다.17) 사실 로빈슨은 의존성(dependence)-독립성(independence)-상호의존성(interdependence)의 영문 복합 단어([In][ter]dependence)에서 추론할 수 있는 것처럼 중국의 외교정책에도 시기적으로나 분야별로 의존-독립-상호의존성의 논리가 번갈아 등장하고 있다고 주장하고 있다.

이를테면 개혁개방이 본격적으로 추진되기 이전에 중국의 주류 세계관은

---

17) Thomas W. Robinson, "[In][ter]dependence in China's Post-Cold War Foreign Relations," in Samuel S. Kim ed., *China and the World: Chinese Foreign Policy Faces the New Millennium* (Westview Press, 1998), pp. 193-216 참조.

개발도상국가와 서구 선진 자본주의 국가들간의 관계를 지배와 피지배, 의존 또는 종속과 착취의 관계를 설명했던 종속이론적 시각이었기 때문에, 서구 선진 국가와의 관계에 대해 부정적이었다고 할 수 있다. 그러나 1980년대 이후 개혁개방의 논리는 상호의존성의 개념에 기초하였고, 선진 자본주의 국가들과의 적극적인 교류와 협력을 통해 중국의 발전을 추구해야 한다는 것이었다.

그러나 천안문 사건과 탈냉전 이후 서방세계에서 중국의 전략적 가치가 감소되고, 중국위협론이 등장하였으며, 중국 사회 내부에서도 지나친 서구화에 대한 반발이 제기되면서 상호의존성의 논리와 더불어 중국적 정체성을 강조하는 다양한 논리, 특히, 중국의 자주독립성을 강조하는 논리와 대외정책 노선이 강조되기 시작했다. 따라서 1990년대 이후부터는 중국의 대외관계가 의존성-상호의존성-독립성의 복합적 논리 구조를 가지게 되면서, 그야말로 다면적이고 복합적인 분석과 설명이 필요하게 되었다.

로빈슨에 의하면 중국의 대외관계는 분야에 따라서 의존성-상호의존성-독립성의 논리가 각기 다르게 적용되고 있기 때문에 어떤 한 가지 논리로 중국 대외관계의 전체적 특징을 규정하려는 것은 무리라고 주장했다. 이를테면, 경제적인 영역에서는 대체로 중국 경제와 세계 경제의 상호의존성이 증대하면서 과거와 같은 종속이론이나 자력갱생론으로 더 이상 설명할 수 없게 되었다. 그러나 과학기술의 분야에서는 종속적 관계까지는 아니더라도 여전히 서구 선진 국가에 대한 의존도가 높다는 점을 인정하지 않을 수 없고, 군사-안보 분야에서는 독립성과 자주성이 강조되고 있다. 따라서 중국의 대외관계는 분야별로 의존-상호의존-독립 등 다양하고 복합적인 행동유형의 특징을 보여주고 있다고 할 수 있다.

(3) 성장이론과 중국 외교정책의 4가지 행동유형

중국이 건국 이후 국가로서 성장하면서 외교정책면에서 몇 가지 행동 패턴을 보여주고 있다는 연구도 제시되고 있다. 변화하는 외부 환경에 대한 적응과정에서 나타나는 다양한 인간의 행동유형에 대한 성장이론의 관점을 활용해서, 함린(Carol Hamrin)은 건국 이후 중국이라는 국가가 성장하면서 단계적으로 당면한 정통성의 위기를 극복하기 위해 선택한 특정한 행동유형을 4가지로 분류하였는데, 그 4가지 행동유형을 살펴보면 아래와 같다.18)

함린은 성장이론의 개념을 차용해서 중국 외교의 행동유형을 변화하는 외부 환경과 변화하는 행위자의 관점에서 분석할 수 있다고 주장하고 있다. 즉, 중국은 건국 이후 모두 7차례에 걸친 국내외적인 위기에 직면했었고, 그 때마다 중국의 정책 결정가들은 체제의 정통성을 재확립하지 않을 수 없었다고 지적한다. 그리고 그런 체제의 정통성을 재구성하기 위해서 기존 행동패턴의 변화를 시도하게 된다면서 1949년 건국 이후 1990년대 초까지 4가지 특징적 행동패턴을 발견할 수 있다고 주장하였다.

그렇다면 중국이 당면했던 7가지 외교정책의 위기는 무엇인가? 함린에 의하면, 7차례의 위기란, 첫째로 한국전쟁으로 조성된 위기, 둘째, 스탈린(Iosif Stalin) 사망 이후 탈스탈린 운동으로 초래된 위기, 셋째, 대약진운동의 대재난으로 당면한 체제적 위기, 넷째, 중·소간의 무력충돌로 조성된 위기, 다섯 번째, 1976년 마오쩌둥 사망으로 초래된 위기, 여섯 번째, 중국의 베트남 침공과 미국 및 소련과의 갈등이 재연된 1979~80년의 숨은 위기, 끝으로 1989년 동구와 소련의 몰락으로 조성된 체제 위기가 그것이다. 함린에 의하면 중국의 지도부는 이런 국내외적인 정통성의 위기를 극복하고, 정권과 체제의 권위를 재확립하기 위한 적응 과정에서 기존의 정책과 행동유형을 변경시키게 되는데, 그런 과정에서 아래와 같은 4가지 특징적 행동유형이 나타난다.

---

18) Carol Lee Hamrin, "Elite Politics & the Development of China's Foreign Relations," in Thomas W. Robinson and David Shambaugh eds., *Chinese Foreign Policy: Theory and Practice* (Oxford, 1994), pp. 70-112 참조.

① 순응적인 반응(Acquiescence)

마치 어린아이가 성인에 의존해서 자신의 생존을 담보하려고 하는 것처럼, 건국 초기 중국도 국내외적으로 취약한 상황에서 즉각적이고 강력한 외부 환경의 압력에 직면하여 국가로서의 생존을 담보하기 위한 방안으로 소련에 전면적으로 의존하는 소련 일변도 정책을 선택할 수밖에 없었다.

이미 잘 알려진 바와 같이 건국 초기에 중국은 한국전쟁 참전을 비롯하여 대외정책에서 미국 등 서방세계와의 협상 가능성을 배제하고, 그야말로 소련을 정점으로 하는 사회주의 진영에 대한 일방적인 충성을 약속하는 소련 일변도 정책을 추종했다. 그뿐만 아니라, 국내적 정치나 경제 정책에서도 소련에 순응할 수 있는 권력 엘리트들을 등용, 소련식 당-국가제도와 계획경제를 도입하려고 하였다.

물론 이와 같이 소련 순응적 대외행동이 견지되면서도 스탈린의 사망과 미·소간의 데탕트가 시도되면서 1954년에서 1957년 사이에 소련에 대한 의존에서 탈피하고, 스탈린식 발전모델에 대한 반성에서 출발하여 중국적 사회주의를 모색하기 시작했다.

② 비타협적 대응(Intransigence)

국내외적 위기에 대면하여 국내적으로 취약한 행위자가 보여줄 수 있는 초기의 대응이 앞에서 보여준 순응적 대응이라고 한다면, 이와는 정반대의 반응이 바로 비타협적이고 도전적인 반응이라고 할 수 있다.

순응적 반응이 자신의 정체성에 대한 확신이 서지 않고 스스로 취약하다고 인식하는 경우, 압도적으로 우세한 외부 세력에 의존해서 생존을 담보하려는 것이었다면, 비타협적 대응은 사춘기의 청소년들이 흔히 그러하듯이 자신의 정체성과 특수성을 정립하기 위해 외부 세력을 경계하고, 외부 세력의 압력에 대해 과도하게 반발하면서 외부 세계로부터 고립하여 자신의 정체성을 수호하려고 하거나, 또는 외부 세계를 자신의 이미지에 따라서 변혁시키려는 도전적이고 비타협적인 대응을 의미한다.

1958년 이후 1971년까지 중국은 초기 소련 일변도 정책에 대한 반발을 통해 미국과 소련을 모두 비난하면서 중국의 독자성을 강조하는 고립주의적인 세계관을 주장하기도 하였고, 또는 중국의 혁명적 가치관을 세계에 전파하여 세계를 변혁시키려는 조반외교를 제창하기도 하였다. 국내적으로는 대약진운동과 문화대혁명 등 전대미문의 실험을 통해 중국적 사회주의의 정체성을 수립하려고 하였고, 대외적으로는 자력갱생과 반제 반수정주의 노선을 주창하면서 미국이나 소련이 중심이 되어 운영되는 세계 경제질서와 정치질서를 변혁시키려고 하였다.

③ 적극적 대응 (Promotion)

중국 외교에서 1982년부터 1989년 천안문 사태 직전까지의 시기는 국내외적인 압력에서 비교적 자유로운 입장에서 덩샤오핑을 중심으로 하는 개혁파 지도부가 국내적 및 국제적 질서의 변화를 모색하는 적극적인 정책을 추구하는 시기였다. 국내적으로 덩샤오핑의 리더십과 개혁개방정책 노선에 대한 합의가 자리 잡으면서 정치적으로 안정되었고, 국제적으로도 중국은 미국과 서방세계와는 물론이고, 소련과의 관계도 개선되고 있었기 때문에 외부 환경이 안정되었고 긍정적이었다. 따라서 중국은 이 시기에 국제사회에 전면적으로 참가하면서 장기적 안목에서 국제사회의 안정과 평화, 그리고 공동번영을 위해 노력하는 것이 곧 개혁개방 시대의 국익을 증진시키는 일이라고 주장할 수 있었다.

④ 자기 보존적 대응 (Preservation)

국내외적인 조건이 안정된 바탕 위에서 적극적으로 대응할 수 있었던 시기가 개인의 인생에 비교하면 30~40대의 황금기에 해당한다면, 유년기와 청년기, 그리고 장년기를 제외한 나머지 시기는 대체로 자기 보존적 대응으로 일관된 시기라고 할 수 있다. 1970년대와, 천안문 사태 이후에 모두 중국은 국내외적으로 점증하는 여러 가지 요구와 압력에 직면해서 자신의 이익과 정체성을 지키기 위해 결국 협상과 타협을 선택하지 않을 수 없었다. 특히, 과거와 같이 외부 세력의 압력에 대해 비타협적이고 도전적인 태도를 견지하는 것이 위험하기도 하지만, 그렇게 하기도 어렵다는 것을 잘 알게 되었다. 그렇다고 외부 세력에 무조건적으로 순응할 수도 없는 입장에서 중국은 외부 세력과 타협하면서 스스로의 정체성과 이익을 부분적으로 확보하는 데 만족할 수밖에 없었다.

이런 상황에서 중국 지도부는 혁명의 이상을 실현한다거나 중국 국가의 장기적 이익을 실현하기 위해 단기적 이익을 희생하는 그런 정책 선택보다는 현재의 체제적 자기보존을 위해 눈앞에 보이는 현실적 이익에 민감하게 반응하게 되었다. 따라서 외교정책도 원칙에 따른 대응보다는 상황에 따르는 임기응변적 대응으로 일관하는 경향이 증대되었다.

6. 결론: 중국과 외부 세계의 인식 불일치 문제

대외정책에서 중국이 보여주고 있는 행동유형에 대해 관심을 가지는 이유는 결국 앞으로 중국이 어떻게 반응하고 대응할 것인가를 나름대로 예측하기 위한 것이었다. 대만문제나 한반도문제를 해결하는 과정에서 중국은 결국 무력이나 대결적 수단을 선택하게 될 것인가, 아니면 어떤 상황에서도 중국은 대화와 타협을 통한 평화적 해결방안을 선택하려고 노력할 것인가? 미국과 일본 등 서방세계와의 협력관계는 얼마나, 어떤 조건에서 지속될 것이고, 정치안보적 차원에서 미국과 일본이 중국을 견제하려고 하는 경우, 중국은 어떤 식으로 반응하게 될 것인가? 이와 같은 문제를 제기하면서 중국의 반응에 대해 관심을 가지는 이유는 21세기 동아시아의 안정과 평화, 그리고 발전이 모두 중국의 대응에 달려 있다고 해도 과언이 아니기 때문이다.

그러나 미래 중국의 행동을 추론하기 위해서 과거의 중국 외교 행동 패턴에 대한 연구를 소개했지만, 결론은 결국 과거 행동에 대한 연구가 미래 반응에 대한 예측에 별다른 도움을 주지 못한다는 것이다. 오히려 중국의 미래 행동은 결정된 성격의 것이 아니라는 것, 다시 말해 중국이 특별히 더 공격적이거나 더 평화지향적이라고 할 수 없다는 것이다. 따라서 중국의 미래 대응 양상은 이슈별, 상황별로 다를 수 있다는 것이다. 이러한 점에서 중국이 어떤 경우에도 무력과 대결적 수단보다는 타협과 협상을 통한 평화적 해결을 선호하는 평화지향적 국가라는 주장도 근거 없지만, 그렇다고 중국이 다른 나라보다 더 분쟁지향적이고 호전적이라는 비난 역시 별다른 근거가 있는 것이 아니라는 점을 확인할 수 있었다.

따라서 중국의 대응에 대해 예측하는 과정에서 지나치게 체제나 문화 일반론에 입각해서 평화지향적이라든가 분쟁지향적이라고 설명하는 것은 잘못된 것이다. 결국, 중국 역시, 우리 모두가 그러한 것처럼, 개별적인 상황과 조건에 따라서 다른 반응을 하게 될 것이므로, 미리 결정된 반응양식이란 없다는 점을 인정해야 한다. 앞에서 소개한 것처럼, 중국은 이슈에 따라 시기에 따라서 다양하고도 상이한 행동유형을 보여주고 있기 때문이다.

이처럼 중국의 반응이 갈등과 경쟁, 협력의 복합구조를 가지고 있기 때문에 미래의 중국이 이런 복합구조의 행동 양상 중에서 어떤 측면을 강조할 것인가는 미리 결정된 것이 없다. 그러나 한 가지 중요한 사실은 중국의 반응이 외부 세계의 대응과 상대적으로 연계되어 나타난다는 것이다. 다시 말해서 외부 세계의 압력이 높아지거나 또는 중국에 대해 적대적인 경우 중국의 반응도 도전적이거나 또는 순응적이 되고, 반대로 외부 세계가 호의적이면 중국도 적극적으로 반응한다는 것이다.

이처럼 외부 세계와 중국의 상호관계에서 중국의 반응이 산출된다는 점에서 중국과 외부 세계에 가로 놓여 있는 '인식의 불일치' 현상이 주목할 필요가 있다. 그것은 중국의 지위에 대해 외부 세계가 인정하는 정도와 중국 자신이 내심 바라는 국제적 지위의 불일치에서 여러 가지 문제가 발생하기 때문이다. 이를테면, 외부 세계는 중국을 여러 가지 측면에서 개발도상국이고, 여전히 권위주의적 정치문화와 정치질서가 지배적인 국가로서 인식하고 있는 데 비하여, 중국은 그런 객관적인 조건을 부인하지 않으면서도 중국 문화와 문명, 역사를 감안해서 강대국으로 인정하고 대접해 주기를 바라고 있다는 점에서 외부의 인식과 내부의 요구 사이의 불일치가 존재하고 있다. 그리고 이런 인식의 불일치에서 국제적 오해와 갈등이 발생하고 있다는 것이다.

따라서 무엇보다도 필요한 것은 외부 세계와 중국이 모두 현실에 한 걸음씩 더 다가가 이런 인식의 불일치 정도를 줄이려고 노력하는 일이다. 그것은 결국 중국과 외부 세계가 상호 교류와 협력을 확대하면서 상호 이해의 폭을 넓혀 가는 것이다. 그렇게 상호 인식과 이해의 폭이 넓히는 길만이 중국과 외부 세계가 상호 공존과 상호 협력을 확대하는 길이기 때문이다.

제5장

중국의 '대전략'은 무엇인가

> 중국 대외정책의 기본 방향을 제시해 주는 대전략(grand strategy)이라는 것이 있는가? 그렇다면 대전략의 특징은 무엇이고 중국의 대외정책에 어떻게 표출되고 있는 것일까? 이런 문제의식을 가지고 이 단원에서는 ① 대전략의 개념, ② 중화제국 시대의 대전략이 보여주는 특징, ③ 현대 중국의 대전략과의 공통점과 차이점을 간략이 소개하려고 한다.

1. 대전략의 개념 정의

현대 중국의 대전략이 무엇인가를 묻기 이전에 우선 대전략이라는 개념을 간략히 소개할 필요가 있다. 한 국가의 대전략이란, 국가가 추구하는 핵심적 이익을 어떻게 달성할 수 있는 것인가에 관한 것이라고 할 수 있다. 그런데 모든 국가는 국가의 안전보장과 번영, 그리고 국제사회에서의 명성과 영향력 확대를 공통적으로 추구한다. 즉, 개별 국가들은 그 역사적·지정학적, 그리고 정치경제학적 위치와 조건에 따라 구체적 내용은 다르겠지만, 나름대로의 여건에서 국가안보를 확보하고, 경제발전을 추진하며, 그리고 국제사회의 인정과 대접을 받기 위해 다양한 정책을 전개한다고 할 수 있는데, 이러한 핵심적 국가이익을 추진하는 다양한 정책 기저에 관통하는 특징적 전략을 대전략이라고 할 수 있다.

다시 말해 국가안보, 경제적 번영, 국제사회에서의 영향력 확대라는 국가이익을 구현하기 위해 한 나라가 사용하는 군사적·외교안보·경제적 수단의 활용 방식에 대한 전략에 대하여 대체적인 국가적 공감대가 형성되어 있을 때 이를 그 나라, 그 시대의 대전략(grand strategy)이라고 할 수 있다는 것이다. 이러한 점에서 골드스타인(Avery Goldstein)은 '대전략'을 "한 나라가 국가이익을 확보하기 위하여 사용하는 군사적·정치적·경제적 수단의 특징적 조합"(the distinctive combination of military, political, and economic means by which a state seek to ensure its national interests)이라고 정의하였다.1)

그런데 여기서 주목해야 할 점은 우선 대전략이 그 나라의 군사, 외교안보, 대외경제 정책의 산술적 조합을 의미하는 것이 아니라, 이러한 개별 정책에 관통하는 전략구상이며 비전(vision)이라는 사실이다. 이러한 점에서 골드스타인은 "대전략은 한 나라의 다양한 대외정책을 종합적으로 기술하기 위한 단순한 명칭(label)이 아니다. 그것은 그러한 정책들을 알리고, 서로 연결시켜주는 중심적 논리이며, 국제환경의 제약과 자신의 역량의 한계라는 관점에서 국가이익을 어떻게 가장 합리적으로 추진할 수 있는가에 대한 정권의 비전(the regime's vision)"이라고 설명하고 있다.2)

결국 대전략이란, 기본적 국가이익을 확보하기 위한 즉, 영토주권을 보호하고, 경제적 번영을 달성하며, 국제사회에서의 영향력 있는 국가로 대접받기 위한 장기적이면서, 대부분의 공동체 구성원들이 수용하는 지속적인 전략 구상이다. 중국은 기본적으로 종합국력의 증진과, 중국의 자주권을 유지하면서도 종합국력을 극대화할 수 있는 '전략적 힘의 배분'(strategic configuration of powers)을 모색하는 대외정책을 지향한다고 할 수 있다. 이러한 점에서 중국은 역

---

1) Avery Goldstein, *Rising to the Challenge: China's Grand Strategy and International Security* (Stanford University Press, 2005), p. 17.
2) *Ibid.*, p. 19.

사적으로 다양한 대전략을 구사해 왔다고 할 수 있다.

2. 중화제국 시대의 대전략

중국의 역사에서 중화제국이 추구한 대전략의 목적은 대체로 제국의 국내적 질서와 안녕의 보존, 영토주권에 대한 방어, 그리고 중심적 패권국가로서 중국의 영향력 보존과 확대였다고 할 수 있다. 이러한 목표를 달성하기 위해 중화제국은 무엇보다도 강력하고 권위주의적인 정부의 힘에 의존하였고, 그러한 중앙집권적인 정권은 독점적이고 위계적인 가치체제와 강제력, 그리고 다양한 외교적 수단을 사용하여 중화제국의 질서와 안녕을 보장하는 대전략을 구사해 왔다. 특히, 중앙정부는 힘과 외교적 방식을 활용하여 중국의 핵심적 국가 안보 이익이라고 할 수 있는 영토주권을 방어하고, 주변부에 대한 통제력을 보존하거나 확대하려고 하였다.

사실 영토 주권의 보존은 중국을 비롯한 모든 국가의 핵심적 국가이익 중 하나라고 할 수 있는데, 중화제국의 대전략도 우선 영토주권의 보존에 초점을 두었다고 하겠다. 〈그림 5-1〉과 〈그림 5-2〉에서 나타나고 있는 바와 같이 중국의 영토주권이 행사되는 지역은 핵심지역(core area)과 주변부로 구분될 수 있다. 여기서 핵심지역은 중화 문명의 근원지이자, 동시에 중화민족 최초의 통일 민족국가라고 할 수 있는 진(秦) 나라(BC 221~206)가 통치했던 황허(黃河) 주변의 허난성(河南省)과 산둥(山東)반도를 중심으로 한 지역으로 한(漢) 제국(BC 206~AD 220)을 거치면서 중국 대륙 전체로 확대되었다. 다시 말해 〈그림 5-3〉에서 알 수 있는 바와 같이 한 제국시대의 통치 영역이 오늘날 중국 영토의 핵심지역을 구성하고 있다는 것이다. 그리고 이렇게 형성된 중화제국의 핵심지역은 한 제국 이후 역대 왕조를 거치면서 끊임없는 팽창과 축소과정을 거쳐,

청(淸) 제국 시대에 이르러 〈그림 5-4〉에서 볼 수 있는 오늘의 영토주권 영역이 형성되었던 것이다.3)

〈그림 5-1〉 중국의 핵심지역

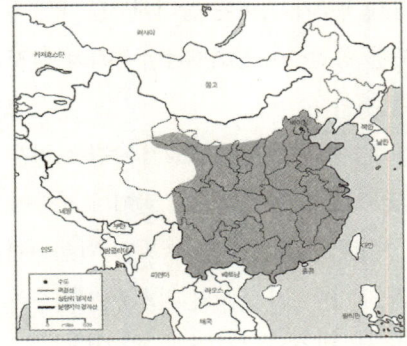

〈그림 5-2〉 중국의 주변부

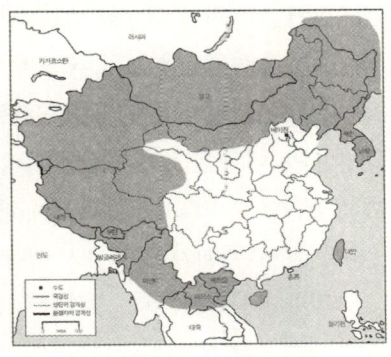

〈그림 5-3〉 한 제국 시대 영토

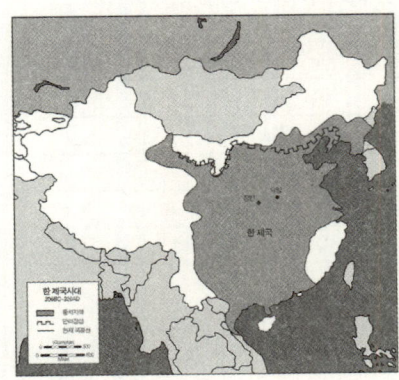

〈그림 5-4〉 청 제국 시대 영토

---

3) Michael D. Swaine, Ashley J. Tellis, *Interpreting China's Grand Strategy: Past, Present, and Future* (Santa Monica: Rand, 2000), pp. 21-95 참조.

이와 같이 중화제국의 영토주권 영역의 팽창과 축소가 반복되는 과정에서 중화제국이 추진한 대전략은 강한 국가-약한 국가(strong-weak state) 안보전략의 특징을 보여준다. 다시 말해 중국 대륙에 강력한 국가가 등장하면 군사력과 정치적 수단을 동원하여 핵심 영토지역을 넘어 주변지역을 통합하는, 영토주권 영역을 팽창하는 경향을 보였지만, 중앙정부가 약화된 상태에서는 비강제적 안보전략을 구사했다. 즉, 외교적 수단을 동원하여 중화제국의 평화와 안정을 유지하려는 방어적 전략을 구사했던 것이다.

이와 같이 강한 국가-약한 국가의 사이클에 따라 힘과 외교적 수단을 번갈아 사용하면서 중화제국의 질서와 안녕을 보존하려고 했다는 점에서 전통적 중화제국(Pax Sinica)의 질서 유지 행태는 현대적 팍스 아메리카나(Pax Americana)의 그것과 유사점이 많다. 중화제국의 전통적 패권적 질서와 팍스 아메리카나의 현대적 패권질서를 단순화하여 비교하면 아래의 〈표 5-1〉과 같다.

〈표 5-1〉 중화제국과 팍스 아메리카나의 비교

	전통적 중화제국	현대적 팍스 아메리카나
이 념	중화주의와 화이론	자유민주주의와 시장경제
수 단	힘 + 외교	힘 + 외교
통치 방식	직할 통치	(직할 통치)
	종주권과 사대외교	동맹외교와 다자주의
	조공무역	세계 경제에의 참여

위의 〈표 5-1〉에서 알 수 있는 바와 같이 전통 시대의 중화제국이 추구했던 패권질서 유지를 위한 대전략이나 현대의 팍스 아메리카나의 대전략은 최소한 외형적인 차원에서 많은 유사점이 있다고 할 수 있다. 이들 모두 보편적 이념 체제를 표방하고 있으며, 힘과 외교의 두 가지 수단을 사용하면서 다양한 형태의 통치 방식을 유지하고 있다. 물론 이러한 외형적 유사점에도 불구하고, 그 내용은 아주 다른 것도 사실이다.

이를테면 전통적 중화주의 이념체제는 중국 중심의 질서로, 세계를 문명화된 중화민족과 문화적으로 낙후된 오랑캐로 구분하는 화이론(華夷論)에 입각하여 중국을 중심으로 한 위계적 세계 질서를 정당화하는 것이었지만, 현대적 팍스 아메리카나는 모든 국가와 개인이 평등하고 대등한 자격으로 참여한다는 가정에서 자유민주주의와 시장경제를 표방하고 있다. 또한 통치 방식에서도 중화제국이 직할 통치와 간접 통치를 병행하였다면, 현대적 팍스 아메리카나의 질서에서는 직할 통치는 억제되고 간접 통치 방식이 좀 더 활용되고 있다는 점이 다르다.

그러나 중화제국의 질서에서도 직접 통치 방식이 지배적이었던 것은 아니다. 앞에서 언급한 바와 같이 중화제국에 강력한 중앙 정권이 등장하는 경우, 힘과 정치력을 바탕으로 주변지역을 통합, 직접 통치 영역을 확장시키는 경향이 있었지만, 평상시에는 핵심지역에 대해서는 직접 통치를 행사하지만, 주변부에 대해서는 간접 통치 방식을 적용하였던 것이다. 대체로 중화제국은 중국의 종주권을 인정하고, 중국에 대한 사대외교를 견지하는 주변부 국가들에 대해서는 실질적 주권과 이익을 인정하면서 간접 통치에 만족하는 경향도 많았다. 이러한 경우에 중국은 중화주의 세계질서의 종주국이라는 명분을 얻고, 주변지역의 안정과 평화를 유지할 수 있었으며, 주변부 국가는 중국과의 조공무역 등을 통해 실리를 획득할 수 있었다.

이처럼 직접 통치와 간접 통치 방식을 구사하면서 중화주의와 화이론에 입각한 계층화된 세계질서를 유지하려 했던 중화제국 시대와 비교하면, 팍스 아메리카나의 세계질서 유지 방식은 직할 통치보다는 동맹외교와 다자외교 등을 통한 간접 통치 형식을 선호하고 있다고 할 수 있다. 물론 미국의 경우도 힘을 통한 패권적 질서를 유지하고 확장하려고 하고 있지만, 그것이 미국의 직접 통치 영역의 확대로 나타나기보다는 다양한 형태로 미국의 지배적 영향력을 간접적으로 보장하려 한다는 점에서 과거 제국주의 시대의 패권질서 유지 방식과 다르다고 하겠다.

그러나 중화제국과 팍스 아메리카나의 질서 유지 방식은 여전히 차이점보다는 공통점이 많다고 할 수 있다. 이 두 가지 질서는 모두 패권적 질서를 정당화하는 이념과 그것을 지탱하는 수단으로 힘과 외교의 두 가지 수단을 사용하고 있고, 구체적으로 핵심지역과 주변부에 대한 다양한 통치 방식을 유지하면서 패권적 질서를 유지하려 한다는 것이다. 그런데 중국의 역사적 경험을 바탕으로 중국의 대전략을 살펴보면, 강력한 국가가 등장하는 경우는 외교적 방식보다 힘을 바탕으로 한 팽창주의적 대외정책을 추진하는 경향이 나타났고, 중앙정부가 약화될 경우는 다양한 외교적 방식을 통해 핵심적 영토주권에 대한 위협을 감소시키기 위한 방어적 전략을 추진했다. 다시 말해 중국은 중앙정부의 강약에 따라 팽창주의적이고 적극적인 대외정책과 방어적이고 수동적인 대외정책을 번갈아 추진했던 것이다.

3. 현대 중국의 대전략: 마오쩌둥 시대의 대전략

현대 중국에서도 앞에서 설명한 바와 같은 중화제국 시대의 팽창주의 전략과 방어적 전략의 사이클이 다시 반복될 것인가? 중국이 부강해지면 중국의 영향력을 극대화하려는 팽창주의적 정책을 추구할 것이지만, 중국의 국력이 아직 충분히 축적되지 않았기 때문에 중국은 방어적·수동적 대외전략을 강조하고 있는 것은 아닌가? 과연 현대 중국의 대전략은 무엇이며, 현대 중국의 대전략이 보여주고 있는 특징은 무엇인가? 이러한 문제에 대한 해답을 찾기 위해서는 먼저, 중국공산당 정권이 추구했던 대전략이 무엇이었고, 그것의 특징은 어떠했는지를 개괄해 볼 필요가 있다.

이미 잘 아는 바와 같이 중화인민공화국 정권이 수립되기 이전에 중국은 심각한 민족적 위기에 봉착했었다. 1937년 중·일전쟁이 발발하면서 중국은 그야말로 민족 존망의 위기에 봉착하였으며, 이러한 위기를 극복하기 위해 중국공산당과 마오쩌둥이 제시한 전략이 바로 항일 민족통일전선전략이다. 항일 민족통일전선전략은 일본의 제국주의적 침략전쟁에 대항하기 위한 중국공산당의 전략이기도 했지만, 다수의 중국 인민과 다양한 사회계층이 동의한 중국 민족의 대전략이기도 하였다. 그리고 이 전략의 핵심적 논리는 국내외 계급 갈등을 '주요 모순'과 '부차적 모순'으로 구분하고, 주요 모순을 극복하기 위해 부차적 모순과 갈등을 뛰어넘어 다양한 계급과 세력의 단결을 추진하는 것이었다.[4]

이와 같은 항일 민족통일전선전략에 따라서 중국공산당은 극소수의 반동세력을 제외한 모든 세력의 단결을 호소하였고, 체제와 이념의 차이를 넘어 일본 제국주의 세력에 반대하는 모든 국제 세력과의 연대를 지지하였다. 이런 항일민족통일전선전략의 결과, 중국공산당은 국내적으로 노동자, 농민은 물론 민족 자산계급과 양심적 지주계급까지도 대표하는 전국적 정당으로 성장할 수 있었고, 국제적인 차원에서는 소련은 물론 미국과도 연대하여 마침내 중·일전쟁에서 승리할 수 있었던 것이다.

이처럼 항일민족통일전선전략은 일본 제국주의세력의 중국 침략으로부터 중국 민족의 생존을 방어할 수 있었을 뿐만 아니라, 중국공산당의 승리와 중국공산당 주도의 중화인민공화국 수립에도 기여하였다. 그러나 2차 대전이 연합국의 승리로 종결되면서 세계의 세력구도는 미국과 소련이 중심이 된 양대 진영으로 개편되었다. 이와 같은 여건에서 중국은 소련 중심의 사회주의 진영에 참여하였고, 적극적인 소련 일변도 노선을 표방하면서 신생 독립국가인 중화인민공화국의 안전보장과 경제발전을 담보해 내려고 하였다. 이미 잘 알려진 바와 같이 중국의 소련 일변도 정책은 소련과의 동맹을 통해 미국과 서방세

---

[4] 1937년 중·일전쟁 발발과 중국공산당의 항일민족통일전선전략 제안, 그리고 마오쩌둥의 항일민족통일전선전략에 대한 논리적 이론적 근거에 대해서는 서진영, 『중국혁명사』(한울, 1992/2002), pp. 198-220, 250-258 참조.

계의 군사적·외교적 위협에 대항할 뿐만 아니라, 국내정치와 경제발전에서도 소련의 지원과 소련식 제도와 기술, 소련식 발전모델을 도입하여 중국의 발전을 추진한다는 것이었다.

이와 같이 1950년대에 중국이 추진했던 소련 일변도의 대전략은, 한국전쟁을 계기로 미국과 적대적 대결관계가 고착되면서 국제사회에서 중국의 고립화를 초래하였고, 대만문제 해결을 통해 중국공산당이 주도하는 통일국가를 건립할 수 있는 기회가 유예되는 값비싼 대가를 치루고 말았다. 그러나 동시에 중국은, 소련의 지원을 받아 제1차 경제개발 5개년 계획을 성공적으로 추진하여 공업국가로서의 기틀을 마련하였고, 국내정치에서도 사회주의 제도가 빠른 시일 내에 정착되는 성과를 올리기도 하였다.

그러나 이런 성과에도 불구하고 중국은 1960년대 들어 국내외 여건으로 인해 더 이상 소련 일변도의 전략구상을 추진할 수 없게 되었다. 무엇보다도 중국과 소련의 관계가 급속도로 악화되면서 중국은 건국 이후 견지해 왔던 냉전질서의 기본적 세력관계를 반영한 양대 진영론의 세계관을 수정하지 않을 수 없었다. 1950년대 후반 이후 중국과 소련의 이데올로기 논쟁이 악화되면서 중국은 미국의 제국주의 위협과 더불어 소련의 '사회-제국주의'의 위협을 받는 상황에 직면하였기 때문이다. 이처럼 미국과 소련, 두 초강대국을 모두 적대시하게 된 중국은 한편으로는 자력갱생을 표방하고 중국의 자주적인 국력 축적을 강조하면서, 동시에 '중간지대론', '3세계론' 그리고 '반패권주의'를 표방하면서 반소-반미 국제 통일전선을 구축해 보려고 하였다. 다시 말해 미국과 소련이 지배하는 제1세계와 제2세계 이외에 방대한 중간지대가 있고, 여기에 미국과 소련 중심의 양대 진영에 속하지 않은 수많은 제3세계 국가들이 있으며, 중국은 바로 이들 제3세계 국가들과 연대하여 미국과 소련의 패권주의에 저항한다는 것이었다.

이와 같이 중국이 앞장서서 제3세계를 중심으로 미국과 소련의 패권주의에 반대하는 국제적 반패권 통일전선을 구축해야 한다는 전략구상은 중국에게 자주 독립의 대외정책을 추진해 나갈 수 있는 명분은 제공했지만, 심각한 취약점도 안고 있었다. 아무리 중국과 제3세계 국가들이 반패권주의를 강조하더라도 그것이 미국이나 소련의 위협으로부터 중국의 안전보장을 담보해 주지 못할 뿐만 아니라, 제3세계와의 관계만으로는 중국의 국내적 발전에도 실질적으로 기여하는 것이 적기 때문이다. 따라서 마오쩌둥은 1972년 미국과의 관계개선을 통해 소련의 '사회-제국주의' 위협을 견제하려고 하였다. 이런 마오쩌둥의 전략적 전환은 중국은 물론 동아시아 냉전질서에도 상당한 변화를 예고하는 것이었다. 그러나 미국과 중국의 국내정치적 여건과 마오쩌둥과 닉슨(Richard Nixon)의 개인적 사정 때문에 1972년 중·미 화해가 예고했던 탈냉전시대를 향한 대전략의 전환은 덩샤오핑 시대까지 실현될 수 없었다.

4. 덩샤오핑 이후 개혁개방 시대의 대전략

덩샤오핑 이후 등장한 개혁개방 정권의 대전략은 마오쩌둥 시대의 전략 구상과 근본적으로 다른 몇 가지 전제에서 출발하고 있다.5) 개혁개방의 역사적 노선 전환을 선언한 1978년 12월의 중국공산당 제11기 3중전회의 결의문에서 드러난 바와 같이, 덩샤오핑을 중심으로 한 개혁개방파는, '대규모 계급투쟁의 시대가 끝났다'고 인식하고 있었다는 점에서 계급과 계급투쟁이 계속되어야 한다고 주장한 마오쩌둥 시대와 근본적인 차이점을 보이고 있었다. 개혁파 지도자들은 국내정치에서도 계급과 계급투쟁을 강조했던 마오쩌둥 시대와 달리, 계급적 화해와 협력을 강조했을 뿐만 아니라, 국제정치에서도 사회주

---

5) 덩샤오핑의 개혁개방 정권의 등장과 역사적 노선 전환에 대해서는 서진영, 『현대중국정치론』(나남, 1997), pp. 52-66 참조.

의 진영과 자본주의 진영의 적대적 모순과 갈등, 그리고 전쟁 불가피론을 강조했던 냉전시대의 논리를 폐기하고, 체제와 이념의 차이에 상관없이 모든 나라에게 문호를 개방하고 상호의존적인 국제관계를 추구하는 문호대개방 노선으로 전환하였던 것이다.

이와 같이 개혁파 지도자들은, 1980년대에 이미 양대 진영론의 세계관으로는 더 이상 현실의 국제사회를 설명할 수 없으며, 냉전시대의 양극화된 질서가 와해되고, 다양한 주권국가들의 공존을 바탕으로 한 다원적 국제질서가 등장하고 있다고 주장하고 있었다. 그러나 이들도 국제정치의 현실에서 권력정치와 패권정치가 소멸되었다고 주장했던 것은 아니다. 현실의 국제사회에서 여전히 무정부적 무질서와 힘의 논리를 앞세우는 패권정치와 권력정치 행태가 횡행하고 있기 때문에, 주권국가의 생존과 안전을 보장하기 위해서는 부국강병을 통한 국력 축적이 중요하다는 점을 강조하고 있다는 점에서 실용주의적 개혁파 지도자들도 전통적인 현실주의 정치관을 공유하고 있었다고 할 수 있다.[6]

그러나 개혁적 현실주의자들이 주장하는 국가의 힘은 전통적 현실주의자들이 주장하던 물리적 힘인 군사력을 중심으로 구성된 국력이 아니라, 경제력을 중심으로 다양한 요소들로 구성되는 종합 국력이라는 점에서 차별성이 있다. 다시 말해 개혁파 지도자들은 중국의 부국강병을 주장하면서도 국력의 핵심 요소가 과거 이데올로기파들이 주장하던 이념이나 현실주의 부국강병론자들이 주장하는 군사력이 아니라, 경제력이라고 강조하면서 당과 국가의 최고 최대의 목표가 경제발전을 통한 국력 신장에 있다고 선언했던 것이다. 따라서 개혁파들은, 부강한 중국을 건설하기 위해서 모든 역량을 경제발전에 집중해야 하기 때문에 중국의 대외전략도, 지속적 경제발전을 추진할 수 있는 안정적

---

[6] 개혁개방 정권이 등장한 이후 대외정책의 기본 인식과 관련하여 지식인 사회에서 전개되고 있는 현실주의-자유주의-이데올로기파와 실용주의파간의 논쟁에 대해서는 이 책 제4장; Yong Deng, "Research Note: The Chinese Conception of National Interests in International Relations," *The China Quarterly* 154 (June 1998), pp. 308-329 참조.

이고 평화적인 국제환경을 조성하고, 미국을 비롯한 서방 선진국과의 교역을 통해 선진 기술과 자본을 도입하여 중국 경제의 발전을 촉진하려는 데 초점을 두었다. 이러한 점에서 중국은 1979년에 미국과 국교 정상화에 합의하였고, 일본을 비롯한 서방 자본주의 국가들과의 협력관계를 강화하면서 대담한 개혁개방정책을 추진하였던 것이다.

이와 같이 중국은 개혁개방을 선언한 이후 미국과 일본, 그리고 서방의 자본주의 국가들과의 협력관계를 강화하면서 자본주의적 시장경제체제를 적극적으로 도입하면서도 대외정책에서는 자주 독립 외교를 강조하였다. 특히, 1985년 소련의 고르바초프(Mikhail Gorbachev) 정권 등장을 계기로 중국은 소련과의 관계 개선을 적극적으로 추진하여 1989년 마침내 중·소 국교 정상화를 실현함으로써 중국은 처음으로 미국과 소련 양대 초강대국과 모두 우호적 관계를 맺을 수 있게 되었다. 이러한 점에서 중국은 건국 이후 가장 안정적인 안보 상황을 맞이하여 전적으로 국내 경제발전에 전력을 경주할 수 있게 되었다.

그러나 1989년 천안문 사태의 폭발과 소련 및 사회주의 국가들의 몰락으로 중국에 새로운 위기가 조성되었다. 특히, 1989년 6월 4일 천안문 민주화 시위에 대한 유혈진압을 계기로 중국에 대한 미국과 서방세계의 호의적 인식에 변화가 발생하면서 중국의 '사회주의 정권'에 대한 압박과 위협이 증가하기 시작하였다. 1991년 소련 연방의 해체와 몰락으로 중국은 북방의 안보위협을 상당기간 우려하지 않을 수 있게 되었지만, 인권과 민주화 등의 이슈를 제기하면서 중국의 변화를 압박하는 미국과 서방세계의 압력은 새로운 위기 요인이 되었다.

그런데 중국의 딜레마는 미국과 서방세계의 압력에 대해 정면으로 대응할 수 없다는 데 있었다. 중국의 최고 최대의 목표인 현대화와 경제발전을 추진하기 위해서는 미국과 서방세계의 협력이 장기적으로 필요하기 때문에 서방세계에 대해 냉전시대와 같은 대결적 자세를 견지할 수도 없고, 그렇다고 서방세계가 요구하는 민주화를 수용하는 것은 중국공산당이 중심이 된 당-국가체제의 위기를 자초하는 것이기 때문에 중국은 미국과 서방세계의 압력에 순응할 수도 없었다.

이와 같은 딜레마에 직면하여 덩샤오핑이 제시한 해답은 1992년의 남순강화(南巡講話)와 도광양회(韜光養晦) 외교 노선이었다. 남순강화는 덩샤오핑이 1992년 1월 18일부터 2월 21까지 선전(深圳), 주하이(珠海), 상하이(上海)를 시찰하면서 개혁개방 정책의 확대를 촉구한 것인데, 이를 계기로 중국 지도부 내부에서 기존 사회주의 노선을 견지하려는 보수파의 영향력이 후퇴하고, 천안문 사태 이후 장쩌민을 중심으로 개혁 지도부가 새로 구성되어 다시 개혁개방 정책을 추진할 수 있게 되었다.[7]

또한 덩샤오핑은 1989년 천안문 사태와 동구 및 소련 등 사회주의권의 대변혁, 그리고 미국과 서방세계의 대중국 압력에 직면하여 중국의 냉정하고도 신중한 대외정책을 주문했다. 도광양회는 덩샤오핑이 언명했다는, "냉정히 관찰하고, 현실 기반을 튼튼히 하며, 침착하게 대처하고, 기회를 기다리면서 수세에 힘쓰고, 앞장서는 일을 피하면서 때가 되면 움직인다"(冷靜觀察, 穩住陣脚, 沉着應付, 韜光養晦, 善于守拙, 決不當頭, 有所作爲)라는 이른바 28자(字)지침 가운데 기회를 기다리고 실력을 배양한다는 의미의 도광양회라는 표현을 사용한 것으로, 중국의 신중한 대외정책을 강조한 것이라고 할 수 있다.

그런데 덩샤오핑은 천안문 사태 이후 중국이 추구해야 할 신중한 대외정책과 관련해 '도광양회' 이외에도 '4불정책'(四不政策)을 강조하였다. 4불 정책이란 동맹을 맺지 않고(不結盟), 패권을 추구하지 않으며(不稱覇), 내정불간섭 원칙을 고수하고(內政不干涉), 남들보다 앞장서서 강대국 행세를 하지 않는다(不當頭)는 내용의 4가지 아니오 정책이라 할 수 있다. 다시 말해 덩샤오핑의 도광양회와

---

[7] 남순강화에서 덩샤오핑이 행한 주요 발언으로는 ① 개혁개방을 통한 경제발전이 중국의 유일한 활로이며, ② 계획과 시장은 사회주의와 자본주의를 구별하는 기준이 아니고, ③ 1980년대 초 상하이를 경제특구로 지정하지 않은 것은 본인의 불찰이며, ④ 경제특구와 주강 삼각주가 20년 내 아시아의 네마리 용(龍) 수준으로 발전하기를 희망한다는 것 등이었다. 이러한 발언 내용을 정리하여 발표된 것이 덩샤오핑의 '남순강화'이다.

4불정책은, 천안문 사태 이후 국내외의 체제위기 상황에 직면하여 미국과 서방세계의 압력과 위협에 정면으로 대응하지 않으면서도 실리를 추구할 수 있도록 제시된 방어적인 대외정책 가이드라인이라고 할 수 있다.[8]

이와 같은 방어적이고 수동적이면서도 실리 중심의 대외정책을 추구하면서 중국은 미국과 서방세계와의 관계 개선을 위해 다각적으로 노력하였을 뿐만 아니라, 러시아는 물론 주변 국가들과의 동반자관계도 적극적으로 모색하였다. 다시 말해 중국은 앞의 4불 정책에서 선언한 바와 같이 제3의 국가를 적대국가로 설정하는 전통적인 동맹관계보다는 적대 국가를 상정하지 않고 상호 호혜적인 관계를 모색하는 동반자관계를 강조하면서 모든 국가들과의 관계 개선에 적극적으로 나섰던 것이다. 따라서 1990년대 중국은 과거 적대적 갈등관계에 있었던 인도, 베트남, 인도네시아, 그리고 한국 등과의 관계 개선을 적극 추진하여 중국 주변의 거의 모든 국가들과 우호적인 동반자관계를 형성하는 데 성공하였다.

이처럼 1990년대에 중국은 1989년 천안문 사태와 사회주의권의 대변혁이 초래한 위기에도 불구하고 지속적인 개혁개방정책과 신중한 대외전략을 추진하여 세계 역사상 그 유례를 찾기 힘든 경제의 고도성장을 달성하였다. 비약적으로 발전하는 중국 경제는 한편으로 중국위협론을 촉발하기도 하였지만, 동시에 거대한 중국 시장이 제공하는 기회를 매개로 대부분의 국가들과 상호 호혜적인 동반자관계를 맺을 수 있게 됨으로써 중국의 영향력이 '평화적'으로 전 세계로 빠르게 확산될 수 있었다.

따라서 21세기 중국은, 원자바오 총리의 표현에 빌면 '세계 평화의 호기를

---

[8] 덩샤오핑의 도광양회 등 28자 지침에 대해서는 楊成緖, "鄧小平外交思想淺議,"『光明日報』(2004/08/09); 夏立平, "重要戰略機遇期與韜光養晦, 有所作爲戰略方針,"『國際問題論壇』(2004/12/19); 叶自成, "關于韜光養晦和有所作爲,"『中國國際關係硏究網』(2005/05/30)을 참조. 그리고 '도광양회'와 함께 덩샤오핑-장쩌민 시대 중국의 소극적 외교 지침이라고 할 수 있는 4불정책에 대해서는 李映周,『중국의 신외교전략과 한중관계 : 鄧小平의 평화와 발전론』(나남, 1998), p 61, pp. 193-94 참조.

이용해 자신을 장대하게 하고, 자신의 발전을 통해 세계 평화를 옹호하는' 화평굴기론(和平崛起論) 또는 평화발전론을 주장하게 되었다. 다시 말해 중국은 지속적 경제발전을 실현하기 위해서는 세계 평화와 안정이 필요하고, 또한 중국의 경제발전은 지역 경제와 세계 경제, 그리고 중국과 경제적 유대가 있는 동반자 국가들에게도 이익을 제공함으로써 세계 평화에 기여한다는 것이다. 따라서 부강한 중국의 등장은 과거 강대국의 등장의 경우와는 달리 평화적으로 진행되면서 중국과 세계가 공동으로 발전할 수 있는 계기가 된다는 것이다.

이상에서 간략이 살펴본 바와 같이 개혁개방 시대의 중국 지도부가 대체로 합의한 중국의 대전략은 첫째, 과거 마오쩌둥 시대와는 달리 탈 이념적이고 실용주의적이며, '타산적 전략'(calculative strategy)의 성향을 띠고 있다.9) 다시 말해 체제와 이념의 차이에 구애받지 않고 국익을 극대화하기 위해 합리적이고 유리한 대외 전략을 추진한다는 것이다. 둘째, 개혁개방 시대 중국의 국가이익이란 경제력의 발전을 바탕으로 종합 국력을 축적하여 부강한 중국을 건설하는 것이기 때문에 경제발전과 현대화가 상당 기간 중국의 최고 최대의 목표가 되지 않을 수 없다는 것이다. 셋째, 탈냉전시대에 지속적인 경제발전을 실현하기 위해서는 국제환경의 안정과 평화가 중요하기 때문에 중국은 국제사회에서 가급적 힘의 사용을 억제하고, 패권주의를 견제할 것이고, 넷째, 중국은 국제체제가 안고 있는 모순점을 인정하면서도 현행 국제체제의 변혁을 추진하는 것이 아니라 현행 국제체제 내부에서의 개선을 요구한다는 점에서 현상유지적 국가전략을 추구한다는 것이다.

---

9) 강한 국가와 약한 국가의 사이클에 따라서 중국의 대전략이 힘과 패권주의적 전략과 외교적이고 타협적인 대외전략이 번갈아 등장한다는 역사적 사례를 바탕으로 약한 국가와 강한 국가의 과도기에 중국이 선택할 수 있는 전략을 '타산적 전략'이라고 개념화하였다. 여기서 말하는 '타산적 전략'은 중국이 부강한 강대국으로 등장하기 이전까지의 과도기에 힘을 통한 패권주의 전략보다는 합리적이고 실용주의적 전략을 추구한다는 것을 의미한다고 한다. 이런 '타산적 전략'에 대해서는 Michael D. Swaine, Ashley J. Tellis, *Interpreting China's Grand Strategy* (2000), pp. 97-150 참조.

이러한 점에서 중국은 상당기간 국제사회에서 평화와 안정 세력을 대변하고, 강대국의 패권주의에 반대하면서 상호 경제협력을 통하여 중국과 지역 경제, 그리고 중국과 세계 경제의 공동 발전을 추구하는 긍정적인 역할을 할 것이라고 예측할 수 있다. 그러나 이와 같은 중국의 '타산적 전략'이 부강한 중국의 목표를 달성한 이후에도 계속될 것인지는 더 두고 보아야 할 것이다. 이런 점에서 중화제국 시대의 강한 국가-약한 국가의 사이클에 따른 힘과 외교적 수단의 결합 방식이 21세기에는 어떻게 나타나게 될 것인지 흥미로운 관심사가 아닐 수 없다.

제2부

강대국 외교와 대만문제

제6장

중·미관계 : 대결과 협력, 경쟁의 복합적 관계

> 이 단원에서는 중화인민공화국 수립 이후 현재까지의 중·미관계를 분석한다. 적대적 대결관계(1949~1971)에서 전략적 협력을 모색하는 시기(1972~1978)로, 국교 정상화와 전면적 협력관계의 시기(1979~1988)에서 1989년 이후 탈냉전시대의 갈등과 협력의 이중적 관계로 발전한 중국과 미국의 관계를 다음을 중심으로 살펴본다. 첫째, 두 가지 분석 수준, 즉, 국제적 차원과 국내적 차원에서 분석 개괄하고, 둘째, 1972년 상하이 공동성명을 분석하여 중·미관계가 적대적 대결관계에서 전략적 협력관계로 전환하는 과정의 쟁점과 공동 이익 분야를 살펴보며, 셋째, 1979년과 1982년의 중·미 공동성명과 〈대만관계법〉 등을 통해 국교 정상화와 전면적 협력관계로 발전하는 과정에서 대두한 문제점과 합의 분야를 살펴본 후, 마지막으로 탈냉전 이후 중·미관계의 협력과 갈등의 이중구조를 분석하여 오늘날 중·미관계의 현주소를 파악하려고 한다.

1. 중·미관계의 변화 : 국제적 요인과 국내적 요인

중국의 과거와 현재, 그리고 미래에서 가장 중요한 대외관계 이슈 중의 하나는 미국과의 관계를 어떻게 설정하고 관리하느냐의 문제라고 해도 과언이 아니다. 중국의 입장에서 미국은 중국의 핵심적 국가이익 추구 과정에서 가장 크게 의존할 수밖에 없는 국가이지만, 동시에 가장 상대하기 어려워 장애가 될 수 있는 국가이기도 하기 때문이다. 반면에 미국에게도 중국은 무시해도 좋을 만한 국가는 아니다. 미국이 세계 전략을 추구하는 과정에서 전략적 동반자로서, 또는 전략적 경쟁자로서 중국의 가치를 무시할 수 없고, 특히, 동아시아에서 미국의 국가이익을 추구하는 과정에서 협력자이며 경쟁자로서 중국과의 관계를 고려하지 않을 수 없기 때문이다.

이처럼 미국과 중국 두 나라 모두에게 양국관계는 각기 국익과 직결된 핵심적 관심 영역의 문제이기 때문에 중·미관계는 국제적 요인뿐만 아니라 국내 정치적 요인의 영향을 많이 받고 있다. 이를테면, 미국의 대중 정책은 대선 과정에서 매번 중요한 논쟁점으로 떠오를 만큼 국내정치 쟁점이 되고 있으며, 의회와 행정부, 그리고 다양한 이익집단과 압력단체들이 적극적으로 대중정책 논쟁에 참여하고 있는 것은 잘 알려진 사실이다.[1]

미국과는 정치제도와 문화가 다른 중국에서도 대미정책이 당과 정부 지도자들의 전유물만은 아니다. 물론 중국에서 미국과 같은 여론정치와 정책논쟁을 기대할 수는 없지만, 제한된 수준에서나마 중국의 대미정책에 대한 논쟁에는 여러 이익집단과 이데올로기적 성향의 집단들이 참여하여 다양한 목소리를 내고 있는 것도 사실이다.[2] 이를테면 신보수주의 성향의 지식인들이 중심이 되어 '미국에 대하여 아니오라고 말할 수 있는 중국'이 되어야 한다면서 자주적이고 독립적인 외교자세를 요구하는가 하면, 또 한편에서는 경제발전과 현대화라는 중국의 실리 추구를 위하여 미국과의 협력적 관계를 강조하는 실용주의적 지식인들도 많다. 이처럼 이데올로기 성향이 다르고, 이익 성향도 다른

---

[1] 부시 행정부와 클린턴 행정부 당시 미국의 행정부와 국회, 그리고 이익집단들이 참여한 대중국 정책논쟁에 대해서는 Ramon H. Myers, Michel C. Oksenberg, and David Shambaugh eds., *Making China Policy : Lessons from the Bush and Clinton Administrations* (New York: Rowman & Littlefield, 2001) 참조.
[2] 중국 대외정책 결정 과정의 다원화, 다양화 추세에 대해서는 孫哲, "中國外交政策：制度變遷, 制定過程及決策特点," 『中國戰略』 第1期 (2004/01/30), pp. 33-38; David Lampton, "China's Foreign and National Security Policy-Making Process: Is It Changing and Does It Matter?," in Lampton ed., *The Making of Chinese Foreign and Security Policy in the Era of Reform* (2001), pp. 1-36 참조.

다양한 집단들이 직접 또는 간접으로 중국의 대외정책, 특히, 중국의 대미 정책과정에 참여하고 있다. 특히 중국에서도 주요한 외교정책 변화는 국내정치의 권력구조 변화, 그리고 정책 노선의 변화와 밀접하게 연계되어 있다고 할 수 있다. 이를테면, 1970년대 초 미국과의 화해를 모색하는 대미정책의 역사적 전환이나, 1979년 미국과의 국교 정상화에 합의하는 과정과 같은 역사적 정책 전환은 중국의 국내정치 변화와 무관하지 않다.

아래에서 다시 설명하겠지만, 1972년 닉슨의 중국 방문과 상하이 공동성명의 발표로 공개된 중·미관계의 역사적 전환과정은 린뱌오(林彪)를 중심으로 한 좌파 군부의 등장을 억제하고, 문화대혁명의 혼란에서 탈피하여 중국의 안정과 발전을 추진하려고 한 마오쩌둥의 국내 정책노선 전환의 연장선에서 설명될 수 있다. 또 1979년 미국과의 국교 정상화와 중국과 미국의 전면적 협력관계도 역시 덩샤오핑을 중심으로 한 개혁정권의 등장과 서방세계에 대한 문호대개방과 경제발전 제일주의를 표방한 덩샤오핑 정권의 역사적 노선 전환의 일환으로 추진된 것이라고 할 수 있다. 이처럼 중·미관계가 중국과 미국의 국내정치 상황과 밀접하게 연계되어 있는 것이 틀림없지만, 다른 한편으로 중·미관계의 기본 방향은 여전히 국제적 요인에 의하여 상당한 영향을 받고 있다. 다시 말해 중·미관계의 기본 성격은 세계적 차원에서 냉전과 양극체제-데탕트와 느슨한 양극체제-탈냉전과 복합적 다극체제의 등장이라는 힘의 구도 변화에 따라 결정된다는 것이다. 따라서 냉전시대의 양극체제에서 미국과 중국의 대결적 관계는 어떻게 보면 구조적으로 필연적인 현상이라고 할 수 있다. 또한 냉전시대의 양극체제가 이완되고, 그리고 마침내 소련의 붕괴와 함께, 양극체제가 해체되면서 중·미관계의 질적 변화가 발생했다는 것은 너무나 당연하다고 할 수 있다.

이러한 관점에서 중·미관계의 기본적 성격과 방향은 세계적 차원에서의 냉전 구조의 변화에 의하여 결정된다고 할 수 있겠지만, 그 구체적 내용은 역시 행위자인 미국과 중국의 몫이라는 점에서 이들 양국의 국내적 조건들을 분석하지 않을 수 없다. 따라서 중·미관계의 변화를 설명하기 위해서 우선 국제적·상황적 요인을 분석하고, 그런 국제적·상황적 변화요인에 대한 미국과 중국 두 행위자의 국내정치적 여건과 대응방안을 검토해야 한다. 이러한 국제적·국내적 연계선상에서 중·미관계 개선과정을 분석하기 위한 참고자료로서 아래에서 중·미관계 개선 모색시기의 주요 사건일지를 소개하였다.

〈표 6-1〉 중미관계 개선 모색시기의 주요 사건일지

시기	내용
1968년 8월	소련의 체코 침공; 브레즈네프 독트린(Breznev Doctrine) 발표
1968년 10월	중국, 미국과 베트남의 파리평화회담 지지
1968년 11월	중국 외무성 대변인, 미·중 대사급회담 재개 표명
1969년 3월	전바오다오(珍寶島) 중소 유혈 충돌 사건
1969년 7월	닉슨 독트린 발표
1969년 8월	닉슨 행정부, 파키스탄을 통해 미중관계 개선 의사 전달
1969년 11월	닉슨-사토(佐藤)회담; 한국과 대만문제에 대한 일본의 역할
1970년 4월	중국 언론, 소련을 '사회-제국주의' 비난
1970년 5월	미국의 캄보디아 침공; 월맹의 라오스 침공
1970년 10월	에드가 스노우(Edgar P. Snow) 부부, 마오쩌둥, 저우언라이 초청으로 중국 방문
1970년 12월	미국 탁구선수단 초청
1971년 초	린뱌오 숙청(3월, 무장쿠데타 모의; 9월, 마오쩌둥 암살시도; 9월, 망명시도, 사망)
1971년 5월	미소 무기감축협상 개시
1971년 5월	저우언라이 총리, 키신저(Henry A. Kissinger) 초청 서한
1971년 7월	키신저 첫 번째 비밀 방문
1971년 10월	중국의 유엔 대표권 회복
1971년 11월	키신저 두 번째 비밀 방문
1971년 12월	인도-파키스탄 전쟁
1972년 1월	헤이그 닉슨 대통령 비서실장 중국 방문
1972년 2월 21~28일	닉슨의 중국 방문(상하이 공동성명)
1972년 5월	미·소정상회담; SALT I 타결
1972년 9월	중·일 국교 정상화
1973년 1월	미국과 월맹, 파리평화회담 타결

2. 적대적 대결관계에서 전략적 협력관계로의 전환

(1) 국제체제의 변화 : 미국과 소련, 중국의 삼각구도 변화

1950년대 중국과 미국의 적대적 대결관계는 어떻게 보면 미국과 소련의 양대 진영이 지배하는 냉전구조의 필연적 결과인지도 모른다. 1949년 중화인민공화국이 수립되는 과정에서 마오쩌둥을 비롯한 일부 중국공산당 지도자들 사이에서, 그리고 일부 미국의 군사 및 외교 전문가들 사이에서 신생 중화인민공화국과 미국 및 서방 국가들간의 관계 개선 가능성에 대한 논의가 전혀 없었던 것은 아니었다. 그러나 돌이켜보면 냉전구조가 형성되면서 미국과 중국의 대결적 관계는 회피할 수 없는 것처럼 보였다.[3]

마오쩌둥은 이미 1949년 중화인민공화국의 수립과 더불어 소련 일변도를 선언하고 국내외 정책에서 소련을 추종하면서 미국과 적대적 대립관계를 형성하게 되었다. 특히, 한국전쟁을 계기로 중국과 미국의 적대적 대결관계는 악화되었고, 대만문제를 둘러싸고 중국에게 미국은 통일을 방해하는 외부 세력으로 인식되었다. 반면, 미국에게 중국은 소련과 더불어 미국과 서구의 문명을 위협하는 침략적인 공산주의 국가였다. 따라서 미국과 중국의 대결관계는 국제적 차원에서 냉전적 대결구도의 산물이었기 때문에 냉전체제가 계속 견지되는 한 중·미관계의 근본적 개선을 기대하기 어려운 상황이었다.

그러나 이런 냉전적 대결구도에 중대한 변화가 발생하기 시작하였다. 특

---

[3] 한국전쟁 이전부터 이미 중국의 지도부는 혁명과 변혁을 추진하는 중국공산당 정권의 등장에 대해 미국이 우호적일 수가 없기 때문에 아시아에서 중국과 미국의 대결은 피할 수 없는 현실이라고 판단하였다고 한다. 따라서 한국전쟁이 발발하기 이전에 이미 마오쩌둥은 한반도와 인도차이나반도, 그리고 대만에서 중국과 미국의 군사적 대결 가능성을 경고하였다고 한다. 이와 같은 점에 대해서는 Chen Jian, *China's Road to the Korean War: The Making of the Sino-American Confrontation* (New York: Columbia Unviersity Press, 1994), pp. 92-121 참조.

히, 1950년대 후반기부터 은밀하게 진행되었던 중·소분쟁이 1960년대 들어와 공개적으로 진행되고, 마침내 중국과 소련의 관계는 격렬한 갈등 양상으로 악화되기 시작하였다. 중·소분쟁은 이데올로기 차원에서의 차별성 때문만이 아니라, 양국의 역사와 문화에서 비롯된 깊은 불신감에서 기원한 국익의 충돌이었기 때문에 마오쩌둥과 흐루시초프와 같은 최고 지도자들의 교체 여부와 관계없이 확대·심화되는 경향을 보였다. 따라서 중·소분쟁 과정에서, 그리고 일반적인 대외정책 결정 과정에서 개인의 감정 표출을 서슴지 않았던 흐루시초프 소련 서기장이 실각하고 관료적 침착성을 견지하는 브레즈네프(Leonid Brezhnev) 서기장 시대가 등장했지만, 오히려 중·소분쟁은 격화되는 경향을 보였다. 중국에게 소련은 더 이상 동맹국이 아니라, 오히려 미국보다도 더 중국을 위협할 수 있는 '사회—제국주의 국가'였다. 특히, 중국의 관점에서 소련은 몽골에서 인도와 아프가니스탄까지, 그리고 베트남과 인도차이나 반도에서 중국을 포위 압박하고 있는 제국주의 세력이었기 때문에 더욱 위협적으로 인식될 수밖에 없었다.

중국의 입장에서 베트남전쟁이라는 수렁에 빠진 미국보다 소련의 위협이 더욱 심각한 것은 명백하였다. 미국은 비록 베트남과 인도차이나 반도 전역에서 전쟁을 확대하고 있었지만, 내심 베트남에서 발을 빼기 위해 나름대로 고심하고 있었다. 따라서 1960년대 후반기에 미국은 마침내 베트남으로부터 '명예로운 철수'를 실현하기 위한 방안으로 파리 평화회담을 추진하였고, 1969년 7월 닉슨 독트린을 발표하여 베트남과 아시아에서 미국 개입의 점진적 축소를 공언하고 있었다. 이와 동시에 미국은 파키스탄 정부를 통해 중국과의 관계 개선 의사를 전달하면서 미국의 후퇴로 발생한 힘의 공백을 의식, 중국과의 관계 개선을 통해 아시아에서 소련 영향력의 확장을 억제하려는 전략적 의도를 구체화하고 있었다.[4]

---

[4] 1972년 닉슨의 중국 방문과 중·미관계 개선에 대한 배경과 과정에 대해서는, Jonathan D. Pollack, "The Opening to America," in Dennis Twitchett and John K. Fairbank eds.,

이런 상황에서 1968년 8월 소련의 체코 침공과 브레즈네프 독트린 발표, 1969년 3월 전바오다오(珍寶島) 사건이 발생하면서 중·미간의 관계 개선을 모색하는 비밀협상이 본격적으로 전개되기 시작하였다.

(2) 중·미관계의 역사적 전환을 실현하기 위한 비밀외교

앞에서 언급한 바와 같이 중국과 미국 사이에는 1960년대 후반기에 이미 소련 견제라는 공통적인 전략적 이해에 접근하고 있었다. 특히, 중국의 입장에서 소련의 행동은 더 이상 방관할 수 없을 정도로 위협적이었다. 1968년 8월 소련은 동구 사회주의 국가 중에서 개혁개방을 표방하면서 소련의 영향권에서 이탈하려는 체코슬로바키아 개혁정권에 대해 소련군과 바르샤바 동맹군을 동원, 무력으로 응징하였다. 이 때 소련은 이른바 '제한주권론'을 제창하면서 체코슬로바키아의 주권 침략행위를 정당화했는데, 이런 '제한주권론'을 강조한 브레즈네프 독트린의 발표는 사실상 중국에 대한 경고이며 위협이었다. 다시 말해 중국의 영토주권도 신성 불가침한 것이 아니라 보다 큰 대의를 위해 제한될 수 있다는 논리이며, 그것은 결국 소련이 사회주의 진영을 대표하여 중국을 무력으로 응징할 수 있다는 것을 의미하는 것이기 때문에 브레즈네프의 제한주권론은 중국에게 명백한 협박이었던 것이다. 더구나 소련은 체코슬로바키아 사태를 무력 진압한 이후 소련 공군 정예부대를 중·소 국경지대로 이동 배치하면서 군사적으로 중국을 공공연히 압박하였다. 이와 같이 중국에 대한 소련의 군사적 압력이 가중되는 시점에 1969년 3월 우수리 강변에 있는 작은 섬, 전바오다오에서 양국의 국경수비대간에 유혈 무력 충돌사건이 발생하여 양국

The Cambridge History of China, Vol. 15; The People's Republic, Part 2: Revolution within the Chinese Revolution, 1966-1982 (Cambridge University Press, 1991) pp. 402-472 참조.

간 전면전의 위험성이 부각되었다.5)

사실 중국의 안보적 위기상황에 대해서는 이미 1960년대 중반 이후 공공연하게 지적되어 왔다. 중·소분쟁이 격화되면서 중국은 미국과 소련이라는 두 개의 초강대국을 모두 적대국가로 상대해야 하는 안보적 취약점을 안고 있었기 때문이다. 따라서 문화대혁명 직전에 일부 외교 전문가와 군사 전략가들은 소련과의 관계 개선을 통해 이런 중국의 안보적 취약성을 개선해야 한다고 주장하기도 하였다.6)

그러나 소련의 '사회-제국주의'에 대한 중국 최고 지도부의 경계심 때문에, 그리고 중국의 잠재적 도전에 대한 소련 지도부의 위기의식 때문에 중·소관계는 1960년대 이후 개선되기보다는 오히려 악화되었다. 소련은 중국과의 관계 개선보다는 오히려 미국과의 데탕트를 통해서, 그리고 중국 주변 국가들과의 관계 개선을 통해 중국을 포위 압박하려고 하였다. 따라서 1960년대 중반 이후 마오쩌둥은 한편으로는 중국이 당면한 안보적 위기 상황에 대응하기 위해 앞에서 간략히 언급한 '제3전선' 전략을 추진하였고, 다른 한편으로 미국과의 관계 개선을 통해 전략적 고립상태에서 일거에 탈피하는 극적인 방안을 내심 검토하기 시작하였다. 이런 의도에서 마오쩌둥은 1969년 이후 미국 측에 간접적으로 관계 개선 의사를 전달하였다.

마오쩌둥의 미국과의 관계 개선 의지는 저우언라이 총리 등 극소수 지도부

---

5) 중·소 국경분쟁, 특히 전바오다오에서의 유혈 충돌에 대해서는 Thomas Robinson, "China Confronts the Soviet Union: Warfare and Diplomacy on China's Inner Asian Frontiers," Twitchett and Fairbank eds., *The Cambridge History of China*, Vol. 15 (1991), pp. 218-301 참조.

6) 이를테면 이 책의 제3장에서 간략히 소개한 바와 같이 1962년 당시 당 대외연락부장인 왕자샹(王稼祥)이 미국과 소련 두 초강대국을 모두 적대국으로 삼는 것은 대단히 위험하고 무모한 것이라고 지적하면서 소련과의 관계 개선을 건의한 바가 있으며, 1965년 베트남전쟁 지원 문제에 대한 논쟁 과정에서, 당시 총참모장 뤄루이칭(羅瑞卿)은 소련과 협력하고, 베트남을 지원해야 한다고 주장한 바도 있다. 린뱌오-뤄루이칭 논쟁에 대해서는 宇野重昭 外, 『現代中國の歷史: 1949~1985』(有斐閣, 1986); 이재선 옮김, 『중화인민공화국』(학민사, 1988), pp. 207-208 참조.

에게 전달되었고, 실무적인 준비 작업은 저우언라이 총리-키신저(Henry Kissinger) 미 대통령 안보보좌관의 비밀 라인을 통해 추진되었다. 물론 미국과 중국은 이미 여러 가지 채널을 통해 간접적으로 상대방에게 관계 개선 의지를 전달하였다. 이를테면, 1968년 11월에 재개된 미국과 중국간의 바르샤바 대사급 회담을 통해서 미국과 중국은 반공개적으로 상대방의 의사를 확인하였고, 그리고 파키스탄 정부를 중개로 중국과 미국의 고위 관리들은 간접대화를 진행하면서 양국의 관계 개선을 실현하기 위한 실무작업을 극비리에 준비하였다.

이와 같은 역사적 작업에 장애요인이 없을 수 없었다. 가장 큰 걸림돌은 역시 대만문제였다. 중국은 지금까지 미국에 대해 중·미관계 개선의 전제조건으로 대만에서 미군 철수와 국교 단절을 강력히 요구하였기 때문이다. 또한 중국은 비록 마오쩌둥의 은밀한 내락을 받아 중·미관계 개선을 추진하고 있었지만, 국내의 정치적 반대세력들의 역공 역시 무시할 수 없는 상황이었다. 특히, 미국과의 관계 개선은 이데올로기적으로 대단히 위험할 수 있는 정책 전환이었기 때문에 위험 부담도 그만큼 더 컸다. 특히, 문화대혁명을 통해 부상한 린뱌오를 중심으로 한 좌파 군부세력들의 반발이 예상되었기 때문에 미국과의 관계 개선을 실현하기 위해서는 국내정치적 정지작업도 필요하였다. 이런 점에서 1971년 초 린뱌오의 제거는 마오쩌둥-저우언라이 라인이 미국과의 관계 개선이라는 역사적 노선 전환을 주도할 수 있는 국내정치적 여건을 조성한 것이라 할 수 있다.

한편 미국은 베트남전쟁 종결 이후 아시아에서 소련의 영향력 확대를 견제하기 위해서 중국과의 관계 개선이 필요하다고 인식하고 있었지만, 그렇다고 해서 중국이 요구하는 대로 대만을 완전히 포기할 수 있는 상황도 아니었다. 미국의 국내정치에서 대만 지지세력이 아직도 건재한 상황이었기 때문에 이들의 정치적 이념과 이익을 정면으로 부정하는 방식으로 대만문제를 해결할 수 없는 입장이었다. 이런 상황에서 전바오다오에서 중·소간의 유혈 충돌이 발생하고, 중국과 소련의 갈등이 전쟁 일보 전까지 악화되자, 미국은 이른바 '기회의 창'이 열렸다고 판단하였다. 다시 말해 중국의 안보위협이 고조되면서 중국으로서는 미국과의 관계 개선을 적극적으로 추진할 수밖에 없는 입장이기 때문에 대만문제를 완전히 해결하지 않고도 양국간 관계 개선에 합의할 수 있는 역사적 기회가 열리고 있다고 판단했던 것이다.[7]

따라서 미국 측은 대만문제에 대해 중국의 입장을 일부 수용하면서도 궁극적인 대만문제의 해결을 미래의 문제로 유보하면서 중·미관계 개선을 추진하였다. 또한 닉슨-키신저 팀은 소련과의 관계 개선을 중시하는 미국 국무부의 반대를 억제하고, 중국과의 관계 개선을 적극적으로 추진하면서 중국에 대해서는 소련 카드를, 그리고 소련에 대해서는 중국 카드를 번갈아 사용하면서 압박하였다. 이런 닉슨과 키신저 팀의 전술이 적중하여 마침내 중국은 1970년대 초에 대만문제에 대한 미국의 완전한 양보를 받지 않은 상태에서 중·미관계 개선에 합의하였다.

(3) '구동존이' 방식의 합의와 상하이 공동성명

앞에서 설명한 바와 같이 냉전구도는 1960년대 이후 미묘한 변화를 보이고 있었다. 베트남전쟁으로 아시아에서 미국의 영향력이 위축되고 소련의 영향력이 확대되는 상황에서 중·소분쟁이 격화되면서 미국과 중국은 소련의 견제라는 전략적 이해관계에 접근하게 된다. 이런 전략적 공동이익에서 미국과 중국의 최고지도자들은 전형적인 비밀외교를 통해 양국관계의 개선을 모색하였다.

여기서 전형적 비밀외교란 최고 지도자들의 결심에 입각하여 소수의 실무

---

[7] 이와 같은 판단에 대해서는 당시 미 국무부 관련 부서에서 근무했던 Allen S. Whiting의 증언을 참고할 수 있다. 이런 증언에 대해서는 Allen S. Whiting, "Forecasting Chinese Foreign Policy: IR Theory vs. the Fortune Cookie," in Thomas W. Robinson and David Shambaugh eds., *Chinese Foreign Policy: Theory and Practice* (Oxford: Clarendon Press, 1994), pp. 506-523 참조.

진들만이 참여, 철저한 비밀과 통제하에서 교섭을 진행시키고, 주요 이슈에 대한 의견을 조정하는 방식을 의미하는 것이기 때문에 이런 과정에서 내부적 이견은 무시되거나 배제되는 경우가 많다. 따라서 비밀외교의 여러 가지 단점에도 불구하고 중·미관계 개선과 같이 대단히 복잡하고 정치적으로 민감한 문제를 돌파하기 위해서는 교섭 과정의 참여자를 제한하고, 철저하게 비공개적으로 협상을 진행하면서 이른바 '구동존이'(求同存異) 방식의 합의를 모색해야만 했다. 여기서 '구동존이' 방식이란 교섭 대상국들이 상호 입장을 존중하는 바탕에서 의견이 다른 부분을 그대로 남겨두고, 상호 합의할 수 있는 부분을 중심으로 양국간 협력을 약속하는 방식이다. 이런 점에서 저우언라이와 키신저의 협상과 1972년 닉슨의 중국 방문, 그리고 중국과 미국간의 상하이 공동성명의 발표는 전형적인 비밀외교와 '구동존이' 방식의 외교적 성과라고 할 수 있다.

사실 상하이 공동성명은 주요 문제에 대한 중국과 미국의 서로 다른 입장을 먼저 기술하면서, 그런 의견의 차이에도 불구하고 양국이 합의할 수 있는 분야를 제시하고 상호 협력을 약속하는 특이한 서술구조를 보여주고 있다.

따라서 성명서 전문에 미국과 중국의 입장이 각기 제시되고 있다. 즉, 미국은 세계적으로 정의롭고 안전한 평화(a just and secure peace)를 추구하고 있으며, 베트남 문제도 평화협상을 통해 해결할 의지를 가지고 있다는 당시 미국의 일반적 정책노선을 반복 확인하였다. 그러나 일본 및 한국과의 동맹관계를 공고화할 것이며, 인도와 파키스탄간의 정전협정을 지지한다고 선언함으로써 미국이 추진해 온 기본적인 동맹외교를 양보할 수 없다는 점을 분명히 하였다.

이에 대해 중국은 패권주의와 권력정치에 반대한다는 종래의 일반적 입장을 반복하면서 민족자결의 원칙에 입각하여 모든 외국 군대의 철수를 요구하였으며, 이런 차원에서 한반도문제와 관련하여 북한의 한반도 통일방안을 지지한다는 종전의 입장을 재확인하고, 제3세계에 대해 중국은 체제의 차이에도 불구하고 영토주권의 존중 5원칙에 입각해서 미국과의 관계 개선 용의가 있다는 점을 밝히고 있었다.

이처럼 미국과 중국은 기존의 입장을 반복 확인하고, 자신들의 핵심적 동맹세력에 대한 입장을 재확인하면서도 다음과 같은 사항에 합의할 수 있다고 선언하였다. 즉, 양국간의 관계 정상화를 실현하기 위해 협상을 계속하는 것이 양국의 이해에 합치된다는 점, 군사적 갈등 감소를 기원한다는 점, 아시아-태평양 지역에서 패권을 추구하지 않을 것이라는 점, 상대방을 배제하기 위해 제3국과 협상을 추진하지 않을 것이라는 점, 그리고 강대국간의 세력분할이 세계평화에 도움이 되지 않는다는 점에 합의했던 것이다.

이 성명에서 특히 중요한 문제는 대만문제에 대한 합의 또는 모호한 합의라고 할 수 있는데, 대만문제에 대해서도 중국과 미국은 각기 자신들의 입장을 개별적으로 다음과 같이 적시하였다.

중국은 자신의 입장을 다음과 같이 표현하였다. 먼저, 중화인민공화국이 유일합법정부이며, 대만은 중국의 한 지방으로 모국에 귀속되어야 한다고 강조하면서, 대만 해방은 중국 내부 문제로서 어느 나라도 이에 간여할 권한이 없다고 선언하였다. 그리고 이와 동시에 모든 미국의 병력과 군사시설은 대만에서 철수해야 한다고 주장하고, 중국 정부는 '하나의 중국, 하나의 대만', '하나의 중국, 두 개의 정부'(one China, two governments), '두 개의 중국'(two Chinas), 그리고 '대만 독립'(independent Taiwan) 등에 모두 반대하는 입장임을 재확인하였다.

이런 중국의 입장에 대해 미국은 대만문제에 대한 미국의 입장을 정리하여 다음과 같이 제시하였다. 즉, 대만과 대만 해협 양안의 중국인들에게 중국은 하나이며 대만은 중국의 일부라는 점을 미국은 인정(the US acknowledges)하고, 그와 같은 중국 입장에 대해 도전하지 않는다(The US does not challenge that position). 또한 중국인들 스스로 대만문제의 평화적 해결을 모색하는 것이 미국의 이익이라는 점을 재확인하면서(평화적 해결에 대한 전망이 서면) 궁극적으로 대만으로부터 미국의 모든 군사력과 군사시설을 철수시킬 것이며, 그 사이 지역적 긴장 상태가 완화되는 정도에 따라 전향적으로 감축한다고 선언하였다.

이상에서 살펴본 바와 같이 1972년 공동성명에서 중국은 아시아-태평양 지역에서 (소련의) 패권주의와 권력정치에 반대하기 위해 미국과의 전략적 연대를 구축한다는 극적인 정책 전환을 내외에 선언하였다. 이와 같은 정책 전환을 실현하기 위해 중국은 미국으로부터 대만문제에 대한 '원칙적 동의'를 받아냈지만, 구체적인 문제 해결은 유보하였다. 미국은 중화인민공화국이 중국을 대표하는 유일 합법정부라는 사실을 뒤늦게나마 인정하고, 대만이 중국의 일부라는 원칙을 수용하면서도 대만문제는 반드시 평화적으로 해결해야 한다는 전제조건을 달았다. 또한 대만으로부터 미국 군대의 철수를 포함하여 대만과의 관계 청산은 앞으로 중국과 미국의 국교 정상화 과정을 지켜보면서 재협상할 문제로 남겨 두었다. 이 때문에 대만문제는 국교 정상화 협상 과정에서도 그랬지만, 그 이후에도 중국과 미국간 갈등의 씨앗으로 남게 되었다.

3. 중·미 국교 정상화와 전면적인 협력관계로의 발전 (1979~1989)

(1) 상하이 공동성명 이후의 교착 상태

1972년 닉슨의 중국 방문과, 중국과 미국의 상하이 공동성명 발표는 국제사회에 엄청난 충격을 주었다. 마치 중국과 미국의 국교 정상화가 당장 실현될 것 같았고, 냉전질서의 해체로 세계정치의 대변혁기가 현실화되는 것 같았다. 그러나 상하이 공동성명을 통해 중국과 미국은 양국간 국교 정상화를 실현하기 위해 협상을 계속 추진한다는 의지를 표명한 것 이외에 더 이상 구체적 합의 내용은 없었다. 1978년 말까지 양국의 국교 정상화 교섭은 교착상태에 빠져 있었고, 구체적인 협상 진전을 만들어 내지 못했다. 이처럼 양국간의 국교 정상화 교섭이 교착상태가 계속된 것은 양국의 국내정치적 상황과 국제적 조건이 변화했기 때문이었다.

　우선 미국은 1972년 2월 닉슨의 중국 방문과 상하이 공동성명의 발표로 일단 닉슨-키신저가 추구했던 정치적·전략적 목표를 달성했다고 판단하였다. 다시 말해 장기적으로 베트남전쟁 이후 아시아에서 소련의 세력 팽창을 저지할 수 있는 중국 카드를 비축했으며, 단기적으로는 소련으로 하여금 미국이 추구하는 군비 축소 협상에서 상당한 양보를 하지 않을 수 없게 자극하는 데 성공했다는 것이다. 이어서 1972년 5월 닉슨-키신저 팀은 소련과 SALT I에 합의하고 미·소간의 데탕트 시대를 열 수 있었다. 또한 1973년 1월 파리 평화협상 타결로 미국은 베트남전쟁이라는 수렁에서도 빠져나올 수 있었다.

　이런 미국의 외교적 성과가 축적되는 과정에서 미국에게 중국의 전략적 가치는 상하이 공동성명 발표 이전보다 감소했기 때문에, 그리고 중국과의 국교 정상화를 실현하기 위해 미국이 지불해야 할 대가인 대만 포기에 대해 결단을 내릴 수 있을 만큼 국내정치적 여건이 아직 성숙하지 않았다고 판단하고 있었기 때문에, 그리고 무엇보다도 닉슨 행정부가 워터게이트 사건의 소용돌이에 휩싸이면서 국내외 정책에서 리더십을 상실하게 됨으로써, 중·미 국교 정상화를 실현하기 위한 협상은 탄력을 상실하였다. 특히, 워터게이트 사건으로 닉슨 대통령이 임기 중도에 퇴진하고, 포드(Gerald R. Ford) 대통령의 과도정권이 등장하면서 다시 중국과의 국교 정상화 교섭이 추진되었지만, 포드 대통령의 취약한 정치적 기반 때문에 대만문제에 대한 결단을 내리지 못했다.

　중국의 정치적 여건도 역시 대담한 정책 추진이 어려운 형편이었다. 무엇보다도 중국 지도부 내부에 린뱌오 숙청 이후에도 여전히 문화혁명 4인방을 중심으로 한 좌파 세력이 건재하고 있었고, 이들은 미국과 서방세계와의 관계 개선을 추진하는 저우언라이를 중심으로 하는 실용주의파들의 '양노철학'(洋奴哲學)을 격렬하게 비판하였다. 미국과의 관계 개선에 대해서는 그것이 마오쩌둥의 작품이었기 때문에 정면으로 도전하거나 부정하지 않았지만, 좌파 지도자들은 미국 제국주의에 대한 비판을 중단하지 않았다. 실용주의 지도자의 입장에서도 한편으로 중국과의 관계 개선을 모색하면서 동시에 소련과의 협력을 모색하는 미국의 이중성에 대해 의구심을 가지고 있었기 때문에 미국과의 국교 정상화 교섭을 힘있게 추진할 수 없었다.

이처럼 중국이나 미국의 지도부는 모두 1972년 상하이 공동성명으로 촉발된 중·미 국교 정상화 협상의 매듭을 지을 수 있는 리더십을 제공할 수 없었다. 이미 질병으로 정치적 기능이 마비되기 시작한 마오쩌둥과 저우언라이, 그리고 워터게이트 스캔들로 낙마한 닉슨을 대체하고, 중·미간의 국교 정상화를 실현시킬 수 있는 안정적이고 전략적인 비전을 구비한 리더십이 아직 미국과 중국에서 모두 형성되지 않았기 때문에 중·미 국교 정상화 교섭의 교착상태는 계속되었다.

(2) **중국과 미국의 정권 교체와 국교 정상화**

이와 같은 미국과 중국의 국내정치적 사정은 1976년 이후 변화의 계기를 맞이하게 되었다. 미국의 닉슨 대통령은 중·미관계의 개선과 소련과의 데탕트, 그리고 베트남전쟁의 종결 등의 외교적 업적에도 불구하고 워터게이트 사건으로 1974년에 중도에서 사임했다. 이후, 미국의 국내정치는 포드 대통령의 과도기를 거쳐 1976년 11월 대선에서 카터(Jimmy Carter) 대통령이 당선됨으로써 마침내 정상화되었다. 한편 중국에서도 1976년 1월 저우언라이의 사망에 이어 1976년 9월에 마오쩌둥이 사망하고, 같은 해 10월에 문화혁명 4인방의 숙청이 단행되면서 급속도로 마오쩌둥 시대의 좌파적 유산이 청산되었고, 경제발전과 개혁개방을 강조하는 덩샤오핑 중심의 새로운 개혁개방 시대가 전개되었다.

이처럼 중국과 미국의 국내정치적 상황이 정상화되는 과정에서 소련의 '팽창주의' 정책은 미국과 중국에게 다시 소련에 대한 경각심을 불러일으켰다. 1973년 6월, 소련의 브레즈네프 서기장이 미국을 방문, 닉슨 대통령과의 정상회담을 통해 핵전쟁 방지 협정에 서명하면서 본격적인 미·소간의 화해와 협력

시대가 전개되는 것처럼 보였다. 그러나 미국이 베트남전쟁과 워터게이트의 소용돌이에서 벗어나지 못하고 약화되면서, 그리고 중국 역시 좌우파간의 대립과 권력투쟁으로 리더십 공백 상태가 지속되고 있는 사이 소련은 아시아와 아프리카, 중동 등 세계 각지에서 직접, 또는 간접적인 방식으로 영향력 확대를 추진하고 있었다.

이를테면 1975년 가을, 소련의 지원을 받은 북베트남군은 마침내 남베트남에 대한 대공세를 단행하여 사이공을 함락시키고 북베트남 주도의 무력 통일을 실현하였고, 1977년 이후 베트남은 군사적으로나 경제적으로 소련에 의존하고 소련의 지원을 받아 인도차이나 반도에서 지역 패권 세력으로 등장하면서 중국을 자극하였다. 특히, 1978년 7월에 베트남은 17만 명의 남부 베트남 화교들을 축출하고, 12월에는 캄보디아를 침공하여 친중국계 폴포트(Pol Pot) 크메르루즈(Khmer Rouge) 정권을 축출하기도 하였다. 한편, 소련은 1978년 4월 아프가니스탄에서 친소 군사 쿠데타를 획책하면서 아프가니스탄을 소련의 영향력에 복속시키려고 하였고, 1979년에는 노골적으로 아프가니스탄을 침공하기까지 하였다. 또한 소련은 쿠바와 동독을 앞세워 앙골라, 자이레, 남예멘 등에서 세력 확장에 박차를 가하면서 미국과 중국의 경계심을 불러일으켰다.

이와 같은 소련의 세력 확장에 대해 미국 내에서는 소련과의 협력도 중요하지만, 그것보다는 소련의 팽창정책을 강력히 저지해야 한다는 보수 세력의 압력이 축적되기 시작했고, 중국의 입장에서도 소련의 대중국 포위 전략에 대해 의구심을 가지지 않을 수 없었다. 특히, 마오쩌둥 이후 등장한 새로운 중국 지도부는 소련과의 화해와 협력의 필요성을 인정하면서도 현실적으로 소련의 위협이 실재하고 있다고 판단했기 때문에 미국과의 전략적 협력의 필요성을 더욱 절감하였다. 사실 소련은 이 당시 중국과의 화해를 주장하면서도 중·소 국경지대에 여전히 막강한 군사력을 포진시키고, 아프가니스탄, 캄보디아, 베트남 등에서 중국을 포위, 압박하고 있었기 때문에 중국의 새로운 지도부도 소련의 위협에 적극적으로 대응하기 위해서 미국과의 전략적 협력이 필요하다고 판단하지 않을 수 없었다.

따라서 1978년을 전후로 미국과 중국에서는 모두 새로운 지도부가 형성되었고, 국내정치의 정상화, 안정화가 실현되는 과정에 다시금 소련의 팽창정책을 견제해야 한다는 공동의 전략이익에 접근하게 되었다. 이런 공동인식은 마침내 1979년 1월 1일을 기준으로 양국의 국교 정상화를 전격 선언하게 하였다.

(3) 중·미 국교 정상화 공동선언과 〈대만관계법〉

1978년의 중·미 국교 정상화 협상도 1972년의 상하이 공동성명 발표 당시와 마찬가지로 극도의 비밀외교 형태로 진행되었다. 미국 측에서는 카터 대통령과 안보 보좌관인 브레진스키(Zbigniew Brezezinski) 팀이 국무부를 배제하고 철저하게 비밀리에 국교 정상화 협상을 주도하였다. 당시 국무부는 국무장관이었던 반스(Cyrus Vance)를 필두로 소련 중시파들이 지배적이었다. 따라서 국무부는 소련과의 협상과 협력을 우선적으로 추진해야 한다고 주장하고 있었기 때문에, 소련에 대해 강한 의구심을 가지고 있었던 브레진스키 안보 보좌관을 중심으로 한 소련 경계론자들은 국무부를 배제하고 직접 중극과의 협상을 주도했다. 중국 측에서는 덩샤오핑이 직접 모든 회담을 총괄 지휘하고 있었다. 덩샤오핑은 심지어 양국의 국교 정상화를 선언하는 최종 발표문의 문구까지도 직접 손질할 정도로 중·미 협상의 거의 모든 과정에 개입했다고 한다.[8]

---

[8] 이와 같이 미국 행정부 내부에서 진행되었던 중·미 국교 정상화 협상 과정에 대한 논쟁과 경쟁에 대해서는 당시 『LA타임즈』(*Los Angeles Times*)의 기자이자 칼럼니스트였던 James Mann의 *About Face: A History of America's Curious Relationship with China, From Nixon to Clinton* (New York: Vintage Books, 1998, 2000)을 참고할 수 있으며, 카터 대통령 당선 이후 중국과의 국교 정상화 과정에서 NSC의 브레진스키와 국구부 장관인 반스간의 경쟁과 갈등 과정, 그리고 브레진스키의 주도하에 추진된 중·미관계 정상화 과정을 생생하게 묘사한 것으로는, Patrick Tyler, "The (ab)normalization of U,S.-Chinese relations,"

이와 같은 비밀 교섭을 거쳐 1978년 12월 15일에 미국과 중국은 1979년 1월 1일부터 발효되는 국교 정상화를 선언하는 짧은 공동성명을 발표하게 되었다. 이 공동성명의 내용은 기본적으로 미국이 중국의 3가지 요구 조건, 즉, 대만과의 외교관계 단절, 대만과 미국의 상호방위조약 폐기, 대만에서의 미군 철수를 수용한다는 것을 명기하고, 그 대신 중국은 미국이 주장한 대만문제에 대한 평화적 해결 원칙과 대만에 대한 무기 수출을 묵인한다는 것이었다. 따라서 1978년 12월 15일의 공동성명에서 미국과 중국은 1972년의 상하이 공동성명에서 합의한 원칙을 재확인하면서 다시 한번 포괄적인 원칙에서의 합의를 강조하였다. 즉, 양국은 모두 패권을 추구하지 않으며, 중국은 하나이고 대만은 중국의 일부라는 원칙을 재확인했다는 것이다. 이런 원칙에서 미국은 앞에서 지적한 바와 같이 대만과의 국교를 단절하고, 대만으로부터 미군을 철수시키며, 1980년에 기간 만료가 되는 대만과의 상호 방위조약을 자동 소멸시킨다고 선언하였다.

이처럼 1978년의 공동성명은 표면적으로 중국의 요구조건이 일방적으로 관철된 것처럼 보였지만, 좀 더 주의 깊게 살펴보면 대만문제에 대한 분쟁의 씨앗이 완전히 제거된 것은 아니었다. 즉, 1978년 12월의 공동선언에서 미국은 중화인민공화국이 중국을 대표하는 유일 합법적인 정부임을 인정한다고 선언하면서도, 미국은 대만과의 문화와 무역 등의 영역에서 비정부적 관계를 계속 유지할 것이며, 대만문제의 '평화적 해결 원칙'과 미국의 대만에 대한 무기 판매를 당분간 계속한다는 것을 양해했다고 주장하였다. 미국은 여기서 언급한 '대만문제의 평화적 해결원칙'을 확대 해석하여 대만에 대한 무기 판매를 계속 정당화하고 있을 뿐만 아니라, 대만 해협의 군사적 위기 상황에 미국이 개입할 수 있는 근거인 〈대만관계법〉을 제정함으로써 중·미간 분쟁의 씨앗을 잉태하였다.

Foreign Affairs, 78:5 (Sept./Oct. 1999), pp. 93-122 참조.

1978년 12월, 중·미 국교 정상화 선언이 공개되면서 미국 내부의 반발은 구체적 형태로 나타나기 시작하였다. 특히, 대만 정부를 지지하는 세력들은 미국 의회를 중심으로 결집하여 마침내 1979년 4월에 〈대만관계법〉을 통과시켰다. 〈대만관계법〉에서 미국은 대만 해협의 평화와 안정은 미국의 이익이며 중국과의 국교 정상화도 평화적 수단에 의해 대만의 미래가 결정될 것이라는 전제에 근거하고 있다고 선언하였다. 따라서 평화적 방식이 아닌 다른 방식으로 대만의 미래를 결정하려는 어떤 시도에 대해서도 미국은 그것을 서부 태평양지역의 평화와 안전을 위협하는 것이며, 미국의 중대한 관심사항이라고 선언하면서 이런 취지에서 대만에 대해 방어적 성격의 무기를 제공할 수 있다고 주장하였다. 또한 미국은 대만의 안보 및 사회경제체제를 위험에 처하게 하는 어떤 종류의 강제력이나 폭력 사용에 저항할 수 있는 역량을 견지해야 한다고 선언하였다.

이런 법률적 근거에 입각해서 미국은 오늘에 이르기까지 대만에 무기 수출을 계속하고 있으며, 지난 1996년경 대만 해협 위기가 발생했을 당시, 대만 해협에 미군 항공모함을 파견함으로써 대만문제는 여전히 미국과 중국간 핵심적 쟁점이 되고 있다고 하겠다.

⑷ 레이건 정권과 중·미 공동성명, 그리고 전면적 협력관계

중국의 덩샤오핑과 미국의 카터 대통령의 결단으로 중·미관계는 마침내 공식적인 국교 정상화의 시대를 맞이할 수 있게 되었다. 그러나 〈대만관계법〉의 통과와 대선에서 카터 대통령의 패배, 그리고 친대만 성향의 레이건(Ronald Reagan) 공화당 정권 등장으로 1980년대 초 미국과 중국의 관계는 오히려 냉각되는 경향이 있었다. 사실, 레이건은 대통령에 당선되기 이전부터 이미 잘 알려진 공화당 내 친대만 정치인이었다. 따라서 레이건이 대통령에 당선된 후 구성한 첫 번째 레이건 행정부 내부에는 중국과의 유대의 중요성을 강조하는 세력보다는 일본, 대만, 동아시아 국가와의 연대를 강조하는 범아시아파 또는 친일본파가 우세한 형편이었다. 더구나 레이건 정권은 초기에 민주당 정권인 카터 행정부와의 차별성을 부각하기 위해서도 대만을 지지하고, 중국에 대해 비판적 입장을 강조하는 경향이 있었다.

이와 같은 여건에서 1981년과 1982년에 대만문제가 다시 쟁점으로 부각되었다. 당시 대만은 미국으로부터 FX전투기 구입을 강력 희망하고 있었기 때문에 대만에 대한 무기 판매와 대중정책이 쟁점으로 부각되었다는 것이다. 레이건 행정부 내부에서도 중국과의 유대 강화를 강조하는 헤이그(Alexander M. Haig) 국무장관과 공화당과 행정부 내부 보수 세력들간의 갈등에서 레이건은 점차로 중국과의 협력을 강조하는 방향으로 정책 선회를 하게 되었다. 그것은 소련에 대한 전략적 견제의 필요성 때문이었다. 소련을 '악의 제국'이라고 맹렬하게 비난하는 철저한 반공주의자인 레이건 대통령의 이데올로기적 성향으로 말미암아, 레이건 행정부하에서 미국은 중국과의 전략적 협력을 확대 심화하기 시작하였다. 다시 말해 레이건 행정부는 정권 초기의 친(親)대만 입장을 견지했었지만, 곧 세계전략상 소련을 견제하기 위해서는 중국과의 협력이 필요하다는 전략적 고려에 입각, 기존의 친대만 입장을 수정하게 되었다는 것이다. 따라서 레이건 행정부는 1982년 8월에 대만에 대한 FX 판매 안을 포기하고, 대만에 대한 무기 판매에 일정한 제한을 가하는 내용의 공동성명을 발표하게 되었다.

즉 1982년 8월의 중·미 공동성명에서 중국과 미국은 1972년 상하이 공동성명과 1979년 국교 정상화 성명에서 천명한 원칙을 재확인하고, 다시 한번 대만문제는 중국의 내정이라는 점을 반복 강조하면서도 대만문제의 해결은 1979년 1월 1일에 중국 정부가 대만 동포에게 공표한 평화통일방안에 따라서, 그리고 1981년 9월 30일에 발표한 9개항의 제안에서 밝힌 것과 같이 평화적으로 해결하도록 노력할 것을 재확인하였다.9)

특히 1982년 성명에서 미국은 중국과의 관계를 중시하고, 중국의 주권과 영토완정을 침범할 의도가 없다는 점을 확인하면서, 중국 정부의 평화통일에 대한 의지를 확인하고 이런 조건이 대만에 대한 미국의 무기 판매에 대해 양국 정부의 이견을 해소할 수 있는 계기가 된다는 점을 인정하였다. 여기서 핵심적 사항은 미국은 대만에 대해 장기적으로 무기 판매 정책을 추진하지 않을 것이며, 대만에 대한 무기 판매는 그 수량과 질적인 면에서 국교 정상화 이후 제공된 수준 이상을 초과하지 않을 것이고, 그것도 점차로 축소해서 일정한 시간이 지나면 완전히 해결되도록 노력한다고 약속하였다는 것이다.

이처럼 1982년 중·미 공동성명은 대만에 대한 무기 판매를 당장 포기하거나 철폐한다고 약속한 것은 아니지만, 단계적으로 축소하고 일정한 시기가 지난 다음에 완전히 종결한다는 점을 약속함으로써 대만문제를 둘러싸고 전개되었던 미국과 중국간의 이견과 갈등의 여지를 대폭 제거하고, 전면적인 협력의 시기를 앞당기는 계기가 되었다. 사실, 레이건 정권 이후 중국과 미국의 관계는 그야말로 밀월의 황금시기를 구가하였다. 경제적으로도 중·미간의 쌍무적인 관계는 비약적으로 발전했을 뿐만 아니라, 양국간의 협력은 1980년대의 중·미 정보협력 사례로까지 확대되었다.

이를테면 '아프가니스탄의 노새 작전'(the Afghan mules)이라고 명명된 사례와 같이 아프가니스탄의 탈레반 반군이 소련 점령군에 대항하여 게릴라전을 전개하는 과정에서 미국과 중국의 정보당국들이 상호 협력해서 소련군을 괴롭혔다는 것이다. 이 당시 미국의 정보당국은 세계 각지에서 무기를 수집하였고, 중국 정보 당국은 미국 정보당국이 수집한 무기를 노새를 이용해서 아프가니

---

9) 1982년 중 · 미 공동성명에서 언급한 대만문제에 대한 중국의 평화통일 정책은 1979년 1월 1일 중국의 전국인민대표대회 상무위원회의 명의로 발표된 "대만동포에 고하는 글"과, 1981년 9월 예지엥잉(葉劍英)의 "조국의 평화통일을 위한 9개항 건의"를 의미하는 것인데, 이 두 가지 문건은 모두 중국이 평화통일을 달성하기 위한 협상 방안을 제안한 것이며, 이런 협상 방안들은 그 이후 중국의 평화통일 방안인 '일국양제'로 정리된다. 이와 같이 중 · 미 국교 정상화 전후로 중국 측이 제안한 대만문제의 평화적 해결을 위한 방안에 대해서는 문홍호, 『13억 인의 미래: 중국은 과연 하나인가?』(당대, 1996), pp. 98-110; 中華人民共和國國務院 新聞辦公室, 『〈台灣問題與中國的統一〉 白皮書』(北京, 1993) 참조.

스탄 산악지대에서 게릴라전을 전개하는 아프가니스탄 반군에게 제공해 주는 역할 분담을 했다는 것이다. 이처럼 1980년대 미국과 중국은 아프가니스탄을 침공한 소련군을 격퇴하기 위해 상호 협력해서 비밀 작전까지 수행할 만큼 긴밀한 협력관계를 유지했다. 물론 이런 중·미간의 전면적 협력관계의 기저에는 소련에 대한 전략적 이해관계가 일치한 점이 크게 작용했지만, 동시에 양국간의 우호적인 상호 신뢰도 무시할 수 없었다.

사실, 이 당시 미국은 중국에 대해, 그리고 중국은 미국에 대해 상당한 호감과 기대감을 가지고 있었다. 미국에게 있어서 거대한 중국 시장에 대한 신화는 거부할 수 없는 유혹이었고, 동시에 덩샤오핑을 중심으로 추진하기 시작한 대담한 개혁개방 정책노선에 대한 호감도 역시 상당히 우호적으로 작용하였다. 실제로 미국뿐만 아니라 중국 시장에 대한 서구 사회의 신화는 뿌리가 깊은 것이었고, 그런 거대 시장의 신화는 서구 사회로 하여금 중국에 진출하도록 촉구하는 물질적 동기로 작용하였다. 또한 고르바초프의 소련이 등장하기 이전에 이미 대담한 개혁과 개방을 표방하는 중국에 대해 미국과 서방세계가 호감을 가지게 된 것은 당연한 반응이라고 할 수 있다.

따라서 1980년대에 이미 미국과 중국은 부분적인 갈등 요인을 안고 있었음에도 불구하고, 전면적 협력관계로 나갈 수 있었다. 이를테면 무역 마찰이나 인권문제, 그리고 중국의 미사일 수출 문제 등이 미국과 중국의 잠재적 갈등 요인으로 거론되기도 했지만, 이런 이견과 갈등 요인보다는 양국간 전략적 이해의 합치, 그리고 중국 시장과 개혁적 중국에 대한 미국과 서방세계의 호감, 아름다운 국가 미국에 대한 중국의 기대, 개혁개방을 추진하는 과정에서 미국과 서방세계의 협력 필요성 등이 작용하여 1980년대 미국과 중국은 모든 부분에서 밀월관계를 유지할 수 있었다.

4. 천안문 사태와 탈냉전시대의 중·미관계 (1989년 이후)

(1) 탈냉전시대의 중·미관계 : 갈등과 협력의 불안정한 이중구조

이미 잘 알려진 바와 같이 1972년 닉슨의 중국 방문과 상하이 공동성명의 발표를 계기로 미국과 중국은 소련 견제라는 전략적 공동 목표를 바탕으로 긴밀한 협력관계를 발전시켜왔다. 특히, 소련을 악의 제국이라고 비난하면서 강경한 대소전선을 결성하려고 했던 레이건 행정부와 대담한 개혁개방을 추진하려는 덩샤오핑 정권의 등장으로 중국과 미국의 전면적 협력관계는 밀월관계라고 해도 과언이 아닐 정도로 발전하였다.

그러나 1989년 천안문 사태의 발생, 동유럽 사회주의 국가들의 몰락, 그리고 1991년 소련의 해체라는 세기적 대변혁 과정에서 중국과 미국간의 전략적 협력관계도 도전받게 되었다. 무엇보다도 소련의 몰락으로 소련 견제라는 미국과 중국이 공유했던 공통의 전략 목표가 사실상 소멸되었고, 중국의 전략적 효용가치가 급속도로 감소된 반면, 1989년 천안문 사태로 덩샤오핑의 개혁정권에 대한 환상이 깨어지면서 미국과 서구 사회에서 중국적 사회주의에 대한 적대감이 확산되고, 중국을 견제와 변혁의 대상으로 간주하는 세력들이 증가하였다. 특히, 1990년대 들어 중국 경제의 고도성장이 계속되면서 21세기에는 중국이 경제대국, 군사대국으로 등장하게 될 것이라는 우려가 확산되면서 미국 사회에 중국위협론이 빠르게 확산되기 시작하였다.[10]

물론 미국의 역대 행정부는 탈냉전시대에도 여전히 중국과의 협력관계를 유지하는 것이 중요하다고 주장하고 있다. 중국을 견제하고 봉쇄하려고 하기보다는 오히려 중국이 국제사회에 적극적으로 참여하도록 유도하고 미국과의

---

[10] 중국위협론에 대해서는 필자의 "부강한 중국의 등장과 중국위협론, 그리고 한반도,"『한국과 국제정치』제18권 제2호 통권 27호(2002년 여름), pp. 1-27 참조.

협력관계를 확대하도록 하는 것이 미국의 이익에도 부합한다는 미국 행정부와 기업계 중심의 이른바 개입과 확대정책이 추진되고 있다. 그러나 동시에 중국의 발전과 부강한 중국의 등장에 대해 우려하는 견해도 무시할 수 없을 정도의 영향력을 가지고 있다. 이른바 헌팅턴(Samuel Huntington)의 문명충돌론에서 표출된 바와 같이 체제와 이념이 상이한 중국에 대한 이질감, 민주화와 인권을 무시하는 개발독재형 중국공산당 지배체제에 대한 혐오감, 그리고 경제대국과 군사대국으로 빠르게 성장하고 있는 중국에 대한 위협감 등이 복합적으로 작용하면서 중국을 견제하고 변혁시켜야 한다고 주장하는 목소리도 늘고 있다.

그렇다고 중국위협론자들이 냉전시대와 같은 대중국 봉쇄정책이나 적대정책을 주장하고 있는 것은 아니다. 이들도 대부분 중국의 국제사회 참여에 대해 원칙적으로 찬성하면서도 국제사회가 요구하는 보편적인 규범, 또는 미국이 보편적 규범이라고 주장하는 가치와 제도 등을 중국이 수용할 것을 요구하고 있다. 이런 중국경계론자들은 미국 의회와 언론 등을 중심으로 중국의 인권과 민주화, 그리고 불공정한 무역 관행 등에 대한 개혁을 중국과의 협력정책과 연계시켜 실현해야 한다고 주장하고 있다. 그렇게 해야만 중국이 서방세계와의 협력관계에서 교훈을 얻고, 내부로부터 변화하게 된다는 것이다.

한편 중국에서도 미국과의 협력관계를 유지하는 것이 중국의 국가이익에 부합한다는 입장을 견지하면서도, 미국식 가치와 제도에 순응하라는 요구에 대해서는 반발하면서 미국의 패권주의를 경계하고 독립자주의 평화노선을 적극적으로 추진해야 한다는 견해가 확산되고 있다. 따라서 중국은 이미 지적한 바와 같이 한편으로는 평화와 발전을 위한 국제적 안정을 강조하고, 다극화가 세계의 대세라고 주장하며 미국의 패권주의를 경계하면서도 다른 한편으로는 국력 증강을 통한 중국의 영향력 확대를 실현하기 위해서도 미국과의 협력관계를 상당기간 유지해야 한다는 입장을 견지하고 있다. 다시 말해 미국과 중국의 정권 담당자들은 양국관계가 이미 돌이킬 수 없을 정도로 상호 긴밀하게 상호의존관계에 있다는 사실을 인정하고, 양국관계의 기조를 유지하려고 노력하고 있다는 것이다.

(2) 탈냉전시대의 중·미관계 : 롤러코스터의 곡예

이처럼 탈냉전시대에 중·미관계는 냉전시대의 유대관계를 구축하게 했던 공동의 전략적 이해관계가 약화되면서 분열적이고 갈등적 이익집단들의 다양한 주장들이 제기되는 가운데, 여러 차례의 우여곡절을 경험하고 있다. 다시 말해 탈냉전시대에 미국과 중국은 각기 상대방에 대한 환상에서 깨어나 현실을 직시하게 되었고, 냉전시대에는 전략적 공통이익에 가려 표출되지 않았던 체제와 이념의 차이, 그리고 경제적·실리적 이익의 갈등이 드러나면서 중·미관계는 경쟁과 갈등, 그리고 협력이 복합적으로 공존하는, 또는 갈등과 협력, 경쟁이 번갈아 강조되는 롤러코스터의 곡예와 같은 불안한 관계로 변화되었다.

사실, 1989년 천안문 사태 이후, 특히 동구 및 소련의 붕괴 이후 중·미관계는 롤러코스터의 곡예를 보는 것처럼 극적인 우여곡절과 반전의 연속이었다. 1989년 이후 중·미관계는 ① 1989년 천안문 사태의 충격과 대중국 제재로 긴장과 갈등을 빚었지만, ② 1994년 클린턴(Bill Clinton) 행정부의 인권과 경협 연계 해제로 협력체제를 건설할 것 같았다. 그러나 ③ 1995~96년 대만해협 위기와 미국 개입으로 다시 긴장관계에 돌입했고, ④ 1997~98년 중·미 양국 정상의 상호 방문과 전략적 협력관계 선언으로 탈냉전시대의 동반자관계로 발전하는 것 같았지만, ⑤ 1999년 WTO 협상 좌절과 유고 베오그라드 중국 대사관 오폭 사건으로 다시 중·미관계는 역풍에 직면했다. ⑥ 2001년에 2008년 베이징 올림픽 유치와 WTO 가입 결정으로 중·미 협력의 길이 열리는 것 같았지만, ⑦ 같은 해 대만에 대한 무기 판매와 정찰기 충돌사건 등으로 중·미 긴장이 다시 조성되었다. 이후 ⑧ 2001년 9·11사태와 미국의 반테러 전쟁에 대한 중국의 지지로 양국의 협력관계가 다시 회복, 유지되는 양상을 보이고 있다.

사실, 1989년 1월 조지 부시(George Bush) 대통령의 취임으로 중·미 협력관계는 새로운 전기를 맞이하는 것 같았다. 부시 대통령의 중국과의 개인적 인연 때문에 그렇기도 했지만, 워터게이트 사건으로 조성된 리더십 위기를 청산하고, 미국이 안정적으로 세계를 운영할 수 있다는 기대가 높아졌기 때문이다. 따라서 부시 대통령은 무엇보다도 먼저 중국과의 관계를 보강하고, 중·소관계 개선의 새로운 시대를 대비한다는 차원에서 1989년 5월에 예정된 고르바초프의 중국 방문에 앞서 취임 직후인 1989년 2월에 베이징을 방문, 중국과 미국의 전략적 협력관계를 과시하려고 하였다.

그러나 이런 부시 행정부의 의도와는 달리 중국 내외의 사태는 급격하게 변화하기 시작했다. 1989년 4월 15일 후야오방(胡耀邦) 전 총서기의 사망을 계기로 촉발된 천안문 민주화 운동은 마침내 같은 해 6월 4일 비극적인 천안문 유혈사태를 야기했고, 중국은 민주화를 요구하는 세계적 여론의 집중적 비판의 대상이 되었다. 미국뿐만 아니라 서구 사회에서 중국의 강압적인 유혈진압을 비난하는 여론이 들끓었고, 중국에 대한 다양한 제재가 취해지기 시작했다. 부시 행정부도 역시 이런 여론을 반영하여 중국에 대한 제재조치를 취하였다. 이를테면, 부시 대통령은 중국의 민주화운동 유혈진압에 항의하여 대중국 무기 수출을 중단시키고, 미국 정부 고위관리들이 중국대표와의 접촉을 금지시켰으며, 국제금융기관에 신규 중국차관을 연기하도록 요구하였다.

이처럼 미국의 부시 행정부는 의회와 언론, 그리고 일부 정치세력들이 강력한 중국 제재 압력에 따라서 부분적인 제재 조치를 취하면서도 또 한편으로 중국과의 협상의 문을 완전히 폐쇄하지는 않았다. 따라서 부시 대통령은 비밀리에 스카우크래프트(Brett Scowcraft) 보좌관을 대통령 특사로 파견하여 덩샤오핑을 회견하고 중·미관계 개선 방안을 모색하였다. 사실, 천안문 유혈사태와 그 직후 동유럽의 붕괴로 촉발된 냉전구도의 해체과정에서 미국과 서구 사회의 여론은 비민주적인 중국 정권과의 관계 개선에 대해서는 대단히 비판적이었다. 그러나 부시 행정부를 비롯해서 일부 미국의 기업계에서는 중국에 대한 제재의 효과에 대해 회의적이었다.

한편 중국은 미국과 서구의 중국 제재 압력에 대항하면서도 덩샤오핑은 다음과 같이 중국의 대외정책 기조를 제시하였다. 즉, "냉정히 관찰하고, 기반을 튼튼히 하며, 침착하게 대처하고, 패권주의를 획책하지 않을 것"(冷靜觀察, 穩住陣脚, 沈着應付, 決不當頭), 또한 "신뢰를 강화하고, 마찰을 감소시키고, 협력관계를 발전시키며, 대항을 하지 않을 것"(增加信任, 減少麻煩, 發展合作, 不敵對抗)을 주문하였다.11)

이런 대응 기조에 따라 중국은 천안문 사태 직후 미국과 서구의 제재와 압력에 대해 정면으로 반발하지 않으면서도 전방위 외교를 구사하여 중국의 활로를 찾으려고 하였다. 특히 중국은 주변 국가들과의 관계 정상화를 적극적으로 추진하였고, 중국 시장의 매력을 활용하여 일본과 서방세계를 유혹했으며, 동시에 인권과 민주화의 요구를 부분적으로 수용하는 유연한 대응자세를 견지하였다. 따라서 1990년 1월 10일 중국은 베이징의 계엄령을 해제하고, 미국 대사관에 도피, 망명을 요구하고 있던 유명한 반체제 인사인 팡리즈(方勵之) 부부의 출국을 허용하였고, 그동안 불편한 관계를 유지했던 인도네시아와 싱가포르, 그리고 결국 한국과도 국교 정상화에 합의하였다. 이런 유화적인 조치에 힘입어 프랑스와 일본은 중국에 대한 경제 제재를 포기하고, 대중국 차관을 재개했다. 따라서 중국에 대한 미국과 서구 사회의 경제제재는 사실상 무력화되었다. 이런 상황에서 부시 행정부도 의회와 여론의 압력에도 불구하고 대중국 최혜국(MFN; Most Favored Nation) 대우의 연장 결정을 하면서 중국과의 관계 개선을 다시 적극 모색하였다.

그러나 인권단체와 민주화를 요구하는 시민단체들, 그리고 민주당의 대선 후보들이 중심이 된 정치집단들은 부시 행정부의 대중국 유화정책을 격렬하게

---

11) 이와 같은 덩샤오핑의 대외정책 기조는 이후 이른바 '도광양회'(韜光養晦) 정책노선으로 정리되어 알려졌는데, 이에 대해서는 李映周, 『중국의 신외교전략과 한중관계: 鄧小平의 평화와 발전론』(나남, 1998), p. 61 참조.

비판하였다. 따라서 미국 대통령 선거기간 중 부시 행정부가 대만을 포기하고 중국의 인권과 민주화 문제를 등한시했다고 혹독하게 비판했던 민주당의 클린턴 대통령이 당선되면서 중·미관계는 다시 냉각되려는 조짐을 보였다. 특히 클린턴 행정부가 집권 초기에 중국의 인권문제와 교역문제를 연계하면서 중국을 압박하려고 하면서 중·미관계는 천안문 사태의 충격에서 벗어날 수 있는 기회를 찾지 못했다.

그러나 이와 같은 인권과 무역의 연계, 즉 중국에 대한 최혜국 대우를 갱신하기 위해서 인권과 민주화 분야에서의 현저한 성과가 전제되어야 한다는 정책은 오래 지속될 수 있는 것이 아니었다. 무엇보다도 그런 정책은 미국의 실익에도 도움이 되지 않을 뿐만 아니라, 중국의 민주화에도 기여하는 방법이 아니라는 여론이 제기되었기 때문이었다. 특히, 기업과 경제 관련 이익집단들은 말할 것도 없고, 전통적인 외교정책 전문가 집단들도 클린턴 행정부의 인권과 MFN 연계 정책이 현명한 정책 선택이 아니라고 반대했고, 중국의 반체제 민주화 인사들조차 그것이 중국 인민과 중국 사회 전체에 도움이 되지 않는다고 지적하였다.

이러한 상황에서 클린턴 행정부는 대중국 정책을 비롯하여 대아시아 정책 전체를 재검토하고, 1994년에 이른바 '개입과 확대' 정책을 선언하였다. 이런 정책 노선에 따라서 클린턴 행정부는 인권과 MFN 문제를 분리 접근하면서 중국과의 협력관계를 적극적으로 모색하기 시작하였다. 다시 말해 미국과 중국은 인권과 민주화 등의 문제 영역에서 여전히 갈등하면서도 경제 교류 및 핵과 미사일 등 대량살상무기 확산 방지 등 전략 문제에서는 협력관계를 확대 발전시킬 수 있게 되었다. 그러나 이런 중·미간의 제한적 협력관계도 대만해협에서 위기 상황이 조성되면서 다시 위협받게 되었다.

1995년 6월, 당시 대만 총통이었던 리덩후이(李登輝) 총통이 모교인 코넬대학에서 연설하기 위해 개인 자격으로 미국을 방문하는 문제에 대해 미국과 대만 관계를 의심하는 중국은 미국 정부에게 리덩후이 총통의 방문 비자를 발급해 주지 말 것을 요구하였다. 그러나 의회와 여론의 압력을 받은 미국 행정부가 마침내 리덩후이 총통에게 비자를 발급하고 리덩후이 총통이 미국을 방문하게 되었다. 또한 대만 최초의 대통령 직접선거에 리덩후이 총통이 출마하면서 대만의 정치적 자주독립을 강조하자, 이를 경고하기 위해 중국은 대만해협에서 군사적 위협을 감행하였다. 즉, 중국군은 1995년 7월에 대만 해협에서 군사훈련을 실시하면서 네 발의 미사일 발사 실험을 단행하였고, 1996년 2월에는 15만 명의 병력을 동원, 대만 연해안 지방에서 육해공 3군 합동 군사훈련을 실시하면서 다시 미사일 발사를 감행하는 사태가 발생하였다. 이와 같이 대만 해협에서 중국의 군사 시위로 위기가 조성되자, 미국은 2척의 항공모함을 파견, 대만 해협에서 미국과 중국의 군사적 긴장이 높아지게 되었다. 그러나 이런 군사적 긴장상태는 대만의 총통선거에서 리덩후이 총통이 압도적으로 승리하고, 1996년 3월 중국군이 대만 해협에서의 군사훈련을 일방적으로 종결 선언하면서 끝나게 되었다.

이처럼 대만 해협 위기가 진정되면서 미국과 중국 정부는 보다 적극적으로 양국관계 개선을 위해 노력하였다. 클린턴 정부의 입장에서는 인권과 민주화도 중요하지만, 고도성장을 계속하는 중국과의 경제협력을 확대함으로써 미국의 실리를 극대화할 필요도 있고, 또한 대량살상무기의 확산 방지 문제에서도 중국과의 협력이 필요하기 때문에 본격적으로 중국에 대해 개입과 확대 정책을 적용, 구체적 성과를 과시하고자 하였다. 또한 중국의 입장에서도 개혁개방을 추구하고, 중국의 지속적 경제발전을 실현하기 위해서도 미국과의 협력이 절실히 필요하다고 판단하고 있었기 때문에 1997년과 1998년에 양국 정상들은 상호 교환 방문을 통해 '전략적 협력관계'를 구축하기로 약속하였다.

그러나 1999년 이후에도 한두 차례 중국과 미국의 전략적 협력관계가 위협받는 상황이 조성되었다. 이를테면, 1999년 4월 주룽지 총리가 중국 내부의 반대에도 불구하고 중국의 WTO 가입 협상을 마무리하고 새로운 차원에서 미국과의 교역 관계를 개척하려고 미국을 방문하여 클린턴 대통령과 회담을 가졌지만, 클린턴 행정부의 판단 잘못으로 주룽지 총리의 협상안을 거절함으로써 중국의 WTO 가입이 일시 좌절되었고, 이에 대한 중국 내부 반발이 확산되고 있었다. 또한 이런 반미 정서가 확산되고 있는 과정에 5월에는 미군에 의한 유고슬라비아 베오그라드 주재 중국대사관 오폭 사건이 발생했고, 미국 의회는 같은 시기에 이른바 콕스(Cox) 보고서를 발표, 중국이 1970년대 이후 미국의 주요 핵기술을 절취해 왔으며, 관련 기술 일부를 북한에게도 제공한 것으로 보인다고 비난하였다. 또 7월에는 리덩후이 총통이 이른바 '양국론'을 제기하여 중국을 자극하는 등 일련의 사태가 중·미관계를 파국으로 이끄는 것 같이 보였다.

이와 같은 위기에 대해 미국과 중국 정부는 신중하고도 적극적으로 대응하여 사태의 악화를 방지하였다. 클린턴 행정부는 중국 대사관 오폭 사고에 대해 즉각적으로 유감을 표명하고 책임자 문책 및 손해배상 협상을 추진했고, 콕스 보고서 내용에 대해서도 행정부 차원에서 개입하지 않았으며, 대만문제에 대해 여러 차례 클린턴 대통령의 이른바 3불(三不)정책을 재확인하였다.[12]

이외에도 미국 정부는 다시 중국과 WTO 가입 협상을 재추진해서 타결하였고, 중국의 2008년 올림픽 유치에도 적극 지지하는 자세를 보였는데, 이런 미국 정부의 적극적인 대응으로 중·미간의 전략적 동반자관계가 안정적으로 발전할 수 있는 것처럼 보였다. 그러나 중국을 전략적 경쟁자라고 공개적으로 경계했던 부시 행정부가 등장하면서 양국관계는 다시 긴장 상태를 맞이하게 되었다. 특히, 2001년 4월 남중국 해상 상공에서 벌어진 중·미 정찰기 충돌사고와 대만에 대한 무기 판매 결정 등으로 중·미관계는 도전 받는 것 같았다.

---

[12] 클린턴의 3불정책이란 1997년 장쩌민의 미국 국빈 방문 당시 워싱턴에서 정상회담을 가지고 양국 공동성명을 발표했는데, 여기서 대만문제와 관련해 미국 정부는 ① 대만의 독립을 지지하지 않는다, ② 두 개의 중국, 또는 하나의 중국과 하나의 대만론을 지지하지 않는다, ③ 국가단위의 국제조직에 대만이 가입하는 것을 지지하지 않는다고 약속하였다.

그러나 2001년 9·11 테러 사건으로 미국의 세계전략 구도가 크게 변화하면서 중·미관계도 새로운 기회를 가지게 되었다. 즉, 반테러 전쟁을 당면 목표라고 선언하면서 미국의 경계 대상은 중국과 같은 전통적 지역 강대국이 아니라, 빈 라덴과 알 카에다와 같은 국제적 테러집단과 이른바 '악의 축'이라는 테러 지원 국가들이 되었고, 탈냉전시대의 주요 쟁점도 인권과 민주화보다도 핵과 미사일 등 대량살상무기의 확산 방지가 되면서 부시 행정부의 대중국정책 역시 갈등과 경계에서 협력과 공존으로 변화되고 있다. 특히, 미국과 중국은 반테러 전쟁이라는 공통의 전략 목표를 통해 암묵적인 협력관계를 유지하고 있으며, 중국의 WTO 가입을 계기로 경제협력 분야에서도 새로운 시대를 열 수 있다는 공동의 기대를 가지고 있기 때문에, 앞으로도 끊임없이 긴장하면서도 기본적으로 상호 협력하는 동반자관계를 유지하려고 노력할 것이다.

(3) **중·미관계의 성과와 쟁점**

1979년 1월 1일 미국과 중국간의 국교 정상화 이후 양국관계는 앞에서 소개한 바 와 같이 여러 차례의 우여곡절과 위기, 긴장을 경험하면서도 다방면의 교류협력이 추진되었고, 상당한 업적을 기록하였다.

지난 2002년 4월 후진타오의 미국 방문을 계기로 알려진 국교 정상화 이후 중·미관계의 업적을 열거하자면 다음과 같다. 첫째, 양국간 고위층 인사들이 빈번하게 상호 교환 방문하였고, 둘째, 양국간의 교류를 약속하는 약 30여 개의 정치·경제·문화·교육 등 각 분야의 공식 합작조약을 체결했으며, 셋째, 미국에 유학중인 중국 학생이 약 6만여 명, 그리고 약 5천 명의 미국인들이 중국에서 학습하고 있으며, 2001년 중국을 방문한 미국 관광객이 1백만 명을 초과하였다. 넷째, 2001년 미국과 중국간의 총 교역량이 800억 달러를 초과했고, 중국은 미국의 제4위의 무역 상대국이 되었으며, 미국은 중국의 제2위의 무역 상대국이 되었으며, 중국에 대한 미국 투자액은 실제 투자액으로 350억 달러를 초과하여 미국이 중국에 투자한 외국 국가 중에서 제1위의 외자투자국이 되었다.

이처럼 미국과 중국은 각 분야에서 서로 불가분의 협력관계를 유지하고 있지만, 동시에 아래의 이슈영역에서는 경쟁, 갈등, 협력이 중첩적으로 계속되고 있다.

① 군사-안보-전략 분야에서의 협력과 갈등

탈냉전시대 중국과 미국의 전략적 협력관계는 상당히 취약한 편이다. 과거 냉전시대와 같이 소련 견제라는 구체적인 공통 목표를 설정하기 어렵기 때문이다. 또한 미국 내부에서는 부강한 중국의 등장에 대한 경계심이 중국위협론으로 표출되고 있고, 중국 내부에서도 미국의 패권주의에 대한 경계심이 제기되고 있기 때문에, 탈냉전시대 미국과 중국은 상호 간을 경쟁과 견제의 대상으로 인식하고 있다. 그러나 미국과 중국의 행정부를 중심으로 양국의 주류 세력들은 탈냉전시대에도 양국간의 전략적 협력이 필요하다고 인식하고 있다.

이를테면, 아프가니스탄에서의 반테러 전쟁 과정에서, 그리고 북한 핵무기 문제를 처리하는 과정에서 미국은 중국의 협력을 요청했고, 중국은 기본적으로 미국을 지지하는 입장을 견지하였다. 이라크전쟁 과정에서도 중국은 표면적으로 유엔을 무시하고 미국과 영국 연합군이 일방적으로 이라크를 침공했다고 비난하는 프랑스와 러시아, 독일 등과 같은 입장을 견지하면서도 미국과의 관계를 고려, 이라크전쟁의 이슈로 미국과의 관계가 훼손되지 않도록 신중한 태도를 취했다.

이처럼 전략적으로 민감한 문제에서 미국과 중국은 갈등보다는 협력과 상호 이해의 영역을 공유하고 있으며, 또한 미국이 중시하고 있는 핵과 미사일의 확산 방지 문제에서도 중·미간의 갈등이 감소되고 있는 추세이다. 사실, 미국은 중국의 재래식 무기수출도 경계하고 있지만, 그것보다 중국의 미사일과 핵

기술이 파키스탄, 이란, 북한, 알제리 등으로 유출되고 있다는 의혹을 끊임없이 제기하면서 중국을 압박하고 있다.

이런 미국의 압력에 대하여 중국은 미국이야말로 세계 최대 무기 수출국이라는 점을 부각하면서도 미국의 전략지역이라고 할 수 있는 중동국가들에 대한 무기 판매를 자제하고 있고, 파키스탄과 같이 중국의 전략지역에 대한 핵기술 이전 문제에서도 신중한 입장을 견지하고 있다. 또한 중국은 1992년에 핵확산 금지조약(NPT; Nuclear Nonproliferation Treaty)을 인준하고, 1995년에는 NPT 조약의 무기한 연장을 선언하였으며, 1996년에는 중국 군부의 반대에도 불구하고 모든 종류의 핵실험 금지를 규정한 포괄적 핵실험 금지조약(CTBT; Comprehensive (Nuclear) Test Ban Treaty)에 서명하였다.

사실, 중국은 오히려 미국보다 미사일 기술 확산에 대해서 더 비판적이라고 할 수 있다. 이를테면, 중국은 미국이 추진하고 있는 미사일 방위체제(MD; Missile Defense)에 반대하면서 미국이 오히려 미사일 기술 확산 위험성을 높이고 있다고 비판하고 있다.[13]

② 경제-무역 분야에서의 협력과 갈등

앞에서 지적한 바와 같이 중국과 미국의 경제협력은 모든 분야에서 비약적으로 발전하고 있다. 양측의 통계 기준이 다르기 때문에 서로 다른 수치를 제공하고 있지만, 어떤 기준으로 보아도 중국과 미국의 경제교류는 엄청난 규모로 확대 심화되고 있다.

미국 자료에 의하면 중·미간의 교역량은 1980년 50억 달러 수준에서 2002년에는 1,473억 달러, 그리고 2005년에는 2,853억 달러로 대폭 증가하

---

[13] "미국의 NMD 추진과 중국 및 강대국의 대응"에 대해서는 필자의 홈페이지 『정세와 이슈』란을 참조.

고 있다고 한다. 그러나 중국 자료에 의하면 중·미 총 교역량은 1979년 약 24.5억 달러에서 2001년에 800억 달러를 초과했다는 것이다. 이처럼 중국과 미국의 통계 자료가 엄청난 차이를 보이고 있지만, 어떤 기준으로 보아도 2002년 현재 중국은 미국의 제4위의 무역 상대국이고, 미국은 중국의 제2위의 무역 상대국이라는 사실을 부인할 수 없다.

이런 점에서 탈냉전시대 미국과 중국 경제는 밀접하게 상호 연계되어 공동 발전을 모색하지 않을 수 없는 유대관계를 형성하게 되었다고 해도 과언이 아니다. 사실, 중국 경제는 미국의 자본과 기술, 그리고 시장의 지원에 의존해 있고, 미국 경제 역시 중국 시장에 대한 미련을 쉽게 포기할 수 없는 입장이기 때문에 탈냉전시대 전략적 공동이익이 약화되는 시대에 중·미관계를 유지하게 하는 힘은 중·미간에 공유하고 있는 공동의 경제적 이익에서 찾을 수 있다.

그렇다고 중국과 미국의 경제협력관계가 순탄한 것만은 아니다. 미국은 그동안 엄청난 규모로 증가하고 있는 대중국 무역적자 문제 때문에 중국과의 교역에 대해 여러 가지 문제를 제기하였다. 사실, 중국과 미국간의 무역 역조가 엄청난 규모인 것은 부인할 수 없는 사실이다. 아래의 〈표 6-2〉에서 알 수 있는 것과 같이 미국의 대중국 무역적자는 1990년에 104억 달러였던 것이 2000년에는 838억 달러 규모가 되었고, 중국의 WTO 가입 직후인 2002년에는 1,031억 달러, 그리고 2005년에는 무려 2,016억 달러로 폭증하고 있으며, 이는 대일본 무역적자보다 훨씬 더 큰 것이라는 점에서 심각한 문제가 되고 있다.

물론 이처럼 엄청난 규모의 무역 역조가 발생하는 것이 모두 중국의 책임은 아니다. 그러나 미국은 미국 시장의 문제점을 부분적으로 인정하면서도 기본적으로 중국 시장의 폐쇄성과 더불어 중국의 불공정 무역관행이나 덤핑과 같은 시장 질서를 파괴하는 행위, 지적 재산권을 보장해 주지 않고 부당하게 기술과 상품을 도용하는 문제, 그리고 중국의 수출에 유리한 환율 정책 등을 지적하면서 중국과 마찰을 빚고 있다. 특히 최근 미국에서는 대중국 무역적자가 엄청나게 증폭하자 더 이상의 무역수지 적자를 용인할 수 없다는 분위기가 형성되면서 의회를 중심으로 중국에 대한 다양한 압박 정책을 강구하고 있다.

이를테면 미국 상원의 공화, 민주 양당 지도부는 중국이 우안(元)화 절상을 다시 단행하지 않으면 중국산 수입 제품에 대해 27.5%의 관세를 부과할 수 있도록 하는 입법을 추진하기로 합의했다면서 중국 정부를 압박하고 있다. 미국 정부는 의회의 방법, 즉 법 제정을 통한 강압보다는 외교적 경로를 통해 중국 정부에게 환율제도 개선을 요구하고, 불공정 무역 관행 개선을 촉구하고 있다. 이런 미국의 압박에 대해 중국은 위안화 가치가 높아지더라도 미국의 무역적자 해소와 고용 확대에는 큰 효과가 없다는 연구보고서를 인용하여, 미국의 환율 개정에 반발하면서도 환율제도의 '점진적 개선'을 약속하고 미국과의 무역마찰을 완화시키려고 노력하고 있다.

〈표 6-2〉 중국과 미국의 상품무역량 (1988~2005)

(단위 : 10억 달러)

연도	미국 수출	미국 수입	무역적자 규모
1988	5.0	8.5	-3.5
1990	4.8	15.2	-10.4
1992	7.5	25.7	-18.2
1994	9.3	38.8	-29.5
1996	12.0	51.5	-39.5
1998	14.3	71.2	-56.9
2000	16.3	100.1	-83.8
2001	19.2	102.3	-83.0
2002	22.1	125.2	-103.1
2003	28.4	152.4	-124.0
2004	34.7	196.7	-162.0
2005	41.8	243.5	-201.7

출처 : Wayne M. Morrison, "China-US Trade Issues," *Issue Brief for Congress received through the CRS Web* (update January, 3, 2003); 2002년 이후는 미 상무부 제공 무역통계 자료.

이와 같이 중·미간의 경제교류가 확대되면서 무역 마찰도 증대되고 있는 것 같아 보이지만, 장기적인 관점에서 양국의 경제적 갈등은 시간이 지나면서 정리가 되는 경향을 띄고 있다. 특히 중국의 WTO 가입 이후 중·미 무역 갈등은 중국의 WTO 가입 조건에 대한 이행 여부 문제로 재정리되면서 새로운 중·미 경제협력 시대가 시작되고 있다. 따라서 미국은 1989년 천안문 사태 이후 매년 문제를 제기했던 중국에 대한 최혜국 대우 부여 여부에 대한 논쟁도 더 이상 계속할 필요가 없게 되었다. 중국의 WTO 가입과 더불어 2000년 5월 미국 의회는 항구적 정상무역법(PNTR; Permanent National Trade Relations)을 가결, 중국에게도 일반적인 국가들과의 교역관계와 같은 지위를 부여하였다. 따라서 1989년 천안문 사태 이후 매년 중국과의 교역이 쟁점이 되었던 불안정한 중·미 무역관계를 청산하고 WTO의 질서 안에서 양국간의 정상적인 교역관계를 발전시킬 수 있게 되었다.

③ 인권과 민주화 등 국내정치 개혁 문제

1989년 천안문 사태 이후 미국은 거의 매년 중국의 인권상황을 비판하는 결의안을 유엔 인권위원회에 제출하고, 중국 비난 결의안 채택을 요구하였다. 1990년 이후 1992년과 1998년을 제외하고 미국은 매년 거의 같은 내용의 인권 결의안을 유엔 인권위원회에 제출했지만, 그 때마다 중국 등의 반대로 채택되지 않았다.

또한 미국의 클린턴 정부는 1994년 이후 인권문제와 중국과의 교류·협력 문제를 연계하지 않기로 했지만, 여전히 의회를 중심으로 중국의 인권문제를 빌미로 중국에 대해 강경노선을 주장하는 세력의 영향력을 무시할 수 없는 현실이다. 지난 2000년에도 미국 하원 외교위원회는 중국 정부가 정치범을 전원 석방하고, 인권상황의 괄목할 만한 개선을 위해 노력하지 않으면, 국제올림픽위원회는 중국의 2008년 베이징 올림픽 유치안을 거부해야 한다는 내용의 결의안을 통과시키기도 하였다.

　이처럼 인권문제는 미국과 중국간의 미묘한 갈등 요인이 되고 있다. 게다가 인권문제는 중국의 국제적 입장이나 이미지를 훼손하고, 국내외적으로 당혹한 문제점을 부각시키기 때문에 중국 정부는 미국의 인권외교에 대해 민감하게 반응하고 있다. 즉, 중국 정부는 미국이 중국의 인권문제를 제기할 때마다 한편으로는 미국의 '내정간섭'에 대해 반발하기도 하고, 또 한편으로는 미국이 과연 세계 인권문제를 제기할 '자격'이 있는가를 반문하면서 역설적으로 미국의 인권문제를 제기하는 전술도 구사하고 있다.

　이를테면, 미 국무부는 2005년도에도 세계 인권보고서를 의회에 제출하면서 중국을 비롯한 몇몇 개별 국가의 인권상황에 대해 비판적인 평가를 발표했다.14) 이에 대해 중국 정부는 즉각 불쾌감을 표시하면서 이라크전쟁 포로를 대상으로 한 미군 당국의 반인권적·반인륜적 행태는 언급하지 않고 있다고 냉소적으로 반박하기도 하였다. 이와 같은 반박에 머물지 않고, 중국 정부는 한편에서는 지난 50년간 중국의 인권상황이 얼마나 개선되었는가를 홍보하는 『중국인권발전 50년』과 『2004년 중국인권사업의 진전』이라는 이름의 백서를 발간하였다. 그리고 동시에 중국 정부는 『2004년 미국의 인권기록』을 발표하여 미국 내에서의 엄중한 인권 침해 사례를 열거하기도 하였다.15)

---

14) 미 국무부가 2005년 2월 28일에 발표한 『2004년도 인권보고서』(*2004 Human Rights Reports*)의 내용에 대해서는 국부부가 제공하는 웹 사이트를 참조(http://www.state.gov/g/drl/rls/hrrpt/2004/index.htm).

15) 중국 정부는 국무원 신문판공실의 명의로 『중국인권발전 50년』(中國人權發展50年)이라는 제목의 백서를 발간하여 건국 이후 50년간의 인권 개선 노력을 소개했을 뿐만 아니라, 『20004년 중국인권사업의 진전』(2004年中國人權事業的進展)이라는 이름의 백서를 발간하여 지난 한 해 동안의 인권 개선 업적을 정리하였다. 미국이 세계 인권 보고서를 발표하고, 중국의 인권문제를 거론하기 시작한 이후 나름대로 인권백서를 발간하여 중국의 입장을 홍보하였다. 1991년에 첫번째 인권백서를 발간한 이래 8번째의 백서 발간이라는 점에서 거의 매 2년에 한번 꼴로 인권백서를 발표한 셈이다. 이와 동시에 중국 정부는 미국의 열악한 인권상황을 고발하는 인권백서도 따로 발표하고 있는데, 『2004년 미국의 인권 기록』(2004年美國的人權記錄)은 미 국무성의 『세계인권백서』에 맞서 연속 6년째 발표하고 있는 백서라고 할 수 있다. 중국 정부가 발표하는 인권백서는 모두 인터넷을 통해 접근 가능하다. 이를테면 中國國務院 新聞辦公室, 『2004年美國的人

이와 같이 중국 정부는 인권 및 민주화, 그리고 종교의 자유 등에 대한 미국이나 서방세계의 관심에 대해서 민감하게 반응하면서도 인권과 민주화의 문제를 정면으로 부인하지 않고 있다. 중국 정부는 인권보다 주권이 우선한다는 덩샤오핑의 언급을 인용하면서 중국적 상황의 특수성을 강조하기도 한다. 그러나 중국도 점차로 인류의 보편적인 가치로서 인권의 중요성을 인정하고, 인권 관련 국제규약 중에서 '경제 사회 문화적 권리에 관한 국제규약'을 비준하면서, 나름대로 인권 개선을 위해 국내적 법률체계 개선도 약속하고 있다. 따라서 중국은 2004년 3월, 제10기 전인대 제2차 회의에서 1982년 헌법에 대한 4차 수정안을 심의·통과시키면서 인권보호 규정을 헌법에 추가했던 것이다. 즉, 처음으로 헌법에 "국가는 인권을 존중하고 보호한다"는 규정을 두게 되었다는 것이다.16) 이와 동시에 중국 정부는 미국과 서방의 인권 단체들이 주목하고 있는 저명한 반체제 인사들, 이를테면 팡리즈(方勵之), 웨이징성(魏京生), 왕단(王丹) 등 대표적인 반체제 지식인이나 종교인들, 그리고 일부 노동운동가들의 석방과 출국을 허용하고 있다.

이와 같은 중국의 부분적 양보와 개선 조치들에 대해 미국 내에서는 긍정적으로 평가하는 분위기가 조성되고 있다. 따라서 2002년 이후에도 미국 국무부는 계속 중국을 포함하여 세계 각국의 인권상황에 대해 인권 보고서를 의회에 제출하고, 그 때마다 중국의 인권문제를 거론하고 있지만, 점점 더 그 강도는 완화되고 있다. 지난 몇 년 사이 미국은 중국의 인권상황에 대한 문제점을 유엔 인권위원회에 적극적으로 제소하는 분위기도 아니고, 때로는 중국의 인권상황이 개선되고 있다는 입장을 표명하기도 한다. 따라서 중·미관계에서 인권문제의 정치적 파괴력은 상당히 약화되고 있다고 하겠다.

權紀錄』의 전문도 볼 수 있다(http://politics.people.com.cn/GB/1026/3217598.html.)
16) 1982년 헌법과 4차 헌법 개정안에 대해서는 서진영, "중화인민공화국 헌법과 헌법 개정안의 내용과 성격," 『동아시아연구』 제8호(고려대학교 BK21 동아시아교육연구단, 2004년 6월), pp. 9-40 참조.

④ 대만문제

　미국과 중국간 잠복해 있는 가장 폭발적인 문제가 대만문제라는 점은 이미 잘 알려진 사실이다. 앞에서 설명한 것처럼 대만문제는 중국 내부의 문제이고, 여러 차례 이를 약속했으면서도 대만문제에 대한 '전략적 모호성'을 유지하면서 대만에게 무기 판매를 계속하고 있는 미국, 그리고 대만문제에 대한 평화적 해결을 약속하면서도 힘을 통한 대만 통일 가능성을 열어 놓으려는 중국 입장이 평행선을 달리면서 양안간의 긴장과 갈등이 계속되고 있다.

　여기에 대만의 민주화가 진행되면서 대만의 독자적 목소리가 제기되면서 대만문제는 단순한 미국과 중국간 문제가 아니라 중국-대만-미국의 복잡한 삼각관계의 문제로 발전되고 있다. 이런 대만문제의 성격에 대해서는 제9장에서 상세히 분석 소개하게 될 것이다.

(4) 탈냉전시대의 중·미관계와 한반도

　앞에서 설명한 바와 같이 탈냉전시대에 중·미관계는 협력과 갈등이 교차되는 불안정한 관계로 변화되고 있다.

　미국의 입장에서 중국은 21세기 동아시아에서 미국에 도전할 수 있는 가장 분명한 경쟁 대상국이기 때문에 견제와 봉쇄의 대상이다. 그러나 동시에 중국과의 협력을 통해 미국이 획득할 수 있는 실리도 무시할 수 없기 때문에 중국에 대해 일방적인 견제나 전면적인 협력을 일관되게 추구하기 어려운 여건이다. 중국의 입장에서도 개혁개방과 지속적 경제발전을 실현하기 위해 미국의 지원과 협력은 반드시 필요하다고 인식하고 있기 때문에 미국의 '패권주의'를 경계하고 '미국에 대해 아니오라고 말해야 한다'고 주장하면서도 중·미간의 갈등과 경쟁이 대결관계로 악화되지 않도록 노력하고 있다. 따라서 당분간 미국과 중국은 경쟁과 협력, 갈등이 복합적으로 표출되는 불안정한 관계를 유지하면서 동아시아의 미래를 주도해 갈 것이다.

그렇다면 미국과 중국의 이런 불안정한 관계가 동아시아와 한반도의 미래에 어떻게 투영될 것인가. 이 문제에 대해서는 낙관론과 비관론이 모두 제기되고 있다. 비관론의 관점은 미국이 중국과의 협력을 통한 아시아의 안정화보다는 미·일관계를 기초로 동아시아에서 주도적 지위를 유지하려고 하고, 그것은 결국 중국으로 하여금 러시아와의 전략적 제휴관계를 강화하게 자극할 것이고, 마침내 동아시아의 신냉전구도가 형성될 것이라는 점이다.

그러나 낙관론의 입장은 탈냉전시대의 동반자 외교에 근거하고 있다. 다시 말해 탈냉전시대의 특징이 적대적 세력을 전제하지 않는 동반자관계 형성이 가능하고, 따라서 미국과 중국, 일본과 러시아가 모두 상호 견제하고 경쟁하면서도 상호 협력하여 실리를 극대화할 수 있다는 것이다. 특히, 미국과 중국의 세력균형이 유지되면서 개별 행위자들의 자율적 행동 영역이 확대될 수 있기 때문에, 다시 말해 미국과 중국의 불안정한 세력균형이 남북한 당국자들의 자율적 선택 범위를 확대시켜주는 긍정적 효과도 있기 때문에 탈냉전시대의 불안정한 중·미관계가 우리에게는 한반도문제의 자율적 해결에 접근할 수 있는 '기회의 창'을 여는 효과를 낳게 될지도 모른다는 것이다.

제7장

중·소-중·러 관계 : 적과 동지, 그리고 동반자

> 중국과 소련, 러시아의 관계만큼 애증이 뚜렷하게 표출되면서 극적인 반전을 거듭했던 외교관계의 전례를 현대사에서 찾기 힘들다. 중·소관계는 냉전시대 불가분의 동지적 동맹관계를 자랑하던 시기(1949~1958)에서 심각한 이데올로기 논쟁이 유혈 무력충돌로까지 악화되었던 중·소분쟁 시기(1959~1982), 개혁개방의 필요성이 인식되면서 국교 정상화를 모색한 시기(1982~1991), 그리고 소련의 해체와 러시아의 등장과 더불어 중·러간 전략적 동반자관계를 모색하는 시기(1992년 이후)까지 그야말로 파란만장한 역사를 가지고 있다. 따라서 이 단원에서는 앞에서의 연대기적 구분을 염두에 두면서도 중·소관계를 중국적 관점에서 일단 마오쩌둥 시대와 그 이후의 덩샤오핑-장쩌민-후진타오 시대로 양분하고 각 시대의 특징적 쟁점을 부각시키려고 하였다. 따라서 마오쩌둥 시대 중·소관계의 특징은 중·소분쟁에 있기 때문에 전반부에서 먼저 중·소분쟁의 원인과 현실을 소개하였다.[1] 그리고 후반에 중·러관계를 개괄하였다.

1. 중·소분쟁의 원인과 현실

(1) 중·소관계와 세계정치

한국전쟁 직전에 체결된 중·소 우호동맹조약은 동북아시아를 본격적인 냉전체제로 변형시킨 중대한 요인이었다. 그러나 1950년대 후반기부터 내연화되

---

[1] 여기서 소개하는 "중소분쟁의 원인과 현실"은 필자의 저서, 『현대중국정치론』(나남, 1997) pp. 389-403에 수록된 것을 약간 보완 전재한 것임.

기 시작하던 중·소분쟁이 1960년대에 들어오면서 공개적이고 감정적인 이데올로기 논쟁으로 확대되더니, 마침내 1969년에는 무력충돌로까지 악화됨으로써 사실상 중·소동맹을 전제로 구축되었던 냉전체제가 붕괴되었다고 해도 과언이 아니었다. 소련의 영향력 팽창을 저지하려는 미국의 이익과, 소련에 대항할 수 있는 반패권 통일전선을 구축하려는 중국의 이익은 미국과 중국, 그리고 중국과 일본의 국교 정상화와 같은 극적인 변화를 가져옴으로써 1950년대 냉전체제에서 형성되었던 적과 동지의 개념을 완전히 무의미하게 만들었기 때문이다.

이와 같이 2차 대전 이후의 국제관계 중에서 중국과 소련의 관계만큼 극적인 변화를 보여준 것도 찾기 힘들고, 또한 세계정치, 특히 동북아시아의 정치질서에 중·소관계 만큼 심각한 영향을 준 것도 없을 것이다. 따라서 중·소관계의 변화는 동북아시아에서뿐만 아니라 세계정치질서의 기조를 결정하는 중요한 변수로 작용해 왔기 때문에 많은 사람들의 관심의 대상이 되어왔다.

한편 1949년 중국공산당에 의한 정권 수립 이후 중국 외교정책의 기조라고 하는 것은 1950년대와 1960년대를 거치면서 중국과 소련의 관계 변화를 통하여 형성된 것이라고 해도 과언이 아니다. 따라서 건국 초기 소련 일변도의 정책이 어떠한 시대적 상황과 연계되면서 이념적·현실적 갈등으로 비화되는지를 검토하면서, 1956년 이후 중·소분쟁의 주요 쟁점을 중심으로 중국과 소련간 갈등의 이념적인 차원과 현실적인 차원을 동시에 파악해보는 것이 마오쩌둥 시기의 외교정책을 이해하는 데 관건이 된다 할 것이다.

(2) 중·소분쟁에 대한 시각

1960년대 초 중·소분쟁이 처음으로 외부 세계에 노출되었을 때 대부분의 사람들은 문제의 심각성을 제대로 파악하지 못했다. 중·소관계가 이미 돌이킬 수 없을 정도로 악화된 1963년에 1959년 이후 중국과 소련의 갈등을 가장 집중적으로 분석한 자고리아(Donald Zagoria) 교수와 같은 학자들도 중·소관계가 그토록 급격하게 악화되리라고는 예측하지 못했었다.[2] 중국과 소련이 공통적으로 추구하고 있는 이데올로기의 동질성, 그리고 서방세계와의 대결이라는 관점에서 양국은 결국 근본적인 목적과 이익을 공유하고 있기 때문에 갈등의 확대를 억제할 것이라고 예상했던 것이다.

그러나 중국과 소련의 현실적인 문제에 관한 갈등은 이데올로기의 통합능력과 냉전체제의 당위성을 모두 부정한 셈이 되었다. 이데올로기는 문화와 역사가 다른 두 사회에 공동의 목표와 세계관을 제공함으로써 결합시키는 역할을 하기도 하지만, 반면에 현실적인 이익의 충돌이 이데올로기적인 갈등을 통하여 보다 격화되는 경향을 보여준다는 사실이 간과되었다. 또 한편 1950년대의 냉전체제에서 민족국가의 이익과 차이는 세계적인 차원에서 양대 진영의 대결로 말미암아 무시되거나 억제되는 것을 당연하게 받아들였지만, 바로 그와 같은 냉전체제의 작위적인 성격을 제대로 이해하지 못했기 때문에 중·소분쟁의 심각성을 올바로 인식하지 못했다고도 할 수 있다. 돌이켜보면 중화주의의 오랜 전통을 가졌을 뿐만 아니라 거의 소련의 지원 없이 독자적인 혁명과정을 통하여 성장한 중국이 언제까지나 소련을 정점으로 한 위계질서를 받아들이리라고 기대한 것조차 잘못된 것이었는지도 모른다.

중국의 지도부는 초기의 중국공산당 운동에 대한 소련의 역할을 인정하면서도, 소련의 간섭은 결국 1920년대의 좌절을 초래했으며, 1930년대에 들어와 소련으로부터 별다른 지원이나 간섭을 받지 않고 '맑스 레닌주의의 보편적인 진리를 중국의 구체적인 진실에 창조적으로 적용'함으로써 비로소 성공적으로 공산혁명을 달성할 수 있었다고 믿고 있다.[3] 이와 같이 자신들의 혁명경험과 전통에 대하여 강한 자부심을 가지고 있는 중국 지도층이 1950년대에

---

[2] Donald Zagoria, *The Sino-Soviet Conflict : 1956-1961* (Princeton: Princeton University Press, 1962) 참조.
[3] 서진영, 『중국혁명사』(서울: 한울, 1992/2002) 참조.

소련의 이데올로기적 정치적 영도력을 받아들이게 된 것은 당시의 국제정치 현실에서 불가피한 것이었고, 따라서 일시적인 것이었다고도 할 수 있다.

사실 민족국가의 권리와 독자성을 무시하고 획일적인 질서를 강요하는 냉전체제의 논리에 대한 저항은 일찍이 '티토'(Josip Tito)에 의해서 시작되었다. 이와 같은 관점에서 본다면 문화적인 전통이나 인구와 영토로 보아 강대국이라고 할 수 있는 중국이 소련의 영도력에 대하여 이견을 제기하는 것은 너무나 당연한 현상이라 하겠다. 따라서 중국의 국제적 위치와 국내정치의 안정이 달성된 1950년대 후반기에 '프롤레타리아 국제주의'와 '사회주의 건설'에 대한 소련의 해석이 중국의 국가이익, 혁명전통과 위배된다고 생각하게 되면서 중·소분쟁은 피할 수 없게 되었다. 게다가 이데올로기적 정통성과 단결을 고집하는 공산체제에서 두 거인의 분쟁을 조정할 수 있는 절차와 규범이 확립되어 있지 않았기 때문에, 또한 중·소분쟁이 점차로 양국의 국내정치의 노선투쟁과 밀접하게 연결되면서 중국과 소련의 갈등은 더욱 확대되고 심화되었다고 하겠다.

(3) 전환기에 선 중·소관계

'소련공산당과 중국공산당의 견해 차이의 근원과 발전'에 대한 『인민일보』 사설에 의하면 중·소분쟁은 1956년에 소련공산당 제20차 당대회에서 행한 유명한 흐루시초프의 비밀연설에서 비롯되었다고 한다.[4] 사실 1956년은 소련과 중국에 있어서 모두 중대한 전환기였다. 스탈린의 사망 이후 소련 사회는 스탈린 테러정치의 불안감으로부터 해방되고자 하는 욕구와, 급격한 사회주의 건설사업과 산업화 정책으로 억압되어 왔던 국민들의 정치적·경제적 욕구를 더이상 무시할 수 없는 상태에 있었다. 또한 핵무기의 등장으로 혁명적으로 변모

---

[4] 『人民日報』(1963/09/06); "蘇聯共産黨指導部とわれわれとの意見の相違の由來と發展," 『中國大躍進政策の展開: 資料と解說』 下卷(東京: 日本國際問題研究所, 1974) 참조.

하기 시작한 국제정치의 새로운 현실과, 제3세계의 등장과, 공산체제 내에서 대두하기 시작한 민족주의적인 성향으로 말미암아 소련은 세계정책과 공산국가와의 관계를 재정립해야 할 필요성을 느끼게 되었다.

이와 같은 배경에서 흐루시초프는 1956년 2월에 개최된 소련공산당 제20차대회에서 스탈린을 맹렬하게 비판하면서 평화공존과 평화적인 정권 획득 가능성을 인정하고, 소련의 국내외 정책의 극적인 전환을 선언하게 되었다. 그런데 1956년의 중국 지도층들은 스탈린의 개인숭배와 전제정치에 대한 비판과 무산계급의 독재에 대한 이론을 수정하고 부분적인 자유화 정책을 추구하는 흐루시초프의 '수정주의'에 대한 경계심도 있었다. 특히, 소련의 세계전략 변화, 특히 대미정책의 변화 가능성에 대하여 중국 지도부는 뇌심 깊은 우려를 표명하기 시작하였다. 더구나 흐루시초프 비밀연설의 여파가 폴란드 사태와 헝가리 위기를 조성하게 되자 중국 지도부는 사회주의 진영의 약화와 변질 위험성을 경고하기 시작하였다. 이것은 한국전쟁 이후 미국의 봉쇄정책의 표적이 되고 있으며, 대만문제로 미국과 군사적인 대결상태에 있는 중국으로서 당연한 반응이었다고 볼 수 있다.

따라서 중국의 지도층은 흐루시초프의 비밀연설 직후에 중앙 정치국 확대회의를 개최하고 『인민일보』를 통하여 두 차례에 걸쳐서 장문의 사설을 게재하였다. "무산계급 전정(專政)의 역사경험"이라는 제하의 사설에서 중국 지도층은, 스탈린의 착오는 적과 동지간의 모순과 인민 내부의 모순을 구별하지 못하고 획일적으로 처리하려고 한 것과, 군중노선을 무시하고 모든 것을 개인적으로 전단하려 한 공작방법에서 유래한다고 주장하면서, 성질이 다른 모순의 정확한 처리와 집단지도체제의 수립, 군중노선의 확립을 강조하였다.[5]

---

5) 『人民日報』(1956/04/05); "On the Historical Experience of the Dictatorship of the Proletariat," in Robert R. Bowie and John K. Fairbank eds. *Communist China 1955-1959: Policy Documents with Analysis* (Harvard University Press, 1962), pp. 144-150 참조.

이것은 사회주의 국가간의 모순과 사회주의 국가와 자본주의 국가간의 모순을 혼동하는 흐루시초프의 평화공존론에 대한 간접적인 비판인 동시에, 사회주의 국가간의 모순관계를 강압적으로 전단해왔던 스탈린과 소련 지도자들에 대한 비판이기도 하였다. 그러나 중국 지도층은 전체적으로 보아 스탈린의 착오는 부분적이며, 무산계급 독재를 확립하고 사회주의 진영의 결속을 공고하게 한 스탈린의 공헌은 인정되어야 한다고 주장함으로써 흐루시초프의 스탈린 격하 운동과 평화공존 정책에 대하여 제동을 걸려고 하였다.

이와 같은 중국의 태도는 폴란드 사태와 헝가리 위기에 대한 견해, 그리고 1957년 11월에 개최된 국제공산당대회에서 분명하게 나타났다. 즉 폴란드 사태에 대한 소련의 간섭에 대해서는 사회주의 국가간의 평등과 상호존중의 원칙에 입각하여 비판적인 입장을 취하였던 중국은 헝가리 위기에 대한 소련의 우유부단한 태도를 비판하면서 단호한 개입을 촉구하였다. 이것은 헝가리 위기가 수정주의적 요소와 자본주의 세력의 영향으로 조성되었다고 판단했기 때문이다. 자본주의 세력에 대한 단호한 대결을 주장하는 중국의 태도는 "동풍(東風)이 서풍(西風)을 제압하게 되었다"는 마오쩌둥의 선언을 통하여 극적으로 표현되었다.[6] 국제공산당대회에 참석하기 위하여 모스크바를 방문한 마오쩌둥은 사회주의 진영의 단결을 강조하면서 소련은 사회주의 진영의 영도자로서 사회주의의 승리를 위하여 투쟁해야 한다고 주장하였다. 이와 같은 마오쩌둥의 연설은 평화공존을 주장하면서 미국과의 타협을 모색하는 소련에 대한 도전이었다.

당시 중국의 입장은 소련의 세계전략이나 국내정치에 대한 정면도전을 회피하면서 간접적인 비판을 통하여 소련 지도층의 주의력을 환기시킨다는 것이었다. 따라서 중국은 소련의 영향력을 부인하지도 않았고 소련의 '수정주의적 경향'을 정면으로 문제 삼지도 않았다. 그러나 사회주의 사회의 건설에 대한

---

6) 毛澤東, "東風は西風お壓倒する(1957/11/07)," 『新中國資料集成』第5卷(東京: 日本國際問題研究所, 1971) 참조.

소련과 중국 지도층간의 이데올로기적인 차이와 세계문제에 대한 근본적인 견해의 차이는 인민공사와, 대약진정책, 대만 해협의 위기, 그리고 핵무기에 대한 정책 등을 통하여 어쩔 수 없이 드러나기 시작하였다. 특히 인민공사에 대한 논쟁을 계기로 중·소 분쟁은 중국의 국내정치와 연결되면서 더욱 격화되었다.

(4) 인민공사와 대만문제

앞에서 지적한 바와 같이 1956년은 소련의 정치사에서뿐만 아니라 중국의 정치사에서도 중대한 전환기였다. 1950년의 중·소 우호동맹을 계기로 소련 일변도 정책을 추구하고, 스탈린의 경제발전 모델에 입각하여 제1차 경제개발 5개년계획을 추진하던 중국의 지도층은 1956년을 전후로 소련의 세계전략과 스탈린의 경제발전 모델에 대한 의문을 제기하기 시작했다.

1956년에 발표된 마오쩌둥의 "10대관계론"(論十大關係)에 관한 연설과, 1957년에 발표된 "인민 내부의 모순을 정확히 처리하는 데"에 관한 연설은 바로 중국 지도층의 문제의식을 표명한 것이었다.7) 특히 공업과 농업, 도시와 농촌, 지배자와 피지배자의 불균형 발전에서 파생하는 경제적·정치적 부작용을 제거하고 공업과 농업의 동시적이고 균형 있는 발전을 통하여 사회주의 사회를 건설하려는 중국 지도층의 노력은, 마침내 소련 방식의 경제발전 전략을 수정하고 중국의 혁명경험을 바탕으로 한 대약진 운동과 인민공사(人民公社) 운동을 추진하게 하였다. 따라서 1958년과 1959년 사이에 중국 지도층, 특히 마오쩌둥을 중심으로 한 좌파 지도층은 대중의 사회주의적 적극성을 동원함으로써 급진적인 경제발전을 이룩할 수 있다고 주장하기에 이르렀다.

"적극적으로 생각하고 적극적으로 행동하라"(敢想敢幹), "중요한 것은 인간

---

7) 毛澤東, "論十代關係," 『毛澤東選集』(人民出版社, 1971) 참조; "關于正確處理人民內部矛盾的問題(1957年2月27日)."

이지 무기가 아니다", 또는 "제국주의는 종이 호랑이다"라는 구호는 당시의 유토피아적인 분위기를 나타내주는 것이었다. 이와 같은 분위기에서 일부 중국 지도층은 공산주의의 도래가 눈앞에 다가왔다고 주장하면서 인민공사야말로 공산주의의 맹아라고 선전을 하였다. 또한 이들은 인민의 혁명정신에 입각한 대약진 운동과 인민공사 운동이야 말로 중국과 같이 경제적으로 낙후한 농촌사회에서 사회주의 사회를 건설할 수 있다는 것을 입증하는 것이므로 모든 제3세계의 사회주의 운동에 모범이 될 수 있다고 주장하였다. 경제적으로 발전된 소련의 경험보다는 중국의 경험이 제3세계의 현실에 더 적합하다는 것이었다.

이와 같은 중국의 주장은 사회주의와 공산주의 사회의 단계적인 발전을 주장하는 소련의 정통적인 해석에 대한 중대한 수정을 의미하는 것인 동시에, 소련의 이데올로기적인 권위에 대한 정면 도전이었다. 따라서 대약진 운동과 인민공사 운동의 이데올로기적인 중대성을 인식한 1959년에 소련의 지도자들은 일제히 중국의 '유토피아적인 좌익주의'를 비난하였다. 중국의 대약진 운동과 인민공사 운동은 '맑스 레닌주의의 객관적인 경제법칙'을 무시한 것이며, '생산력의 발전과 물질적인 기반'을 조성하여 단계적으로 사회주의 사회를 건설할 수 있다는 '역사발전'의 법칙에 위배되는 것이라고 비판을 하였던 것이다. 1959년 7월에 폴란드를 방문 중이던 흐루시초프는 소련의 경험을 들면서 중국의 인민공사운동의 비현실성을 지적하고 마오쩌둥을 비롯하여 중국의 일부 지도자들은 공산주의가 무엇인지, 또 공산주의 사회를 어떻게 건설해야 하는 지를 제대로 이해하지 못하고 있다고 비난을 하였다.

이와 같은 흐루시초프의 비난은 중국 지도층 내에서 대두되고 있던 대약진 운동과 인민공사운동에 대한 노선투쟁에 대한 간섭으로 간주되었다. 사실 1959년 8월에 중국공산당 정치국 확대회의가 루산(廬山)에서 개최되었을 때 당시 국방상이던 펑더화이(彭德懷)는 흐루시초프의 비난과 같은 맥락에서 마오쩌둥의 대약진 정책과 인민공사 운동을 비판했던 것이다.[8] 이러한 소련의 내정간섭은 중국의 지도층을 자극하여 펑더화이의 숙청과 더불어 반(反)수정주의 운동을 전개하게 하였으며, 동시에 소련의 대국주의에 대한 중국 지도층의 저항을 강화하는 결과를 초래했다.

더구나 이 당시에 소련의 평화공존정책이 보다 구체화되면서 중국과 소련의 국가이익과 세계관의 정면충돌이 불가피하게 되었다. 이미 1958년 8월에 발생한 대만 해협의 위기에서 소련은 결정적인 순간에 중국에 대한 전폭적인 지지를 표명하지 않음으로써 중국 지도층의 분노를 유발하였다.9) 또한 티베트 문제로 발생한 중국과 인도의 분쟁에서 소련은 제3세계에 대한 정책에 미칠 영향을 고려한 나머지 중립적인 입장을 취하자 중국 지도층들은 사회주의 국가(중국)에 대한 소련의 배신을 규탄하였다.

1958년과 1959년에 소련의 지도층들은 사회주의 진영과 자본주의 진영의 대결과 제3세계에서 폭력혁명을 주장하는 중국의 '호전적인 모험주의'에 대하여 경계하면서 중국에 대한 군사적 지원, 특히 핵기술의 지원을 주저했다. 1958년에 소련은 보다 긴밀한 군사적인 지원을 요청하는 중국에 대하여 중·소 연합함대의 설치를 요구하고, 중국의 핵 개발에 대한 간섭권을 주장함으로써 소련의 의도에 대한 중국의 의구심을 심화시켰다.

사실 소련은 대만문제 등으로 미국과 정면대결을 하고 있는 중국을 전폭적으로 지원함으로써 국제적인 긴장이 야기되는 것을 원하지 않았다. 더구나 1956년 이후 소련이 추진해 왔던 평화공존과 대미 화해정책을 중국의 국가이익 때문에 포기할 수 없다는 입장이었다. 따라서 1959년에 개최된 소련공산당 제21차 대회에서 흐루시초프의 평화공존정책을 재확인하고 미국과의 적극적

---

8) Roderick MacFarquhar, *The Origins of the Cultural Revolution 2: The Great Leap Forward 1958-1960* (The Royal Institute of International Affairs, Columbia University, 1983), Chap. 10 참조.
9) 대만 해협의 위기가 고조되어가고 있을 당시 중국공산당이 군사회의에서 논의한 것에 관해서는 Harold Hinton ed., *The People's Republic of China, 1949-1979: A Documentary Survey*, vol. 2 (Scholarly Resources, Inc., 1980), p. 689 참조.

인 데탕트를 추구하기로 결정하였다.

이와 같은 소련의 정책으로 마침내 역사적인 캠프 데이비드 미·소 정상회담이 개최되어 본격적인 미·소 협력시대가 시작되었다. 캠프 데이비드 회담 직후 귀로에 베이징을 방문한 흐루시초프는 중국 지도층에 대하여 자본주의 세력(미국)과의 정면대결의 위험성을 지적하고, 대만문제를 성급하게(무력을 사용하여) 해결하려 하지 말라고 경고하였다. 소련은 또한 1957년에 중국에게 약속한 핵기술의 제공을 거절함으로써 중국의 '군사적 모험주의'를 저지하려고 하였다.

이와 같은 소련의 정책은 중국 지도층으로 하여금 소련과 중국의 기본적인 세계관에 차이가 있다는 사실을 재확인시켜 주었으며, 소련은 자국의 국가이익을 위하여 '프롤레타리아 국제주의'를 포기하였으며, 사회주의 동맹국, 즉 중국의 기본적인 국가이익의 일방적인 희생을 강요하고 있다고 인식하게 되었다. 따라서 1959년을 기점으로 중·소관계는 거의 회복될 수 없을 정도로 악화되었다.

(5) 전인민국가와 수정주의 논쟁

1960년대에 들어와 중·소 분쟁은 본격적인 이데올로기 논쟁의 성격을 띠게 되었다. 이제 중국과 소련의 의견대립은 비단 세계전략과 국가이익의 충돌이라는 차원을 넘어서 사회주의 사회의 건설에 대한 근본적인 인식의 차이를 드러내게 되었고, 양국의 국내정치질서에 대한 공개적인 비판을 제기하기에 이르렀다.

1960년 4월에 중국공산당의 이론지인 『홍기』(紅旗)는 "레닌주의 만세"라는 사설을 통하여 소련의 평화공존정책과 수정주의적인 견해에 대하여 맹렬하게 비판하였다.10) 비록 소련을 지칭하지는 않았지만 '무산계급 전정(專政)'과

'계급투쟁'에 관한 레닌의 이론과 제3세계의 사회주의 혁명, 그리고 자본주의 진영과의 대결에 관한 이데올로기를 소련이 배신했다고 주장했던 것이다.

이와 같은 중국의 공개적인 비난에 대한 보복으로 소련은 1960년 7월에 중국의 경제건설에 참여하고 있던 모든 소련 기술자를 갑자기 소환하여 중국의 주요 산업 활동에 막대한 손실을 주었다. 당시의 중국은 대약진운동과 인민공사의 실패로 경제적으로 최악의 조건에 있었던 만큼 소련의 기술자 철수와 경제원조의 중단은 심각한 경제적 위협이 되었다. 흐루시초프의 의도는 바로 이때 경제적 압력을 가해 중국의 후퇴를 강요하려는 것이었다. 그러나 이와 같은 소련의 압력은 오히려 중국 지도층의 단결을 가져왔으며, 자력갱생에 대한 결의를 강화하는 결과를 초래했다. 중국은 경제적인 곤란에도 불구하고 소련에 대한 부채를 모두 상환하였고, 소련기술자를 다시 파견하겠다는 흐루시초프의 제의를 완강히 거절하였다.

경제적인 압력을 통하여 중국을 굴복시키는 데 실패한 소련은 국제공산주의운동에서 중국을 고립시키는 소련의 입장을 강화하려고 노력하였다. 1960년 8월에 소련은 "평화공존은 전체 공산진영 외교정책의 기본노선"이라고 선언하면서 중국의 모험주의를 비난하였다. 소련은 또한 알바니아와 루마니아의 교조주의를 맹렬하게 비판하고 스탈린의 오류를 다시 강조함으로써 마오쩌둥의 극좌사상과 개인숭배사상의 위험성을 경고하였다.

1961년의 소련공산당 제2차 대회는 흐루시초프의 평화공존정책을 재삼 확인하면서 무산계급 전정과 계급투쟁에 관한 소련의 입장을 공표하는 계기가 되었다. 소련 사회에서 적대적인 계급은 이미 존재하지 않으며 무산계급 전정의 역사적 임무는 완수되었다는 것이다. 따라서 소련공산당과 소련의 국가기구는 계급의 이익을 대표하는 것이 아니라 전체 인민의 이익을 대변하게 되었다고 주장하면서 이와 같은 소련의 전인민국가론(全人民國家論)은 "현대 맑스-레

---

10) "レーニン主義萬歲,"『紅旗』(1960/04/16),『中國大躍進政策の展開』下卷 참조.

민주의의 과학적인 사상에 대한 가장 중요한 발전"이라고 선언하였다. 이와 같은 소련의 주장은 사회주의 사회에서도 계급이 존재하며 계급투쟁이 계속되어야 한다는 중국의 입장, 특히 마오쩌둥을 중심으로 한 중국의 좌파 이데올로기의 정통성을 부정하는 것이었다.

사실 1960년대 초에 중국 지도층 내부에서는 대약진운동의 실패로 파생된 경제적 위기를 수습하기 위하여 전체 인민의 단결과 동원이 필요하다는 실용주의 노선이 대두하고 있었으며, 마오쩌둥의 계급투쟁 이론에 대한 비판이 제기되고 있었다. 그러나 1962년의 중국공산당 제8차 10중전회(中全會)는 사회주의 사회에서 계급의 존재와 계급투쟁의 지속, 그리고 자본주의 부활의 위험성에 관한 마오쩌둥의 중요연설을 당의 기본노선이라고 선언하였다. 따라서 중·소분쟁은 중국 내부의 노선투쟁과 밀접하게 연결되면서 더욱 첨예화되었으며, 1962년에는 국경문제로까지 확대되어 양국의 감정적인 대립을 유발하였다. 즉 홍콩과 마카오에 대한 중국의 유화적인 태도를 지적하면서 중국의 반제국주의노선을 조롱한 흐루시초프의 언동에 자극을 받은 중국이 제정(帝政)러시아와 중국의 불평등조약의 문제를 제기함으로써 양국의 국경문제가 중·소분쟁의 쟁점으로 부각되었던 것이다.

이와 같이 1962년과 1963년의 중·소분쟁이 국경문제, 국내정치 문제와 관련되면서 가열되더니 1963년 7월에 미국과 소련의 부분적인 핵실험 금지조약이 체결되면서 완전한 파국을 맞게 되었다. 미·소의 협력은 마침내 핵의 독점을 중심으로 군사적·정치적 차원으로 확대되었다고 중국이 판단하였기 때문이다. 따라서 중국은 1963년과 1964년에 걸쳐서 9편의 논문을 『인민일보』와 『홍기』에 게재하고, 소련의 국내외 정책을 집중적으로 공격했다. 중국 측에 의하면 소련의 평화공존정책은 소련 사회가 수정주의적 세력에 의하여 지배되었기 때문에 산출되었다. 1964년 7월 14일에 발표된 "흐루시초프의 사이비 공산주의와 세계에 준 그 역사적 교훈"이라는 장문의 논설을 통하여 중국 지도층은 소련의 외교정책의 근원인 소련 사회의 수정주의를 통렬하게 비판하

였다.11)

즉 소련 사회는 1956년의 제20차 전당대회 이래로 흐루시초프에 의하여 수정주의적인 정책이 도입되었고, 그 결과 '신(新)자산계급'이 대두하여 사회주의로부터 자본주의로 퇴보되었다는 것이다. '부르주아 문화'의 부활을 허용한 문화정책이나, 물질적 자극방법이나 시장의 역할 확대, 그리고 이윤 추구를 통해 경제적 활동을 유도하려는 '자본주의적 경제정책' 등은 소련 사회의 불평등을 심화시키고 새로운 특권계급층을 산출하였으며, '자본주의의 복귀'를 가능하게 하였다는 것이다.

이와 같은 소련의 사회경제구조의 변질은 당과 국가에까지 침투하여 주자파(走資派)로 하여금 정권을 장악·유지할 수 있게 하였다고 비판받았다. 이들은 '무산계급 전정'을 포기하고 '계급투쟁의 종식'을 선언하는 대신, '전인민의 국가' 또는 '전인민의 당'이라는 수정주의적 이데올로기를 표방함으로써 소련 사회 내의 수정주 세력을 옹호하고 있다. 그리고 이와 같은 수정주의세력의 등장으로 말미암아 소련은 '프롤레타리아 혁명'과 '프롤레타리아 국제주의'의 원칙을 배반하고 평화공존과 평화적인 방법에 의한 사회주의 사회로의 이전을 주장하게 되었다는 것이다.

다시 말해서 소련의 외교정책과 국내정책의 변질은 소련 사회의 구조적인 변질의 결과라는 것이다. 따라서 중국 측은 소련의 정책이 쉽게 변경될 수 없다고 판단하게 되었다. 왜냐하면 소련의 정책은 흐루시초프 개인의 의사를 반영한 것이 아니라 소련 사회 내에 존재하는 모든 '수정주의 세력'의 이익을 반영한 것이기 때문이다. 이때부터 중국 지도층, 특히 마오쩌둥은 소련의 변질을 교훈으로 삼아 중국 사회와 정치체제에서 수정주의적 세력이 등장하는 것을 방지해야 한다고 더욱 강조하게 되었고, 그것은 문화혁명으로 폭발하게 되었다.

---

11) 『人民日報』, 『紅旗』(1964/07/14); "On Khrushchev's Phoney Communism and Its Historical Lessons for the World," Hinton ed., *op.cit.* pp. 1270-1289.

(6) '양대진영론'에서 '세계3분론'으로

1964년에 흐루시초프가 실각하자 중·소간의 이데올로기 논쟁은 잠시 중단되고 타협을 모색하는 듯했다. 그러나 중·소분쟁은 이미 사회주의 국가간의 의견대립이라는 범위를 벗어나 기본적인 세계관의 차이와 국가이익의 충돌이라는 양상으로 발전하였다.

중국의 지도층들에 의하면 소련이 엘리트 중심적이고 관료적이며 부르주아적인 지배계층에 의하여 통치되는 동안에는 세계혁명보다는 소련의 이익을 추구할 것이라고 주장하였다. 이에 대하여 소련 측은 중국의 유토피아적이고 인민주의적인 경향은 현실과 유리된 반(反)맑스주의적인 것이라고 비난하면서, 중국은 혁명적 메시아니즘을 통하여 사실상 중화주의를 추구하고 있다고 비판하였다.

이와 같이 중국과 소련은 각각 상대방을 반(反)맑스주의자이고 편협한 민족주의자, 또는 종족주의자라고 비난하였다. 이것은 중·소논쟁이 순수한 이데올로기적인 논쟁의 차원을 벗어나 국가이익의 차원에서 군사적·정치적 대결을 하게 되었다는 것을 의미하는 것이다. 1962년에 국경문제가 제기된 이후, 중국과 소련은 군사적인 긴장관계에 있었고, 1965년 이후 소련이 중·소 국경지대에 병력을 증강하자 중국과 소련의 군사적인 대결 가능성이 높아졌고, 1969년에는 마침내 전바오다오(珍寶島)에서 양국의 무력충돌로 발전했던 것이다.

소련은 또한 중국의 국제적인 고립화정책을 추진하였다. 특히 동남아시아의 반(反)중국 감정을 이용하여 1969년에 브레즈네프는 아시아 집단안전보장조약을 제안하기도 하였다. 이와 같이 소련의 군사적·정치적 압력이 가중되면서 중국은 점차로 종전의 양대진영론을 수정하고, 중간지대론 또는 세계3분론을 제안하면서 반소-반미 통일전선을 주장하기에 이르렀다.

1965년에 중국의 국방상이던 린뱌오는 "인민전쟁 만세"라는 논문을 통하여 제3세계에서의 민족해방전쟁을 찬양하고, 세계의 농촌국가들은 도시국가를 포위하여 세계혁명을 완성해야 한다고 주장하였다.12) 이제 중국 지도자들에 의하면 세계의 주요 모순은 자본주의와 사회주의가 아니라 제국주의와 '아시아, 아프리카, 라틴아메리카의 광대한 농촌국가'의 모순이라고 규정하면서 중국은 제3세계를 대변하여 미국과 소련의 제국주의에 저항할 것이라고 선언하였다. 특히 1969년 무력충돌 이후 중국 지도자들은 소련을 '사회-제국주의 국가'라고 주장하면서 퇴조하는 미국의 제국주의보다 소련의 신흥 사회-제국주의의 위협에 대하여 더욱 강조하였다. 이와 같은 이론적인 배경에서 중국은 1970년대에 미국과 일본, 그리고 서유럽 제국과의 반소협력체제를 구축하였다.

(7) 중·소의 상이한 세계관

마오쩌둥의 사망과 문화혁명 좌파의 제거, 그리고 덩샤오핑을 중심으로 한 실용주의 정권의 수립으로 중·소관계가 호전될 수 있는 계기를 맞이하였다. 사실 1978년 이후 중국의 실용주의적 지도자들은 소련을 수정주의 국가라고 비난하지 않았다. 일부에서는 소련이 사회주의 국가라는 사실을 인정하고 있는 형편이다. 한편 소련 지도자들은 중국이 사회주의 국가라고 인정하면서 조심스럽게 중·소관계의 개선을 제안하였다.

그러나 서방세계에 대해 문호개방을 선언하면서도 중국 지도자들은 여전히 소련을 '사회-제국주의 국가'라고 표현하였으며, 중국과 소련은 기본적인 세계관에 있어서 차이가 있다고 강조하였다. 이것은 중·소분쟁이 단순한 이데올로기 차이에서 발생한 것이 아니라 상이한 문화와 혁명경험, 그리고 상반되는 국가이익 등과 같은 복합적인 요인에서 파생되었기 때문에 이데올로기적인 요소를 제거해도 여전히 분쟁이 계속될 수 있다는 것을 의미하는 것이다. 사실 중·소분쟁은 1960년대 초에는 이데올로기적인 성격이 강했지만, 1960년대

---

12) 林彪, "人民戰爭の勝利晩歲(1965/09/03)," 『中國大躍進政策の展開』, 下卷 참조.

중반 이후, 특히 1970년대에 와서는 군사적·정치적 대결의 양상으로 변모되면서 국가이익과 세계관의 차이가 더욱 강조되었다. 실제로 1960년대 초의 이데올로기 분쟁의 배후에도 중국과 소련 지도자들의 상반되는 세계관과 양국의 상충하는 국가이익이 이데올로기적 분쟁을 격화시켰다고도 할 수 있다.

그러면 소련과 중국의 기본적인 세계관의 차이는 무엇인가? 간단히 말해서 1950년대 후반기에 들어오면서 소련은 이미 세계질서의 급격한 변화를 원하지 않게 되었고 현상은 유지하면서 점진적인 변화를 추구하게 되었다. 다시 말해서 소련은 이미 미국과 견줄만한 초강대국으로 성장하였으므로 현존의 국제정치질서 속에서 소련의 국가이익이 보장될 수 있다고 인식하게 되었다.

그러나 중국은 변화를 추구하는 세력이었다. 마오쩌둥의 "천하대란(天下大亂)은 좋다"는 말은 혁명적인 세계질서의 변화를 통하여 중국의 국가이익이 증대될 수 있는 기회가 많아진다는 중국 지도층의 세계관을 대변한 것이다. 실용주의 지도층이 등장하면서 천하대란이 좋다는 마오쩌둥의 어록은 수정되고 현대화 사업을 위하여 안정을 강조하면서도 중국 지도층은 여전히 세계정치 질서와 경제 질서의 개선을 요구하고 있다. 중국의 좌·우파는 세계질서의 점진적인 변혁이냐 또는 혁명적인 변혁이냐 하는 방법상의 차이를 보여주고 있었지만 기본적인 세계관에서는 일치한다고 볼 수 있다.

따라서 현대화를 위해서 중국은 산업국가와 협력을 하면서도 정치적으로나 이데올로기적으로 제3세계와 입장을 같이 하는 것도 변화 추진세력으로서 중국의 세계관을 보여주는 것이다. 바로 이러한 중국의 세계관 때문에 중국과 소련, 중국과 미국의 협력에는 한계가 있다는 결론이 나올 수 있다. 따라서 중·소관계는 설사 '수정주의 논쟁'이 없었다 하더라도 냉전체제에서 일시적으로 형성되었던 위계적인 동맹관계를 지속할 수 없었을 것이다.

2. 마오쩌둥 시대의 중·소관계 : 동지에서 적으로 전환

이미 앞에서 지적한 바와 같이 건국 이후 중국은 소련 일변도 정책을 강조하면서 군사-안보 분야는 물론이고, 경제, 사회 등 모든 분야에서 소련과의 밀접한 협력관계를 추구하였다. 특히, 국내 발전정책에서 중국은 스탈린식 발전모델에 입각하여 제1차 경제개발 5개년계획(1953~57)을 수립하고, 소련의 자본과 기술에 전적으로 의존하여 급진적인 공업화와 현대화를 달성하려고 하였고, 대외정책과 안보정책에서도 마오쩌둥 시대의 중국은 냉전적 대결구도에서 양대 진영론을 강조하면서 소련과의 동맹에 의존하였다.

이처럼 건국 초기 중국은 2차 대전 이후 세계질서의 개편 과정에서 이데올로기와 체제의 동질성에 기초하여 소련과 대단히 긴밀한 동맹관계를 구축하였다. 그러나 중·소간의 긴밀한 동맹관계는 예상보다 그 생명력이 길지 않았다. 양국의 국가이익이 충돌하면서 이념과 체제의 동질성에 기초한 동맹관계의 결속력은 약화되기 시작했고, 국가이익의 충돌과정에서 이데올로기는 오히려 양국간 갈등을 증폭시키는 역효과를 산출하였다.

사실 1956년 소련 공산당 제20차 당대회에서 흐루시초프가 혹독하게 스탈린을 비판하고, 서방세계와의 평화공존정책을 선언하면서 중국을 비롯한 여러 개발도상의 사회주의 국가들은 소련 일변도 정책을 신중하게 재검토하지 않을 수 없게 되었다. 특히, 중국은 1958년부터 착수해야 할 제2차 경제개발 5개년계획에 대한 소련의 지원이 절실하게 필요한 형편이었는데, 소련의 입장에서는 더 이상 중국이나 북한 등 사회주의 동맹 국가들에 대한 지원을 계속할 수 없는 입장이었다. 또한 소련은 미국과의 데탕트를 추진하면서 핵무기와 핵기술 확산 방지를 약속한 터이기 때문에 중국에게 핵무기 기술을 전수하는 것을 거절하지 않을 수 없었다. 따라서 중국 지도자들은 경제적 지원과 군사 과학기술의 이전을 거절하고 있는 소련이 과연 신뢰할 수 있는 동맹국가인가에 대해 의문을 제기하게 되었다. 이러한 이유로 마오쩌둥과 김일성 등은 자력갱생과 대약진운동을 전개하면서 독자적인 사회주의 건설을 추진하였고, 이데올로기적인 차원에서도 소련의 수정주의에 대해 경계하고 비판하게 되었다.

이런 배경에서 마침내 1960년대에 중국은 공개적으로 소련의 수정주의 경향을 비판하면서 중·소 이데올로기 분쟁이 전 세계의 주목의 대상이 되었고, 중국과 소련간에 잠복해 있던 여러 가지 갈등요인들이 이데올로기의 굴절 작용으로 오히려 증폭되어 갈등이 더욱 격화되었다. 특히, 긴 국경선을 마주하고 있는 중국과 소련은 역사적으로 수많은 국경분쟁의 소지를 안고 있었는데, 그런 국경분쟁이 악화되어 마침내 1969년에는 무력 유혈사태를 빚으면서 중국과 소련이 전쟁 일보 전까지 가는 최악의 긴장국면이 조성되었다.

이와 같이 갈등과 긴장이 축적되고 있는 상황에서 중국은 소련을 제1의 적대적 국가로 간주하면서 독자적 핵무기 개발에 박차를 가하고, 미국과의 관계 개선을 통해 중국이 당면한 안보적 고립과 위기에서 벗어나려고 하였다. 이에 대해 소련은 중국과의 국경지역에 군사력을 집중시키고, 몽고, 베트남, 인도 등 중국의 인접 국가들에 대한 정치·경제·군사적 지원을 통해 중국을 포위 압박하려고 함으로써 양국간의 긴장상태는 상당히 오랫동안 지속되었다.

1976년 마오쩌둥의 사망과 1978년 덩샤오핑을 중심으로 하는 개혁정권의 등장으로 소련 측은 중국과의 관계 개선 가능성을 탐색해 보았지만, 중국 지도부내에서 좌파와 우파 모두가 소련에 대해 깊은 의구심을 가지고 있었다. 게다가 중국의 개혁파들은 경제개발과 현대화를 추진하기 위해서는 소련보다 미국과 서방세계와의 협력관계에 더 큰 비중을 두고 있었기 때문에, 그리고 무엇보다도 중국은 베트남과 아프가니스탄 등에 대한 소련의 정책을 중국 봉쇄정책으로 간주하고 이와 같은 소련의 중국 포위 전략의 포기가 구체적 실천을 통해 입증되기를 바랐기 때문에, 중·소관계 개선은 기대할 수 없는 상황이었다.

사실, 소련 지도부 내부에서도 대중정책에 대한 이견이 있었다. 한편에는 소련과 국경을 마주하고 있는 거대한 개발도상 국가인 중국의 위협을 경계해야 한다는 견해가 있었지만, 또 한편으로는 미·소 대결 국면에서 중국을 적대시함으로써 군사적·전략적으로 불리한 점이 더 많다고 주장하면서 중·소관계 개선을 촉구하는 견해도 많았다. 결국 소련의 브레즈네프 정권 후반기에는 조심스럽게 중국과의 관계 개선을 모색하려고 하였다. 따라서 1976년 말부터 소련은 중국과의 국경 교섭을 재개했고, 1978년에는 소련 최고희의 간부회의 명의로 중국 전인대 상무위원회에 메시지를 보내 중·소관계 정상화를 위한 협상을 제안하기도 하였다.

그러나 소련 지도부는 중국의 대소 경계심을 완화시켜 줄 수 있는 보다 과감한 조치를 취하는 데 인색했다. 이를테면 중·소 국경지대에 배치된 소련 병력 배치의 변화를 통해 중국에 대한 군사적 압력을 실질적으로 감축하려고 한다든가, 또는 중국 주변 국가들과의 관계를 재조정하여 중국 포위 전략을 더 이상 추구하지 않는다는 주장에 신빙성을 부여하려고 노력하지 않았다. 오히려 소련은 중국의 주변 국가들에 대한 영향력을 강화하여 중국을 자극하였다. 예를 들면, 소련은 1978년 12월 베트남과의 우호동맹조약을 체결하고, 베트남군의 캄보디아 침공을 묵인했으며, 1979년에는 아프가니스탄을 직접 침공함으로써 중국의 남부지역을 포위 압박했다. 물론 이런 소련의 정책은 1979년 1월 1일의 중·미 국교 정상화와 1979년 2월 중국의 베트남 침공을 촉발하게 되었고, 결국 중·소관계는 긴장과 갈등 국면에서 벗어나지 못했다.

3. 고르바초프의 등장과 중·소 국교 정상화

이처럼 1980년대 초에도 중·소관계는 대결과 갈등의 악순환을 계속하였다. 중국에서 대담한 개혁개방 정책이 추진되고, 소련에서도 현실사회주의의 정체성을 극복하기 위한 나름대로의 개혁을 추진하는 과정에서 중·소관계의 개선이 필요했지만, 전통적인 상호 불신과 양국의 국내적 여건의 미성숙 때문에 돌파구를 찾지 못했다.

중국의 개혁개방에서 미국 및 서구와의 관계를 더 중시하는 개혁파 정권의 입장에서도 중·소관계의 개선은 필요하였다. 미국과의 협력과정에서도 소련 카드의 사용은 전략적으로 필요했고, 또한 경제발전과 현대화에 집중하기 위해서도 중·소분쟁이 초래할 수 있는 안보 위기를 경감시킬 필요성이 있기 때문에 중·소관계의 개선이 필요하다고 인식하고 있었다. 그러나 중국 지도부는 중·소관계의 개선을 위해서는 무엇보다도 중국에 대한 소련의 위협이 실질적으로 소멸되었다는 점이 입증되어야 한다고 주장하면서 세 가지 전제조건의 실천을 주장하였다. 그것은 곧 중·소 국경선에 배치된 소련 병력의 철수, 아프가니스탄에서의 소련군 철수, 그리고 캄보디아 문제 해결을 통해 소련이 중국 적대정책을 포기했다는 것을 행동으로 먼저 보이라는 것이었다. 중국의 이런 요구는 사실상 소련의 대아시아 정책 기조의 일대 전환을 요구하는 것이었고, 결국 그런 정책 전환은 고르바초프의 등장으로 인한 소련 국내외 정책의 일대 전환이 시도되는 시점까지 유보될 수밖에 없었다.

이미 잘 알려진 바와 같이 1985년 고르바초프가 등장한 이래 소련은 소위 '신사고' 외교를 주창하면서 미·소관계와 동구 사회주의 국가들에 대한 대담한 정책 변화를 시도했다. 1989년 미국과의 몰타 정상회담에서 고르바초프는 냉전의 종식, 미국과 소련의 화해와 협력에 기초한 신국제질서 시대의 개막을 선언하였다. 동구 문제에 대해서도 소련은 자신들의 무력 개입을 정당화했던 이른바 브레즈네프 독트린을 포기함으로써, 동구 대변혁과 독일의 통일을 실현하였다.

이와 같이 고르바초프의 신사고 외교는 유럽에서의 냉전질서 붕괴에 결정적인 기여를 했으며, 동시에 아시아에 대한 소련의 기존 정책에도 중대한 변화를 기대할 수 있게 하였다. 1986년 7월의 블라디보스토크 연설, 1988년 9월의 글라스노야르스크 연설에서 고르바초프는 아시아-태평양지역에 대한 소련의 적극적인 관심을 표명한 이래, 이 지역에서의 긴장완화와 경제협력을 증진하러는 소련의 신아시아정책을 정력적으로 추진하였다. 그것은 소련의 시베리아 개발을 추진하기 위해서는 아시아-태평양 지역 경제와 연계해야 하며, 그렇게 하려면 무엇보다도 소련에 대한 경계심을 완화시키고, 지역적 긴장 완화가 필요하다고 인식했기 때문이었다.

따라서 고르바초프는 중·소관계 정상화를 실현하기 위해서도 그렇고, 주변 아시아 국가들과의 관계 개선을 추진하기 위해서도 중국이 주장하는 3가지 요구를 단계적으로 실천하기 시작하였다. 이를테면, 소련은 1987년 이후 단계적으로 중국과의 국경 교섭을 통해 국경선 확정을 시도하면서도 국경분쟁을 완화시키려고 노력하였고, 1988년 4월부터 단계적으로 아프가니스탄에서 소련군의 철병에 착수, 1989년 2월에 완전 철수를 실천하였다. 또한 고르바초프는 1988년 12월 유엔 총회 연설에서 아시아에서의 20만 병력 감축을 선언하였고, 그것을 또 실천하였으며, 베트남을 설득해서 캄보디아로부터 베트남군의 철수를 실현함으로써 사실상 중국이 국교 정상화의 전제조건으로 요구했던 3가지 조건이 실질적으로 모두 충족되었다. 이와 같은 고르바초프의 적극적인 노력의 결과로 1989년 5월 16일 고르바초프의 중국 방문이 이루어졌고, 덩샤오핑-고르바초프 정상회담을 계기로 중국과 소련의 국교 정상화가 실현되었다.

4. 탈냉전시대의 중·러 관계 : 전략적 동반자

기존 사회주의체제의 일대 개혁개방을 통해 비약적인 경제발전과 현대화를 실현하려는 덩샤오핑의 중국과 고르바초프의 소련은 1989년 마침내 국교 정상화를 선언하였고, 이로 인해 양국관계의 새로운 발전을 기대할 수 있게 되었다. 그러나 소련과 중국 모두가 국내외적인 대변혁에 휩쓸리는 바람에 중·소 관계는 국교 정상화에도 불구하고 한동안 표류하게 된다.

사실, 고르바초프의 역사적 베이징 방문과 중·소 국교 정상화를 선언하는 역사적인 양국 정상회담이 진행되는 동안, 천안문 광장은 대규모 민주화 군중에 의하여 점령되어 있는 상태였고, 중국 지도부는 천안문 광장에서의 민주화 시위에 대한 대응책을 놓고 깊은 갈등과 분열상을 노출하고 있는 상황이었다. 사실, 중국은 이때부터 상당기간 천안문 사태로 인하여 빚어진 국내외적 위기상황을 수습하는 데 총력을 경주하지 않을 수 없었기 때문에 중·소관계 개선을 위한 외교적 노력을 기울일 여유가 없었다.

그럼에도 불구하고 중국에게 소련의 전략적 가치는 천안문 사태로 말미암아 오히려 증대되었다. 천안문 유혈 진압 사태에 충격을 받은 미국을 비롯한 서방세계의 중국 제재를 돌파하기 위해서도 중국 지도부는 소련과의 관계 개선이 가져다 줄 수 있는 전략적 효용가치에 주목하기 시작했기 때문이다. 그러나 중국 내부 상황도 그랬지만, 무엇보다도 고르바초프의 소련이 급격한 탈냉전, 탈사회주의로의 세기적 대변혁에 휩쓸려 들어가는 바람에 중·소관계 정상화 이후에도 한동안 중·소관계는 표류할 수밖에 없었다.

1989년 중·소 국교 정상화 이후 고르바초프는 적극적으로 대외정책의 전환을 모색하였다. 이미 앞에서 언급한 바와 같이 고르바초프는 1989년 12월에 미·소 몰타 정상회담에서 냉전 종식과 미국 및 서방세계와의 평화공존을 선언하였고, 1990년 5월에는 미국을 방문, 미국과 전략무기 감축조약과 신통상협정 등에 조인하면서 탈냉전시대를 선두에서 인도하였다. 그러나 이런 고르바초프의 대담한 개혁과 개방정책은 동구 사회주의의 몰락과 소련 연방의 붕괴, 그리고 러시아 공화국의 등장이라는 세기적 대변혁을 촉발시켰다

1991년 12월 소련 연방의 해체와 러시아 및 신생 독립국가들이 출현하면서 중국 외교부는 내정불간섭의 원칙을 강조하며 각국 인민들의 선택을 존중한다는 중국의 기본 입장을 천명하였다. 천안문 사태를 이미 경험한 바 있는 중국 지도부의 입장에서 동구의 몰락과 소련 연방의 해체, 러시아 공화국의 등장 등은 대단히 곤혹스럽고, 위협적인 사태임에 틀림없었다. 특히, 사회주의를 부인하는 옐친(Boris Nikolayevich Yeltsin)의 러시아 공화국의 등장은 중국적

사회주의 고수를 선언한 중국 지도부에게 당혹스러운 사건이었다. 고르바초프의 급진적인 정치개혁이 동구의 몰락과 소련 연방의 해체까지 초래했다고 비난하는 중국의 보수적 지도부의 관점에서 사회주의체제 자체를 부정하는 옐친의 러시아 공화국은 불길하고도 위협적인 존재가 아닐 수 없었다.

따라서 1990년대 초 중국 내부에서는 일부 보수파 지도자들을 중심으로 중국과 동구 사회주의 국가의 차이, 중국과 소련의 차별성을 강조하면서 중국적 사회주의를 옹호하려는 논리를 적극적으로 개진하였고, 이런 점에서 중국과 러시아 공화국간에는 이념과 체제의 문제에서 비롯되는 분쟁과 갈등이 재연될 수 있는 소지를 안고 있었다. 그러나 덩샤오핑을 중심으로 한 중국의 개혁 지도부는 천안문 사건 이후에도 여전히 개혁과 개방을 추진하려고 했고, 미국과 소련 등 강대국간의 관계가 과거와 같이 이념과 체제의 문제로 경직되는 것을 방지하려고 노력하였다.

따라서 중국은 가급적 조기에 천안문 사태를 수습하고, 미국의 관심사인 중국의 인권문제, 핵확산 문제와 무기수출 문제, 그리고 무역마찰 문제 등에 대해서 해명하기도 하고 부분적 개선을 약속하기도 하였으며, 소련 문제에 대해서도 대단히 조심스럽고 신중한 자세를 견지하였다. 이를테면, 1991년 8월 고르바초프의 급진 개혁을 비판하고, 사회주의체제 옹호를 명분으로 봉기한 일부 소련군의 쿠데타 발생에 대해서도 중국은 찬반 표시를 하지 않았다. 그 이후 소련 연방 해체와 탈 사회주의를 표방하는 러시아 공화국의 등장에 대해서도 중국 지도부는 내정불간섭의 원칙을 강조하면서 공식적인 논평을 자제함으로써 러시아와의 체제 및 이념논쟁이 재연되는 것을 경계하였다.

그러나 1990년대 초 중국과 소련-러시아 내부에서는 각기 중요한 대외정책 논쟁이 진행되고 있었다. 중국 사회 내부에서도 탈냉전시대의 새로운 조건에서 미국의 패권주의를 견제하기 위해서도 러시아와의 관계 개선을 적극적으로 추진해야 한다는 의견과, 서방과의 관계 개선에 더 중점을 두어야 한다는 견해가 미묘한 차이를 보이고 있는 가운데, 소련-러시아에서도 중국 문제를 둘러싸고 중국과의 협력을 강조하는 정파들과 중국위협론을 제기하는 세력들 간의 논쟁이 전개되고 있었다. 이런 내부적 인식의 불일치 때문에 1990년대 초 중·러 관계는 여전히 표류했지만, 탈냉전시대가 본격적으로 전개되면서 새로운 국제 환경과 개혁개방을 통한 경제발전 추진의 필요성은 중국과 러시아로 하여금 긴밀한 전략적 동반자관계를 구축할 수 있게 하였다.

다시 말해 첫째, 구소련의 몰락과 러시아 공화국의 등장이라는 세력균형의 변화로 전통적 '소련 위협' 요인은 소멸되었고, 그 대신 탈냉전시대의 일초다강(一超多强) 구도에서 미국의 패권주의를 견제해야 한다는 전략적 공동 이익이 제기되고 있다. 둘째, 개혁개방을 통한 경제발전을 추구하기 위한 상호 경제교류와 협력의 필요성이 확대되고 있다. 셋째, 국경지역의 안정화를 위해서도 양국의 협력이 필요하기 때문에 21세기 양국관계는 상당기간 전략적 동반자관계를 지향할 수 있게 되었다.

(1) 탈냉전시대의 전략적 동반자

소련의 몰락과 동구 사회주의 국가들의 붕괴는 기존의 냉전구조를 근본적으로 변화시키는 일대 혁명적인 사태이었다. 그것은 좁은 의미에서는 소련 주변의 정치·군사·안보 지도의 재편을 의미하는 것이었고, 세계적인 차원에서는 냉전구도의 개편을 의미하는 것이었다. 이미 잘 알려진 바와 같이 구소련은 유럽과 아시아를 잇는 방대한 영토와 인구, 그리고 가공할 만한 핵무장을 통해 세계를 위협할 수 있는 초강대국이었고, 거대한 제국이었다. 이런 '소련의 위협'은 미·중간 전략적 협력의 촉진제이었고, 중·소관계 개선을 저해하는 요인이었다.

그러나 이러한 소련 연방의 해체는 바로 '소련 위협'의 소멸을 의미하는 것이었다. 구소련 붕괴 직전 소련은 2억 8천만 명의 인구와 3,200만㎢의 영토를 가진 초대형 핵무장 국가였지만, 소련 연방이 붕괴되면서 러시아의 인구는 약 1억 4천만 명, 영토는 1,700만㎢로 줄었고, 러시아는 GNP차원에서 구소련의 70%, 군사력은 66%로 감소되었다. 또한 소련 연방의 붕괴와 바르샤바 조약국들의 해체로 말미암아 러시아는 이제 유럽의 중심에서 밀려나게 되었으며, 중앙아시아에서도 키르기스스탄, 타지키스탄, 우즈베키스탄 등 3개국이 독립하면서 상당한 영토와 국경선을 상실하게 되었다. 또한 내부적 혼란과 경제체제의 붕괴 등으로 상당 기간 러시아는 초강대국으로서의 소련 연방시대와 같은 세계적 위협이 될 수 없는 형편이었다.

이처럼 러시아의 약화로 인하여 양대 초강대국간 힘의 균형에 근거한 냉전질서는 사실상 붕괴되면서 다극체제적 경향도 대두하고 있지만, 동시에 미국중심의 일극체제적 경향도 대두하고 있다. 걸프전쟁에서 코소보 사태, 그리고 최근 이라크전쟁에 이르기까지 세계적인 차원에서 미국의 '패권주의'에 대한 경계심이 확산되면서 중국과 러시아는 세계적 차원에서 미국을 견제하기 위해서 '전략적 동반자관계'를 모색하게 되었다. 천안문 사태 이후 중국의 민주화를 요구하는 미국과 서방세계의 압력에 대응하기 위해서 중국은 러시아와의 협력이 필요했고, 러시아 역시 세계적 차원에서 중국과의 전략적 협력을 통해 미국의 일방주의를 견제할 뿐만 아니라, 시베리아를 중심으로 러시아의 경제발전을 촉진하기 위해서도 중국과의 협력이 필요하였다.

따라서 1992년 중국은 덩샤오핑의 '남순강화'(南巡講話)를 통해 개혁개방의 지속적 추진을 선언하면서 러시아와의 관계 개선을 적극적으로 추진했고, 러시아 역시 옐친 주도의 러시아 공화국이 등장하면서 고르바초프에 의하여 추진되었던 중국과의 관계 개선 정책을 전면적으로 계승한다고 선언하였다. 이어 1992년 9월에는 대만의 러시아 대표사무소를 폐쇄함으로써 대만문제에 대해 중국의 입장을 지지한다는 점을 명확히 하였고, 1992년 12월에는 옐친 대통령이 중국을 방문, 장쩌민 총서기와 정상회담을 가지고 양국이 '우호국가'임을 선언하였다.

1992년 중·러 정상회담에서 옐친 대통령은 대만이 중국의 일부라는 점을 재확인하고, 대만문제로 중국을 공격하는 세력에 러시아가 가담하지 않을 것을 약속하였으며, 미국의 패권주의에 공동으로 반대하고, 군사협력 가능성도 시사하였다. 1992년 정상회담 이후 양국 정상은 정규적으로 상호 교환 방문을 통해 양국이 전략적 동반자관계임을 확인하면서 양국의 협력 범위를 확대하고 있다. 이를테면, 1994년 중국과 러시아는 상대 국가에게 핵무기를 사용한 선제공격이나 상대 국가를 핵공격 대상으로 삼지 않겠다는 점을 상호 확인했으며, 1996년의 정상회담에서는 대만사태로 중·미관계가 악화된 이후에도 여전히 중국과 러시아는 전략적 협력관계를 확대 발전할 것을 다짐하였다. 1997년에는 장쩌민 주석이 모스크바를 방문, 옐친 대통령과 5차 정상회담을 개최하고, 세계의 다극화 경향과 신국제질서 건설을 강조하면서 미국의 패권주의를 경계하였다. 또한 NATO의 군사 블록화를 경고하면서 이념과 체제의 차이를 빌미로 타국의 내정에 간섭하는 것에 반대한다는 입장을 표명하였다.

2001년에 양국은 정상회담을 통해 마침내 향후 20년 동안 지속될 새로운 '친선·우호 협력조약'을 체결, 양국간 '전략적 동반자관계'의 토대를 구축하는 데 성공하였다. 이를 계기로 중국과 러시아는 ① 경제무역과 과학기술 분야에서의 협력, ② 국경지역에서의 협력, ③ 지난 1996년 이후 협의된 중국과 러시아 및 중앙아시아 국가들의 이른바 상하이 5개국간 국경지역에서의 상호 신뢰구축과 평화와 안정 유지 협력, ④ 세계적인 차원에서 안정적이고 민주적이며 공정한 신국제질서 구축을 위한 협력, ⑤ 탄도탄요격미사일(ABM; Anti-Ballistic Missile) 협정 준수 등을 천명하였다.

이처럼 중국과 러시아는 미국의 '패권주의'를 견제한다는 공통적인 전략적 목표를 공유하면서 양국간의 협력은 경제와 무역 분야에서뿐만 아니라 군사 안보 분야에서도 괄목할 만한 진전을 만들어내고 있다. 이를테면, 중국은 1992년에 러시아로부터 수호이 전투기(Su-27) 등을 구입하기로 하였고, 1995년 경부터 러시아제 잠수함을 구입하기 시작했으며, 1997년경부터 소련의 군사 기술 이전을 통해 자체 내에서 신예 전투기를 생산할 수 있는 체제를 갖추게 되었다. 최근에도 중국은 상당 규모의 러시아 전투기와 잠수함 등을 구매하는 데 합의함으로써 중국의 군 현대화를 위해 러시아와 중국의 협력이 심화 확대되는 양상이다.

(2) 국경지대의 안정화와 소수민족에 대한 공동 대응

이와 같이 중국과 러시아는 전략적 공동이익을 바탕으로 양국간의 오랜 현안 문제였던 국경문제도 상당 부분 해결하였고, 국경지대의 안정화를 위해 공동 협력하고 있다. 사실, 중국과 소련 및 러시아간 국경선이 길고, 그만큼 분쟁지역도 많지만, 여러 차례의 협상을 통해 대부분의 문제가 해결되었다.

1989년에 이미 중국과 소련은 국경지역에서의 신뢰구축에 관한 조치에 합의하였고, 1990년대에 본격적으로 영토분쟁 문제에 대한 협상을 추진하였다. 특히 지난 수년간 장쩌민과 옐친의 여러 차례에 걸친 정상회담을 통해 과거 중국과 소련-러시아간에 제기되었던 대부분의 영토분쟁 문제를 해결하고, 1999년 12월에는 중·러 국경조약 의정서를 교환하였다. 그 이후 중국과 소련의 지도자들은 꾸준히 4만 3천km에 이르는 양국 국경선을 획정하는 문제에 대해 협의하였다.

그 결과, 서부 지역의 국경선 문제를 획정하는 데 먼저 합의하였고, 2004년 10월 푸틴(Vladimir Vladimirovich Putin) 러시아 대통령의 중국 방문 때 푸틴과 후진타오 정상회담에서 합의한 원칙에 따라서 2005년도에는 마침내 '중·러 동쪽 국경에 관한 보충 협정'에 서명함으로써 중국과 러시아는 사실상 국경문제를 완전히 해결했다고 할 수 있게 되었다.13) 사실 중국과 러시아의 국경선 문제는 멀게는 1689년 '네르친스크 조약'에서부터, 가까이는 1960년대 중·소

---

13) 중국과 러시아의 국경문제 타결 소식에 대해서는 "中俄邊境劃界內幕 : 談了四十多年穩固千里疆界," 『環球時報』(2004/12/01) 참조.

분쟁 때부터 두 나라 관계 발전의 발목을 잡아온 가장 어려운 문제 중의 하나였다. 따라서 두 나라는 1964년 2월부터 국경 획정 교섭에 착수하였고, 특히, 1991년부터는 하바로프스크 일대 하천 국경의 섬들을 대상으로 국경 획정 작업이 본격화되었다. 따라서 1991년부터 이후 양국의 협상을 통해 1999년 말까지 1,281개 섬이 중국령, 1,163개 섬이 러시아령으로 정리되었다. 그리고 아래의 〈그림 7-1〉이 보여주는 바와 같이 그동안 쟁점으로 남아 있던 아무르 강 주변의 3개의 섬에 대한 영유권 문제를 해결하는 데 성공함으로써 실로 41년 만에 중국과 러시아는 국경문제를 완전히 해결할 수 있었다.14)

〈그림 7-1〉 중·러 국경분쟁 해결 지역

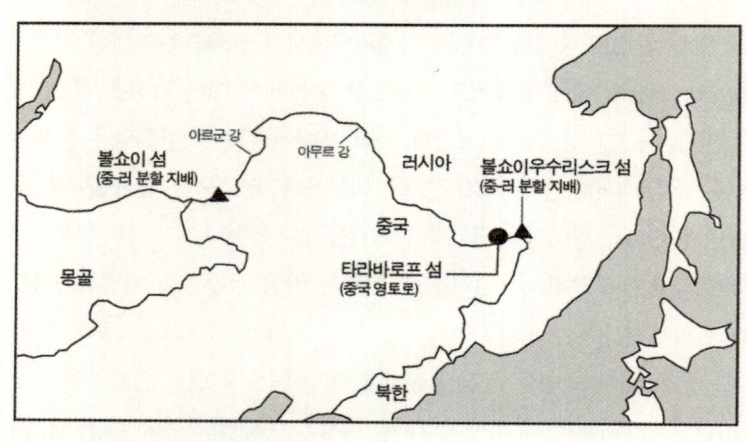

그런데 국경선 획정문제는 중국과 러시아만의 문제가 아니었다. 따라서 중국과 러시아는 쌍무 협상을 계속하면서도 1996년 4월에 중국, 러시아, 그리고 구소련으로부터 분리 독립한 중앙아시아 3개국, 키르기스스탄, 카자흐스탄, 타

---

14) 41년만의 국경문제 타결에 대한 해설은, "中國境交涉, 41年ぶりで決着へ6月に協定が發效,"『朝日新聞』(2005/05/29) 참조.

지크스탄 등 이른바 상하이 5개국이 협의기구를 만들고, 이를 통해 국경선 획정 및 국경지대 안정화 방안을 모색하였다. 1999년에는 위의 5개국 정상들이 비슈케트에서 정상회담을 가지고, 국경분쟁 문제를 해결하고, 지역안보와 경제협력을 적극적으로 추진하기로 합의한 공동선언을 발표함으로써 중국과 러시아 및 중앙아시아 국가들의 관계가 본격적으로 발전할 수 있는 계기가 마련되었다. 최근에는 상하이 5개국 이외에 추가로 우즈베키스탄이 가담하여 상하이 6개국 협의기구로 확대 발전하였고, 2002년에는 상하이 6개국이 반테러 지역협력기구 수립 협정을 체결하였다.

    이와 같이 중국은 러시아와의 전략적 동반자관계를 확대하면서 오랫동안 중국의 안보위협이 되었던 국경분쟁 요인을 제거하였다. 이를 통해 지역적 안정과 경제발전을 추진할 수 있게 되었으며, 동시에 신장-위구르 성을 중심으로 활동하고 있는 이슬람 분리주의 운동을 억제할 수 있게 됨으로써 변경지역의 안정을 기대할 수 있게 되었다.

(3) 경제적 상호 이익의 추구

중국과 러시아는 모두 경제발전에 국정의 우선순위를 두고 있으며, 양국간의 관계 개선을 통해 상당한 경제적 실리도 획득할 수 있을 것이라고 기대하고 있다. 중국의 입장에서는 러시아와의 경제교류를 통해 낙후된 국경지대 및 서부지대의 발전을 촉진할 수 있고, 1993년 이후에는 부족한 에너지를 러시아로부터의 수입을 통해 보충할 수 있었다. 러시아는 중국과의 국경무역을 통해 시베리아 개발을 촉진하고, 한 걸음 더 나아가 중국과의 경제협력을 통해 역동적인 동아시아 경제와 연결될 수 있기 때문에 양국의 경제협력과 교류에 대한 기대는 높다고 할 수 있다.

    따라서 아래의 〈표 7-1〉이 보여주는 것과 같이 제한적인 범위에서나마 두 나라의 경제교류는 꾸준히 증가하고 있는 추세이다.

〈표 7-1〉 중국과 러시아의 교역액 (1991~2003)

(단위: 억 달러)

1991	1993	1995	1997	2000	2001	2002	2003
20.8	76.8	54.6	61.2	80.0	106.7	119.3	157.6

출처: 중국 상무부 제공 자료.

이와 같이 중국과 러시아의 경제교류는 양국의 국교 정상화 이후 증대되고 있고, 그 중요성도 확대되고 있지만, 주목할 점은 아래의 〈표 7-2〉에서 알 수 있듯이 교역량으로만 따지면 중국에게 러시아의 경제적 중요성은 미국이나 일본의 경제적 비중과는 비교가 되지 않고, 한국에도 크게 못 미친다는 점이다. 마찬가지로 러시아 경제에서 중국이 차지하고 있는 비중도 여전히 제한적이라고 하겠다.

〈표 7-2〉 중국의 10대 무역상대국 (2002년)

(단위: 억 달러, %)

순위	나라별 (지역)	1~12월	점유율
1	일 본	1,019.1	16.4
2	미 국	971.8	15.7
3	EU 연합	867.6	14.0
4	홍 콩	692.1	11.1
5	ASEAN	547.7	8.8
6	대 만	446.5	7.2
7	한 국	440.7	7.1
8	러 시 아	119.3	1.9
9	호 주	104.4	1.7
10	캐 나 다	79.3	1.3
	기 타	919.2	14.8
총 액		6,207.7	100.0

출처: 중국 상무부 제공 자료.

〈표 7-2〉는 2002년도 중국의 10대 무역 상대국들의 무역액과 중국의 총 무역액 중에서 개별 국가들과의 무역이 차지하는 비중을 보여주고 있다. 이 표를 통해 알 수 있는 사실은 중국의 대외무역의 약 85.2%가 10대 교역 상대국과의 무역에 의존하고 있으며, 그 중에서도 일본과 미국과의 교역 비중이 대단히 크다는 것이다. 미국과 일본과의 수출입이 중국의 전체 교역량의 32.1%를 차지한다는 것만을 보아도 중국의 대외경제에서 미국과 일본이 차지하고 있는 비중을 짐작할 수 있다. 여기에 비하면 러시아와의 경제교류를 통한 교역량은 생각보다 적다고 볼 수 있다.

앞의 표가 보여주는 것처럼, 러시아는 중국의 8대 교역 상대국이기는 하지만, 중국과의 교역량은 중국의 전체 교역량 중에서 겨우 1.9%밖에 차지하지 못한 수준이며, 그것은 한국이나 대만과의 교역량보다도 상당히 적은 액수이다. 다시 말해서 경제적 측면에서 양국관계는 전략적 차원에서의 협력관계보다 제한적이라고 할 수 있다. 이처럼 중국과 러시아의 경제협력 수준과 정도가 제한적인 이유는 러시아 경제가 아직도 본격적인 발전 궤도에 올라서지 못한 상태이고, 중국과 러시아 경제의 상호보완성이 아직도 제한적이기 때문이다. 다시 말해 러시아와 중국 경제의 상호보완성보다는 러시아와 중국 경제가 각기 미국과 일본, 유럽 경제에 의존하고 있는 정도보다 더 크기 때문에 중국과 러시아의 상호 경제교류보다 중국과 러시아가 미국이나 일본 등과의 교류에 더 큰 비중을 두고 있는 것이다.

(4) **전략적 동반자관계의 한계와 문제점**

이처럼 탈냉전시대에 중국과 러시아는 일초다강의 구도하에서 미국의 패권주의를 견제하기 위해 긴밀한 전략적 협력관계를 형성하였고, 이러한 전략적 유대관계를 기초로 다방면의 상호 협력을 확대하면서 동반자적 관계를 과시하고 있다. 즉, 중국과 러시아의 전략적 동반자관계는 미국의 패권주의에 대한 공통의 경계심에서 출발한 것이기 때문에, 탈냉전시대에 유일 초강대국으로서 미국의 영향력이 지속되는 한 계속될 것이다.

그러나 탈냉전시대의 중국과 러시아의 전략적 동반자관계에는 일정한 한계가 있다. 원래 동반자관계라는 개념에는 동맹관계와는 달리 제3의 적대 국가를 상정하지 않는 우호관계를 의미하는 것이므로 중국과 러시아의 동반자관계를 유지하는 데 미국이라는 제3자와의 적대적 관계를 전제하고 있는 것은 아니다. 비록 미국의 패권주의에 대한 공통의 경계심을 가지고 있고, 그런 공통의 경계심에서 중국과 러시아의 전략적 동반자관계가 촉발되고 유지되고 있는 것이지만, 그렇다고 해서 중국과 러시아의 동반자관계를 견지하기 위해서 미국과의 갈등이 전제되는 것은 아니라는 것이다.

오히려 중국이나 러시아는 양국간의 전략적 동반자관계를 유지하면서도 미국과의 관계도 긴밀하게 견지하려고 하고 있다. 어떻게 보면 미국과의 관계를 보다 유리하게 이끌어가기 위해 중국과 러시아는 양국간 전략적 동반자관계라는 카드를 활용하고 있는 측면도 크다고 하겠다. 그것은 경제발전과 현대화라는 국가적 목표를 달성하기 위해서 중국이나 러시아에게 있어서 미국과의 관계가 더 중요하기 때문이다. 이런 점에서 중·러간의 동반자관계는 냉전시대의 동맹관계와 그 성격이 전혀 다르고, 그 긴밀함의 정도 역시 비교가 되지 않는다. 사실, 중국과 러시아간의 전략적 동반자관계가 안고 있는 한계와 문제점은 예상보다 많다고 하겠다.

우선 역사적으로 두 나라 국민들 사이의 상호 불신이 뿌리 깊게 남아 있고, 중국과 러시아의 체제와 이념의 차이에서 비롯되는 잠재적 갈등요인도 그대로 남아 있다. 경제적 차원에서도 마찰의 소지가 있고, 방대한 국경지대에서 유목민과 개척민들의 이동과정에서 언제든지 다시 국경분쟁이 재연될 수 있기 때문이다. 특히, 러시아 극동의 방대한 지역에 러시아 주민 800만 명이 거주하고 있고, 중국의 동북지역에는 약 1억 명의 중국인들이 거주하고 있는 형편이어서 러시아 극동지역은 중국의 인구 폭탄 압력을 받고 있는 형국이다. 이런 상황에서 중국인들이 국경선을 넘어 러시아 극동지역으로 이주하려고 한다면 국경 및 영토분쟁은 재연될 것이며, 중국과 러시아의 전략적 협력관계도 시련을 맞게 될 것이다.

제8장

중·일관계 : 협력과 경쟁, 갈등의 3중주

> 한국과 일본, 그리고 중국과 일본을 흔히 '가깝고도 먼 나라'라고 한다. 매우 가깝고 상호의존적이면서도 서로에게 심리적으로 낯설고, 때로는 적대적이기까지 한 '먼 나라'로 느껴지는 복잡 미묘한 상호관계를 형성하고 있기 때문이다. 탈냉전시대에 중국과 일본은 경제적으로 서로 뗄레야 뗄 수 없는 밀접한 상호의존적 관계를 발전시켜 가면서도 동시에 양국관계의 상호 경쟁적이고 갈등적인 성향도 증폭됨으로써, 21세기 동아시아 정세 전망이 불투명해지고 있다. 과연 21세기 동아시아에서 중국과 일본은 상호의존적이고 호혜적인 관계를 확대할 수 있을 것인가, 아니면 양국관계는 경쟁적이고 적대적인 관계로 악화되어 마침내 동아시아 전체의 불안정을 심화시킬 것인가는 중요한 문제라 하지 않을 수 없다.
>
> 이러한 문제의식하에 이 단원에서는 제2차 세계대전 이후 동아시아에서의 중국과 일본의 관계를 시대별로 개괄적으로 구분하고, 각 시대별 특징과 이슈를 간략히 살펴보면서 중국과 일본의 상호 협력을 증진시키는 요소와 상호 경쟁과 갈등을 증폭시키는 요소는 각각 무엇인지를 규명해 보려고 하였다. 특히, 탈냉전시대 대아시아 전략의 차원에서 양국의 전략적 목표가 무엇인지 그리고 이들의 협력적·경쟁적 관계가 구체적으로 어떠한 이슈를 통하여 어떻게 표출되고 있는지를 살펴보려고 한다.

1. 중국과 일본 : 시대 구분과 그 특징

중·일관계 역시 국제적·구조적 조건에 따라 그 기본 성격이 결정되지만, 그 구체적인 형태는 양국의 국내적 요인에 의하여 여러 가지 모습으로 표출되고 있다. 다시 말해, 냉전과 탈냉전시대 각각의 국제환경과 그 변화가 중국과 일본의 대외정책 기조에 영향을 주는 것은 틀림없는 사실이지만, 동시에 양국의 국내적 상황이 양국간 협력과 경쟁, 갈등에 영향을 미친다고 할 수 있다. 이러한 점에서 중·일관계를 냉전시대와 탈냉전시대로 양분하고, 다시 냉전시대를 대결적 냉전시대의 '비정상적 관계'(1949~1971)와 데탕트시대의 '국교 정상화와 평화우호조약의 시기'(1972~1989)로, 탈냉전시대를 '천안문 사건 이후 평화와 발전의 동반자관계 모색 시기'(1989~1998)와 '탈냉전의 협력, 경쟁, 갈등의 불안정한 시기'(1999~현재)로 다시 구분할 수 있겠다. 이와 같은 시대구분에서 알 수 있는 것처럼 양국관계의 기본적인 틀은 세계적인 수준에서의 냉전-데탕트-탈냉전 I-탈냉전 II라는 조건들에 의해 결정되었지만, 그것의 구체적 표출 내용은 역시 양국의 국내적 조건과 요구를 반영하고 있다고 하겠다.

이를테면 대결적 냉전 상황에서도 중국과 일본의 국내적 여건은 양국간 협력, 특히 경제적 협력을 탐색하도록 만들었으며, 이러한 국내적 요구가 마침내 데탕트 시대를 맞아 국교 정상화를 실현하게 했다는 것이다. 사실, 냉전의 구속력이 이완되면서 양국관계에서는 국내적 요인이 더욱 중요한 작용을 하고 있다고 하겠다. 일반적으로 말해서 냉전시대보다는 탈냉전시대에 국제적·구조적 구속력은 약화되고, 국내적 요인이 대외정책에 보다 중요한 영향을 미친다고 할 수 있다.

그런데 역설적인 현상은 과거 냉전시대에는 국제환경이 대결과 갈등을, 그리고 국내적 요인이 상호 협력을 촉진했다면, 탈냉전시대에 들어서는 이것이 전혀 반대로 작동하고 있다는 사실이다. 즉, 탈냉전시대의 국제적·구조적 조건은 양국간 협력과 공존을 촉진하고 있지만, 양국의 국내적 요인들로 말미암아 양국간 경쟁과 갈등은 오히려 확대되고 있는 것이다. 특히 탈냉전시대에 들어서면서 이념과 체제의 구속력이 약화되고, 냉전시대와 같은 강대국간 세력대결이 완화되면서 이념과 힘의 공백이 발생하였는데, 그 공백을 민족주의가 차지하였다. 이러한 민족주의가 조성하는 국내적 여건은 양국간 협력보다는 경쟁과 갈등을 촉발하고 있는 것이다. 이러한 점에서 탈냉전시대의 중·일관계는 국제적 조건보다는 양국의 국내적 여건, 특히 양국에서 등장하고 있는 민족주의를 어떻게 순치하고 세계화의 일반 추세와 융합시킬 것인가에 달려 있다고 해도 과언이 아니다.

(1) '비정상적 관계' (1949~1971)

잘 알려진 바와 같이 중국은 1949년 10월 1일 중화인민공화국 수립을 선포하기 이전부터 이미 소련 일변도를 선언하였고, 1950년 중·소 우호동맹조약을 체결하였다. 이후 한국전쟁 참전을 계기로 중국은 확실하게 소련을 중심으로 형성되기 시작한 소련-중국-북한의 북방 3각 동맹의 일원이 되었다. 한편, 일본은 제2차 세계대전의 패전국으로 미군 점령하에서 전후 개조의 대상이 되었지만, 한국전쟁을 계기로 동아시아에서 미·소 대결구조가 격화됨에 따라 미국의 아시아 전초기지로서의 중요성이 인정되어 아시아에서 미국의 가장 중요한 동맹국으로 재등장하게 되었다.

일본은 1951년 9월 소련과 중국을 배제하고 개최된 샌프란시스코 강화회의에서 미국 및 서방세계와 평화조약을 체결하고, 동시에 미국과 개별적인 안전보장조약을 체결함으로써 미국이 주도하는 한국-일본-미국의 남방 3각 동맹의 일원으로 국제무대에 재등장하게 된 것이다. 그런데 이러한 역사적 전환기에 일본은 샌프란시스코 강화조약 이후 미국의 대중국 봉쇄정책에 순응하여 1952년 4월에 대만의 중화민국정부와 평화조약(日華平和條約)을 체결하고, 대만의 국민당 정권을 중국을 대표하는 유일합법 정통정부로 인정하는 입장을 취하지 않을 수 없었다. 따라서 일본과 중화인민공화국은 1972년까지는 '비정상적' 관계에 놓여 있었다.[1]

---

[1] 냉전시대 중·일관계에 대해서는 田中明彦, 『日中關係 : 1945-1990』(東京大學出版會, 1991) 참조.

이처럼 중국과 일본은 중·소 동맹과 미·일 안보동맹조약을 통하여 미국과 소련이 중심이 된 양대 진영에 소속되어 잠재적인 적대관계를 견지하게 되었지만, 냉전시대에 양국이 직접 충돌하거나 대립하는 경우는 별로 많지 않았다. 물론 냉전의 논리에 따라서 중국은 일본의 '군국주의 부활 위험성'을, 그리고 일본은 '중국 공산주의 세력의 호전성'을 경계하고, 상호 비판하기도 하였다. 그러나 양측은 가급적 경제교류와 대화채널을 유지하면서 양국관계가 심각한 대립 상태로 악화되는 것을 방지하려고 하였고, 또 상대방을 직접적 위협의 대상자로 간주하지도 않았다. 사실, 냉전적 상황에서 서로 다른 진영에 소속된 중국과 일본이 상호 적대적인 관계가 되는 것은 회피할 수 없는 일이었지만, 양국은 각자 상대방을 직접적인 안보위협으로 간주하기보다는 다른 강대국의 위협을 더 민감하게 받아들였다. 즉, 중국에게 직접적인 안보위협이 1950년대와 1960년대에는 미국, 1960년대 후반 이후에는 소련이었다면, 냉전시대 일본에 대한 안보위협은 중국보다는 소련이었던 것이다.

이처럼 중국과 일본은 냉전시대에 적대적 진영에 속해 있으면서도 서로를 직접적인 위협으로 인식하지 않았기 때문에 오히려 국내적으로 관계 개선의 필요성에 대한 인식이 확산될 수 있었다. 사실 중국과 일본은 침략과 피침략의 구원(舊怨)이 있지만, 역사·문화적으로뿐만 아니라 경제적으로도 깊은 상호 유대관계를 가지고 있었기 때문에 냉전적 상황에서도 양국간 상호관계를 인위적으로 단절시키는 데는 많은 무리가 있었다. 이에 따라 중국과 일본에서는 내부적으로, 정치·안보·군사 면에서는 냉전적 대결관계를 회피할 수 없지만, 정경분리를 강조하면서 경제교류를 지속하려는 욕구가 증대되었다.

따라서 이와 같은 양국의 국내적 필요를 반영하여 1952년 6월에는 제1차 중·일 민간무역협정이 체결되었고, 1953년에 제2차 협정이, 그리고 1955년에 제3차 협정이 거듭 체결되었다. 이와 함께 양국간 무역량이 급속도로 증가하였는데, 1956년에는 양국간 무역량이 약 1억 5천만 달러로 1952년에 대비하여 무려 10배나 증가했다.[2] 물론 이러한 양국간 경제교류가 순탄하게만 진행된 것은 아니었다. 1958년 3월 제4차 무역협정에서 중국은 과거와 달리 통상대표부에 자국 국기 게양권이 부여되어야 한다고 주장하면서 정경분리 원칙에 정면으로 도전하였다. 이에 대해 미국과 대만이, 중국 통상대표부에게 국기 게양권을 인정한다면 이는 사실상 국교관계에 준하는 행위이며, 그것은 기존 냉전질서의 파괴를 의미하는 것이라며 강력히 반발함으로써 일본과 중국 정부의 협상은 좌초되었고, 양국관계는 퇴보를 겪기도 하였다.3)

그러나 1960년대 들어 중·소분쟁이 확대되면서 소련과의 경제협력이 축소되어 중국은 일본과의 경제협력의 필요성을 더욱 절감하게 되었다. 따라서 중국이 오히려 일본과의 경제교류에 유연한 입장을 취하였고, 이에 부응하여 일본도 중국과의 교역 재개에 적극적으로 나서게 되었다. 양국이 1962년에 민간 무역 각서를 체결하고, 1964년에는 외교특권을 가지지 않는 무역대표부의 설치에 합의하면서 무역총액도 급속도로 증가하였다. 더구나 1965년 이후 중·소분쟁이 악화되면서 중국과 소련의 교역액이 급속도로 감소하여, 오히려 일본이 소련을 대신하여 중국의 제1의 무역상대국으로 부상하였다. 사실 양국간 무역량은 1963년에 1억 3천 7백만 달러에 불과했지만, 1964년 3억 1천만 달러, 1965년에는 4억 7천만 달러 그리고 문화혁명 직전인 1966년에는 6억 2천백만 달러로 급증하였다.4)

이처럼 중국과 일본은 이미 실용적 경제이익의 차원에서 상호 교류의 필요성을 인식하고 있었고, 더구나 중국의 입장에서는 소련의 공백을 대신해 줄 수 있다는 점에서도 일본과의 경제 교류·협력이 필요하였기 때문에 양국간 경제교류와 인적 교류는 꾸준히 증가되는 추세였다. 그러나 냉전적 상황은 여

---

2) 조정남, "아시아 패권질서와 중·일관계," 서진영 외, 『중국의 대외관계 : 동북아 신질서와 중국』 (고려대학교 아세아문제연구소, 2000), pp. 133-174 참조.
3) 제4차 중·일 민간무역협정과 나가사키 국기사건(長崎 國旗事件)에 대해서는 田中明彦, 앞의 책, pp. 49-52 참조.
4) 1960년대 중·일간 교역량에 대해서는 A. Doak Barnett, *China and the Major Powers in East Asia* (Washington, D. C.: Brookings Institution, 1977), p. 107 참조.

전히 양국간 협력을 제한하고 있었다. 특히 1965년을 전후로 베트남전쟁이 격화되고 미국의 베트남전쟁 개입이 본격화됨에 따라, 일본의 사토(佐藤榮作) 내각은 강력한 미·일 안보협력을 표방하면서 중국에 대해서도 적대적 태도를 감추지 않았다. 중국 역시 문화대혁명의 분위기에 휩싸여 사토 내각을 미제국주의의 앞잡이며, 수구 반동세력의 대변자라고 격렬하게 비판함으로써 중·일 관계는 다시 악화되었다. 특히, 1969년 닉슨-사토 정상회담 이후 발표된 공동성명에서 사토 총리는 "한국의 안전은 일본 자신의 안전에 긴요하고 …… 대만지역의 평화와 안전 유지도 일본의 안전에 있어서 중요한 요소"라고 선언하여 중국의 격렬한 비판을 촉발하였다.5) 이처럼 사토 내각의 강경 반공노선과 문화대혁명의 좌파 사상을 의식한 중국의 격렬한 '미제국주의와 소련의 수정주의, 그리고 일본의 군국주의'에 대한 비판이 서로 충돌하면서 중·일관계는 경제교류도 위협받을 만큼 악화되었던 것이다.

(2) 중·일 국교 정상화와 평화우호조약의 시대 (1972~1989)

앞에서 지적한 바와 같이 1960년대 후반기 양국관계는 중국과 일본에서 강경 좌파와 강경 우파가 득세하면서 최악의 대결국면으로 치닫는 것처럼 보였다. 그러나 이런 표면적 대결구도의 배후에서는 동아시아 냉전질서를 뒤흔드는 지각변동이 예고되고 있었다. 중·소대립이 격화되면서 중국에 대한 소련의 심각한 안보위협을 돌파하기 위하여 마오쩌둥과 저우언라이는 미국과의 관계 개선을 모색하고 있었고, 닉슨과 키신저 역시 베트남에서의 '명예로운 철군'의 명분을 찾고, 미군의 베트남 철수 이후 동아시아에서 소련의 팽창정책을 견제하기 위해 중국과의 협력이 필요하다고 인식하고 있었다. 이들의 대전략은 마침내

---

5) 1969년 11월 닉슨 미국 대통령과 사토 일본 총리의 정상회담 이후 발표될 공동성명 제4항에서 언급된 이른바 '한국-대만 조항'에 대해서는, 田中明彦, 앞의 책, p. 60 참조.

1972년 2월 닉슨이 중국을 방문하고, 중·미관계 개선을 선언한 상하이 공동성명이 발표됨으로써 현실화되었다.

이와 같은 중·미관계의 극적인 대변화에 대하여 일본도 큰 충격을 받지 않을 수 없었다. 특히, 사토내각은, 앞에서도 지적했지만, 미국의 베트남전쟁과 반공노선을 지지해 왔고, 중국과의 관계에서도 강경노선을 견지해 왔기 때문에 미국이 일본과 사전 협의 없이 대중국정책의 전환을 단행하자 충격을 받지 않을 수 없었고, 1972년 6월 퇴진을 발표하였다. 곧이어 7월에 중·일관계 정상화에 강력한 의욕을 표방한 다나카(田中角榮) 내각이 등장하여 그야말로 속전속결로 중·일 국교 정상화 교섭을 추진하였다. 마침내 1972년 9월 25일 다나카 총리가 중국을 방문하여 마오쩌둥, 저우언라이와 회담하고, 9월 20일에 중·일 양국은 국교 정상화를 선언하는 공동성명을 발표하게 되었다.6)

그렇다면 1972년 중·일 국교 정상화를 선언한 공동성명의 성격과 내용은 무엇인가? 1972년 2월의 중·미 상하이 공동성명과 마찬가지로 1972년 9월의 중·일 국교 정상화 공동성명도 당시 국제정세 변화의 반영인 동시에 양국간 이해관계의 절묘한 절충과 타협의 산물이라고 할 수 있었다. 동아시아 냉전질서의 지각변동을 초래한 중·미관계 개선의 전례를 따라 중국과 일본은 그동안 지속되어 왔던 '비정상적 관계'를 종식시키고, 정상적인 국교관계를 수립할 것에 합의하였다는 내용을 담고 있었던 것이다.

그런데 중·일 국교 정상화 과정에서 양국이 종래의 입장에서 조금씩 양보를 한 사실이 특히 주목된다. 이를테면 중국은 국교 정상화의 전제조건으로 요구했던 3개항의 조건을 모두 충족시킬 것을 요구하지 않았다. 중국은 과거 국교 정상화의 전제조건으로, ① 중국은 하나이며, 중화인민공화국이 중국을 대표하는 유일 합법적인 정부라는 사실을 인정하고, ② 대만은 중국의 일개

---

6) 1972년 9월 29일에 공표된 중·일 공동성명 전문은 중화인민공화국 외교부의 인터넷 홈페이지를 통해 지금도 접근할 수 있다. 中華人民共和國政府和日本國政府聯合聲明 (http://www.fmprc.gov.cn/chn/wjb/zzjg/yzs/gjlb/1281/1282/t5798.htm) 참조.

성이라는 사실을 인정하며, ③ 대만의 국민당 정부와 체결한 조약을 폐기할 것을 요구했던 것이다. 그러나 1972년 공동성명에서 양국은 일본이 중국이 제시한 '국교회복 3원칙'을 이해하고, 실현하려고 노력한다는 차원에서 타협했음을 알 수 있다. 다시 말해 공동성명에서 중화인민공화국이 중국을 대표하는 유일 합법정부라는 사실을 명백히 인정했지만, 대만문제와 관련된 두 가지 조건에 대해서 일본은 모호한 입장을 견지했던 것이다. 공동성명 제3항에서 일본은 대만이 중화인민공화국 영토의 불가분한 일부라는 중국 정부의 입장을 이해하고 존중한다면서, 일본은 포츠담 선언 제8조의 입장을 준수한다고만 기술하였다.[7] 그리고 제4항에서는 일본과 대만이 체결한 평화조약에 대해 전혀 언급을 하지 않고 중국과 일본의 국교 정상화를 선언하였다. 따라서 중국이 요구했던 국교회복 3원칙 중에서 1개항만이 명시적으로 공동성명에 반영되었고, 대만문제와 관련된 2개항에 대해서는 일본 정부가 이해하고 존중한다는 차원에서 양국이 타협한 것이다.

이처럼 중·일 국교 정상화를 성사시키기 위해 중국의 핵심 이해관계라고 할 수 있는 대만문제에 대해서 일정 부분 양보하고, 또 공동성명 제5항에서 일본에 대한 전쟁배상 요구까지도 '방기'하면서 중국이 얻어낸 것은 무엇인가? 물론 경제대국으로 부상하고 있는 일본의 경제 지원도 무시할 수 없는 것이었지만, 중국 지도부가 중시했던 것은 그러한 실용적이고 경제적인 이해관계보다는 소련의 패권에 대한 공동 견제의 필요성이었다. 다시 말해 중국은 소련과의 관계를 고려하여 신중한 입장을 견지하려는 일본을 설득하였고, 공동성명 제7항에 반(反)패권조항을 명기함으로써 중국은 미국과 일본을 반소 통일전선에 끌어들이는 데 성공한 것처럼 보였다.

---

7) 포츠담 선언 제8조란 대만은 중국에 귀속되어야 한다는 카이로 선언을 재확인한 것인데, 당시 오히라 외상은 일본은 원칙적인 입장을 표명한 것에 불과하다면서 일본은 대만이 중화인민공화국의 영토라고 말한 것이 아니라 중국의 일부라고 한 것이라고 재확인하였다. 이러한 점에 대해서는, Barnett, *op. cit.,* pp. 113-114 참조.

사실 1970년대 중국의 대외정책에서 가장 중요한 관심사는 소련의 압박과 포위를 돌파하는 것이었다. 소련의 팽창정책을 저지해야 한다는 전략적 목표와 이익 때문에 중국은 미국과 일본과의 관계 개선을 적극적으로 모색하였고, 아시아에서의 미국과 일본의 역할 확대를 오히려 촉구하는 경향도 보여주었다. 이를테면 중국은 미·일 안보조약을 긍정할 수는 없었지만, 소련의 위협이 현존하는 한 미국과 일본의 안보조약이 세력균형의 측면에서 긍정적인 기능을 수행한다고 지적하기도 하였고, 심지어 일본의 재무장에 대해서도 소련의 견제라는 차원에서 인정할 수 있다고 공언하기도 하였다.

이처럼 중국은 미국과 일본을 '반소 통일전선'에 끌어들이기 위해 종전과는 달리 '미국의 제국주의와 일본의 군국주의'에 대한 비난을 자제하고, 일본과의 교류 협력관계의 확대를 위해 노력하였다. 따라서 중국은 1974년에 일본과의 무역협정과 항공협정, 해운협정에 잇달아 서명하였고, 1975년에는 어업협정도 체결하였다. 이처럼 양국간 교류 협력을 위한 제도가 확립되면서 양국간 인적 교류도 급속도로 증가하였고, 중·일 무역도 다시 탄력을 받아 증가하기 시작하였다. 1972년에 11억 달러였던 중·일간 무역량은 1973년에 20억 달러를 초과하였고, 1974년 33억 달러, 그리고 1975년에는 38억 달러를 기록하였다. 그런데 한 가지 흥미로운 사실은 이 당시 중국은 일본의 대만과의 교역에 대하여 관대한 입장을 견지했기 때문에 중·일간의 무역량도 증가했지만, 동시에 일본과 대만간의 무역도 상당히 증가했다는 점이다.

이와 같이 반소 통일전선을 추구하는 전략적 필요에 따라 중국은 대만문제에 대한 불분명한 태도에도 불구하고 일본과의 협력을 확대하려고 하였다. 특히, 중국은 반패권조항을 단순히 선언하는 데 그치지 않고, 일본과의 우호관계를 법제화하는 평화우호조약을 통하여 다시 반패권 통일전선을 확인하려고 하였다. 그러나 일본은 중국과 소련에 대해 등거리 외교를 표방하면서 일본의 실리를 극대화하려고 하였고, 소련 역시 1970년대 중국이 추진하고 있는 반소 통일전선 구축 노력을 와해시키기 위해 미국과 일본을 상대로 다각적인 외교

공세를 전개하고 있었다. 이를테면 일본에 대해서는 시베리아 개발계획에의 참여와 북방 영토문제에 대한 협상 가능성을 제기하면서 중국의 반소 통일전선에 가담하지 말 것을 강력히 요구하였고, 또한 미국과는 SALT I 과 같은 대담한 군축협상에 합의하고, 미·소 협력을 바탕으로 한 데탕트시대의 개막을 약속함으로써 중국의 반소 연합전선을 약화시키려고 하였다.

이런 소련의 외교적 노력과 미국과 일본의 자국 이기주의, 그리고 무엇보다도 중국을 비롯한 미국과 일본의 국내적 여건 때문에 1972년 중·미관계 개선과 중·일 국교 정상화의 결과로 예상되었던 동아시아 냉전 질서의 극적 해체와 재구성은 더 이상 진척되지 못하였다. 1970년대 중국은 마오쩌둥과 저우언라이 등 핵심 지도자들의 노쇠화와 사망, 그리고 후계세력들의 극심한 분열과 대립으로 인하여, 미국은 닉슨 대통령이 워터게이트 사건으로 퇴진하면서 발생한 지도력의 공백 때문에, 그리고 일본도 다나카 내각이 금권정치 추문으로 붕괴하고, 뒤이은 미키(三木武夫) 내각마저 역시 록히드 사건 등 국내 문제에 휩쓸리면서, 공교롭게도 관련 3개국 모두 국내정치의 취약점 때문에 동아시아 냉전질서의 재편을 주도할 수 없는 입장이었다.

따라서 소련의 팽창정책을 견제하기 위한 중국-미국-일본의 협력관계 형성은 관련 3개국에서 안정적인 지도부가 등장하여, 국내외적으로 전략적 결단을 내릴 수 있는 여건이 조성된 1978년경에야 그 돌파구를 찾을 수 있었다. 이미 잘 알려진 바와 같이, 1978년 중국에서는 덩샤오핑을 중심으로 한 개혁파가 당과 국가의 주도권을 장악하고, 대담한 개혁개방을 추진하면서 미국과 일본의 협력을 절실하게 필요로 하고 있었다. 중국의 입장에서는 국내 경제발전을 추진하기 위해서도 미국과 일본의 자본과 기술 지원이 절실했지만, 베트남의 통일 이후 아프가니스탄에 대한 소련의 무력 개입, 베트남을 앞세운 인도차이나 반도에서의 소련과 베트남의 팽창주의 정책에 대응하기 위해서도 중국은 미국과 일본의 협력이 절실히 필요하였다. 미국과 일본의 입장에서도 한편으로는 아시아와 아프리카 등에서 그 영향력을 확대하고 있는 소련의 팽창주의에 대한 우려가 증대되고, 또 한편에서는 중국의 개혁개방에 대한 기대감도 컸기 때문에 양국 역시 중·미, 중·일관계 개선에 적극적으로 대응하였다. 반패권주의 조항 문제와 센카쿠[尖閣, 중국명 댜오위다오(釣魚島)] 열도 영유권 문제에 대한 우여곡절의 협상 끝에, 중·일 양국은 마침내 1978년 8월 12일 반패권조항을 포함시키는 대신 센카쿠-댜오위다오 문제를 보류하는 차원에서 타협하고, 중·일 평화우호조약을 체결하였다.8)

이처럼 소련 견제라는 전략적인 이해관계에 대한 합의를 바탕으로 1978년 평화우호조약을 체결한 이후 양국의 경제교류는 한층 더 확대 발전되었고, 양국 지도자들의 상호 방문을 비롯하여 여러 분야에서의 인적 교류도 활발하게 진행되었다. 이를테면, 1978년 10월 덩샤오핑은 일본을 방문하여 평화우호조약 비준서를 교환하는 자리에서, 양국의 민감한 영토문제인 센카쿠-댜오위다오 영유권 분쟁 문제를 보류할 수 있고, 미·일 안보협력을 이해하며 일본의 자위권을 인정한다고 언급하면서 양국의 상호 협력을 강조하였다. 이와 같은 중국의 적극적 자세에 부응하여 1979년 12월에 오히라(大平正芳) 일본 총리가 1972년 국교 정상화 이후 처음으로 중국을 방문하여 중·일 문화교류협정에 조인을 하고, 대규모 엔차관(円借款)을 제공하기로 약속하면서 문화와 경제적 차원에서 '중국 붐'을 촉발하였다.

---

8) 1978년 8월 12일, 중국과 일본의 외무부 장관이 서명한 "중화인민공화국과 일본국의 평화우호조약" 전문은 모두 5개조로 구성된 간단한 것이었다. 제1조는 평화 5원칙과 분쟁의 평화적 해결 원칙을 선언한 것이며, 제2조는 반패권주의 원칙을 제시한 것이고, 제3조는 양국간 경제, 문화 관계와 인적 교류 촉진을 기술한 것이며, 제4조는 이 조약으로 제3국과의 관계에 영향을 주지 않는다는 일본 측 요구를 수용한 것이며, 제5조는 유효기간 10년을 선언한 것이었다. 결국 이 조약의 핵심은 전략적 차원에서 중국이 주장한 반패권주의 원칙을 일본이 수용했다는 점과 양국의 긴밀한 경제·문화·인적 교류 협력을 약속한 최초의 법률적 효력을 가지는 국제문서라는 점이다. 1978년 평화우호조약 전문은 중화인민공화국 외교부 웹 사이트에서 찾아볼 수 있다. "中華人民共和國和日本國和平友好條約"(1978/08/12)(http://www.fmprc.gov.cn/chn/wjb/zzjg/yzs/gjlb/1281/1282/t5799.htm). 그리고 반패권조항 포함 문제를 둘러싼 중국과 일본의 협상 과정에 대해서는, 김동성, 『중공대외정책론』(법문사, 1988), pp. 144-150; 田中明彦, 앞의 책, pp. 85-106 참조.

이와 같은 우호적인 분위기에서 양국의 고위 지도자들의 상호 방문이 연이어 계속되었다. 1980년 5월에 중국의 국무원 총리로서는 처음으로 화궈펑(華國鋒) 총리가 일본을 방문했고, 1982년 6월에는 자오쯔양(趙紫陽) 총리가 일본을 방문하여 중·일관계의 3원칙, 즉, 평화우호(和平友好), 평등호혜(平等互利), 장기안정(長期穩定)의 원칙을 제시하였으며, 같은 해 중국을 방문한 일본의 스즈키 젠코(鈴木善幸) 총리는 중·일관계가 '성숙한 단계'에 들어섰다고 선언하였다. 1983년에는 후야오방(胡耀邦) 총리가 일본을 방문하여 나카소네 야스히로(中曾根康弘) 총리와 회담을 가지면서 앞의 중·일관계 3원칙에 상호신뢰를 첨가한 이른바 중·일관계 4원칙을 제시하고, 중·일 우호 21세기위원회를 구성, 운영하는 등 양국간 우호협력관계를 과시하였다. 1984년에는 나카소네 총리가 중국을 방문하고, 제2차 대규모 엔차관 제공에 합의하는 등, 이 시기는 역사상 유례없는 중·일 밀월시기라고 할 만하였다.9)

　이처럼 중·일간의 긴밀한 협력관계가 발전하는 가운데 양국간 마찰과 갈등이 없었던 것은 아니었다. 1982년 처음으로 '교과서 문제'가 제기되면서 중국과 일본의 서로 다른 역사 인식이 노출되기 시작했고, 1985년에는 나까소네 총리가 일본 총리로는 처음으로 야스쿠니신사(靖國神社)를 공식 참배하여 '일본 군국주의의 침략으로 막대한 피해를 입은 중국 인민은 물론 아시아 인민 대중들의 마음을 상하게 한' 사건이 벌어지기도 하였다. 그리고 1986년에는 제2차 교과서 논쟁이 재연되었고, 1987년에는 교토대학(京都大學)의 중국인 유학생 기숙사에 대한 대만의 소유권을 인정해 중·일 갈등을 격화시킨 광화랴오(光華寮) 재판사건이 발생하기도 하였다.10)

---

9) 1983년 말부터 1984년까지의 중·일관계를 "2천년의 역사 중에서 '가장 좋은 상태'(最良の狀態)이다"라고 평가한 것에 대해서는 일본 총리실과 협력관계에 있는 주간지, 『今週の日本』(1984/04/16) 참조.
10) 광화랴오라고 하는 것은 중국인 유학생들이 교토에서 전쟁 전부터 사용해오다가, 1952년 중화민국(대만)이 구입해 사용하고 있던 중국인 유학생 기숙사다. 그런데 이 기숙사의 소유권을 둘러싸고 1967년에 대만 측이 제소하여 소송 끝에 1977년 원고(대만) 패소로 사태가 마무리되

그런데 이런 교과서 논쟁이나 야스쿠니 신사 참배 문제, 그리고 광화랴오 재판사건과 같은 문제들은 모두 양국 국민의 감정과 역사 인식을 자극하는 것들이었기 때문에 '조용하게 해결할 수 있는 것'이 아니었다. 특히 중국에서는 이러한 이슈들이 제기되면서 의식 있는 대학생들이 중심이 되어 대중적인 차원에서 그동안 억압되었던 반일 감정을 격렬하게 표출하기도 하였다. 그러나 1986년을 전후로 중국 사회에서 폭발한 반일시위는 일본에 대한 경계심이나 혐오감의 표현이라기보다는 중국의 정체성을 찾고, 중국 사회의 민주화와 개방화를 요구하는 운동의 성격을 더 많이 가지고 있었다. 따라서 중국 정부는 반일 시위 초기 단계에서는 그것을 중·일 협상 과정에서 일본을 압박하는 수단으로 활용하려고 하였지만, 반일시위가 정치적 성격으로 확산될 것을 우려해 서둘러 봉합하려 하였다. 이러한 점에서 1980년대의 중·일관계는 양국간 서로 다른 역사 인식과 국민감정의 차원에서 갈등 요소를 안고 있었지만, 양국은 소련 팽창주의 견제와 같은 공통의 전략적 이해관계와 경제 실리의 차원에서 긴밀한 협력관계를 유지할 수 있었다고 하겠다.

(3) 천안문 사태 이후 '평화와 발전의 동반자관계 모색 시기'(1989~1998)

1989년은 중국뿐만 아니라 전 세계적 차원에서 대변혁기였다. 중국에서는 개혁개방으로 축적된 민주화 욕구가 마침내 천안문 사태라는 대규모 군중운동으로 폭발하면서 중국공산당 중심의 당-국가제도의 통제력에 심각한 도전을 야

는 것 같았다. 그러나 항소심인 오사카 고등재판소(大阪高裁)에서 1982년 원래 판결을 교토 지방재판소(京都地裁)로 파기환송하였다. 교토 지방재판소의 재심 결과 1986년 원고 승소의 판결이 나왔고, 오사카 고등재판소에서 1987년 2월 최종적으로 원고(대만)의 승소를 확정하였다. 이에 대해 중국은 재판이 처음부터 '두개의 중국론'에 입각한 것이었다고 주장하면서 반발했지만, 일본 정부는 사법부의 판단에 개입할 수 없다는 입장을 견지하였다. 이처럼 1982년과 1986년의 교과서 논쟁, 1985년의 야스쿠니 신사 참배 문제, 그리고 1986년의 광화랴오 재판사건에 대해서는, 田中明彦, 앞의 책, pp. 131-164 참조.

기하였고, 국제적으로는 소련과 동구에서 기존의 사회주의 체제가 몰락하면서 냉전 체제가 붕괴되는 대규모 지각변동이 진행되고 있었기 때문이다. 이러한 역사적 대전환기에 중국은 덩샤오핑을 중심으로 한 강경지도부가 민주화 시위를 무력으로 억압하면서도 안정 속의 발전을 표방하면서 기존의 개혁개방정책을 지속적으로 추진하려고 하였다. 그러나 천안문 광장에서의 유혈사태를 목격하면서 중국에 대하여 실망하였고, 소련과 동구의 몰락을 근거로 중국의 평화적 변화 가능성에 대한 기대가 높아졌을 뿐만 아니라, 소련에 대한 견제라는 전략적 공동이익이 더 이상 유효하지 않은 상황에서, 국제사회의 중국에 대한 태도는 냉전시대와 같이 우호적일 수만은 없는 것이었다. 특히, 천안문 사태 직후 미국을 중심으로 한 서방세계는 중국의 민주화운동에 대한 유혈탄압에 항의, 중국에 대한 경제제재를 단행하였다.

이와 같은 미국과 서방세계의 압박에 대항하기 위해 중국은 국내적으로 지도부 개편을 통해 정치안정을 구축하고, 지속적인 개혁개방을 추진하면서도, 대외적으로는 '도광양회'를 표방하여 미국 및 강대국과의 대결을 회피하면서 한국을 비롯한 중국 주변국과의 관계 개선을 적극적으로 모색하였다.11) 중국이 일본에 대해서도 과거보다 더 적극적으로 접근한 것은 두말할 나위가 없다. 사실 중국의 입장에서는 탈냉전시대가 전개되면서, 소련의 견제라는 차원에서 의미가 있었던 자신의 전략적 가치가 상실되면서 민주화와 인권을 명분으로 자신을 압박하고 있는 미국을 견제하기 위해서, 그리고 개혁개방에 필요한 외부 자본과 기술의 도입을 위해서 일본은 대단히 중요한 교역대상국이었기 때문에 중국은 일본과의 관계 개선에 대해 적극적이었다.

그러나 일본에게 중국의 가치는 과거와 같은 것이 아니었다. 특히, 천안문 사태와 탈냉전의 지각변동을 목도하면서 일본도 중국에 대한 과도한 환상에서 깨어나 중국을 비판적으로 인식하게 되었고, 또한 천안문 사태 직후에는 미국

---

11) 덩샤오핑의 도광양회 외교에 대해서는 이 책 제1장 제4절을 참조.

의 권고를 받아들여 중국에 대한 경제제재에 참여하기도 하였다. 그러나 일본 내부에서는 아시아에서 일본의 부상에 대하여 경계하고 있는 미국을 견제하기 위해서 또한 탈냉전시대에 일본의 경제 실리를 극대화하기 위해서도 중국에 대한 제재보다 오히려 중국과의 적극적인 교류협력이 유익하다는 견해가 지배적이었다.

사실, 1972년 중·일 수교 이후 활성화된 양국의 밀접한 경제관계는 이미 상당한 정도로 상호의존적 관계로 발전해 가고 있었다. 특히, 중국이 개혁개방을 적극적으로 추진하면서 양국의 경제교류는 대폭적으로 증가하였다. 이를테면, 양국간 무역규모는 1972년 말 현재 11억 달러에서 1989년 말 현재 197억 달러 수준으로 대폭 증가했으며, 1979년 이후 일본이 대중 엔차관 제공을 시작으로 다양한 경제 지원을 통해 중국 경제발전에 깊숙이 개입하게 되면서 중국 경제와 일본 경제의 상호의존성이 심화되었다. 따라서 일본은 미국이나 다른 서방국가들과는 달리 대중국 경제제재 해제와 중국과의 관계 개선을 위해 적극적일 수밖에 없었다. 일본의 경제적 실리를 위해서도 일본은 중국과의 관계 개선에 적극적으로 대응할 수밖에 없었던 것이다. 따라서 일본은 천안문 사태로 중단했던 대중 엔차관 제공을 1990년 11월에 재개했고, 12월에는 '중·일 장기무역협정'을 갱신하는 등 양국간 경제관계 회복을 위해 노력했다. 1991년 8월에는 가이후(海部俊樹) 일본 총리가 천안문 사태 이후 서방 선진국 수뇌로는 처음으로 중국을 방문함으로써 양국관계는 천안문 사태 이전의 정상관계로 완전히 복귀하였다.

중·일관계는 천안문 사태 이후 오히려 더욱 밀접하게 발전하는 것 같았다. 경제적인 차원에서도 1992년의 무역총액이 290억 달러에 달했고, 중국 무역에서 일본이 차지하는 비율은 총 수출액의 13.8%, 총 수입액의 17%로 일본은 홍콩-마카오에 이어 제2위의 무역상대국이 되었다. 또한 일본 측에서 보면 중국은 수입에서는 총액의 7.3%로 제2위, 수출 상대로서는 총액의 3.5%로 제8위였다. 한편 일본의 대중국 투자도 1992년부터 급증하여 외국의 대중 직접투자 총액의 11%에 달했다. 중국이 받아들이는 정부개발원조(ODA; Official Development Assistance)에서도 일본은 제1위 제공국 자리를 차지했다.[12]

이와 같이 탈냉전 초기인 1990년대 중국과 일본은 경제적 상호의존성을 바탕으로 우호적인 교류 협력관계를 발전시켜 나갈 수 있었다. 중·일 수교 20주년을 맞아 1992년 4월에 장쩌민 중국공산당 총서기가 일본을 공식 방문하여 양국간 경제협력 확대방안과 우호관계 강화를 다짐하였고, 일본의 숙원사업이었던 일본 천황의 중국 방문을 위해 천황을 공식 초청하였다. 이런 중국의 우호적 태도에 부응하여 일본 정부도 중국의 개혁개방에 대한 지원을 재차 확인하면서 7천억 엔에 달하는 제3차 에너지 차관 제공을 약속하였다. 특히, 1992년 10월에는 일본의 아키히토(明仁) 천황 부부의 중국 방문이 실현되었고, 천황의 입으로 과거사에 대한 사죄의 뜻을 표명하기도 하였다.

이처럼 탈냉전시대 초기 중국과 일본은 상호 경쟁과 갈등보다는 상호 협력과 의존관계를 발전시켜나가는 것 같았다. 양국간 경제교류가 확대되면서 경제마찰이 발생할 여지도 커지고 있었고, 역사문제와 센카쿠-댜오위다오, 그리고 대만문제 등 예민한 문제들이 계속 제기되고 있었으며, 또한 탈냉전시대에 미일 안보협력체제가 재정비됨에 따라 중국을 압박하기 위한 미국과 일본의 전략적 구상이 구체화되면서 양국간 경쟁과 갈등의 요인도 증가하는 추세였다. 그러나 1990년대 중·일 양국은 고위층의 상호 방문을 통해 이러한 갈등요인을 억제하고, 상호 협력체제를 강화하는 모습을 보여주었다.

아래의 〈표 8-1〉이 보여주는 바와 같이 중·일 양국은 1972년 국교 정상화 이후, 특히, 1978년의 평화우호조약 체결 이후 거의 정규적으로 양국 최고위층의 상호 교환 방문을 실현하여 양국간 현안을 조정하였다. 천안문 사태 이후에도 앞에서 지적한 바와 같이 1991년 6월 가이후 총리가 서방 지도자로는 처음으로 중국을 방문하여 중·일관계의 정상화에 앞장을 섰고, 1992년 천

---

[12] 조정남, "아시아의 패권질서와 중·일관계," 서진영 편, 『중국의 대외관계: 동북아 신질서와 중국』(고려대학교 아세아문제연구소, 2000), p. 141 참조.

황의 중국 방문이 성사되었다. 일본 천황 방중 직전에는 장쩌민 총서기가 중·일 국교수립 20주년을 기념하여 일본을 방문하여 공식으로 천황의 중국 방문을 요청하였고, 양국의 우호협력을 강조했으며, 특히, 민감한 문제인 센카쿠-댜오위다오 문제를 당분간 보류한다는 정책을 재확인하였다.

이처럼 중국과 일본의 고위층간에 조성된 우호적인 분위기는 1990년대의 상당기간 계속되었다. 1994년에도 호소카와(細川護熙) 일본 총리가 중국을 방문하여 과거사문제에 대해 '깊은 반성과 사과를 표명'하고, 양국의 관계 강화 의지를 과시하였다. 특히, 호소카와 총리는 중국 방문 중 한반도문제를 포함, 주변지역 정세 안정과 양국관계 발전을 위해 공동 노력할 것을 재확인하였다. 동시에 일본 측은 중국의 GATT 가입 지원과 제4차 엔차관 공여 방침을 전달하는 한편, 일본의 UN 안보리 상임이사국 진출을 위한 중국의 지지와 중국의 군사력 증강에 대한 투명성 제고를 요구하였다. 이에 대해 중국은 일본 기업의 적극적인 대중 투자를 요청하였다. 1995년에는 무라야마(村山富市) 총리가 일본 총리로는 처음으로 중국인민항전기념관을 참배하고, 태평양전쟁 피해자에 대한 '깊은 사죄와 애도'를 표명하였으며, 1997년에는 하시모토(橋本龍太郎) 총리가 중국을 방문, 중국 지도부와 양국의 안전보장에 대한 대화를 확대할 것, 특히 방위관계의 고위층 교류를 추진하기로 합의하기도 하였다.

이와 같이 1978년 평화우호조약 체결 이후 일본 총리는 거의 모두 정규적으로 중국을 방문했고, 이에 부응해 중국의 최고 지도부 역시 일본을 교환 방문하였다. 특히 장쩌민은 재임기간 동안 모두 3번 일본을 공식 방문했는데, 1992년과 1995년에는 중국공산당 총서기의 신분으로, 그리고 1998년에는 중화인민공화국 국가주석의 신분으로 일본을 공식 방문하였다.

〈표 8-1〉 중국과 일본 고위층 왕래와 주요 사무 (1972~2005)

(a) 일본 고위층의 중국 방문

시기	고위층	주요 사무
1972년 7월	다나카(田中) 총리	중일 국교 정상화 선언
1979년 12월	오히라(大平) 총리	대중국 엔차관 제공 의사 표명
1982년 9~10월	스즈키(鈴木) 총리	교과서 문제에 대한 정치적 절충
1984년 3월	나카소네(中曾根) 총리	2차 엔차관 제공; 중일 21세기 위원회 발족
1986년 11월	나카소네 총리	중·일 청년교류 센터 정초식 참석
1988년 8월	다케시타(竹下) 총리	3차 엔차관 제공
1991년 6월	가이후(海部) 총리	천안문 사태 이후 중국 방문한 최초의 서방 수뇌
1992년 10월	천황 부부	환영만찬석상에서 중국인민대중에 준 고난 반성
1994년 3월	호소카와(細川) 총리	과거사에 '깊은 반성과 사과의 뜻' 표명
1995년 5월	무라야마(村山) 총리	일본 총리로 처음으로 중국인민항전기념관 참관
1997년 9월	하시모토(橋本) 총리	안전보장대화 확대, 특히 방위관계 교류확대
1999년 7월	오부치(小渕) 총리	중국의 WTO 가입을 위한 중일 협상 타결
2001년 10월	고이즈미(小泉) 총리	일본의 중국 침략에 대한 반성과 사죄 표명

(b) 중국 고위층의 일본 방문

시기	고위층	주요 사무
1978년 10월	덩샤오핑 부총리	중일 평화우호조약 비준서 교환
1979년 2월	덩샤오핑 부총리	미국 방문 경유지
1980년 5월	화궈펑 총리	최초의 중국 총리 일본 방문
1980년 7월	화궈펑 총리	오히라 전 일본총리 장례식 참석
1982년 5월	자오쯔양 총리	중일관계 3원칙(평화우호; 평등호혜; 장기안정)
1983년 11월	후야오방 총서기	중일관계 4원칙(위의 3원칙 + 상호신뢰)
1989년 4월	리펑 총리	일본천황 접견 시 역사문제에 대한 유감 표명
1992년 4월	장쩌민 총서기	국교수립 20주년 기념, 일본 천황 방중 초청
1995년 11월	장쩌민 총서기	오사카 APEC회의 참석, 중일 정상회담
1997년 11월	리펑 총리	중일관계 5원칙(상호존중; 구동존이; 대화증진; 호혜합작; 미래지향)
1998년 11월	장쩌민 국가주석	평화와 발전을 위한 우호 동반자관계 선언
2000년 10월	주룽지 총리	엔차관 및 일본의 경제 지원에 사의 표명

출처: 일본 외무성 홈페이지(http://www.mofa.go.jp/mofaj/area/china/data.html).
중국 외교부 홈페이지(http://www.fmprc.gov.cn/chn/wjb/zzjg/yzs/gjlb/1281/default.htm).

그런데 1998년 장쩌민 주석의 일본 방문은 여러 가지 점에서 주목된다. 우선 첫째, 장쩌민 주석의 방문은 중국 국가주석으로서는 처음 일본을 공식 방문한 것이라는 점과 둘째, 아시아 금융위기로 불안정한 모습을 보이고 있던 동아시아지역에서 중국과 일본이 '평화와 발전을 향한 우호협력의 동반자관계'를 선언하고, 협력을 약속했다는 점에서 의미가 있는 것이었지만, 셋째, 1998년의 동반자 선언 이후 양국 지도부 모두 국내의 민족주의 세력들의 압력에 직면하여 양국관계를 협력보다는 경쟁과 갈등으로 점철된 불안정한 시대로 전환하였다는 점에서 1998년의 장쩌민의 일본 방문은 복잡한 함의를 가지고 있다고 할 것이다.

사실, 1998년 장쩌민의 일본 국빈방문은 어렵게 성사된 것이었다. 원래 장쩌민 주석의 방문은 1978년 중·일 평화우호조약 체결 20주년 기념행사로 준비된 것으로 1998년 9월 초로 예정되었던 것이다. 그러나 그 해 여름 양쯔강 대홍수 때문에 연기되었다가 1998년 11월 25일부터 30일까지로 일정이 재조정된 것이었다. 이처럼 어렵게 성사된 중국 국가 주석의 일본 방문과 중·일 고위급 회담에 거는 양국의 외교적 기대는 큰 것이었다. 특히, 1997년 이후 아시아 지역경제를 위협하는 금융위기가 심화·확산되고 있는 상황에서 아시아에서 제일 발전한 선진국 일본과 아시아 최대의 개발도상 국가인 중국의 지도자들이 만나 상호 협력을 약속하는 것은 당사자인 중국과 일본뿐만 아니라 아시아와 세계정세의 발전과 안정에도 대단히 중요한 것이었다. 따라서 양국 지도자들은 "평화와 발전을 위한 우호협력의 동반자관계 구축에 관한 공동선언"(關于建立致力于和平與發展的友好合作伙伴關係的聯合宣言)을 채택하고, 양국은 21세기를 향해, 평화와 발전을 위한 협력적 동반자관계를 구축할 것이라고 약속하였던 것이다.13)

여기서 중·일 양국은 신국제질서 형성을 위해 공동 노력할 것, 핵무기 확

---

13) "中日發表關于建立致力于和平與發展的友好合作伙伴關係的聯合宣言," 『人民日報』(1998/11/27) 참조.

산 금지 등을 통해 세계 평화와 안정에 기여할 것, 그리고 동아시아 금융위기에서 아시아 경제가 회복될 수 있도록 협력할 것을 표방하는 등, 세계와 지역의 평화와 안정을 위한 상호 협력을 선언하였고, 동시에 양국의 상호 협력도 다짐하였다. 즉, 평등호혜의 원칙에 입각한 장기적이고 안정적인 경제무역 협력관계의 발전, 중국의 경제개발에 대한 일본의 지속적인 지원과 그에 대한 중국의 감사 표명, 그리고 중국의 WTO 가입에 대한 일본의 지원 등을 협의했을 뿐만 아니라, 안전보장 대화를 통한 상호 이해 확대를 기초로 미래지향적인 파트너십을 구축한다는 것이었다.

그러나 이러한 '평화와 발전을 위한 협력적 동반자관계'가 구축되기 위해서는 먼저 과거에 대한 정확한 인식과 정리가 필요하다는 것이 중국의 입장이었다. 따라서 장쩌민 주석은 방일 기간 내내 "역사를 거울로 삼고, 미래를 창조하자"(以史爲鑑 開創未來)고 호소하였다. 오부치 게이조(小淵惠三) 총리와의 정상회담에서도, 그리고 와세다 대학에서의 연설에서도 장쩌민 주석은 역사를 직시하고, 역사를 거울로 삼아 미래를 향해 협력하자고 호소하였다. 특히 장쩌민 주석은 와세다 대학에서의 기념강연을 통하여 중국에 대한 일본 침략으로 '중국 군민 3천 5백만 명이 사상하였고, 6천억 달러 이상의 경제적인 손실을 입었으며, 이 전쟁은 중국 인민들에게 심각한 민족적 재난을 초래했다'고 지적하면서, 이러한 과거를 '청산'하지 않으면 양국관계는 미래를 향해 제대로 전진할 수 없을 것이라고 강조하였다.14)

이러한 중국 측의 '역사 인식'에 대한 일본의 반응은 소극적인 것이었다. 오부치 일본 총리는 중국 측의 집요한 요구에도 불구하고 '1995년의 무라야마 총리 담화' 이상의 조치를 취하려고 하지 않았다. 다시 말해 1995년 무라야마 총리가 제시한 표현, 즉, "과거 한 시기 일본의 침략에 의해 중국 국민에 다대한 재난과 손해를 입힌 것에 대한 책임을 통감하고, 이에 대해서 깊은 반성을

---

14) 장쩌민 주석의 와세다 대학에서의 기념 강연에 대해서는, "以史爲鑑開創未來 : 在日本早稻田大學的演講," 『人民日報』(1998/11/29) 참조.

표명한다"는 표현 이상의 성의를 보이지 않았다. 이에 장쩌민 국가주석은 공동성명에 서명도 하지 않고, 방일 기간 내내 "과거를 직시하고, 역사를 올바로 인식하는 일이 중·일관계 발전의 중요한 기초"라면서 일본의 성의 있는 조치를 요구하였다.15)

(4) **협력, 경쟁, 갈등의 복합적 불안정한 시기** (1999년~현재)

앞에서 지적한 바와 같이 1998년 장쩌민 주석의 일본 방문을 계기로 발표된 '평화와 발전을 위한 협력적 동반자관계' 구축은 탈냉전시대에 중국과 일본이 모두 승자가 될 수 있는 길이라는 데 별로 이론은 없다. 그리고 협력적 동반자관계를 구축하기 위해 상호 신뢰가 전제되어야 한다는 점에 대해서도 모두 동의하고 있다. 그런데 중국 측은 상호 신뢰에 기초한 협력적 동반자관계를 구축하려면 역사에 대한 올바른 인식이 전제되어야 한다고 주장하면서, 과거에 대한 반성과 사과를 성의 있게, 그리고 행동으로 보여줄 것을 요구하였다. 이러한 중국의 요구에 대하여 일본은 이미 여러 차례 과거에 대한 반성과 사과를 표명했기 때문에 더 이상 과거사문제로 일본을 압박하는 데 굴복할 수 없으며, 보통국가 일본의 권리와 이익을 확보하려는 일본의 노력에 대한 간섭을 더 이상 용인할 수 없다는 입장이었다.

이처럼 중·일관계는 한편으로 탈냉전시대 양국의 공동 번영과 발전을 위해 상호 협력해야 한다는 점에 동의하면서도, 다른 한편으로는 과거사문제에

---

15) 1998년 11월 28일 기자회견 당시 일본 기자는 중국과 일본의 공동선언이 중요한 문건이라면서 왜 양국 지도부의 서명 없이 발표된 것인가를 질문하면서, 공동선언 이면에 있는 중국과 일본 지도부의 심각한 인식 차이를 물어보았지만, 장쩌민 주석은 양국 지도부의 서명 없이 발표되는 공동선언의 사례가 많다고 응답하면서 중국과 일본 지도부의 인식 차이를 묻는 질문을 피해 갔다. 이와 같은 장쩌민 주석의 일본 체류 중 기자회견에 대해서는, "江主席在日本擧行記者招待會 : 就訪日成果, 中日關係和台灣問題等回答了記者提問," 『人民日報』(1998/11/29) 참조.

대한 서로 다른 입장 때문에 충돌하는 협력과 갈등이 공존하는 복합적 불안정 시대로 들어서고 있다고 하겠다. 그렇다면 왜 중국과 한국, 그리고 일본은 그와 같은 복합적 불안정관계를 형성하게 되었는가? 탈냉전시대 양국의 협력과 갈등을 촉발하는 요인은 무엇인가?

이미 앞에서 지적한 바와 같이 탈냉전과 세계화의 대세는 중국과 일본의 상호 공존과 상호 협력을 확대할 수 있는 여지를 제공하고 있지만, 동시에 탈냉전과 세계화시대의 정치·이념적 공백을 메우기 위해 등장한 민족주의적 성향의 정치세력이 활동하면서 양국의 상호 협력과 공존보다는 경쟁과 갈등이 증폭되어 나타나고 있다. 특히, 탈냉전과 세계화가 진행되면서 장기적 차원에서 중국과 일본 등 주요 경쟁국들의 국력 변화가 진행되고 있기 때문에 양국의 경쟁과 갈등이 증폭되는 것은 어떻게 보면 피할 수 없는 현상인지도 모른다.

1990년대 후반기에 들어오면서 중국과 일본은 상당히 대즈적인 모습을 보여주고 있었다. 중국은 이미 잘 알려진 바와 같이 천안문 사태 이후에도 세계 역사상 그 유례를 찾아 볼 수 없을 정도의 고도성장의 신화를 창출하면서 국력을 급속도로 확충해 가고 있었고, 이러한 경제력을 바탕으로 매년 두 자리 수의 군사비를 증액하면서 군현대화를 추진함으로써 중국위협론을 촉발시키고 있었다. 그러나 일본은 장기적 경제침체가 계속되면서 아시아에서 경제 선진국으로서 자국의 리더십에 대해서 자신감을 상실하고, 중국 경제를 경쟁의 대상으로 인식하고 경계하는 모습을 보여주고 있었다.

사실 1990년대까지 일본은 중국의 고도성장에도 불구하고 중국 경제를 경쟁의 대상으로 인식하지 않았다. 그러나 일본 경제산업성이 발표한 『2001년도 통상백서』는 경기침체가 장기화되면서 일본 경제는 "자기혁신 능력을 상실했다"고 분석하면서, 일본이 아시아 경제를 주도하던 '기러기형 발전'의 시대는 끝났고, 이제부터 아시아 각국이 치열한 경쟁을 벌이는 '대경쟁의 시대'에 돌입했다고 선언하였다. 특히, 일본은 중국 경제의 급부상과 질적 발전에 주목하면서 중국 경제를 일본경제의 라이벌로 인식하시 시작하였다.[16]

그러나 일본의 중국경계론은 경제 분야에 국한된 것이 아니다. 오히려 경제 분야에서는 중국 경제를 위협으로도 보지만, 또한 중국 경제발전을 일본 경제의 발전 기회로 보는 견해가 여전히 많다고도 할 수 있다. 그러나 경제 분야에서보다 중국경계론은 군사-안보 분야에서 더 확산되고 있는 양상이다. 사실, 일본의 여야 지도부는 모두 중국의 군현대화에 대한 경계심을 공공연히 표명하고 있으며, 각종 방위백서에서도 탈냉전시대 일본 안보의 위협 대상으로 북한과 더불어 중국을 꼽고 있다. 특히 2004년에 확정된 이른바 "신방위계획대강"에서는 처음으로 중국을 명기하면서 중국의 군현대화와 해군력 강화에 대한 경계심을 감추지 않았다.17)

이처럼 1990년대 후반 이후 중국의 고도성장과 일본의 장기침체로 인하여 동아시아에서 힘의 균형의 재조정이 초래됨으로써 중·일간 상호 견제와 경쟁, 갈등이 발생하고 있다. 그런데 이들의 갈등을 증폭시키는 데에는, 동아시아에서 양국간 패권 경쟁을 염두에 두고 있는 중국과 일본의 현실주의적 정치세력도 작용하고 있지만, 그보다도 최근 새롭게 등장하기 시작한 민족주의 성향의 정치사회 세력들이 더 역할을 담당하고 있다고 할 것이다. 사실 한국, 중국, 일본 등 동아시아 국가들에서의 탈냉전시대의 이념적 공백과 현대화·근대화의 성공은 민족주의의 부활을 촉발하는 요인으로 작용하고 있다. 특히, 한국과 중국은 서구적 경제모델을 도입하여 압축적 고도성장에 성공한 이후 오히려 민족적 정체성의 위기를 경험하였고, 일본 역시 경제대국이면서도 보통국가로

---

16) 일본 경제산업성이 발표한 『2001년도 통상백서』 전문은 경제산업성 웹 사이트(http://www.meti.go.jp/report/whitepaper/)에서 찾아 볼 수 있다. 그리고 2001년 당시 한국과 중국의 언론들은 일본의 『2001년도 통상백서』의 주요 내용을 발췌 소개했다. 이를테면 중국 『인민일보』는 "日本 '頭雁' 逐漸落伍 亞洲進入 大競爭時代"라는 제하의 긴 해설기사를 게재하여 관심을 표명하였다. 『人民日報』(2001/05/30) 참조.
17) 〈신방위계획대강〉에 대한 해설 기사로는 "新防衛計畫大綱을 決定, 自衛隊의 海外派遣「本來任務」에,"『朝日新聞』(2004/12/10) 참조. 〈신방위계획대강〉 전문은 일본 방위청 웹사이트에서 찾아 볼 수 있다. "平成17年度以降に係る防衛計劃の大綱について"(http://www.jda.go.jp/j/defense/policy/17taikou/taikou.htm) 참조.

서의 정체성을 찾지 못한 것에 대한 불만이 누적되었다. 그 결과 1990년대 이후 이들 3개국 모두에서 '미국에 대해 No라고 말할 수 있는' 일본, 중국, 그리고 한국을 주장하는 민족주의적 정서가 등장하여 대외정책에도 무시할 수 없는 영향력을 행사하기 시작하였다.18)

이와 같이 동아시아 3개국에서 등장한 민족주의는, 과거의 저항 민족주의와는 달리 근대화와 경제발전의 성공이 초래한 정체성의 위기를 반영한 것이기 때문에 미국과 서방세계에 대해 비판적이면서도 이들과의 협력을 배제하고 있지는 않다. 오히려 이들 국가는 현대화와 경제발전의 성공을 기반으로 국제사회에서 올바른 평가와 대우를 받기를 원하고 있다. 이를테면 일본은 이제 패전국의 멍에에서 벗어나 '보통국가'로 인정받고 행동하고 싶어하며, 중국은 책임 있는 강대국의 대우를 받고 싶어하는 것이다.

그런데 중국과 일본의 이러한 민족주의적 욕망이 역사문제에서 정면으로 충돌하고 하고 있는 것이다. 일본 민족주의자들은 과거사문제로 더 이상 반성과 사과를 반복하면서 스스로 위축될 필요가 없다고 생각하고 있으며, 일본이 정상적인 주권국가로서 행동하고 대우를 받아야 한다고 주장한다. 그러나 중화민족주의의 입장에서는 일본과의 교역을 통해 중국이 실익을 얻는 것도 중요하지만, 과거사문제에 대한 올바른 인식이 전제되지 않는 한 중·일관계는

---

18) 1990년대 이후 일본, 중국, 한국 등에서 공통적으로 나타난 민족주의 정서의 특징은 이들 모두 미국의 지원을 받아 근대화와 압축적 고도성장에 성공했으면서도 '민족적 정체성의 위기'에 직면하자 이를 극복하기 위하여 그간 경제발전 과정에서 의존적이었던 미국에 대해 비판적 자세를 표출하기 시작했다는 데 있다. 이를테면, 1989년 일본의 보수 우익의 이론가로 잘 알려진 이시하라 신타로(石原慎太郞)는 '미국에 아니오라고 말할 수 있는 일본'을 주장하면서 당시 일본의 민족주의 정서를 대변하였고, 1996년 대만 해협 위기 시 중국의 미사일 발사 실험에 대하여 강경한 입장을 천명함으로써 중국의 의도를 좌절시킨 미국에 대해 중화민족주의자들이 역시 '미국에 아니오라고 말할 수 있는 중국'의 기치를 내걸었으며, 한국에서도 미국에 대해 할 말은 해야 한다는 미국에 대한 비판적 인식과 자주외교론이 널리 확산되고 본격적으로 제기되고 있다. 특히, 중국에서 등장한 민족주의적 정서에 대해서는 宋强, 張藏藏, 喬邊, 『中國可以說不: 冷戰後時代的政治與情感抉擇』(北京: 中華工商聯合出版社, 1996); Yongnian Zheng, *Discovering Chinese Nationalism in China: Modernization, Identity, and International Relations* (Cambridge University Press, 1999) 등을 참조.

발전할 수 없다는 것이다. 따라서 중국과 일본의 민족주의가 충돌하면서 합리적이고 타산적인 상호 이익의 문제보다 올바른 역사 인식의 문제가 전면에 부각되기 시작하였고, 이러한 역사 인식의 문제에 대한 타협도 어렵게 되면서 양국관계가 경직화되는 경향을 보이고 있다.

이러한 점에서 2001년 일본의 보수화 추세와 함께 집권한 고이즈미(小泉純一郞) 정권과, 2002년 중국의 '화평굴기'(和平崛起)를 주장하면서 등장한 후진타오 정권에서 중·일관계가 경색되고 있는 것은 당연한 현상이라 할 수도 있다. 현재 중국과 일본, 그리고 한국에서 문제가 되고 있는 역사문제 이를테면, 교과서 문제나 야스쿠니신사 참배 문제, 그리고 센카쿠-댜오위다오를 포함한 영토분쟁 등이 사실 어제 오늘 제기된 문제가 아님에도 이러한 문제에 대한 양국 정부와 국민들의 입장이 경색된 배경에는 양국의 민족주의적 정서가 작용하고 있는 것이다. 이를테면, 교과서 분쟁은 1982년 이후, 그리고 야스쿠니신사 참배 문제는 1985년 나카소네 총리가 일본 총리로서는 처음으로 공식 참배하면서 문제가 되었지만, 당시 일본 정부는 한국과 중국의 항의에 대해 최소한 협상하고 타협하려는 노력을 기울였을 뿐만 아니라 한국이나 중국 정부도 이를 묵시적으로 양해하고 양국관계의 정상화를 위해 노력하였다. 따라서 1985년 나카소네 총리도 야스쿠니신사 공식 참배에 대하여 한국과 중국이 강력히 항의하자, 결국 그 이후 참배를 중단하고 중·일, 한·일관계 정상화를 위해 노력하였다.

그러나 고이즈미의 대응은 이런 과거 총리들의 대응과는 달랐다. 이미 잘 알려진 바와 같이 2001년 공식 참배를 시작한 이후 국내외의 강력한 반발과 항의에도 불구하고, 고이즈미 총리는 이에 아랑곳하지 않고 2005년 현재까지 매년 한 번씩 모두 다섯 번 참배를 하였다. 더구나 고이즈미 총리는 이러 저러한 형식의 변화를 통해 그 의미를 확대 해석하지 말라고 하면서도 "야스쿠니신사 참배 문제는 외교 카드가 될 수 없다"고 반박하면서 한국이나 중국의 항의에 개의치 않고 당당하게 참배를 계속하겠다고 공언하고 있다.[19]

이러한 일본의 자세에 대하여 중국이나 한국이 격분하는 것은 당연하다고 할 수 있다. 따라서 중국은 2001년 이후 고이즈미 일본 총리의 중국 방문을 거절하고 있고, 1998년 장쩌민의 일본 방문 이후 중국 최고 지도자의 일본 방문도 중단된 상태이다. 더구나 고이즈미 총리의 5차 신사 참배 강행에 충격을 받은 중국 정부는 2005년 12월에 개최된 ASEAN+3 정상회의 당시 별도의 양국 정상회담 개최 가능성마저 일축함으로써 중국과 일본은 고위층 대화의 '옆문'(side door)마저 닫아버린 상태가 되어, 중·일관계는 그야말로 '역사상 최악의 상태'로 치닫고 있다고 하겠다.20)

2. 협력, 경쟁, 갈등의 주요 정책 이슈

탈냉전시대의 중·일관계를 가리켜 흔히들 '정랭경열'(政冷經熱)이라고 한다. 정치적으로는 신사참배 문제를 비롯하여 역사 인식 문제, 영토분쟁 문제, 미·일 안보동맹과 대만문제 등으로 양국은 상호 경쟁과 갈등의 냉랭한 관계를 지속하고 있지만, 경제와 인적 교류의 측면에서는 깊은 상호의존관계를 형성하고 있다는 것이다. 사실, 앞에서도 지적한 바와 같이 현재 중·일관계는 양국 민족주의가 촉발한 감정적 갈등이 확대 재생산되면서 '최악의 상태'로 악화되고 있지만, 세계화와 탈냉전시대에 양국간 경제 관계는 급속도로 상호의존적으로 전환되면서 양국관계의 버팀목이 되고 있다.21)

---

19) "小泉首相,「日中關係, 心配はいらない」APECで言及,"『朝日新聞』(2005/11/18) 참조.
20) 고이즈미의 신사참배로 양국간 상호방문은 실현되지 않았는데, 과거에는 다자회담 과정에서 상호회담 형식의 'side door'가 열려 있었는 데 반해 2005년에 APEC 정상회담에서 중국은 고이즈미 총리와의 이러한 형식의 중·일 정상회담조차 거절했다. 이에 대해 "Frozen China-Japan relations hold hopes," *People's Daily* (2005년 12월 31일) 참조.

물론 정치적으로 냉랭한 관계(政冷)가 양국의 경제협력의 열기(經熱)에도 영향을 주면서 정치와 경제가 모두 냉랭하게 되는 정랭경량(政冷經凉)의 상태로 악화될 우려도 제기되고 있다. 사실 중국과 일본의 정치적 갈등이 계속되면서 양국의 경제교류 역시 영향을 받게 되는 것을 부인할 수 없다. 지난 2004년 일본은 지난 11년간 유지해 왔던 중국의 최대 교역국 지위를 유럽연합에 넘겨준 데 이어 2005년에는 오히려 그 차이가 더 커지고 있다. 중국의 대외무역에서 차지하는 중·일 무역 비중도 2000년 17.5%에서 2004년 14.5%로 축소되고 있는 것을 보더라도 정치 분야의 갈등이 중·일 양국의 경제 관계에도 조금씩 그 영향을 미치고 있는 것을 확인할 수 있다.[22]

그러나 경제 분야에서 공통의 이익이 여전히 크기 때문에 감정적인 차원에서의 양국간 갈등이 지나치게 확대되어 양국 모두의 실리적 국익이 위축되는 것을 경계하는 경향도 뚜렷하다. 결국 탈냉전과 세계화시대의 양국관계는 양국의 정치적·감정적 갈등 요인과 경제적·타산적 이익 요인의 불안정한 균형잡기에 따라 타협과 협력, 경쟁과 갈등이 반복될 것이다. 그렇다면 이처럼 양국의 협력과 갈등, 경쟁의 균형 잡기를 촉발하는 정책 이슈는 무엇인가? 대체로 탈냉전과 세계화시대에 경제문제와 인적 교류의 측면은 양국의 협력적이고 상호 호혜적인 관계를 촉발시키는 측면이 더 크겠지만, 역사문제, 영토주권 등과 관련된 문제는 양국의 갈등을, 그리고 전략적 이해관계는 양국의 경쟁적 관계를 자극한다고 할 수 있다.

---

[21] 경제적 상호의존관계가 중·일관계의 버팀목이 되고 있다는 주장은, "Economic Ties Binding Japan to Rival China," *New York Times* (2005/10/31) 참조.
[22] 중국과 일본간 정치적 갈등이 양국의 경제 관계에 미치는 영향에 대해서는 "中日關係進入建交以來的寒冬期,"『人民日報』(2005/12/20) 참조.

(1) **협력과 상호의존의 관계 : 경제이슈**

이미 앞에서도 지적한 바와 같이 1972년 중·일 국교 정상화 이래 중국과 일본의 경제교류는 괄목할 만한 속도로 확대되고 있다. 양국은 지리적 근접성과 더불어 강력한 경제적인 상호보완성에 힘입어 비약적인 경제교류를 발전시키고 있는 것이다. 중국과 일본의 경제교류는 그동안 양국의 정치적 상황의 변화에 따라 다소간의 영향은 받아왔으나 전반적으로 놀라울 정도로 빠르게 확대 발전하고 있다. 이처럼 상호보완적이고 상호의존적인 중국과 일본의 경제적 관계는 아래 표에서 일부 확인할 수 있다.

〈표 8-2〉 중일 수출입 추이 (1972~2004)

(단위 : 억 달러)

	1972	1982	1989	1990	1997	1998	2002	2003	2004
대일본 수 출	4.91	53.52	111.46	61.30	420.66	368.96	616.92	751.93	942.00
대일본 수 입	6.09	35.11	85.16	120.54	217.85	200.22	398.66	572.19	738.00
총 액	11.00	88.63	196.62	181.84	638.51	569.17	1,015.57	1,324.12	1,680.00

출처 : 『中國經濟データハンドブック : 2004年版』(日中經濟協會, 2004), p. 136.

1972년 중국과 일본의 국교 수립 당시 11억 달러에 불과했던 양국간 무역량은 국교수립 10주년인 1982년에 88.63억 달러, 20주년인 1992년 289.02억 달러, 그리고 30주년이 되는 2002년에는 1,015.57억 달러를 기록하면서 양국은 모두 상대방에게 대단히 중요한 교역 파트너로 발전하고 있다. 2004년 현재 양국 무역총액은 1,680억 달러를 기록하여 중국은 일본의 최대 무역 상대국이 되었고, 중국의 입장에서 일본은 최대의 수입 상대국이 되었다.[23]

---

[23] 일본 외무성, 『平成17年版(2005年)外交靑書』 제2장, 제1절 "일중관계"(http://www.mofa.go.jp/mofaj/gaiko/bluebook/2005/html/honmon2013.html#1) 참조. 중국과 일본의

또한 중국의 입장에서 일본은 대단히 중요한 교역 파트너일 뿐만 아니라, 경제원조의 원천이며, 외국인 직접투자의 제일 중요한 제공자라고 할 수 있다. 일본의 대중국 직접투자는 1979년 시작되어 최근까지 상당한 속도로 증가하고 있다. 1979년 당시 일본의 대중국 직접투자는 1,400만 달러에 불과하였지만, 그동안 3차례의 중국 붐을 겪으면서 대폭적으로 증가되었다. 즉, 1980년대 초 경제특구가 설립되면서 경제특구에 대한 일본 민간기업의 직접투자가 집중되어 제1차 중국 붐이 일었고, 1992년 덩샤오핑의 '남순강화' 이후 연해안 지방에 대한 투자를 중심으로 제2차 중국 붐이 형성되었으며, 2000년 이후 중국의 WTO 가입과 베이징 올림픽 유치 성공, 그리고 서부 개발 등에 자극을 받아 중국에 대한 일본의 직접투자가 증가하여 제3차 중국 붐이 나타났던 것이다. 2004년 현재 일본의 대중국 직접투자는 54.5억 달러에 달했고, 1979년 이후 2004년 말 현재까지 일본의 대중국 직접투자 누적 총액은 461억 달러가 되었다. 이것은 중국이 유치한 외자투자액 총액의 9%이고, 유럽연합 소속 25개국의 대중국투자 총액보다 많은 것이었다.[24]

이와 같은 직접투자 이외에도 일본은 1979년 12월 오히라 총리가 중국을 방문하면서 중국에 정부개발원조를 제공하기로 한 이래로 지금까지 무상자금 지원과 기술지원, 그리고 대규모 유상지원 프로그램인 엔차관을 포함한 대규모 경제원조를 제공하고 있다.[25] 1980년부터 2003년 말까지 일본 정부와 중국 정부가 서명한 정부개발원조 협의 금액 누계는 3조 3,334.67억 엔이었으며, 그중 엔차관은 아래의 〈그림 8-1〉이 보여주는 바와 같이 2003년 말 현재 누계 3조 471.81억 엔, 무상자금원조가 1,416.20억 엔, 그리고 기술원조액이 1,446.66억 엔에 이른다.

무역액 중에 홍콩과의 교역을 포함시키면 2004년 말 현재 중국은 일본의 최대 무역상대국이다. "中國が日本の最大貿易相手國に : 04年貿易統計,"『日本經濟』(2005/01/26) 참조.
[24] 張季風, "着眼大局 加强中日經濟合作,"『人民日報』(2005/04/27) 참조.
[25] 일본의 정부개발원조에 대해서는 일본 외무성의 정부개발원조 홈페이지(http://www.mofa.go.jp/mofaj/gaiko/oda/index.html) 참조.

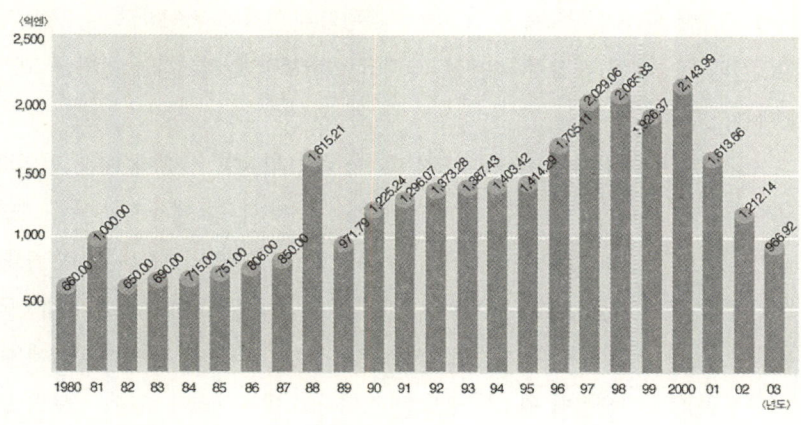

〈그림 8-1〉 대중 엔차관(1980~2003)

이처럼 일본의 대중국 정부개발원조는 엔차관을 중심으로 제공되고 있으며, 지금까지 일본 정부는 중국의 철도, 고속도로, 항구, 비행장 등 기반시설 구축과 농촌개발과 환경보호, 의료 보건 수준 제고 등을 위한 장기 프로젝트에 집중적으로 엔차관을 공급해 왔다. 일부 통계에 따르면, 일본 정부가 중국에 제공한 정부개발원조 자금 규모는 중국이 받고 있는 외국 정부지원금의 약 60%에 해당하며, 1980년대 중국의 기반시설 건설비의 약 40%가 정부개발원조 자금으로 충당될 만큼 중국의 경제발전에 일본의 엔차관을 비롯한 정부개발원조 자금 지원이 중요한 역할을 하였다.26)

그런데 개혁개방 이후 상당기간 중국의 경제발전에 중요한 역할을 해 온 일본의 정부개발원조 지원 정책에도 변화가 생기기 시작하였다. 특히, 1989년 천안문 사태 이후 일본의 정부개발원조 정책에 대하여 일본 국내에서도 논쟁이 제기되고, 정치적 요인이 고려되기 시작했던 것이다. 따라서 1992년 일본 국회는 "정부개발원조대강"을 통과시키고, 이른바 '정부개발원조대강 4원칙'

---

26) "日本經濟援助的由來," 『國際先驅導報』(2004/06/23) 참조.

을 제시하였다. 즉, ① 환경과 개발을 동시에 고려하고, ② 군사용도 및 국제 분쟁 조장에 사용치 않도록 하며, ③ 국제평화와 안정에 기여하고, ④ 개발도상국가의 민주화와 시장경제 발전, 그리고 인권보장에 기여하는 방향을 고려한다는 것이다.27)

이와 같은 배경에서 1996년 일본은 중국의 핵실험 시행에 대한 항의로 일시적이지만 대중국 무상원조를 중단하였고, 5년 기간의 엔차관을 3년＋2년의 방식으로 변경하였다. 그리고 중·일 갈등이 격화되면서 2001년 이후 일본의 대중 정부개발원조 지원 정책에 대한 근본적인 의문이 제기되면서 대중국 정부개발원조 정책 전반이 재검토되고 있다. 우선 고이즈미 정부는 중국에 대한 무상원조와 기술협력 원조를 중단할 것이라고 발표하였다. 일본 정부의 무상원조 대상국 선정 기준이 1인당 국민소득 1,400달러 이하의 국가인데, 중국의 비약적 경제발전으로 3~4년 안에 그 기준을 넘어 설 것이기 때문에 2006년 이후에는 무상자금 협력에 있어 신규 사업을 더 이상 추진하지 않겠다는 것이다. 또한 엔차관도 2001년 이후 축소 조정해서 '5년 안에 종결'하는 방안을 중국 측에 제시했다고 한다.28) 따라서 위의 〈그림 8-1〉에 나타난 바와 같이 일본의 대중 엔차관은 2000년에 최고 수준인 2,143.99억 엔을 기록한 이후 대폭적으로 축소되어 2003년에는 966.92억 엔으로 조정되었다.

이처럼 중국에 대한 경제원조를 축소 재조정하려는 일본 정부의 입장에 대해 중국 정부는 공개적으로는 당당하게 대응하고 있다. 일본의 대중국 원조 종결 정책에 대해 중국 외교부장인 리자오싱(李肇星)은 "일본의 원조 없이도 중국은 잘해 갈 수 있다"면서 중국 인민은 "자신의 역량과 지혜, 결심과 자신에 의거하여 능히 자신들의 국가를 건설할 수 있다"고 호언하기도 하였다.29) 그

---

27) 일본 외무성의 정부개발원조 홈페이지에 게재된 "政府開發援助(ODA) 大綱"(http://www.mofa.go.jp/mofaj/gaiko/oda/index/seisaku/taikou.html) 참조.
28) 일본 정부의 대중국 정부개발원조 정책에 대해서는 "對中ODA, 數年內に「無償資金」打ち切りへ," 『讀賣新聞』(2004/12/12); "對中円借款「5年以內終了」提案政府が中國側に," 『朝日新聞』(2005/03/02) 참조.

러나 일부에서는 일본의 대중 경제원조가 1972년 중·일 국교 정상화 교섭 과정에서 중국 정부가 일본에 대한 전쟁 배상금을 포기하는 대가로 일본 정부가 제공하기로 양해한 사항이라면서 일본의 일방적 종결에 대한 불만을 간접적으로 표시하고 있다. 그리고 일본의 대중국 경제원조는 일방적으로 중국에게만 유리한 것이 아니라 쌍방 모두에게 유익한 것이었고, 1989년 천안문 사태 이후 엔차관을 포함한 일본의 대중국 경제원조는 일본 외교정책의 수단으로 전락한 측면이 있다고 비판하면서, 그래도 양국관계가 훼손되지 않는 방향에서 정리되는 것이 바람직하다는 의견도 제시되었다.30)

이와 같이 탈냉전시대 중국과 일본은 양국의 교역액과 직접 투자 그리고 경제 지원 추세가 증명해 주는 바와 같이 경제적인 차원에서는 높은 상호의존성과 상호 호혜적 관계에 있다고 할 수 있다. 사실 중국에게 일본은 상당기간 자본과 기술의 제공자였고, 일본에게 중국은 거대한 시장과 해외 투자의 적지이기 때문에 양국의 경제교류는 양국 모두에게 유익하다는 데 이론이 거의 없다고 할 것이다. 그럼에도 불구하고 비경제적 요인, 이를테면 양국의 전략이익의 차이, 그리고 역사적·정치적 상호 불신이 양국의 협력관계를 훼손하거나 약화시키고 있는 것이다.

(2) 상호 경쟁과 견제 : 전략적·외교적 이슈

탈냉전 이후 중·일간에 제기되고 있는 주요한 쟁점은 전략적 입장의 차이에서 비롯된 것들이다. 다시 말해 탈냉전시대 양국의 전략적 차이가 양국의 경쟁과 마찰, 갈등을 낳고 있는 것이다. 이미 잘 알려진 바와 같이 냉전시대에 중국과 일본은 소련을 공통의 안보위협으로 상정하고 소련의 팽창주의와 패권주의를

---

29) "我國外長李肇星稱沒有日本援助中國也行," 『中國青年報』(2004/11/29) 참조.
30) 劉江永, "如何看日本將終止對華政府資金合作," 『人民日報』(2004/12/5) 참조.

견제하기 위한 전략적 협력관계를 유지할 수 있었다. 그러나 소련의 붕괴와 더불어 진행된 동아시아 안보환경의 변화는 중국과 일본으로 하여금 각기 새로운 안보 전략을 모색하지 않을 수 없게 하였다. 탈냉전의 불확실한 안보 환경에 직면하여 중국과 일본은 각기 상대방을 전략적 경쟁 대상자로 인식하게 되면서 상대방의 영향력 확대를 경계하고 견제하게 된 것이다.

이미 앞에서 지적한 바와 같이 일본은 탈냉전시대에 중국을 잠재적 위협요인으로 인식하고, 탈냉전시대의 불확실성에 대응하기 위해 미·일 안보동맹과 일본의 적극적 안보 대응 체제를 재정립하려 하였다. 이에 따라 일본은 1996년에 미국과의 안보협력을 강화하고 지역 문제뿐만 아니라 지구적 이슈에 대해서도 적극적으로 대응한다는 내용의 "미·일 안전보장공동선언"을 발표하고, 1997년에는 새로운 "미·일 방위협력을 위한 가이드라인"을 발표하여, 한반도는 물론이고 대만까지 포함한 일본 주변의 비상사태에 대한 미·일 군사-안보 협력의 길을 열어 놓았다.

물론 이와 같이 미·일 안보동맹을 강화하고, 일본의 군사-안보적 역할을 확장하는 데는 중국위협론만 작용한 것은 아니다. 1996년을 전후로 한 대만해협에서의 군사적 위기 사태, 1998년 이후 제기된 북한의 미사일 발사와 핵무기 개발 위협, 그리고 2001년 9·11 사태로 조성된 세계적 차원에서의 반테러 전쟁 분위기 등이 모두 일본의 보수화와 방위체제 강화론을 자극했음을 부인할 수 없다. 특히, 고이즈미 정권이 들어서면서 일본은 적극적 안보론을 제기하면서 안으로는 일본의 방위태세를 재정비하는 이른바 '유사법제'를 추진, 통과시키고, 밖으로는 자위대의 활동 반경의 확대를 모색하고 있는 것이다.

이와 같은 일본의 행보에 대하여 중국 역시 민감하게 반응하고 있다. 우선 중국은 천안문 사태 이후 꾸준히 국방예산을 증액하여 군사력 현대화를 추진하고 있다. 특히, 중국은 고도성장의 경제력을 바탕으로 핵과 미사일 전력 및 해·공군의 현대화를 추진하고, 해양 활동 범위를 확대함으로써 미국과 일본의 경계심을 촉발하고 있는 것이 사실이다. 그러나 중국은 중국의 군사력 현대화 노력이 미국과 일본의 군사력 강화에 필적할 수 있는 수준이 아니라고 강변하면서 미국과 일본이 제기하고 있는 중국위협론의 허구성을 지적하고 있다.

이를테면 2005년도 일본의 국방예산은 약 456억 달러 수준인데, 이것은 중국 국방예산의 1.6배이고, 1인당 평균 국방비는 중국의 13배에 이른다는 것이다. 그리고 미국과 비교하면 그 격차는 더욱 커지는데, 2005년 미국의 국방예산은 4,206억 달러로 이는 중국 국방예산의 14배이고, 1인당 평균 국방비로 환산하면 22배에 달한다고 한다.31) 여기에 과학기술과 정보통신 등 군사 기술력의 수준을 고려하면, 중국의 군사력은 미국과 일본의 그것에 비교할 수 없을 정도로 뒤떨어진 것이라고 할 수 있다. 그런데도 미국과 일본은 중국위협론을 제기하면서 자국의 군사력 강화 명분으로 삼고 있고, 앞에서 지적한 바와 같이 미일 안보동맹을 재정립하고, 자위대의 활동 범위를 확대하면서 대만을 미일 안보 협력의 범위에 포함시킴으로써 중국을 포위 압박하려는 전략 의도를 숨기지 않고 있다고 비난하고 있다.

특히, 중국은 대만문제에 대한 미국과 일본의 개입 의도를 비판하고 있다. 이미 지적한 바와 같이 미국과 일본은 1996년 "미일 안전보장공동선언"을 발표하면서 일본 이외의 주변지역에서 발생하는 무력분쟁에 대해서 공동 대처한다고 선언했지만, 당시에 대만은 여기에 포함되지 않는다고 하였다. 그러나 2005년 6월 미국과 일본의 외무·국방 각료 회담인 미일 안전보장협의위원회 (2+2회의)에서는 아시아-태평양지역에서 미국과 일본이 추구하는 공동작전 목표와 대비책이 마련되어 공동성명의 형태로 발표되었는데, 여기서 한반도는 물론이고, 대만도 양국의 비상사태에 대비하는 공동작전계획과 미·일 상호 협력계획에 포함된다는 점을 명확히 하였다.32)

---

31) "渲染中國'軍事威脅': 日本對我軍費指手畫脚爲'海外干預'戰略鋪路,"『環球時報』(2005/03/25) 참조.
32) 미일 안전보장협의위원회의 공동성명 전문과 그와 관련된 중국 신문들의 기사들에 대해서는, "美日確定12項共同戰略目標首次提到台海問題,"『新浪新聞中心』(2005/02/20)(http://news.sina.com.cn/z/usjpth/index.shtml) 참조.

당연히 이러한 미국과 일본의 안보협력체제와 대만문제에 대한 개입 가능성에 대해서 중국은 강력하게 항의하였다. 중국은 외교부 성명을 통해 "미·일 군사동맹은 냉전이라는 특수한 역사적 조건에서 형성된 두 나라간의 동맹체제이고, 따라서 두 나라의 범주를 초과해서는 안 된다"다고 지적하면서 대만문제는 중국의 국가주권과 영토완정, 그리고 국가안전의 문제라면서 대만문제를 미국과 일본의 공동작전계획의 범주에 포함시킨 것에 대하여 강력히 항의하였다.33)

이와 같이 중국과 일본은 서로를 탈냉전시대의 전략적 경쟁 또는 위협 요인으로 간주하고 상대를 견제하기 위하여 스스로 군사력을 강화하는 한편, 군사-안보 및 외교적 대응책을 모색하고 있다. 이를테면, 앞에서 지적한 바와 같이 일본이 탈냉전시대 동아시아의 불투명성과 불안정성에 대응하기 위해 미·일 안보동맹을 재정립하고 있다면, 중국은 러시아와 인도 등 주변의 강대국들과의 전략적 동반자관계를 강화하고 있다. 또한 중국은 아세안 국가들을 대상으로 적극적인 외교정책을 추진하면서 아시아에서 중국의 영향력 확대를 추구하고 있다. 이에 따라 동아시아에서 중국의 영향력이 급속도로 확대되는 경향을 보이자, 일본은 외교적으로 인도와 파키스탄에 접근하여 중국의 영향력 확대를 견제하려고 하였다. 이와 같은 보이지 않는 중국과 일본의 경쟁과 견제는 동아시아 공동체 구축 과정에서도 나타나고 있다. 이를테면 동아시아 공동체 구축과 관련하여 중국은 가급적 미국이나 인도의 참여를 배제하고 ASEAN+3(한국, 중국, 일본)이 중심이 되어 추진되어야 한다는 입장인 반면에, 일본은 ASEAN+3 이외에 인도와 호주 및 뉴질랜드가 포함되어야 한다는 입장을 견지하고 있다.34) 이와 같이 중국과 일본은 군사-안보 문제에서뿐만 아

---

33) "外交部發言人答記者問: 堅決反對美日發表涉及台灣問題的共同聲明,"『人民日報』(2005/02/21) 참조.
34) 지난 2005년 12월 14일 말레이시아 수도 콸라룸푸르에서는 "하나의 비전, 하나의 정체성, 하나의 공동체"를 모토로 내세우면서 16개국 아시아 정상들이 모인, 제1회 동아시아 정상회의(EAS)가 개최되었는데, 이 과정에서 일본과 중국의 물밑 경쟁과 견제가 치열하였고, 주요 국가들의 이견이 표출되면서 뚜렷한 결실을 맺지 못한 채 회의가 종결되었다고 한다. 이러한 사실

니라, 외교 분야에서도 상호 경쟁하고 견제하려 하고 있다.

(3) 갈등과 마찰, 그리고 감정적 대결 : 역사문제와 영토분쟁

중국과 일본의 정상적인 관계발전에 가장 큰 걸림돌이 되고 있는 것은 바로 '역사 인식의 문제'라는 데 이론이 없다. 역사 인식의 문제란 과거 일본이 중국에 가했던 침략과 점령 행위에 대한 인식의 문제라고 할 수 있는데, 구체적으로 교과서 문제와 야스쿠니신사 참배 문제 등으로 표출되고 있다. 그런데 교과서 문제와 야스쿠니신사 참배 문제와 같은 역사 인식의 문제는 영토분쟁의 문제와 더불어 양국의 민족 감정과 민족 자존심이 걸린 대단히 민감한 문제이기 때문에 합리적이고 타산적인 협상을 통해 해결책을 모색하기가 다른 이슈보다 어렵다고 할 수 있다. 중국과 일본의 양국관계를 1972년 국교 정상화 이후 최악의 상태로 몰아가고 있는 역사 인식의 문제란 과연 무엇이고, 왜 그런 역사문제가 시간이 지나면서 해결되거나 약화되지 않고 오히려 더 심각해지고 있는 것인가?

우선 역사 인식의 문제의 '역사'를 간단히 살펴보면 갈등의 핵심에, 시대의 변화와 더불어 과거사에 대한 양국의 인식 차이가 오히려 증폭되고 있는 사실이 있음을 발견할 수 있다. 다시 말해 일본은 시대가 변화하면서 전쟁 패전국으로서 충분히 '반성과 사과'를 표명했고, 나름대로 성의를 다해 세계평화에 기여했으므로 이제 '보통국가'로서 대접을 받고, 또 그렇게 행동하는 것이 당연하다고 생각한다. 일본의 입장에서는 종전 이후 수십 년이 지난 오늘에까지 반복적으로 '반성과 사과'를 요구하는 것이 오히려 이상하다는 것이다. 사실

에 대해서는, "East Asian Summit Marked by Discord-New Group's Role Remains Uncertain," *Washington Post* (December 14, 2005); "East Asia Summit in the Shadow of Sharp Divisions," *People's Daily* (December 7, 2005) 참조.

일본은 1972년 국교 정상화를 위한 공동성명에서 "과거 전쟁을 통해서 중국 국민들에게 엄중한 손해를 입힌 것에 대해서 깊이 반성한다"고 공개 표명하였고, 1995년 8월 15일의 무라야마 총리 담화를 통해서도 과거사문제에 대한 일본의 '반성과 사과'는 충분히 표현되었다는 것이다.

당시 무라야마 총리는 8·15 담화를 통해, 일본의 "식민지 지배와 침략에 의해 많은 나라들, 특히 아시아 여러 나라의 국민들에게 커다란 손해와 고통을 입혔기에 …… 다시금 통절한 반성의 뜻을 표하고 마음으로부터 사죄의 뜻을 표명한다"고 함으로써 과거 역사에 대한 가장 진전된 자세를 보여주었다고 할 수 있다.35) 따라서 일본 정부는 무라야마 총리 담화 이상의 '반성과 사과'를 반복 요구하는 것에 순응할 수 없다는 입장이며, 또한 고이즈미 총리의 경우는 노골적으로 외국 정부가 야스쿠니신사 참배를 비판하는 것에 반발하고 있다. 고이즈미 총리는 지난 2006년 1월 4일의 연두기자 회견에서 야스쿠니신사 참배는 '한 정치인으로서, 그리고 국민 한 사람으로서 전몰자에 대하여 감사와 존경을 봉정하는 것'이라면서 '외국 정부가 마음의 문제에까지 개입하여 외교 문제로 삼는 자세는 이해할 수 없다"며 야스쿠니신사 참배 중단을 요구하는 한국과 중국 정부를 오히려 비판하고 있다.36)

이처럼 일본 정부는 전쟁과 침략에 대해 '반성과 사죄'를 표명할 만큼 표명했다고 내심 생각하는 것 같지만, 피해자인 중국이나 한국 국민들의 입장에서 보면 일본의 그런 생각과 행동이 일본인의 '반성과 사죄'의 진정성을 의심하게 만들고 있다. 일본은 교과서 문제와 야스쿠니신사 참배 문제가 발생할 때마나 사죄하고, 정치적 타협을 통해 갈등을 봉합하려고 했지만, 반복적으로 다시 똑같은 사태를 유발함으로써 일본의 진정성을 의심하지 않을 수 없게 하고

---

35) 와다 하루키, "동북아시아 공동의 집과 역사문제," 『창작과 비평』(2005년 봄), p. 17 참조.
36) 연두기자회견에서 고이즈미 총리의 야스쿠니신사 참배와 관련된 발언에 대해서는 "고이즈미, 야스쿠니 외교문제화 이해 안돼," 『동아일보』(2006/01/4) 참조. 그리고 고이즈미 연두기자 회견 일본어 전문은, 수상관저 홈페이지, "小泉總理大臣年頭記者會見(平成18年1月4日)" (http://www.kantei.go.jp/jp/koizumispeech/2006/01/04press.html) 참조.

있다는 것이다. 이를테면, 교과서 파동의 사례만 보아도 1982년에 일본 문부성이 심의하는 교과서에서 '침략'을 '진출'로 호도하는 문제를 만들어 내더니 1986년 2차 파동에서는 일본의 침략전쟁을 미화 왜곡하는가 하면, 난징 대학살의 진상을 호도하려 했다는 것이다. 그러나 여기서 끝나지 않고 2001년에는 식민지 통치와 침략전쟁의 책임을 부인할 뿐만 아니라, 태평양전쟁을 '자존자위'의 전쟁, '아시아 해방전쟁' 나아가 '대동아 공영권을 건설하기 위한 정의의 전쟁'으로까지 미화하기도 하였고, 2005년에도 일본의 우월성을 강조하고, 인근 국가에 대한 침략과 식민지 지배를 합리화하는 역사 인식을 그대로 표현함으로써 중국과 한국의 강력한 항의를 초래하고 있다.37)

물론 이러한 역사 논쟁을 일으키고 있는 '새로운 역사교과서를 만드는 모임'의 영향력이나 이들이 만드는 교과서의 보급률은 그렇게 높은 것은 아니다. 2001년의 경우 이들이 만든 역사 교과서 채택율은 0.039%에 불과했으며, 2005년에도 이들의 후소사(扶桑社)판 중학교 역사교과서의 채택율은 0.4%에 불과했다. 다시 말해 이들의 역사 인식이 일본 사회 전체의 역사 인식을 대표하는 것은 아니라는 것이다.38)

그러나 이들의 역사 인식이 일본 사회의 보수화 경향을 탄영하고 있는 것은 사실이며, 일본 정부도 이러한 국내의 보수정서 또는 민족주의 정서를 의식하여 과거사문제와 관련하여 끊임없이 한국이나 중국과 충돌하고 있다. 고이즈미 총리가 취임 이후 한국이나 중국의 반발에도 불구하고 매년 야스쿠니신사 참배를 강행하는 것도 바로 일본 국내의 보수적 정서를 반영하고 있다는

---

37) 1982년과 1986년, 그리고 2001년과 2005년의 4차례에 걸친 교과서 파동에 대한 중국 측 입장을 간단히 설명한 것으로는, "日本政府通過新教科書 篡改歷史必將自食其果,"『北京青年報』(2005/04/06) 참조. 그리고 역사 왜곡의 구체적 내용에 대해서는『日本新歷史教科書歪曲歷史』(新浪新聞中心, 2005/03/25)(http://news.sina.com.cn/z/jptextbook/index.shtml) 참조.
38) 이웅현, "'새로운 역사교과서를 만드는 모임'과 한·일관계," 고려대학교 BK21 동아시아 교육·연구단 학술회의, "동아시아의 정세와 전망" 발표 논문 참조.

것이다.39) 그런데 일본 사회 내부의 보수화 경향, 또는 민족주의적 성향이 중·일, 한·일의 역사 인식 논쟁을 촉발시키고 있는 것도 사실이지만, 마찬가지로 탈냉전시대의 중화민족주의의 등장이 일본과의 갈등을 증폭시키고 있는 것도 사실이다. 다시 말해 중화민족주의가 확산되면서 일본의 '잘못된 역사 인식'에 대한 중국의 '민족적 분노'가 대중적 반일시위로 폭발하고, 그런 반일시위와 일본에 대한 중국의 비난 여론이 다시 일본 여론을 자극함으로써 일본 국민들 사이에 중국 혐오감을 확산시켜 양국관계를 급속도로 악화시키고 있는 것이다.

지난 2004년 일본 내각부가 실시한 '외교에 관한 여론조사'에 의하면, 일본 국민들 중에서 중국에 대해 친밀감을 느낀다고 응답한 사람의 비율은 전체 37.6%에 불과했고, 이는 내각부가 여론조사를 실시한 1978년 이래 최저 수치라고 한다. 다시 말해 일본 국민들 중에서 중국에 대해 친밀감을 느낀다는 비율은 1980년에 최고 수준인 78.6%를 기록했지만, 1989년 천안문 사태의 영향으로 51.6%로 급락한 데 이어, 2004년에는 최저 수준인 37.6%로 떨어진 것이다.40) 마찬가지로 중국 국민들 사이에서도 일본에 대한 친근감이 감소하고 있다는 여론조사 보고서가 발표되고 있다. 중국사회과학원 일본연구소가 2004년에 실시한 여론조사에 의하면, 중국 국민 중 53.6%가 일본에 대해 친근감을 가지고 있지 않다고 응답하였으며, 이것은 2002년도의 조사 당시의 43.3%보다 10.3% 증가한 것이며, 일본에 대해 친근감을 느끼지 못하고 대답한 사람들의 61.7%는 그 이유로 일본이 중국 침략에 대해 진정으로 반성하지 않기 때문이라고 대답한 것으로 나타났다.41)

---

39) 2001년 이후 2005년까지 고이즈미 총리의 5차례에 걸친 야스쿠니신사 참배에 대한 중국 측 기사에 대해서는, 『日本政府聲稱小泉正式參拜靖國神社不違憲』(新浪新聞中心, 2005/10/25) (http://news.sina.com.cn/z/aqd5ccb/index.shtml) 참조.
40) 이와 같은 일본 내각부의 여론조사 결과에 대해서는 "「中國に親しみ」, 過去最低の38%内閣府世論調査," 『朝日新聞』(2004/12/18) 참조.
41) 중국 국민에 대한 여론조사 결과에 대해서는 "過半中國民衆因日本不反省歷史對其沒有親近

이와 같이 중국과 일본의 역사 인식에 대한 갈등은 양국의 지도자들이나 지식인들의 논쟁으로만 끝나는 것이 아니고, 일반 국민들의 정서에도 상당히 부정적인 영향을 주고 있는 것이다. 특히, 양국에서 민족주의적 정서가 확산되면서 역사 인식에 대한 논쟁은 계속 확대 재생산되는 경향을 보이고 있다. 그런데 중국과 일본의 민족주의적 정서의 갈등을 촉발시키고 있는 이슈는 비단 역사 인식의 문제뿐만이 아니다. 한국과 일본 사이에 독도 문제가 있듯이 중국과 일본 사이에도 양국의 감정 대립과 충돌을 촉발시키는 민감한 영토주권 문제인 센카쿠-댜오위다오 문제가 있는 것이다.

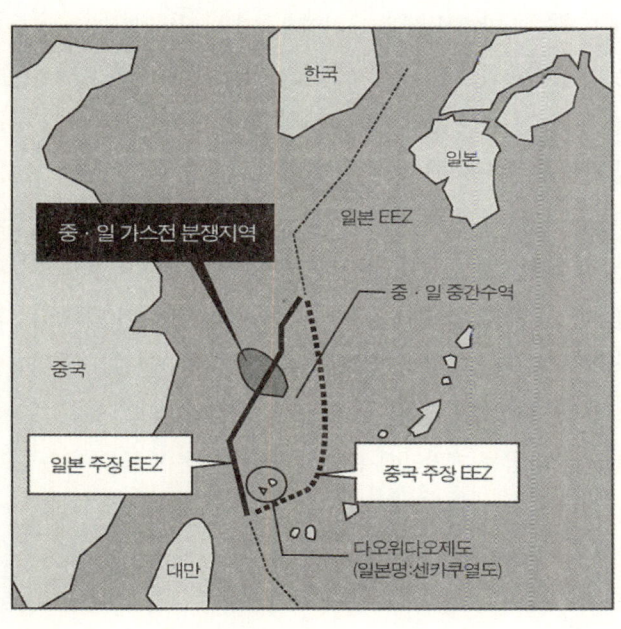

〈그림 8-2〉 센카쿠-댜오위다오 분쟁

感," 『人民日報』(2004/11/25) 참조.

〈그림 8-2〉에서 알 수 있는 바와 같이 센카쿠-댜오위다오는 일본 오키나와에서 약 300km, 대만에서 약 200km 떨어진 동중국해 남쪽에 있는 무인도로서 중국에서는 댜오위다오, 일본에서는 센카쿠 열도라고 부르는데, 현재 일본이 실효 지배권을 행사하고 있다. 일본은 센카쿠 열도가 1895년 오키나와 현에 정식으로 편입된 일본 영토라고 주장하고 있지만, 중국은 1873년에 출판된 지도에 중국 영토로 표시되었으며, 대만과 더불어 당연히 중국 영토라는 주장으로 맞서고 있다.[42]

이와 같은 영토분쟁이 촉발되기 시작한 것은 1978년으로 중국 어부들이 이 수역에서 조업을 하자, 일본 극우단체가 이곳에 등대를 설치하면서 이곳은 일본과 중국의 민족주의 민간단체들이 충돌하는 현장이 되었다. 특히, 센카쿠-댜오위다오 인근 해역에 막대한 석유와 천연가스가 매장되었다는 사실이 확인되면서 분쟁은 더욱 격화되었다. 중국이 1992년 전국인민대표대회에서 댜오위다오를 영해에 포함시킨 뒤 이듬해 인근 해역에 해저 유전을 시추하고 대규모 어선단을 파견하자, 일본은 이에 맞서 경비정을 보내 중국의 해양조사선을 내쫓는 등 이 해역에서 양국이 충돌 직전까지 가는 험악한 상황이 연출되기도 하였다.

물론 현재로서는 양국 모두 극한적인 수단을 사용하지 않고 협상과 타협을 통한 해결책을 모색하고 있지만, 양국의 민족주의적 정서의 압력으로 손쉬운 해결책을 찾지 못하고 있다. 다만 중국과 일본 정부는 센카쿠-댜오위다오 소유권 문제에 대해서는 추후에 논의하기로 하고, 동중국해의 가스 유전 개발에 대해서는 중국과 일본의 공동 개발안에 관하여 조심스러운 탐색을 계속하고 있다.[43]

---

[42] 중국 외교부 대변인은 지난 2004년 3월 25일 기자회견에서 댜오위다오의 귀속 문제에 대한 질문을 받고, 중국의 입장을 가장 간결하고도 명확하게 제시한 것으로, 鐘嚴, "論釣魚島主權的歸屬," 『人民日報』(1996/10/18)를 지적하였고, 신화사에서는 그 전문을 인터넷에 게시하였다 (http://news.xinhuanet.com/ziliao/2004-03/26/content_1386025.htm)
[43] 최근 일본 정부가 동중국해 가스개발과 관련 공동개발안을 처음으로 제시했다는 기사가 보도되었다. "日中ガス田協議, 日本側は共同開發を初提案," 『讀賣新聞』(2005/10/01) 참조.

3. 21세기의 중·일관계와 아시아의 미래

이상에서 살펴본 바와 같이 탈냉전시대에 동아시아에서 중국과 일본은 상호 협력과 경쟁, 그리고 갈등의 복잡한 3중주를 연출하고 있다. 앞에서도 지적한 바와 같이 세계화시대에 중국과 일본 경제는 높은 상호의존성과 상호보완성을 바탕으로 상호 협력의 새로운 시대를 열어가고 있지만, 전략적·외교적 차원에서 탈냉전시대에 중국과 일본은 동아시아의 주도권을 놓고 상호 경쟁하고 견제하는 복잡한 양상을 빚어내고 있다. 여기에 양국의 역사 인식의 차이는 양국의 감정적 갈등과 충돌을 증폭시켜 양국관계를 더욱 복잡하고 불안정하게 만들고 있다.

그렇다면 21세기 동아시아에서 중·일관계는 어떻게 전개될 것인가? 그것은 결국 양국의 정책적 선택에 따라 변화하게 될 것이다. 양국 지도부와 국민정서가 경제적 실리 추구를 중시하게 되면, 양국의 공동 이익이 양국의 역사 인식 차이와 전략적 경쟁관계에서 파생되는 갈등을 억제하는 방향으로 작용하게 될 것이다. 그러나 반대로 양국 지도부와 국민정서가 현실주의적 힘의 정치 무대에서 자국의 영향력 확대를 추구하려고 하거나, 민족주의적 정서에 매몰된다면 중·일간 갈등은 심화될 것이고, 중·일관계가 긴장하면서 동아시아의 안정과 발전도 영향을 받게 될 것이다.

이러한 점에서 양국 사회 내부에서 전개되고 있는 중·일관계에 대한 치열한 정책논쟁에 주목할 필요가 있다. 이미 앞에서 지적한 바와 같이 탈냉전시대 중국 사회는 애국주의가 지배적 담론으로 등장하면서 일본에 대한 우려와 적대감이 널리 확산되고 있지만 일부 지식인들이 중심이 되어 이런 반일정서에 이견을 제기하고 있다. 이를테면, 일본의 보수화와 군사대국화의 위험성, 그리고 역사문제에 대한 몰인식을 비판하면서도 일본과의 관계에 대해 '신사유'(新思維)가 필요하다는 목소리도 제기되고 있는 것이다.

『인민일보』의 마리청(馬立誠) 논설위원과 인민대학의 스인홍(時殷弘) 교수 등은 중·일관계의 악화는 오히려 중국의 국익에 불리하기 때문에 중·일관계 개선을 실현할 수 있는 '외교혁명'이 필요하다고 주장하면서, 다음과 같은 5가지를 제안하기도 하였다. 이들은 첫째, 이들은 역사문제에 대한 일본의 사과는 충분하고, 둘째, 일본과의 경제협력을 계속 강화하고 확대할 필요가 있으며, 셋째, 일본의 군사대국화 위험은 과장된 것이며, 넷째, 일본을 정치대국으로 대우하는 것이 바람직하고, 다섯째, '누구에게나 차별 없이 대해야한다'(一視同仁)는 원칙에 따라 일본의 유엔 안보리 상임이사국 진출 문제에 대해서도 호의적으로 접근할 필요가 있다고 주장하였다.44)

물론 이런 주장에 대해 현실주의자들이나 중화민족주의자들은 신랄한 비판을 가하고 있다. 이들은 스인홍 교수가 '대일관계 신사유'를 주장하는 배경에는 일본과의 관계 개선을 통해 미국을 견제한다는 의도가 있는데, 그러한 인식이야말로 현실 권력정치의 속성을 간과한 접근 방식이라고 비판하고 있다. 즉, 일본과의 관계 개선을 지나치게 강조하면, 오히려 미국을 자극하게 되고, 미국의 중국경계론을 강화시켜, 장기적으로 중국의 국익에 손해를 초래한다는 것이다. 따라서 대일 신사유론자들은 겉으로는 현실주의적 대외정책에서 출발한 것처럼 보이지만, 그 결과는 중국과 일본의 현실에 부합하지 않는 정책노선을 제시하고 있다는 것이다.45) 다시 말해 중화민족주의자들이나 현실주의자의 관점에서 보면, 대일 신사유론은 일본의 실체를 제대로 파악하지 않는 이상주의적 성향을 반영하고 있다는 것이다. 따라서 현실주의론자들은 역사적으로 일본은 힘의 열세에 있을 때에만 중국에 대해 존중하는 태도를 견지했고, 중국이 쇠약했을 때에는 중국을 멸시하거나 침략했다는 역사적 사례를 열거하면서 부강한 중국만이 일본과의 관계 개선의 전제조건이 된다고 주장한다.46)

---

44) 마리청과 스인홍 등의 대일 외교 신사유와 외교혁명론에 대해서는 馬立誠, "對日關系新思維 —中日民間之憂," 『戰略與管理』 2002年 第6期; 時殷弘, "中日接近與 '外交革命'," 『戰略與管理』 2003年 第2期; 劉小彪, "中日關係走向何方—學者的觀察與民間的憂思," 『人民日報』 (2003/08/13) 참조.
45) "冼岩專稿: 中日關係當取何種視角–兼評'對日關係新思維'," 『多維新聞』(2004/02/19) 참조.

이와 같이 중국 사회 내부에서는 일본과의 협력을 통해 중국의 실리를 모색하려는 실용주의와 중화민족주의적 감정과 일본과의 패권경쟁을 염두에 둔 현실론이 날카롭게 대립하고 있는 가운데, 중국 정부는 일본과의 협력관계를 유지하면서도 일본을 경계하고 견제하려는 이중적 태도를 견지하고 있다. 사실 중국 정부는 중국 사회에 확산되어 있는 반일정서를 의식하여 일본에 대해 강경한 입장을 고수하는 경향도 있다. 이를테면, 중국 정부는 일본 정부에 대해 기회가 있을 때마다 역사 인식 문제와 신사참배 문제 등에 있어 일본의 분명한 사과와 재발 방지를 요구하고 있으며, 이런 중국의 요구에 대해 일본의 반응이 미온적이라는 이유로 외교적인 압박이나 비정상적 외교적 항의도 불사하고 있다.

중국 정부가, 고이즈미 총리가 신사참배 중단을 선언하지 않는 한 중·일 정상회담을 개최할 수 없다고 선언하고 이를 실천하고 있는 것이나, 또한 〈부록〉에서 설명할 것처럼 우이(吳儀) 부총리가 일본 방문 중 고이즈미 총리와의 면담 직전에 일방적으로 면담을 취소하고 귀국해 버리는 비상식적 외교 행위를 자행한 것 등은 모두 국내의 강력한 반일정서를 의식한 행위라고 하지 않을 수 없다. 그러나 다른 한편으로 중국 정부는 중국 내부의 반일정서가 대규모 항일시위로 폭발하고 중·일관계를 위협할 것을 우려하여 각종 언론 매체를 통해 일본에 대해 '합리적이고, 실리적이며, 절제 있는 방침'(有理, 有利, 有節 方針)을 견지해야 한다고 호소하기도 한다.[47]

다시 말해 중국 정부의 입장은 일본과의 관계에서 역사문제와 신사 참배 문제, 그리고 영토분쟁 등의 심각한 갈등요인이 있지만, 중국과 일본 경제의 상호보완성이 대단히 높기 때문에 일본과의 경제협력이 필요할 뿐만 아니라, 장기적 차원에서도 중국의 국가 목표인 지속적인 경제발전과 대만과의 평화적

---

46) 중국의 부흥만이 중·일화해의 기초라는 주장에 대해서는, 倪樂雄, "中國復興是中日和諧的基礎," 『環球時報』(2006/01/28) 참조.
47) 陳向陽, "冷靜與全面審視中日關係 切忌因小失大," 『人民日報』(2005/04/22) 참조.

통일 달성을 실현하기 위해서도 일본을 포함한 주변국가와의 협력이 필요하기 때문에 대국적이고 대승적 차원에서 일본과의 관계를 개선해 나가도록 노력한다는 것이다.

이처럼 중국 정부 안팎에서 이성과 실리에 입각한 대일정책을 요구하고 있고, 또한 일본 내부에서도 고이즈미식 외교에 대한 반성이 제기되고 있으며, 그리고 미국을 비롯한 아시아의 우방 국가들도 중·일관계 개선을 요구하고 있기 때문에 중·일관계는 우여곡절을 겪으면서도 동아시아에서 협력적인 관계를 확대하는 방향으로 발전해 갈 것이다.

4. 부록 : 중국 외교의 두 얼굴, Sense and Sensibility in Diplomacy

필자의 홈페이지 게시판에 중국 외교 행태에 대한 다음과 같은 질문이 제기되었다.

2005년 1월 12일 베이징에서 한국 국회의원들이 탈북자 문제로 기자 회견을 하려던 것을 중국 공안이 강제로 저지한 행위나 2005년 5월 23일, 일본을 방문 중이었던 우이 부총리가 고이즈미 총리와 면담 직전에 이를 일방적으로 취소하고 귀국한 사건과 같이 상식적인 외교관례에 어긋난 사례들을 어떻게 봐야 하는지에 대한 것이다. 질의자는 중국이 대외적으로는 반패권을 주장하면서도 중국의 이러한 행위는 결국 패권적 행위가 아닌가하는 의문을 제시하였다. 이런 질문에 대해 필자의 대답을 소개하면 다음과 같다.

질의자가 지적한 사건이란 2005년 1월 12일 베이징의 한 호텔에서 한국 국회의원들(한나라당 의원 4명)이 탈북자 인권문제에 관해 기자회견을 하려던 것을 중국 공안당국이 강제로 저지한 사건을 말하는 것이다. 당시 이 사건은 국내외에서 크게 보도가 되었고, 우리 정부는 중국 외교 당국에게 이같이 외교적 관례를 벗어난 행동에 대해 유감을 표명하였지만, 중국 측은 한국 국회의원들이 중국 땅에서 중국 당국의 허락도 받지 않고 (중국이 민감하게 생각하고 있는 탈북자 문제에 대해) 기자회견을 강행하려고 한 것이 잘못이었다고 주장하였다.

이와 같은 중국 측의 주장에도 어느 정도 타당성이 없는 것은 아니었지만, 중국 당국이 공안을 동원하면서까지 무리하게 강제로 기자회견을 저지한 다소 비정상적인 행동을 어떻게 이해할 것인가가 관심의 대상이 되었다. 당시 한국 사회의 일각에서는 이런 중국의 행동을 한국을 가볍게 여기고, 중국의 이익이나 관심사를 일방적으로 강요하는 중화 패권주의의 발로라는 차원에서 경계하기도 하였다.

사실, 중국의 외교에서 이런 식의 무례한 행동을 발견하기는 어렵지 않다. 우리나라와의 관계에서도 중국의 외교적 무례나 무리한 행동이 처음 있었던 것은 아니다. 지난 몇 년 사이 유사한 사건이 몇 번 있었다. 이를테면, 2002년 1월 〈재외동포법〉 개정 준비를 위해 중국의 동북 3성 지역을 방문하려던 한국 국회의원 4명에게 중국 비자를 발급하지 않았던 일이라든가, 2003년 8월에는 중국의 고구려사 왜곡 현장을 방문하려는 한국의 야당의원 8명의 비자 발급을 지연시킨 일들, 그리고 2004년 5월에는 주한 중국대사관이 한국 여야 의원에게 대만 천수이볜(陳水扁) 총통 취임식에 불참해 줄 것을 요청해 논란이 일었던 일 등도 그렇다.

그런데 이처럼 외교적 상식과 관례를 벗어난 중국의 행동이 유독 한국과의 관계에서만 발생하고 있는 것은 아니다. 배경은 전혀 다르지만 일본과의 관계에서도 비정상적인 외교적 사건이 발생하였다. 최근에 중국과 일본 사이에서 벌어진 '우이 사건'도 그야말로 외교적 관례를 무시한 또 다른 중국 외교의 일면을 보여주는 것이라고 할 수 있다. 언론보도를 통해서 잘 알려진 바와 같이 일본을 공식 방문 중이었던 중국의 우이 부총리가 2005년 5월 23일 오후에 고이즈미 일본 총리와의 면담 약속을 6시간 앞두고 일방적으로 면담 약속을 파기하고 귀국하는 그야말로 엄청난 외교적 무례를 공공연히 자행한 것이다.

이런 외교적 관례를 벗어난 중국의 외교 행위도 어떻게 보면 또 다른 외교적 의사표시 방식이라고 해야 할 것이다. 물론 '우이 사건'의 배경에는 중국이나 한국의 강력한 항의에도 불구하고 신사참배를 고집하는 일본 고이즈미 총리에 대한 강한 불만과 항의가 있다는 것은 잘 알려진 사실이다.

이처럼 중국 외교에는 두 가지 얼굴이 있다. 기존 관례와 합리적 이해관계에 따라 정상적·합리적·타산적으로 행동하는 정상외교(normal diplomacy)가 있다면, 또 다른 한 면에는 위에서 지적한 비정상적이고, 비외교적인 것처럼 보이면서도 자국의 감정과 생각을 그대로 표출하는 또 다른 외교의 얼굴이 있다는 것이다. 다시 말해서 합리적 계산과 이익에 근거한 외교(sense)와 중국인의 감정과 욕망의 세계를 반영하는 외교(sensibility)의 두 얼굴이 있다는 것이다. 이런 차원에서 위에서 지적한 '우이 사건'이라든가 '한국 국회의원들의 기자회견 저지'와 같은 다소 비정상적인 행동은 중국인들의 감정과 욕구를 표출한 것이며, 그런 점에서 중화민족주의적 정서의 일단이 반영된 행동이라고 할 수 있다.

제9장

대만문제 : 독립과 통일, 전쟁과 평화의 기로

> 대만문제의 본질은 중국과 대만 당국, 그리고 미국의 미묘한 입장 차이에서 찾아볼 수 있다. 첫째, 대만은 중국의 일부이므로 어떤 형태로든 대만의 독립이나 이탈을 인정할 수 없고, 필요하다면 무력을 사용해서라도 통일을 해야 한다는 중국의 결의; 둘째, 경제발전과 민주화가 진행되면서 나타나는 대만화의 결과, 하나의 중국이라는 원칙을 정면으로 부정하지 않으면서도 대만의 독자성을 주장하고, 특수한 국가 대 국가 관계를 강조하는 대만인의 입장; 그리고 셋째, 대만이 중국의 일부라고 인정하면서도 '평화적 해결' 원칙을 고수하며 가급적 전략적 모호성을 견지하고 있는 미국, 이 세 가지 입장이 대만 해협의 긴장과 갈등을 만들어내고 있다.

1. 대만 개관

(1) 대만의 역사와 영토, 인구

대만 원주민들의 역사는 구석기시대까지 거슬러 올라가지만, 대륙으로부터 상당한 이주민이 대만으로 건너와 살기 시작한 것은 서기 500년경이었다. 또한 대만은 일찍부터 해상 교역의 요충지로서 알려졌다. 따라서 17세기경에는 한때 아시아에 진출한 네덜란드와 스페인의 활동 거점 지역이 되기도 하였다.[1]
그러나 1664년 대륙의 정치적 혼돈기에 명(明)나라 유신이었던 정청궁(鄭成

功) 장군이 함대를 이끌고 대만으로 건너와 대만을 거점으로 명나라를 복구하기 위한 복명운동을 전개하고, 대만에 정씨 왕조를 건립하여 독자노선을 추구했지만, 정청궁 장군이 사망한 이후 1683년에 그의 자손들은 대만을 청나라에 헌납하였다. 따라서 대륙의 청나라는 이때부터 대만을 지방 행정단위로 편입, 통치하였고, 1887년에는 청나라의 지방 행정 단위인 성(省)으로 완전 편입하여 통치하였다.

그러나 대만의 운명은 다시 한번 바뀌게 된다. 1895년 청일전쟁에서 패배한 청나라는 대만을 일본의 식민지로 양보했고, 따라서 1895년에서 일본이 패망한 1945년까지 대만은 일본의 식민지가 되었다. 1945년 일본 패망 이후 당시 중국 대륙을 대표하던 장제스(蔣介石) 총통의 국민당이 지배하는 중화민국이 대만을 접수하였으며, 1949년에 국공 내전에서 패배한 국민당 정권의 중화민국이 대만으로 이주, 대만을 거점으로 대륙의 중화인민공화국과 대립하면서 대만의 중화민국과 대륙의 중화인민공화국의 분단 상황이 조성되었다.

그런데 대만과 대륙 정부의 현실적 종합 국력은 아래 표가 제시하는 바와 같이 현격한 차이를 보이고 있다.

〈표 9-1〉 대만과 중국의 영토, 인구, 경제력 비교(2002년 기준)

국 가	면적 (1,000만㎢)	인구 (백만)	인구밀도	GNI (억 달러)	1인당 GNI (달러)	구매력기준GNI (억 달러)
중 국	9,598	1,262.5	137	12,342(6)	960(136)	4,520(125)
대 만	36	22.3	622	2,819(-)	11,627(-)	-
홍 콩	1	6.8	6,755	1,67662(25)	24,690(16)	27,490(18)

출처: 21世紀中國總硏 編, 『中國情報 ハンドブック 2004年版』.
주: ( )은 2002년도 기준 세계 순위.

---

1) 대만의 역사와 사회에 대한 개괄은 김영신, 『대만의 역사』(지영사, 2001) 참조.

이와 같이 대륙과 비교해 현격한 국력 차이를 보이고 있는 대만의 주민들은 어떻게 구성되어 있는가? 대만에 거주하는 총인구 가운데 압도적 다수인 98%가 한족이며, 원주민은 11개 종족으로 구성되어 있지만, 전체 인구 중에서 2% 정도에 불과하다. 그러나 대만의 한족 인구 중에서 약 85%가 국민당 정권이 대만으로 옮겨오기 이전에 대만으로 이주해 왔거나 대만에서 출생한 내성인이고, 이들이 바로 대만인들이고 대만 인구의 대다수를 구성하고 있다. 그러나 1949년을 전후로 대륙에서 이주해 온 외성인, 또는 대륙인들도 전체 대만 한족 인구의 약 13%를 구성하고 있다.2)

(2) 대만의 정치와 경제

위에서 간단히 언급한 것처럼 1949년 국공 내전에서 패배한 대륙의 국민당 정권의 군인들과 민간인들은 대거 대만으로 이주, 대만을 근거지로 중화민국의 법통을 고수하고, 중화민국의 본토 수복을 준비하였다. 특히, 한국전쟁으로 고착되기 시작한 냉전의 대결구도에서 대만의 중화민국은 미국과의 방위동맹 조약을 체결하고, 장제스-장징궈(蔣經國) 부자의 지도하에 심기일전하여 개발독재형 경제발전을 추진, 그 결과 상당한 성과를 얻었다.

그러나 대륙 출신의 국민당 세력의 노쇠화에 따른 대만인들의 등장과 더불어 민주화가 진행되면서 대만화의 욕구가 축적되어 대만 정치의 근본적인 변화가 초래되었다. 국민당 정부 내에서 대만 출신 정치인의 선두주자였던 리덩후이 총통이 등장하면서 대만은 점진적으로 대만화·민주화를 추진하였다. 마침내 지난 2000년 3월 대선에서 야당인 민진당(民進黨) 후보인 천수이볜이 총통으로 당선, 최초의 수평적 정권 교체가 실현됨으로써 대만은 한국과 마찬가

---

2) 인구 자료를 비롯한 대만에 대한 기초적 자료는 대만 정부 공보실(Government Information Office)이 제공하는 인터넷 자료를 참고할 수 있다.

지로 경제발전과 정치발전을 동시에 이룩한 전형으로 주목받게 되었다.

〈표 9-2〉 대만의 역사 및 정치연보

1624년		네덜란드의 대만 거점지역화
1664년		명 유신 정청궁 장군 이주, 정씨왕조 건립
1683년		청나라에 복속, 대륙정부의 지배
1885년		청나라의 성(省)으로 편입
1895년		청일전쟁 이후 일본의 식민지
1945년	8월	장제스 총통의 중화민국 접수
1947년	2월	2·28사건; 국민당 정부, 대만인들의 자치운동을 무자비하게 무력 진압
1949년		중화민국 이주; 80만 명의 군대와 200여만 명의 본토인 대만 이주, 통치
1954년	8월	1차 대만 해협 위기
1958년	8월	2차 대만 해협 위기
1975년	4월	장제스 사망
1978년	3월	장징궈 총통 취임
1986년	9월	비합법적으로 야당(民進黨) 결성
1987년	7월	계엄령 철폐; 대만주민 본토방문 및 무역투자 허용
1988년	1월	장징궈 총통 사망, 부통령 리덩후이 총통 계승
1991년	5월	리덩후이 정권, 대륙의 공산당과의 전쟁종결을 공식선언
1993년	4월	양안교류단체 대표 첫 회담
1994년	7월	헌법개정, 총통직선제 도입
1995년	7월	리덩후이의 미국방문과 제3차 대만 해협 위기; 미국 항공모함 파견
1996년	3월	첫 총통직선제에서 리덩후이 총통 당선
1999년	7월	리덩후이 총통 양국론 제기, 제4차 대만 해협 위기조성
2003년	3월	첸수이볜 민진당 후보 총통당선, 첫 정권 교체
2004년	3월	천수이볜 총통선거에서 재선
2004년	12월	대만총선에서 국민당 등 야권 승리
2005년	3월	〈반분열국가법〉 중국 전인대 통과
2005년	4월	롄잔(連戰) 국민당 주석의 대륙 방문과 제3차 국공합작

사실, 대만은 〈표 9-2〉에서 알 수 있는 것처럼 장징궈 총통 말기인 1987년에 계엄령을 철폐하고, 국내정치의 민주화를 추진할 수 있는 조건을 마련했으며, 동시에 대만인들의 대륙 방문을 허용하는 등 양안간의 교류 협력에도 적극적으로 대응하기 시작하였다. 장징궈 총통의 후계자로 국민당 정부에서 최고위직에 오른 대만 출신의 리덩후이 총통이 등장하면서 중화민국의 대만화가 더욱 적극적으로 추진되었고, 동시에 헌법 개정을 통한 직선제를 도입하는 등 정치제도의 민주화도 의욕적으로 추진되었다.

따라서 21세기가 시작되면서 대만의 중화민국은 민주화와 대만화가 거의 동시에 진행되었다. 그 결과, 아래의 표가 보여주는 것처럼 대만화는 불가역적인 현상이 되었으며, 2000년 3월 대선에서 국민당 정권이 붕괴하고 대만출신이 주도하는 야당이었던 민진당의 천수이볜 총통이 당선되어 정권 교체가 실현됨으로서 민주화의 공고화에도 성공했다고 하겠다.

〈표 9-3〉 정부 고위직의 대만-대륙 출신 배분

연도	총통	부총통	수상	부수상	각료	합계(%)
1993년						
대만 출신	1	0	0.5*	0	17	18.5(54.5)
대륙 출신	0	1	0.5*	1	13	15.5(45.5)
2001년						
대만 출신	1	1	1	1	35	39(95)
대륙 출신	0	0	0	0	2	2(5)

출처: Chien-min Chao, "Will Economic Integration between Mainland China and Taiwan Lead to a Congenial Political Culture?," *Asia Survey*, XLIII, No. 2(March/April, 2003), p. 296.
주: 당시 수상이었던 롄잔은 대륙과 대만 출신 부모에서 태어난 특이 세대(0.5)였음.

이처럼 중화민국의 대만화와 민주화가 추진되면서 대만의 국내정치적 위기는 상당한 정도로 완화되었지만, 양안간의 위기감은 오히려 고조되고 있다.

대만화와 민주화가 진전되면서 대만인들 사이에는 대만 독립이나 대만 자치 등 대만의 정체성을 견지하려는 정서가 뿌리내리기 시작하였고, 이런 차원에서 리덩후이 총통은 대만과 대륙 정부를 특수한 국가 대 국가의 관계로 규정함으로써 중국은 하나이며, 대만은 중국의 일부라는 대륙정부의 일관된 주장에 대해 도전하는 상황이 조성되었다.

사실 대만과 대륙간에는 이후 다시 언급하겠지만, 1950년대 이후 지속적으로 군사적 긴장과 갈등이 계속되고 있다. 따라서 대만 정부 역시 경제발전과 더불어 국방에도 상당히 신경을 쓰고 있다. 현재 대만 정부는 아래의 〈표 9-4〉에서 알 수 있는 것처럼 약 100억 달러 전후의 국방예산을 편성하고 있으며, 약 35만 이상의 상비군을 보유하고 있다. 이런 대만의 국방력은 중국과 단순 비교하면 양적으로 미미한 것이 사실이다. 그러나 인구와 영토 규모를 감안할 때 대만은 상당한 비중을 고도의 국방력 유지에 자원을 배분하고 있으며, 동시에 질적인 측면에서도 대만 군사력은 대륙정부의 군사력에 대응할 만한 실력을 보유하고 있다는 것이 전문가들의 평가이다.

〈표 9-4〉 중국과 대만의 국방비 비교

(단위 : 10억 달러)

	2002	2001	2000	1999	1998
중국(예산안)	20.0	17.0	14.5	12.6	11.0
중국(실질경비)		40.4	45.6	40.8	37.5
대만		8.2	12.8	15.0	14.2

출처 : 필자의 홈페이지 수업자료 란의 "중국과 동북아 국가들의 국방비 증가 추세(1998~2002)"를 재구성한 것.

이처럼 대만 정부는 경제적으로나 정치적으로, 그리고 군사적으로도 충분히 국가로서의 조건을 구비하고 있지만, 국제사회에서의 위치는 대단히 미묘하다. 1971년 유엔 총회와 1972년 미국과 중국간의 상해 공동성명에서 중화인민공화국이 중국을 대표하는 유일 합법적인 정부라고 인정되면서 대만 정부는 유엔을 비롯한 주권국가를 회원국으로 하는 국제조직에 참여하지 못하고 있으며, 중국과의 국교관계가 있는 국가들과의 국교도 유지하지 못하고 있다. 미국과 한국, 일본 등 모든 나라들은 중국과의 국교관계를 견지하기 위해 중국의 요구에 따라 대만 정부와의 단교를 실행하고 있기 때문에 현재 대만 정부는 단지 중국과 외교관계가 없는 27개국과 공식 외교관계를 유지하고 있다.

(3) 보충자료 : 국제사회에서 대만 정부의 위치

국제사회에서 대만 정부가 당면하고 있는 문제는 심각하다. 특히 중국의 반대로 대만은 주권국가로서 활동을 하지 못하고 있기 때문에 대부분 주권국가를 멤버로 하는 국제조직이나 국제기구에는 가입할 수 없다. 최근 사스(SARS)사태를 계기로 대만은 세계보건기구(WHO)에 가입하려고 했지만, 역시 중국 정부의 강력한 항의로 좌절되었다. 그러나 대만은 회원 자격이 주권국가로 한정하지 않는 국제조직이나 국제기구에 참여할 수 있다. 이를테면 아시아개발은행이나 세계무역기구(WTO), 올림픽 등에는 중국과 대만이 동시에 가입해서 활동할 수 있다. 그러나 이때에도 문제가 전혀 없는 것은 아니다. 이를테면 이런 경우 대만을 어떻게 표기할 것인가의 문제는 또 다른 정치적 이슈이기도 하다. 이런 문제에 대해서는 필자의 홈페이지 게시판에서 한번 언급한 바가 있으므로 참고자료로 홈페이지 게시판에 올렸던 질문과 그에 대한 대답을 예시한다.

질문 | 타이완에 대한 질문
안녕하세요. 지난 학기 수업을 들은 학생입니다.
　이번 미국 동계올림픽 개막식 때 대만을 'Chinese Taipei'라는 이름으로 소개한 것을 텔레비전으로 보았습니다. 전 대만을 그런 식으로 표기하는 것과 또 그런 대만의 국기를 처음 보는 거라서 상당히 놀랐는데요.

왜 그런 식으로 명명했으며, 또 대만이 국제사회에서 어떤 위상을 차지하고 있는지 궁금합니다. 그리고 만약 미국이 대만문제로 중국과 전쟁이 일어나면 주일미군은 개입해도 주한미군은 개입하지 못하게 되어있다는 것을 어떤 강의에서 들었는데요. 그것이 확실히 어떤 것인지 (어떤 협정인지) 또 왜 그렇게 했는지, 그 배경은 무엇인지 궁금합니다.

응답ㅣ 대만의 영문 표기, Chinese Taipei, Republic of China
잘 아는 것처럼 대만의 공식명칭은 중화민국(中華民國, Republic of China)이다. 중화민국은 1971년 국제연합이 중국을 대표하는 유일 합법적인 정부로 중화인민공화국(中華人民共和國, People's Republic of China)을 인정하기 전까지 국제사회에서 중국을 대표하는 정부였다.

그러나 1971년 이후 유엔 등 거의 모든 국제기구에서 중화인민공화국이 중국을 대표하는 유일 합법적 정부로 인정받았고, 대만=중화민국은 배제되었다. 또한 중화인민공화국은 '중국의 유일 합법적인 정부론'에 입각해서 대만=중화민국과의 단교를 중화인민공화국과의 국교 정상화의 전제조건으로 요구·관철시켰다. 따라서 미국이나 일본, 그리고 한국 등 모든 나라들은 중화인민공화국과 국교 수립 과정에서 대만=중화민국과의 국교 단절을 선언하고 실천했다. 이런 사정으로 대만=중화민국은 현재 주요 유엔 기구에 참가하지 못하고 있으며, 전 세계적으로 단지 27개의 국가들과 공식적 외교관계를 유지하고 있을 뿐이다.

중화인민공화국은 지금도 중국은 하나이고, 대만은 중국의 일부라는 논리에서 대만=중화민국을 독립적인 실체로 인정하지 않고 있으며, 국제연합 등 모든 주요 국제기구에서 대만=중화민국을 배제하려고 노력하고 있다. 그러나 국제사회는 중화인민공화국을 중국을 대표하는 유일 합법적 정부라고 인정하면서도 대만의 실체도 부인할 수 없기 때문에 비정부적·비정치적 영역에서 대만을 회원 단위로 인정하고 있다. 이를테면, 아시아개발은행이나 APEC 등은 대만을 회원 단위로 인정하였고, 비정치적인 분야인 아시아게임과 올림픽에서도 대만의 참여를 인정하고 있다. 지난해 WTO는 중국과 대만 가입을 거의 동시에 인정하였다.

이처럼 비정부적·비정치적 분야에서 대만의 참여를 인정하는 과정에서 대만의 실체를 표현하는 것이 항상 문제가 되고 있다. 대체로 중화민국이라는 정체의 이름은 사용하지 못하고, 그 대신 대만을 의미하는 여러 가지 용어가 사용되고 있다. 대만의 실체를 국제적으로 표현할 수 있는 용어 중에서 가장 많이 사용되고 있는 것이 바로 Chinese Taipei 라고 할 수 있다. 아시아게임이나 올림픽, 그리고 APEC 등에서 대만을 나타내는 명칭이 바로 Chinese Taipei이다.

이외에도 경우에 따라서 영문으로 단순히 "Taiwan", "China(Taiwan)", "Taipei China" 또는 "Taipei, China"로 표기하기도 한다. 이러한 표기에는 모두 미묘한 의미상의 차이가 있으며, 어떤 용어를 어떻게 사용하는가의 문제는 중국은 하나라는 중화인민공화국의 입장과 대만 정부의 독립/자립 입장 등이 뒤엉켜 상당히 복잡한 정치이슈가 되고 있다.

끝으로 질의에서 제기된 문제, 즉 대만문제로 미·중간 무력충돌이 발생할 경우, 주일미군이나 주한미군은 모두 개입할 수도 있지만, 그것은 한국과 일본 정부의 동의가 전제된다는 것은 두말할 필요가 없다. 다만 1996년 미국과 일본간에 재정리된 미일 안보조약의 실행 가이드라인은 대만 해협의 위기까지도 포함하고 있기 때문에 주일미군의 출동이 합법적으로 가능하지만, 주한미군의 경우는 그와 같은 전략적 유연성을 담보하는 조약이나 협정이 2005년의 시점까지 없다고 생각했기 때문에 주한미군의 출동 가능성에 대해서 부정적이었다. 그러나 2006년 초 노무현 정부가 주한미군의 전략적 유연성을 양해하는 문건이 존재한다는 사실을 인정함으로써, 주한미군의 대만 해협 진출이 가능해졌다고 하겠다.

2. '대만문제'란 무엇인가

그렇다면 '대만문제'란 무엇인가.

중국과 대만 당국, 그리고 미국이 대만과 대륙간의 관계에 대해 어떤 입장을 견지해 왔으며, 이른바 대만문제가 발생하고 있는 원인은 무엇인가? 그것은 두말 할 것도 없이 대만의 장래와 관련해서 해당 당사자들의 견해가 첨예하게 대립되고 있기 때문이며, 그것은 이익의 충돌뿐만 아니라, 대만의 생존권과 중국의 주권 등 해당 국가의 핵심적인 이해관계와 직결된 문제이기 때문에 대만문제는 상당한 정도의 잠재적 폭발성을 가지고 있다고 하지 않을 수 없다.[3]

다시 말해서 대만의 미래를 결정하는 일은 대만 주민들의 입장에서는 생존이 걸린 절대 절명의 문제이지만, 대륙 정부의 입장에서도 결코 포기하거나 양보 혹은 타협할 수 없는 문제인 것이다. 이를테면 대만의 독립이나 대만의 이탈 문제는 국제적으로 그 파장도 엄청난 것이지만, 국내적으로도 중국 분열의 전주곡이 될 수 있으며, 중국 주권의 포기로 인식되면서 공산당 정권의 존립 자체가 위협받을 수 있는 문제라는 것이다. 따라서 대만문제는 대만에게나 대륙 정부에게 모두 절박한 문제이고, 결코 소홀하게 다룰 수 없는 문제이다.

그런데 최근 탈냉전시대의 변화를 반영하여 대만문제에 대한 중국과 대만, 그리고 미국의 입장 변화가 나타나고 있으며, 그것이 점차로 갈등과 위험 요소가 되고 있다는 점에 주목할 필요가 있다. 다시 말해 냉전시대에 대만문제에 대해 견지되었던 암묵적 합의 기반이 약화되고 있고, 그 때문에 대만문제에 대한 해결방안에 대해서도 미묘한 입장 차이가 나타나고 있다.

그렇다면 대만문제에 대한 냉전시대의 합의란 무엇인가. 그것은 대륙의 중

---

[3] 대만문제에 대한 중국-대만-미국의 입장과 양안간 갈등에 대해서는 Gerit W. Gong, *Taiwan Strait Dilemmas: China-Taiwan-U.S. Policies in the New Century* (Washington, D. C.: Center for Strategic Gong, and International Studies, 2000); Donald S. Zagoria ed., *Breaking the China-Taiwan Impasse* (Praeger, 2003) 참조.

화인민공화국이나 대만의 중화민국, 그리고 미국 역시 중국은 하나이며, 대만은 중국의 일부라는 것, 그리고 중국은 마땅히 하나의 민족국가로 통일되어야 한다는 명제에 대해 이론을 제기하지 않았다는 것이다. 다만 냉전시대의 쟁점은 하나의 중국을 대표할 수 있는 유일 합법적인 정부가 누구인가에 대해 중화인민공화국과 대만의 중화민국, 그리고 미국 정부가 상반되는 입장을 견지했었다.

그런데 1971년 중화인민공화국의 유엔 복귀, 1972년 미국과 중국간의 상하이 공동성명 발표 이후 대만문제는 질적으로 변화하기 시작하였다. 중화인민공화국이 중국을 대표하는 유일 합법적 정부로 인정되면서 냉전시대의 논쟁은 사실상 중국의 승리로 끝나는 것 같았지만, 대만은 여전히 부인할 수 없는 현존하는 실체이기 때문에 대만의 실체를 어떻게 인식하고, 대만의 미래를 어떻게 구상하는가에 대한 논쟁은 계속되었다. 특히, 대만과 대륙의 통일정책을 둘러싸고 중국과 대만 정부, 그리고 미국은 여전히 날카로운 의견 대립을 보이고 있었다.

(1) 중국의 통일정책

마오쩌둥 시대에는 기본적으로 대만 해방의 논리에 입각한 통일정책이 추진되었지만, 개혁개방 시대에는 기본적으로 덩샤오핑이 제시한 1국 2체제의 방안에 입각한 평화통일방안이 강조되었다. 대만문제는 가급적 교류와 협력을 기초로 평화적 방법에 따라서 점진적으로 추진될 것이라면서 이른바 '3통(通) 4류(流)'를 강조하였다. 3통 4류란 1979년 1월 1일 중화인민공화국 정부가 "대만동포에게 고하는 글"을 통해 평화적 방법으로 통일을 달성할 것이라는 정책을 발표한 이후 양안간 교류협력을 촉구하는 중국의 정책방안이라고 할 수 있다. 그런데 3통이란 통상(通商)-통우(通郵)-통항(通航)을 의미하는 것이고, 장삿길을 열고, 우편을 주고받으며, 뱃길을 열어 교류하자는 것이다. 그리고 4류란 경제교류-문화교류-과학기술교류-체육교류를 의미하는 것이다. 이처럼 중국 정부가 3통 4류를 통한 상호 교류 협력을 제안하자, 이에 대항하여 대만 정부는 3불정책(三不政策)을 강조했다. 즉, 대륙과 접촉하지 않으며(不接觸), 대륙 정부와 담판하지 않고(不談判), 타협을 하지 않는다(不妥協)는 완강한 태도를 보이면서 대륙정부와의 대화와 타협, 교류 등을 거부하였다.[4]

이와 같이 개혁개방기 중국 정부는 적극적인 교류 협력을 통한 평화적이고 점진적 통일을 강조하면서 대만문제는 중국 국내정치의 문제이라고 강변하였다. 이런 논리에 따라 중국 정부는 양안관계에 대한 제3국의 개입 가능성을 강력히 비판하였고, 필요한 경우 중국은 무력을 사용할 수 있는 합법적 권한을 가지고 있다는 강경한 입장도 동시에 견지하였다.[5] 이미 잘 알려진 바와 같이 지난 2005년 3월에는 중국의 국회 격인 제10기 전국인민대표대회(全人代) 제3차 회의에서 압도적 다수결로 대만이 독립을 추진할 경우 무력으로 이를 제지할 수 있다는 〈반분열국가법〉(反分裂國家法)을 통과시킴으로서 대만문제에 대한 무력 개입의 정당성을 입법화하였다.

이와 같은 강경입장을 견지하면서도 중국 정부는 평화통일 방안 역시 동시에 강조하고 있다. 중국 정부는 개혁개방 초기의 '3통 4류'정책과 더불어 덩샤오핑이 1983년 6월 26일 재미학자 양리위(楊力宇)를 접견하는 자리에서 강조했다는 '조국통일 6개 원칙'과 '일국양제'(一國兩制)를 평화 통일방안으로 제시하였다. 즉, ① 중국이 대만에 군사 및 정부요원을 파견하지 않을 것, ② 대만의 독립적인 입법권 및 현행 법률과 사법기구를 유지하도록 보장할 것, ③ 대만의 독자적 군대 유지도 허용할 것, ④ 대만의 대외사무 처리 권한을 계속 보장할 것, ⑤ 대만의 특별 기치 및 '중국 대만' 칭호를 사용하도록 할 것, ⑥ 외국으로

---

[4] 중국 정부의 '3통 4류'정책에 대항하는 대만 정부의 '3불정책'에 대해서는 문흥호, 『13억인의 미래: 중국은 과연 하나인가?』(당대, 1996), 제1장 참조.
[5] 중국 정부는 일찍부터 대만이 통일을 거부하는 경우 무력을 사용할 것이라는 입장은 공개적으로 천명했다. 이를테면 2000년 2월에 중국 정부가 발표한 백서『하나의 중국원칙과 대만문제』(一個中國的原則與台灣問題)에서도 무력 사용 가능성을 명기하였다.

부터의 무기 구입을 포함한 대만 자위권을 허용할 것이라고 공언하였다. 그러나 중국 정부의 일국양제에 대항하여 대만 정부는 하나의 국가에 두 개의 대등한 정치적 실체인 정부가 존재한다는 '일국양부제'(一國兩府制)로 대응하고 있다.

이처럼 대만 측의 반응이 냉담하고 오히려 대륙으로부터 독립하려는 움직임이 제기되자 중국 정부는 탈냉전시대에 적응하여 하나의 중국 원칙을 재확인하면서도 다시 평화 통일 방안을 제안하였다. 1995년 1월에 당시 중국의 국가주석이었던 장쩌민은 이른바 '장쩌민의 8개 항목(江八點)'으로 알려진 평화통일 8항목을 제시하였다. 그 내용은 ① 하나의 중국 원칙은 평화통일의 기초이며 전제이다. 따라서 대만 독립이나 '하나의 중국, 하나의 대만', '두 개의 중국'등 분열과 분치에 반대한다; ② 하나의 중국 원칙에 입각한 대만과 외국 간의 비정부 차원의 교류에는 반대하지 않는다; ③ 평화통일을 위한 대만 정부와의 지속적 대화와 담판을 할 것이다; ④ 중국은 중국인과 싸우지 않는다는 원칙을 견지하겠지만, 그것이 무력 행사의 포기를 의미하는 것은 아니다. 대만 독립을 추진하거나 외국세력의 간섭에 대해서는 무력 사용을 포함, 단호히 대처할 것이다; ⑤ 양안간 경제협력과 교류 등을 적극적으로 추진하여 공동번영을 실현할 것이다; ⑥ 중화문화는 양안 인민 전체를 연결하는 정신적 유산이며 유대이고, 통일의 중요한 밑바탕이다; ⑦ 대만 동포의 정당한 권익 보호를 위해 최선을 다할 것이다; ⑧ 대만 정부 지도자들의 대륙 방문과 본토 지도자의 대만 방문을 희망한다는 것이었다.

(2) 대만 정부의 입장 : 민주화와 통일정책의 변형

1971년 유엔에서 중국 대표권의 상실, 1979년 중·미 국교 정상화의 충격 등을 경험하면서 대만 정부의 통일정책 역시 변화하지 않을 수 없게 되었다. 특히, 앞에서 지적한 바와 같이 대륙 출신들이 퇴진하고 대만인들이 모든 분야에 진출하면서 대만 자체의 정체성을 찾으려는 의식이 확산되어 대만 정부의 통일정책에도 변화가 나타나기 시작했다.6) 특히, 대만화·민주화가 진행되면서 대만 정부는 과거에는 의심 없이 받아 들였던 하나의 중국이라는 원칙에 대해서도 모호한 해석을 제시하여 중국과 대만간의 관계를 특수한 국가 대 국가간의 관계로 규정하려고 함으로써 중국을 자극하였다.

사실 대만의 통일정책은 국내외 정치 환경의 변화에 따라 몇 차례 조정되었다. 우선 과거 대만의 통일정책은 비교적 단순한 것이었다. 1981년 4월 국민당 제12차 당대회에서 채택된 '삼민주의에 의한 통일방안'은 ① 삼민주의 신봉을 선언하고, ② 자유-민주-균부(均富)의 신중국 건설을 강조하고, ③ 민주헌정을 실천해야 하며, ④ 중화문화의 부흥을 강조하는 것으로서 사실상 국민당 주도의 흡수 통합 방안이라고 할 수 있다.

그러나 탈냉전시대의 급격한 변화에 적극적으로 대응하기 위해 1991년에 대만 정부는 이른바 "국가통일강령"을 발표하였다. 그런데 이후 양안관계와 통일정책을 추진하는 데 가장 중요한 정책 문건이라고 선언한 "국가통일 강령"에서 대만 정부는 하나의 중국 원칙을 직접 언급하지 않았다. 다만 '대륙과 대만은 모두가 중국의 영토'이며, 국가의 통일을 촉진하는 것은 중국인의 공통된 책임이라는 점을 강조하면서 통일의 목표는 '자유-민주-균부의 신중국 건설'에 있다고 선언, 3단계 통일과정을 제시하였다. 즉, 상호 교류와 상호 수혜의 1단계, 상호신뢰와 협동의 2단계를 거쳐 마지막 3단계에서 통일을 협의하는 단계가 전개될 것이라고 주장하였다.

그 이후 대만 정부는 다시 1994년에 『통일백서』를 발표하고 중국 측이 제안한 일국양제론을 논박하였다. 대만 정부는 대만과 대륙 양자간의 점진적 관계 정상화의 필요성을 인정하면서도 '하나의 중국'이란 역사적·지리적·문화적·종족적 실체를 의미하는 것이며, 그것이 반드시 정치적 실체로서 대만의

---

6) 대만 사회 내부에서 대만인의 정체성을 찾으려는 움직임에 대해서는 Ramon H. Myers, "A New Chinese Civilization: The Evolution of the Republic of China on Taiwan," *The China Quarterly*, 148 (December 1996), pp. 1072-1090 참조.

존재를 부인하는 것이 아니라고 강변한다. 오히려 분단의 현실을 인정, 대만과 대륙에 서로 다른 두 개의 정치적 실체가 존재하는 것이 현실이기 때문에 대만과 대륙 정부는 상호관할권을 인정하고 국제영역에서도 상호 공존을 모색할 필요가 있다고 주장하였다. 이런 상황에서 중국이 제시한 '1국 2체제'안은 결국 두 개의 실체간 주종관계를 가정하는 것이기 때문에, 그리고 그것은 대만의 자유-민주주의를 위협할 수 있는 가능성이 있기 때문에 반대한다고 주장하면서 결국 중국 측의 '일국양제'에 대항하여 '일국양부제'를 역설하기에 이르렀다.

그 이후 대만 정부는 '장쩌민의 8개 항목 제안[江8点]'을 반박하면서 1995년 4월에 리덩후이 총통의 '6개 항목 제안[李6点]'을 제시하였다. 그것은 ① 현실에 입각한 통일을 추구해야 한다. 즉, 대만과 대륙에 서로 다른 두 개의 정치적 실체의 존재를 인정하는 바탕에서 통일방안을 추진해야 한다; ② 중화문화를 기초로 양안간의 교류 협력을 확대하고 공존공영의 길을 모색해야 한다; ③ 상호보완적인 관계를 구축해야 한다; ④ 평등한 입장에서 공동으로 국제조직과 국제회의에 참가해야 한다; ⑤ 평화적 방식에 의한 분쟁 해결을 모색해야 하며, 특히 적대상태의 종결을 선언하고 대만에 대한 무력 사용 포기를 선언해야 한다; ⑥ 홍콩과 마카오의 경제번영과 민주화 촉진을 위해 노력해야 한다는 내용을 포함하고 있다.[7]

여기서 주목되는 것은 대만 정부가 양안관계의 정상화에 찬성하면서도 적대상태 종결을 선언하고, 대만에 대한 무력 사용 포기를 요구하면서 대만의 실체를 인정하는 조건에서 상호 협상을 할 수 있다고 주장하고 있다는 것이다. 중국의 개혁개방이 추진되면서 한편으로 대만 경제의 중국 의존도를 경계하면서도, 또 한편 중국과의 교류협력을 무시할 수 없는 딜레마에 봉착하게 되었다는 것이다.

---

7) 장쩌민권과 리덩후이 국민당 정권의 통일정책에 대해서는 Jean-Pierre Cabestan, "Taiwan's Mainland Policy: Normalization, Yes; Reunification, Later," *The China Quarterly*, 148 (December 1996), pp. 1260-1283 참조.

(3) **미국의 정책 : 전략적 모호성**

대만문제에 대한 미국의 태도는 처음부터 이중적이었다. 이미 상세히 설명한 것처럼 1972년 상하이 공동성명, 1979년 국교 정상화 선언, 1982년 중·미 공동성명 등 중국과 미국 양국 정부의 공식 문건을 통해 미국은 중국의 주장을 인정하는 입장을 견지하고 있다. 즉, 중국은 하나이며, 대만은 중국의 일부이고, 중화인민공화국이 중국을 대표하는 유일 합법적인 정부라는 점을 누차 재확인하고 있다.

그러나 미국은 대만문제의 평화적 해결 원칙이 무엇보다도 중요하다고 강조한다. 1972년 상하이 공동성명이나 1979년 국교 정상화 선언에서도 미국은 대만문제의 평화적 해결이라는 원칙에 입각해서 중국의 주장을 인정했다는 논리를 펴고 있고, 바로 이런 논리의 연장선에서 미국은 대만에 대한 무기 판매의 정당성을 주장하고 있다. 그렇지만 1982년 레이건 대통령은 냉전시대의 대소포위전략의 필요성 때문에 결국 중국 측 주장을 수용해서 대만에 대한 무기 판매도 단계적으로 축소할 것을 약속하기도 하였다.

그러나 1989년 천안문 사태는 중국과 대만문제에 대한 미국의 입장에 다시 한번 변화를 가져왔다. 미국 사회에서는 천안문 사태를 계기로 경제적 번영과 민주화를 동시적으로 추구하고 있는 대만과, 인권과 민주주의를 억압하는 중국을 대비하는 경향이 등장하면서 대만을 포기할 수 없다는 새로운 분위기가 조성되기 시작했기 때문이다. 특히, 일부 기업인들을 중심으로 중국 시장은 미래의 시장이기 때문에 포기할 수 없지만, 대만은 현재의 시장이라는 인식도 확산되고 있었기 때문에 대만문제에 대해 미국은 쉽게 포기할 수 없다고 하겠다.

사실, 탈냉전시대에 대만의 '상업적 가치'는 무시할 수 없는 수준이다. 1979년 국교 단절 이후에도 미국과 대만의 경제교류와 사회 문화적 교류가 대만의 '상업적 가치'를 충분히 반영하고 있기 때문이다. 건실한 대만 경제의 발전이 계속되면서 대만과 미국과의 교역량은 지속적으로 확장되어, 1979년 92억 달러 수준에서 1998년도에는 512억 달러 수준으로 확대되면서 대만은 미국의 7대 교역 상대국이 되었다. 사실 중국이 미국 시장에서 수입하는 액수는 1998년 현재 142.5억 달러였지만, 대만이 미국에서 수입하는 양은 중국보다 많은 181.5억 달러라는 점에서 대만의 상업적 가치는 중국 시장에 못지 않는 것이었다.

여기에 무기 판매 시장으로서 대만의 가치 역시 무시할 수 없는 것이다. 중국 측 자료에 의하면 대만에 대한 미국의 무기 판매 자제 및 종결을 약속한 1982년 공동성명은 1992년 150대의 F-15 첨단 전투기 판매도 사실상 파기되었고, 그 이후에도 미국은 중국을 견제해야 한다는 이유로 계속적으로 무기를 판매하고 있다. 따라서 대만에 대한 무기 판매를 합법화한 1979년 〈대만관계법〉 이후 2000년 말까지 총 무기 판매 교역량은 약 400억 달러에 이르며, 1994년부터 2000년 사이에만도 150억 달러의 무기를 대만에 판매했으며, 이것은 세계무기 판매 총액의 11%에 해당하는 것이라고 한다. 이런 점에서 미국은 대만에 대해 무기 판매를 중단하지 못하고 있다.

그러나 미국에게 대만의 가치는 단순한 '상업적 가치' 이상이라고 할 수 있다. 오히려 탈냉전시대에 대만에게서 중국을 견제할 수 있는 지렛대로서의 전략적 가치가 재발견되면서 미국의 대만 정책은 계속 이중적이고, 대만 해협의 위기에 대한 전략적 모호성이 견지되고 있는 것이다.

따라서 미국은 한편으로 1972/1979/1982년의 공동성명 정신을 재확인하면서도 계속 이중적이고 모호한 태도로 일관하고 있다. 이를테면, 미국은 1982년 공동성명에서 무기 판매 감축 및 점진적 종결을 약속하고도 앞에서 지적한 바와 같이 1992년에는 F-16 등 첨단 전투기를 대량 판매하였고, 1994년 대만 고위관료의 미국 방문을 금지 조치하고도 1995년에 리덩후이 대만 총통의 미국 방문을 허용하여 중국을 자극하고 대만 해협 위기를 촉발하였다. 또한 대만 해협 위기가 조성되자 또한 항공모함을 대만 허협에 파견하기도 하였고, 1997년 10월 클린턴-장쩌민 정상회담에서 클린턴 대통령은 중국에 대해 '3불(三不) 약속'을 하였다.

그것은 첫째, 대만 독립을 지지하지 않을 것이며, 둘째, 두 개의 중국이나 하나의 중국 또는 하나의 대만을 지지하지 않을 것이고, 셋째, 주권국가를 대상으로 하는 국제조직에 대만 가입을 지원하지 않을 것이라는 3가지를 중국측에 약속했다는 것이다. 그러나 미국은 이런 약속에도 불구하고 최근 부시 행정부가 등장하면서 다시 대만에 대량의 첨단무기를 판매하면서 대만을 지원하는 것 같은 태도를 보였지만, 9·11사태 이후 미국은 중국과의 협력체제를 복원시키면서 대만문제에 대해 과거와 같은 약속을 반복하였다. 이처럼 미국이 대만문제에 대해 이중적인 태도를 견지하면서 전략적 모호성을 견지하는 것은 미국의 실리를 극대화하기 위한 것이다

3. 대만 해협에서의 전쟁과 평화

(1) 대만 해협에서의 전쟁 위기

앞에서 지적한 바와 같이 중국은 대만문제에 대해 기본적으로 평화적 해결을 선호하지만, 그것은 중국 국내의 문제이기 때문에 외국의 개입을 용인할 수 없으며, 또한 언제든지 필요하다고 생각되면 무력을 동원할 수도 있다는 입장을 견지하고 있다. 따라서 중국은 대만에 대한 무력 사용권을 현실적으로 과시하는 과정에서 지금까지 모두 4차례의 심각한 대만 해협 위기 상황을 조성하였다.[8]

---

8) Allen S. Whiting, "China's Use of Force, 1950-96, and Taiwan," *International Security*, 26:2 (Fall 2001) 103-131.

① 첫 번째 위기(1954년 8월~1955년 5월)

1954년에 대만 국부군(國府軍)이 대만 해협의 진먼다오(金文皇)와 마주다오(馬祖島)에 주둔하면서 이에 대해 중국 인민해방군이 포격을 개시하여 대만 해협에서 전운이 감돌게 되었다. 이런 중국 인민해방군의 반격에 대비, 미국은 핵무기 사용 가능성까지 거론하면서 대응하였고, 대만 방어 의지를 구체적 군사동맹조약으로 실천하였다. 1954년 12월에 미국과 대만의 상호방위조약이 체결되면서 중국의 '대만 해방'을 위한 포격 공격도 중지되었다.

② 두 번째 위기(1958년 8월~1959년 1월)

1957년 미국은 대만 정부와의 합의하에 대만에 공대공/지대공 핵무기 탑재 가능한 미사일을 배치하였고, 이에 대해 중국은 대만에 대한 무력 공격 가능성을 공언하였다. 당시 마오쩌둥은 흐루시초프(Nikita Sergeevich Khrushchyov)의 미·소 화해 정책에 반대하고, 핵의 공포 논리를 인정하지 않으면서 미국과의 대결 가능성에도 불구하고 대만 해방을 감행해야 한다고 주장하였다. 이러한 논리로 마오쩌둥은 대만에 대한 포격을 개시하였고, 대만 해협의 위기가 고조되었다.
그러나 마오쩌둥의 의중은 실제로 미국과의 군사적 충돌 위험성을 감수하고서도 대만을 공격 해방하려고 했다기보다는, 미국의 공격에 대해 과연 소련이 중국을 방어해 줄 것인가에 대한 소련의 의중을 탐색하는 것이었다. 따라서 마오쩌둥이 소련의 소극적 반응을 확인한 이후 1959년 1월에 중국은 군사행동을 중단하였고, 대만 해협의 위기도 종결되었다.

③ 세 번째 위기(1995년 7월~1996년 3월)

대만의 리덩후이 총통은 1996년 3월 최초의 직선제 총통선거를 앞두고 대만의 국제적 위상을 높이고 대만의 자주독립성을 고취하는 언행을 함으로써 중국의 '하나의 중국 정책'에 도전을 하였다. 이러한 상황에서 미국 정부는 중국의 강력한 반대에도 불구하고 리덩후이에게 개인 자격으로 미국을 방문할 수 있는 비자를 발급하면서 중국은 대만 해협에서 미사일 발사 훈련을 포함한 대규모 군사연습을 단행, 긴장이 고조되었다. 이런 위기 상황에서 미국은 항공모함을 대만 해협에 파견하여 대만 방어 의지를 재확인하였다. 그 후 1996년 3월 총통선거에서 리덩후이 총통이 압도적으로 당선되면서 중국의 군사연습도 종결되었다.

④ 네 번째 위기(1999년 7월~2000년 3월)

대만의 리덩후이 총통이 대만과 대륙의 관계를 특수한 국가대 국가의 관계, 즉 양국론(兩國論)을 명시적으로 주장하고, 2000년 3월에 예정된 대만 총통선거에서 대만 독립을 당 강령으로 내세우고 있는 민진당의 약진이 예상되면서 중국은 대만의 독립이나 이탈을 경고하였다. 중국은 다시 대규모 군사훈련을 준비하고, 전쟁 불사를 공언하면서 대만 총통선거에 영향을 주려고 하였지만, 중국의 의도와는 달리 야당인 민진당 후보인 천수이볜이 총통으로 당선됨으로써 양안관계는 급격히 냉각되었다. 그러나 천수이볜 민진당 후보의 당선에도 불구하고 중국은 무력 행사의 권리를 강조하면서도 동시에 대화와 타협을 통한 대만문제의 해결을 강조함으로써 대만 해협은 다시 정상적 상황으로 복귀되었다.

(2) **양안간 교류와 협력 : 현황과 문제**

앞에서 지적한 바와 같이 중국은 개혁개방 이후 적극적으로 양안간 교류협력을 제안하고 있다. 이른바 '3통 4류' 정책을 제안하면서 대만과 대륙간의 직접

교류와 교섭을 강조하고 있다는 것이다. 이런 대륙 정부의 제안에 대해 대만 정부는 소극적으로 대응하고 있다. 그러나 탈냉전과 민주화가 진행되면서 대만 정부도 점차로 본토와의 교류 협력의 필요성을 인정하고 교류와 협력의 범위를 확대하고 있다.

따라서 1987년 7월 장징궈 총통은 계엄령을 해제하면서 본토 방문 및 무역투자를 허용하였다. 1988년에 리덩후이 총통이 취임한 이후 양안간의 교류 협력이 확대되면서 민간 차원의 대화창구 필요성을 인정하여 1990년 11월에 대만의 '해협교류기금회'(海峽交流基金會)와 1991년 12월 중국의 '해협양안관계협회'(海峽兩岸關係協會)가 발족, 양안간의 교류 협력과정에서 발생하는 각종 문제에 대한 중재기구 역할을 수행함으로써 양안관계의 제도화 수준이 제고되었다. 그러나 1993년 4월 양안교류단체 대표의 첫 번째 공식회담이 성사되고, 그 이후 몇 차례 회담이 진행되었지만, 1995년 대만 해협 위기 이후 교착상태에 빠져 오늘날까지 정상화되지 못하고 있다.

이처럼 양안관계의 제도적 장치는 제대로 작동되지 못하고 있지만, 양안간의 교류 협력은 아래의 표가 보여주는 바와 같이 비약적으로 발전하고 있다.

〈표 9-5〉 양안간 경제교류(1990~2004)

(단위 : 100만 달러)

연도	무역액 총액	대만의 수출	대만의 수입	대만의 대륙 투자액
1990	5,160	4,395	765	844
1993	15,097	13,933	1,104	3,139
1996	23,787	20,727	3,060	3,475
1999	25,835	21,313	4,522	2,599
2000	31,233	25,010	6,223	2,296
2002	37,413	29,465	7,948	3,970
2004	61,639	44,960	16,679	3,117

출처 : 대만 행정원 대륙위원회, 『兩岸經濟統計月報』, No. 151 (200年5月).

〈표 9-6〉 양안간 인적 및 통신교류(1990~2004)

연도	대륙 방문 대만인	양안간 총 통화빈도
1990	948,000	8,830,093
1993	1,526,969	47,958,683
1996	1,733,897	96,497,184
1999	2,584,648	178,328,419
2000	3,108,650	206,652,715
2002	3,660,570	383,198,498
2004	3,685,310	517,630,719

출처: 대만 행정원 대륙위원회, 『兩岸經濟統計月報』, No. 151(200年5月).

위의 〈표 9-5〉에서 알 수 있는 것은 양안간의 경제교류가 시간이 갈수록 더욱 빠른 속도로 확대 심화되고 있다는 사실이다. 1979년 양안간 교역량은 7,789만 달러 수준이었고, 1990년에는 51억 6천만 달러 수준이었지만, 1996년에는 200억 달러를 초과하였고, 1994년과 1995년을 고비로 대만의 최대 무역 파트너가 미국에서 홍콩(중국)으로 바뀌는 양상도 나타나게 되었다. 이처럼 양안간 경제교류의 양적 증가도 주목되지만, 사실 그 내용도 의미심장하다. 위의 표에서 알 수 있듯이 양안간 경제교류는 대체로 대량의 대만의 무역흑자와 중국의 무역적자 형태로 진행되고 있다.

예를 들어 2000년도 현재 1년 동안 중국은 무려 187억 8천만 달러 상당의 무역적자를 보고 있다. 따라서 중국 내부에서는 일부 이런 무역구조에 대해 비판하는 견해도 대두되고 있다. 즉, 중국이 미국과의 무역에서 힘들게 벌어들인 무역흑자를 대만에 모두 넘겨주고 있다는 비판이 제기되고 있지만, 통일정책의 차원에서 대만에 유리한 무역구조를 그대로 유지하고 있다고 볼 수 있다.

이와 같은 양안간의 긴밀한 교역 관계와 더불어 주목되고 있는 점은 대만 기업의 대륙 진출이 가속화되고 있다는 점이다. 즉, 대만 기업의 대중국 직접투자가 급증하고 있는 추세라는 것이다. 일부 통계자료에 따르면, 대만의 대륙 투자액은 1987년 현재 총 80개 항목 1억 4천만 달러 수준이었지만, 1988년에는 6억 5천만 달러, 그리고 1990년에 앞의 표가 보여주는 바와 같이 8억 4천 4백만 달러 수준에 이르렀다. 그것은 1990년대에 비약적으로 증가하여 1996년에는 약 35억 달러 수준까지 증가되었고, 이에 중국이 대만 제1의 해외 투자 대상국이 되었다.9)

사실, 양안간의 경제교류가 급속도로 확대되면서 중국에 대한 대만의 경제 의존도 역시 높아지고 있다. 중국은 대만의 세 번째 교역 대상국이고, 두 번째의 수입국이며, 첫 번째의 투자 대상국이라는 사실, 그리고 약 3만의 대만 기업과 약 10만 명의 대만인이 중국 본토에 진출해서 활동하고 있다는 사실, 중국 본토에 대한 대만의 수출 의존도가 1997년에 18.39%(대만에 대한 중국의 수출 의존도는 1994년에 1.53%)에 이르고 있다는 사실 등은 모두 중국에 대한 대만의 경제적 의존도를 보여주는 사례라고 할 수 있다. 따라서 중국과의 교류 협력에 적극적이었던 전임 리덩후이 총통도 양안 교류에 대해 '주의하고 자제하라'는 지시를 내릴 만큼 대만 정부는 대중국 경제적 의존도를 경계하고 있다.10)

이처럼 중국과 대만의 경제교류가 급증하면서 여러 가지 문제점이 발생하고 있는 것도 사실이다. 따라서 중국은 1990년대 초에 대만 정부와 합의해서 각기 설립한 반관반민 단체인 대만의 '해협교류기금회'와 중국의 '해협양안관

---

9) 중국과 대만간 경제교류의 확대와 경제적 통합의 진전에 대해서는 Paul J. Bolt, "Economic Ties Across the Taiwan Strait: Buying Time for Compromise," *Issues & Studies*, 37:2 (March/April 2001), pp. 80-105 참조.
10) 중국에 대한 대만의 경제적 의존도는 우려할 만한 수준이다. 2004년 5월 31일 중국 정부가 공개한 바에 따르면, 2003년 대만의 대중 수출은 490억 달러, 수입은 90억 달러였다. 이런 통계를 보면 대만의 무역수지 흑자 대부분이 중국과의 거래에서 나오는 것이라고 할 만큼 중국과의 무역은 대만에 유리하게 진행되고 있다. 중국 대륙과의 교역에 홍콩과의 교역까지 더하면 대만의 대중 수출은 대만 전체 수출양의 34.5%로 미국과 일본보다도 큰 것이다. 게다가 지난 20년간 대만은 대륙과의 교역에서 총 1,500억 달러의 무역 수지 흑자를 기록하고 있는데, 그것은 대만의 대외무역흑자의 80% 이상을 차지하는 것이다. 또한 1987년 이후 약 3만 개의 대만 기업이 대륙에 진출하여 약 6만 항목의 사업에 총 300억 달러를 투자하고 있으며, 이것은 대만 전체 해외투자의 40%에 이르며, 중국 진출 대만 기업들은 1993년 중국에서 간접 방식으로 외화송금을 시작한 이후 2002년까지 10년간 5,572억 달러의 외화를 대만에 송금하고 있다. 이처럼 대만 경제에서 중국과의 교역은 무시할 수 없는 비중을 차지하고 있다고 하겠다. "在祖國大陸賺錢卻支持'台獨', 豈有此理! 張銘淸: 我們不歡迎'綠色'台商,"『人民日報』(2004/05/31) 참조.

계협회'를 수립, 민간 차원의 대화창구로 활용하려고 하였고, 1993년 4월에 양안교류단체 대표의 첫 번째 공식회담이 성사되고, 그 이후 몇 차례 회담이 진행되었다. 그러나 앞에서도 지적한 바와 같이 1995년 대만 해협 위기 이후 교착상태에 빠져 오늘까지 정상화되지 못하고 있다. 따라서 현재로는 대륙과 대만간 공식적 중재기구가 없는 상태라고 하겠다.

(3) 대만의 미래와 동북아시아

앞에서 지적한 바와 같이 대만문제의 본질은 중국과 대만 당국, 그리고 미국의 미묘한 입장 차이에서 찾아 볼 수 있다. 우선 대만은 중국의 일부이므로 어떤 형태로든 대만의 독립이나 이탈을 인정할 수 없고, 필요하다면 무력을 사용해서라도 통일을 해야 한다는 중국의 결의, 경제발전과 민주화가 진행되면서 대만화의 결과, 하나의 중국이라는 원칙에 동의하면서도 특수한 국가 대 국가 관계를 강조하는 대만 정부의 입장, 그리고 대만이 중국의 일부라고 인정하면서도 '평화적 해결' 원칙을 고수하면서 전략적 모호성을 견지하고 있는 미국의 입장, 이 세 가지 조건이 대만 해협의 긴장과 갈등을 만들어내고 있다고 하겠다.

그러나 중국과 대만, 그리고 미국 등 관계 당사자들은 이른바 대만문제에 대해 날카롭게 대립되는 입장을 견지하면서도 불안한 협상과 타협을 통해 서로의 입장차를 조금씩 좁히고 있다. 중국은 여전히 무력 사용권을 고수하면서 대만을 압박하고 있지만, 기본적으로 평화적·단계적 접근을 선호하고 있다. 또한 대만이나 미국의 실용주의적 정책노선도 중국과의 협력이 가져다주는 이점을 무시할 수 없기 때문에, 중국을 자극해서 어쩔 수 없이 무력 분쟁으로 치닫지 않을 수 없는 사태를 막으려고 나름대로 노력할 것이다. 특히, 미국은 중국과의 전략적 협력이 필요한 상황이 계속되는 한, 대만의 지나친 자치와 독립 요구를 억제하려고 할 것이다. 결국, 미국과 중국, 그리고 대만의 실용주의 세력들은 대만 해협의 긴장을 해소할 수 있는 근본적인 방안에는 합의하지 못하겠지만, 중국의 개혁개방과, 대만의 경제와 정치발전이 계속되는 한 양안 간의 상호의존성이 증대되어 결국 평화적이고 점진적 통합으로 갈 것이라는 전제하에서 현상유지와 공존의 길을 모색할 것이다.11)

4. 부록 : 양안관계에 대한 홈페이지 게시판 질의응답

아래에서 소개하는 〈부록 I〉은 필자의 홈페이지에 게재되었던 양안관계와 관련된 질의응답 중에서 일부를 선별한 것이다. 질의자의 질문과 대답 내용에 대해서는 인적 사항이나 사적 성격의 코멘트를 제외하고는 거의 원문 그대로 올려 현장의 느낌을 유지하려고 하였다.

(1) 부록 I : 민족주의와 양안관계에 대한 질의응답

질문 | 민족주의와 양안관계
저는 처음엔 중국 대외정책 결정 요소에 대해 관심이 생겨 대만정책에서의 중요한 결정요소가 무엇인지를 생각하게 되었습니다. 여러 가지 국내적 상황과 국제적 상황이 대(對)대만 외교정책의 중요 요소이겠지만, 중국 특유의 민족주의적인 요소로 포커스를 잡아 논문을 쓰려고 생각 중인데요. 자료를 구하는 과정이 그리 쉽지만은 않습니다.

---

11) 대만문제의 평화적 해결 조건에 대해서는 Chas. W. Freeman Jr., "Preventing War in the Taiwan Strait," *Foreign Affairs*, 77:4 (Jul-Aug 1998); Kenneth Lieberthal, "Preventing a War Over Taiwan," *Foreign Affairs*, 84:2 (April, 2005) 참조.

이 주제가 논문 꺼리가 될지조차 조금은 흔들리기도 하고 …… 맥락을 어떻게 잡아야할지도 막상 결정하지 못하겠고요. 게시판을 둘러보니 대만과 중국의 민족주의와 중화사상을 다룬 것을 보았는데요. 양쪽을 비교해 통일정책을 주제로 논문을 쓰려니 너무 내용이 커질 것 같아서 …… 갈피를 못 잡겠습니다. 대대만정책에 있어 중국의 민족주의의 비중은 어느 정도인가요? 그리고 또 그것이 논문의 가치가 있는지 알려주십시오.

응답 │ 민족주의와 양안관계

최근 동아시아에서 가장 핫 이슈 중의 하나가 바로 한반도문제, 특히 북한 핵문제와 더불어 중국과 대만간의(양안간의) 갈등이라고 하지 않을 수 없지요. 북한 핵문제도 그렇고, 양안간의 갈등도 마찬가지로 당사자간의 감정적 대립은 물론이고, 주변 강대국의 이해관계도 첨예하게 걸려 있어, 자칫 잘못하면 파국적인 무력 충돌로까지 확대될 위험성을 안고 있는 문제라는 데 이론이 없지요.

이런 점에서 북한 핵문제나 양안관계에 대해 관심을 가지는 것은 당연하며, 논문의 주제로 시의적절한 것이라고 할 수 있지요. 특히, 최근에 언론 보도를 통해서도 잘 알려진 바와 같이, 얼마 전 폐막된 중국의 국회 역할을 하는 제10기 전국인민대표대회 제3차 전체회의에서 중국은 마침내 대만의 분열 독립을 무력으로 저지할 수 있는 〈반분열국가법〉을 통과시켜, 공공연히 대만의 분열 독립 시도를 위협하고 있고, 이런 중국의 위협에 대해 대만은 물론 미국이나 일본도 강력히 경고하고 나섬으로써 다시 양안간의 긴장이 높아지고 있는 상황입니다.

그런데 여기서 우리가 주목해야 할 것은 이러한 양안간의 갈등에 내재해 있는 문제의 핵심에는 서로 다른 민족주의의 충돌이라는 현상이 작동하고 있다는 점입니다. 따라서 질의하신 분이 민족주의와 양안관계를 분석하려고 한다는 아이디어는 대단히 의미심장한 것이라고 할 수 있습니다.

사실 탈냉전시대에 동아시아에서 민족의 정체성과 자긍심을 강조하는 민족주의 성향의 확산은 냉전시대의 이념적 속박에서 해방되고 실용적인 국가이익을 추구하는 긍정적 효과도 낳고 있지만, 동시에 과거의 상처로 얼룩진 역사를 안고 살아가고 있는 동아시아 국가간의 감정적 충돌을 촉발시키는 부작용도 산출하고 있습니다. 특히, 전쟁과 식민지의 역사를 공유하고 있는 동아시아 3개국, 한국, 일본, 중국간의 민족주의는 3국의 상호 협력을 촉진하는 측면도 있지만, 동시에 3국간의 상호 충돌을 확대하는 부작용도 낳고 있습니다.

이미 잘 알려진 바와 같이 고구려 역사문제를 둘러싼 한국과 중국의 충돌, 독도와 역사 교과서 문제 등으로 정면충돌하고 있는 오늘의 한국과 일본, 그리고 역시 센카쿠 열도(중국명 댜오위다오)와 역사문제로 대립하고 있는 중국과 일본의 갈등은 바로 한국의 민족주의, 일본의 민족주의, 중국의 민족주의가 충돌하고 있는 현상이라고 하겠습니다.

이와 같이 탈냉전시대의 민족주의는 동아시아에서 과거와는 다른 갈등을 낳고 있습니다. 이런 현상은 중국과 대만의 양안관계에서도 나타나고 있습니다. 여기서는 중국 대륙의 중화민족주의와 대만의 정체성을 강조하는 대만민족주의라는 서로 다른 민족주의로 인해서 양안간 대립과 갈등의 성격이 변모하고 있다는 것입니다. 다시 말해서 탈냉전시대에 확산되기 시작한 중국과 대만의 민족주의가 양안관계의 갈등의 성격을 냉전시대와는 다르게 변화시키고 있다는 것입니다.

과거에는 대만의 국민당 정권이나 대륙의 공산당 정권은 모두 '중국은 하나이고, 대만은 중국의 일부'라는 사실에 의문을 제기하지 않았습니다. 다만 국민당 정권과 공산당 정권은 서로 자신들이 중국 전체를 대표하는 유일 합법적인 정부이고 정치세력이라고 주장하면서 서로가 자신이 중심이 된 통일국가 건설을 목표로 삼았습니다.

그러나 대만의 민주화와 대만화가 진행되면서 양안간의 이슈의 성격이 변질되었습니다. 다시 말해서 대만에서 출생하고, 대륙의 중국인과 다른 대만인이라는 자기 정체성을 주장하는 대만인들이 대만의 각 분야에서 압도적 다수를 형성하면서, 양안간의 관계는 변모되기 시작했다는 것입니다. 대만인들이 스스로 중국 대륙인과 구별되는 대만인으로 자기 정체성을 주장하면서 대만이 중국 대륙의 일부라는 사실에 의문을 제기하기 시작했습니다.

1990년대 후반, 대만 정부와 대만 사회의 대만화를 추진하고 있던 최초의 대만 출신 국민당 정권의 총통이었던 리덩후이 총통이 마침내 양안간의 관계를 특수한 국가 대 국가의 관계라고 규정함으로써 '중국은 하나이며, 대만은 중국의 일부'라는 대전제에 도전하였고, 이에 대해 중국이 강력 반발하면서 양안간의 관계는 냉전시대와는 전혀 다른 양상으로 악화되기 시작했습니다.

더구나 대만의 민주화와 더불어 대만 독립을 당론으로 주장하는 민진당과 천수이벤 정권이 등장하면서 본격적으로 대만의 자치와 자율, 그리고 독립까지도 추진하려고 함으로써, 중국은 하나이며 대만이 중국의 일부라는 사실을 절대로 포기할 수 없다는 중화민족주의자들은 무력으로라도 대만의 독립을 저지해야 한다고 주장하게 되었습니다. 중국이 최근에 통과시킨 〈반분열국가법〉은 바로 이런 중화민족주의의 의지의 표현이라고 할 수 있겠습니다.

이런 점에서 대만의 정체성을 강조하는 대만의 민족주의와 하나의 중국을 강조하는 중화민족주의가 충돌하면서 양안간의 관계는 경제사회적 교류 협력에도 불구하고 앞날을 예측할 수 없는 불안한 긴장국면을 조성하고 있다고 하겠습니다.

(2) **부록 II: 중국의 〈반분열국가법〉에 대한 질의응답**

질문 | 〈반분열국가법〉
〈반분열국가법〉(反分裂國家法)에 대한 질문입니다. 최근 중국 언론뿐 아니라 우리나라 언론에서도 자주 언급되고 있는 〈반분열국가법〉에 대해 자세히 알고 싶어서 이렇게 글을 남기게 되었습니다. 수업시간에 최근의 시사 문제에 관한 내용 중,〈반분열국가법〉에 대해 잠깐 짚고 넘어간 적이 있는데요. 제가 아는 부분이라곤 고작 최근 그 법안이 중국에서 통과되었다는 점과, 이 때문에 최근 대만에서 시위가 일어났다는 점 정도가 다인 터라…… 좀 더 자세히 알고 싶어서 이렇게 여쭤봅니다.

제가 구체적으로 알고 싶은 것은, 이 법안의 통과가 양안관계 그리고 중·미관계에 앞으로 어떠한 영향을 미치게 될 것인가? 하는 점이 첫째이구요. 두 번째는 중국과 미국이 1972년 상해 공동 성명을 통해 나름의 일정 원칙, 그러니까 하나의 중국이라는 원칙에 합의한 것으로 알고 있는데, 최근의 이〈반분열국가법〉의 제정이 중국 내정에 어떠한 새로운 의미가 있는지가 궁금합니다.

응답 |〈반분열국가법〉과 후진타오의 두 얼굴
우선 대답이 좀 늦어진 것에 대해 미안하게 생각합니다. 그동안 조금 바쁘기도 했지만, 대만문제가 워낙 변화무쌍하게 변화하고 있는 터라 사태의 추이를 지켜보는 것이 좋다고 생각했기 때문에 며칠 동안 답변을 미루었지요. 이렇게 대답하는 이유는 금년에 들어와서도 대만 해협의 정치적 기류는 한류와 난류가 소용돌이치고 있기 때문입니다.

잘 아는 바와 같이 지난 2005년 3월 14일, 중국의 국회 격인 제10기 전국인민대표대회 제3차 회의에서 찬성 2,898표, 기권 2표, 반대 0표의 압도적 다수로 대만이 독립을 추진할 경우 무력으로 이를 제지할 수 있다는〈반분열국가법〉이 통과된 이후 대만은 물론 미국과 유럽연합, 그리고 일본 등 서방세계에서 중국의 강경한 대만정책에 대한 비판의 목소리가 높아졌고, 대만 해협의 긴장도 당연히 고조되었지요.

그러나 최근 신문 등을 통해 대대적으로 보도되고 있는 바와 같이 대만의 제1야당인 국민당 주석 롄잔의 대륙 방문을 계기로, 이른바 제3차 국공합작이 논의될 만큼 대만과 대륙간 평화공존과 상호 협력 분위기가 조성됨으로써 양안관계는 새로운 돌파구를 모색할 수 있을 것이라는 희망이 보이기도 합니다.

이처럼 대만과 대륙의 관계는 전쟁과 평화의 양극단에서 줄타기를 하는 것 같은 곡예를 연출하고 있기 때문에 어떤 한 가지 사건만으로 일희일비(一喜一悲)할 수 없는 형편입니다. 이와 같은 여건을 감안해서 중국의 〈반분열국가법〉의 내용과 입법 배경 등에 대해 간략히 설명하면 아래와 같습니다.

① 〈반분열국가법〉의 내용

앞에서 지적한 바와 같이 2005년 3월 14일 제10기 전인대 제3차 회의에서 통과된 〈반분열국가법〉의 내용은 간단하고 단순합니다. 총 10개조, 약 1,200자로 구성된 전문 내용에서 문제가 되는 부분은 제8조라고 하겠습니다. 참고로 제8조 내용을 중문과 영문으로 게시하면 다음과 같습니다.

第八條 "台獨"分裂勢力以任何名義, 任何方式造成台灣從中國分裂出去的事實, 或者發生將會導致台灣從中國分裂出去的重大事變, 或者和平統一的可能性完全喪失, 國家得采取非和平方式及其他必要措施, 捍衛國家主權和領土完整.
依照前款規定采取非和平方式及其他必要措施, 由國務院, 中央軍事委員會決定和組織實施, 并及時向全國人民代表大會常務委員會報告.

【Article 8】 In the event that the "Taiwan independence" secessionist forces should act under any name or by any means to cause the fact of Taiwan's secession from China, or that major incidents entailing Taiwan's secession from China should occur, or that possibilities for a peaceful reunification should be completely exhausted, the state shall employ non-peaceful means and other necessary measures to protect China's sovereignty and territorial integrity.

The State Council and the Central Military Commission shall

decide on and execute the non-peaceful means and other necessary measures as provided for in the preceding paragraph and shall promptly report to the Standing Committee of the National People's Congress.

이상의 제8조 내용을 간단히 정리하면 대만이 대륙과의 분리를 시도하거나, 평화통일의 가능성이 완전히 소진되었다고 판단되면 중국 당국은 비평화적 방법을 통해 이를 저지할 수 있다는 것을 명문화한 것이라고 하겠습니다.

이와 같이 대만문제 해결 과정에서 무력이나 기타 비평화적 수단의 사용 가능성은 새삼스러운 것이 아닙니다. 중국 지도자들은 기회가 있을 때마다 대만은 중국의 일부이고, 대만문제는 중국 내정 문제이므로 외세가 간섭할 수 없으며, 당연히 중국은 대만문제를 해결하는 과정에서 필요하다면 비평화적인 방법도 구사할 수 있다는 점을 강조해 왔습니다. 이런 점에서 이번 〈반분열국가법〉은 지금까지 공개적으로 선언했던 내용을 입법화함으로써 내외에 중국 지도부의 의지를 다시 한번 확인했다고 하겠습니다.

물론 중국 당국이 강조하고 있는 바와 같이 〈반분열국가법〉이 모두 비평화적 방법 사용을 정당화하기 위한 조항으로 구성된 것은 아닙니다. 기계적으로 말하자면 10개 조항 중에서 비평화적 방법을 적시한 내용은 위에서 지적한 제8조뿐이고, 나머지 조항에서는 평화통일을 위한 여러 조치들을 적시하고 있기 때문에, 대만 독립에 반대하는 내용은 10%이고, 90%가 평화통일에 대한 것이라고 강변하기도 합니다.

그러나 〈반분열국가법〉의 목적이 대만의 분열을 어떤 이유로든 허용할 수 없고, 또 무력 사용을 통해서라도 이를 저지할 것이라는 강경한 입장을 입법화했다는 점에서 더 이상 천수이볜 대만 총통의 대만 독립과 자치 모색을 방관하지 않을 것임을 선포했다고 하겠습니다.

② 〈반분열국가법〉 제정 배경

그렇다면 왜 중국 정부는 그동안 구두 선언으로 천명했던 '비평화적 수단' 사용 가능성을 굳이 입법화하여 내외의 비난을 자초하고 있는가라는 문제가 제기될 수 있지요. 이에 대해 쉽게 추론할 수 있는 것은 천수이볜 총통을 중심으로 한 대만 독립파들의 자극이 단초가 되었다고 할 수 있겠습니다.

지난 2004년 대만 총통(대통령)선거에서 천수이볜 총통은 대만의 분리·독립을 촉발시킬 수 있는 중화민국(대만)의 국호와 헌법 개정을 추진할 것을 선언하였고, 이를 관철하기 위한 방법으로 국민투표안을 제안하여 중국을 자극한 것은 사실입니다.

이처럼 대만의 민진당 정권이 대만의 분리 독립 움직임을 노골화하자, 중국은 〈반분열국가법〉을 제정하여 전쟁을 통해서도 이를 저지할 것을 맹세하도록 했다는 것입니다. 이처럼 천수이볜 총통과 민진당 정권의 대만 분리 독립 운동이 중국 측을 자극한 것도 사실이고, 이런 대만 측의 움직임에 대해 미국도 우려를 표명했지만, 무엇보다도 대만 국민들은 천수이볜 총통과 민진당의 대만 독립 안에 대해 찬성을 하지 않았습니다.

지난 2004년 12월 대만 총선에서 집권 민진당이 입법원의 과반을 장악하는 데 실패함으로써 민진당 정권의 대만 독립 추진 노력은 사실상 좌절되었다고 하겠습니다. 따라서 총선 직후인 2005년 2월에 천수이볜 총통은 야당과의 영수회담 이후 자신의 임기 내 대만 독립을 선포하거나 국호를 변경하지 않을 것을 선언하여 대만 해협의 평화가 찾아오는 것 같았습니다.

그러나 이런 천수이볜 총통과 민진당 정권의 정치적 후퇴에도 불구하고 왜 후진타오 체제하의 중국은 〈반분열국가법〉의 입법을 강행했는가라는 의문은 여전히 남습니다.

천수이볜 총통의 대만 독립 포기 선언이 2005년 2월 24일이었고, 〈반분열국가법〉을 심의 통과시킬 중국의 제10기 전인대 제3차 회의 개최가 3월 5일로 예정되어 있었기 때문에 중국 지도부가 결심을 하면 〈반분열국가법〉의 상정을 철회할 수도 있었다고 가정할 때, 후진타오 지도부가 〈반분열국가법〉을 강행 처리한 데는 내부적 이유도 있다고 추론할 수 있습니다.

그것을 간단히 거칠게 말하자면, 중국 사회에 형성되고 있는 중화민족주의 정서, 특히, 대만문제에 대해서 특히 강경한 군부를 비롯한 중화민족주의자들의 압력 등이 직간접으로 후진타오 신지도부의 대만의 분리 독립에 대한 강경 정책으로 표출되었다는 것입니다. 이와 함께, 대만 사회에 잠복해 있는 대만 독립 운동 세력에 대한 중국 대륙의 분명한 메시지를 전달할 필요가 있다고 판단했을 것입니다.

③ 〈반분열국가법〉에 대한 내외의 반응과 후진타오 중국의 두개의 얼굴

2005년 3월 14일 제10기 전인대 제3차 회의에서 〈반분열국가법〉이 통과되면서 대만에서는 최대 규모의 반중국 시위가 전개되었고, 미국과 유럽연합 등 서방세계에서도 중국의 강경노선에 대해 비판하는 목소리가 높았습니다. 물론 이런 비판에 대해 중국은 전력을 다해서 해명하려고 했지만, 평화와 안정을 추진하는 국가로서 중국의 이미지를 제고하려는 중국의 대외정책은 어느 정도 타격을 받지 않을 수 없었습니다.

그러나 후진타오의 중국 정부는 〈반분열국가법〉을 제정, 대만의 분리 독립을 어떤 경우에도 허용할 수 없다는 강경한 중화민족주의의 입장을 분명히 밝히면서도, 동시에 대만의 야당인 국민당과 친민당의 당수들을 초청, 이른바 제3의 국공합작을 추진함으로써 평화공존과 상호 협력을 모색하는 이중적 정책을 추진하고 있다고 하겠습니다. 이와 같은 후진타오의 강온 양면 작전이 과연 대만문제 해결에 어떤 영향을 줄 것인지를 관측해 보는 것도 흥미로운 일이라고 하겠습니다.

중국은 어떤 일이 있어도 대만의 독립은 인정하지 못하겠다는 강경하고 분명한 의지를 내외에 과시하면서도 시간은 중국 편이라는 입장에서 점진적이

고 단계적인 통합과정을 통해 평화통일의 목표를 달성하려고 하는 것이라고 할 수 있습니다.

(3) **부록 Ⅲ : '대만의 대륙정책'에 대한 질의응답**

질문 | 대만 정치에 대한 질문
대만의 정치에 관한 질문입니다. 지금 정권을 잡고 있는 민진당은 예전 국민당 집권하에서 야당으로 창당되었고, 강경한 독립을 주장하는 정당으로 알고 있는데, 자신이 집권한 시기에 독립을 선포하지 않겠다고 한 발언과, 〈반분열국가법〉 공포 이후 대만의 야당 인사들의 방중에 대해서도 저지하려고 하지 않았다는 게 조금은 이해가 가질 않습니다.

지금 민진당의 성격이 강경에서 온건으로 현실주의적인 입장으로 바뀌어서 그런가요? 그리고 지금의 야당인 국민당은 과거 리덩후이 집권시기에는 양국론을 외치고 독립을 주장한 걸로 알고 있는데…… 또 어느 책에서 보면 통일을 주장했다고 나오니, 갈피를 못 잡겠습니다. 지금의 국민당은 독립주의인가요 아니면 통일주의인가요?

민진당도 국민당도 과거 리덩후이 시절에 강력한 독립주장에서 여러 가지 변수가 있었겠지만, 대만 자체가 민주화됨에 따라 국민들이 바라는 것은 현상유지라는 걸 인지하고 조금씩 체질변화가 된 것 같습니다.

여기서 든 생각인데, 리덩후이가 집권한 시기부터 지금 천 총통의 집권시기에 있어서 대만의 대 중국 외교정책 결정요인이 무엇이었냐는 화두로 국제적 요소와 중국적 요소 또 대만의 국내정치의 변화를 변수로 해서 각 시기에 어느 요인이 많은 영향을 주었느냐를 연구하는 것이 의미가 있을까라는 생각을 해봤습니다.

응답 | 현 대만 정부의 대륙정책

우선 위의 질문을 간단히 정리하면 질의자의 질문 안에는 다음과 같은 세 가지 질의 내용이 포함되어 있다고 하겠습니다. 이에 대해 간단히 대답하면 아래와 같습니다.

(ㄱ) 첫 번째 질문은 대만 독립을 표방하고 집권한 천수이볜 총통과 민진당 정권이 '자신이 집권한 시기에 독립을 선포하지 않겠다고 한 발언과, 〈반분열국가법〉 공포 이후 야당 인사들의 방중에 대한 저지도 없었다'는 것이 이해가 되지 않는다는 것이었습니다.

이 점에 대해 간단히 설명하면 이렇습니다. 우선 천수이볜 총통과 민진당이 대만 독립을 희망하고 있다는 점은 의심의 여지가 없습니다. 그러나 현실적인 여건은 그렇게 그들에게 유리한 것이 아닙니다. 국내정치적으로나 국제정치적으로 천수이볜 총통과 민진당이 대만 독립을 강행 추진할 수 있는 여건이 아니라고 판단했기 때문에, 현 단계에서는 당분간 독립 선포를 하지 않겠다고 선언할 수밖에 없었다고 하겠습니다.

이미 잘 알려진 바와 같이 지난 2004년 3월에 실시된 총통선거에서 집권 민진당의 천수이볜 후보는 치열한 대접전 끝에 야당 연합 후브 롄잔을 0.22%(2만 9천 518표 차)로 따돌리고 재선에 성공했지만, 그의 정치적 기반이 그렇게 강고하지 못하다는 것이 노출되었습니다. 또한 지난 2004년 12월에 있었던 제6대 대만 입법위원 선거에서는 야권이 과반을 유지하는 승리를 거둠으로써 천수이볜 총통의 대만 독립 추진 노력은 제동이 걸렸다고 할 수 있습니다.

더구나 대만 경제와 중국 경제의 융합 현상이 빠르게 진행되면서 대만의 일반 대중들도 대륙을 자극하여 무력충돌을 촉발할지도 모를 대만 독립보다는 현상유지를 선호하고, 대만과 대륙의 지속적인 경제협력을 통해 대만 경제의 발전을 모색해야 한다는 국내 분위기 때문에 천수이볜 정권도 무리하게 대만 독립을 추진할 수 없게 되었다고 하겠습니다. 국제적인 차원에서 봤을 때, 미국 등 서방세계도 대만의 독립으로 인한 현상 타파로 동북아시아 전체의 평화와 안정이 위협받는 것을 바라지 않기 때문에 민진당 정권도 대만 독립을 강행 추진할 수 없는 여건입니다.

㈇ 두 번째 질문은 현 야당인 국민당과 리덩후이 전 총통의 관계에 대한 것인데, 간단히 말하자면 리덩후이 전 국민당 총통은 국민당의 장제스-장징궈 정권하에서 대만 출신 고급관료로 출세했지만, 대만의 민주화와 대만화를 추진하는 과정에서 정통 국민당 세력과 정면으로 대립각을 세우게 되었다고 할 수 있겠습니다.

다시 말해 리덩후이전 총통은 장징궈의 후계자로 국민당 정권의 총통으로 취임한 이후 한편으로 대만인들의 정치·사회적 진출을 적극적으로 추진하여 대만인에 의한 대만 통치의 길을 활짝 열었고, 동시에 단계적으로 대만의 민주화를 추진하여 마침내 야당인 민진당이 집권할 수 있는 길을 연 인물이기도 합니다.

사실 리덩후이 전 총통은 국민당 정권의 수장으로 있으면서도 스스로 총통선거제도를 개혁하여 최초의 직선 민선 총통으로 취임하였고, 국민당 정권의 총통으로 재임하면서도 대만 독립을 표방하는 민진당의 집권을 간접적으로 지원함으로써 2000년 3월 총통선거에서 마침내 민진당의 천수이볜 후보가 총통에 당선, 최초의 정권 교체가 실현되도록 한 인물이기도 합니다. 따라서 리덩후이는 당연히 정통 국민당으로부터 배신자라는 비판을 받았고 마침내 국민당과 정치적으로 결별하게 되였지요.

따라서 현재 리덩후이는 야당인 국민당과 전혀 관계가 없으며, 특히 대륙과의 관계에 대해서 리덩후이는 현재의 국민당 당론과 전혀 배치되는 입장을 대변하고 있다고 하겠습니다. 사실 리덩후이는 국민당 정부의 총통으로 재임하면서도 대만과 대륙에 각기 다른 두 개의 국가가 존재한다는 유명한 "양국론"을 주장하여 파란을 일으켰으며, 현재에도 대만 독립을 공개적이고 적극적으로 추진하고 있습니다. 그러나 야당인 국민당은 이런 리덩후이의 정책노선을 격렬하게 비판하고 있으며, 대만은 대륙의 일부라는 사실을 내심 인정하는 바탕에서 평화공존과 평화통일을 추구하고 있다고 하겠습니다.

(ㄷ) 대만의 대중국정책을 대만 국내정치적 요인과 국제정치적 요인 등으로 구분하여 분석하면서 시기적으로 어떤 요인이 더 중요한 것이었는지, 그리고 왜 그렇게 되었는지 설명해 보려는 것은 대단히 흥미로운 주제이며 접근 방식이라고 할 수 있습니다. 잘 구상해서 좋은 논문을 작성해 보시고, 가능하면 필자의 게시판에도 올려주면 더욱 고맙겠습니다.

제3부

'부강한 중국'과 한반도

제10장

중국과 한반도: 위협인가 기회인가

> 부강한 중국의 등장은 21세기에 가장 주목할 만한 사건 중 하나라는 데 이론이 없다. 1978년 말 개혁개방을 선언한 이후 중국은 그야말로 비약적인 경제발전을 거듭하고 있다. 이와 같은 경이적인 경제발전을 바탕으로 경제대국, 군사대국, 그리고 외교대국으로 등장하고 있는 중국은 미국과 일본, 그리고 서방세계에 '기회'이면서도 동시에 '위협'이 되고 있다. 그렇다면 중국은 우리에게 무엇인가. 부강한 중국의 등장은 동아시아 세력균형을 어떻게 변화시킬 것이고 한반도의 정치지형에 어떤 영향을 줄 것인가. 이 단원에서는 부강한 중국의 등장과 강대국 관계의 변화가 한반도문제 해결에 긍정적인 기능을 할 수 있다는 점을 강조하려고 하였다. 즉, 부강한 중국의 등장과 한반도에서 중국의 영향력 증대, 그리고 중·미간의 긴장과 경쟁은 역설적으로 한반도문제에 대한 미국과 중국의 일방적인 영향력을 상쇄시키고, 남북한 당사자가 협상과 타협을 통해 문제를 해결해 갈 수 있는 '역사적 공간과 기회'를 증대시킬 수 있다는 것이다. 따라서 부강한 중국의 등장은 경제적 차원에서뿐만 아니라, 정치·외교적 차원에서도 우리에게 기회라는 것이 이 장의 요점이다.

1. '부강한 중국'과 강대국의 불안정한 공생

앞에서 우리는 중국의 비약적인 경제발전과 그에 따른 중국위협론의 확산에 대해 비교적 상세히 분석하였다. 이미 너무나 잘 알려진 바와 같이 중국 경제는 1978년 말 개혁개방을 선언한 이후 역사상 그 전례를 찾아 볼 수 없을 정도의 압축적 고도성장을 계속하고 있다. 이런 경제성장을 바탕으로 중국은 빠른 속도로 경제대국, 군사대국, 정치외교 대국으로 성장하고 있고, 그에 따라 미국과 일본, 그리고 서방세계에서 중국에 대한 경계론이 확산되고 있다.

부강한 중국은 미국과 일본, 그리고 서방세계의 현실주의자들이 예측하는 것처럼 현재의 질서에 도전할 것인가? 그렇게 함으로써 세계는 다시 한번 강대국들의 세력다툼으로 빠져들 것인가? 아니면, 도전 세력이나 기득권 세력이 모두 승자가 될 수 있는 길을 모색하려고 할 것인가? 도대체 기득권 세력이라고 할 수 있는 미국이나 일본은 도전자인 중국의 등장을 어떻게 인식하고 있으며, 반대로 도전세력인 중국은 탈냉전시대의 국제정세를 어떻게 보고 있으며, 미국과 일본 등 강대국과의 관계를 어떻게 설정하고 있는가?

중국의 개혁 지도부는 탈냉전시대를 기본적으로 평화와 발전, 그리고 다극화 경향이 지배적으로 등장하고 있는 시대라고 진단하고 있다. 그러나 탈냉전시대에도 여전히 패권주의와 강권정치가 평화와 안정을 위협하고 있으며, 불공정하고 불합리한 낡은 국제 경제 질서는 개발도상국의 발전에 장애가 되고 있다고 주장하고 있다. 따라서 중국은, 패권주의에 반대하고, 평화와 안정을 추구하며, 영토 보존과 주권의 상호 존중, 상호 불가침, 상호 내정불간섭, 호혜평등, 평화공존을 선언한 이른바 평화공존 5원칙을 준수하면서 독립자주의 외교노선을 추구하는 대외정책을 지향하고 있다고 선언하고 있다.[1]

이러한 대외 인식을 바탕으로 중국은 대외정책에서 대체로 다음과 같은 세 가지의 목표를 추구하고 있다. 첫째, 중국이 당면한 최대의 국가적 과제인, 개혁개방을 통한 현대화와 경제발전을 지속적으로 추진하여 부강한 국가의 기틀을 마련하는 것, 둘째, 1997년 홍콩, 1999년 마카오 반환에 이어 금세기 안에 대만문제를 해결하여 마침내 통일된 부강한 민족국가 건설의 대업을 달성하는 것, 그리고 끝으로 동아시아에서 지역 강대국으로서 중국의 위상과 역할을 확보하는 것이 그것이다.[2]

---

[1] 江澤民, "高擧鄧小平理論偉大旗幟, 把建設有中國特色社會主義事業全面推向二十一世紀—在中國共産黨第十五次全國代表大會上的報告,"『人民日報』(1997/09/21).

그런데 중국은, 이러한 대외정책 목표 실현을 위한 실천 과정에서 가장 중요한 요소가 다름 아닌 미국과의 협력관계 유지라는 점을 명확히 인식하고 있다. 다시 말해, 개혁개방을 효과적으로 추진하기 위해서 미국의 협력이 필요하고, 대만문제의 해결 과정에서도 미국의 이해가 선행되어야 하며, 동아시아에서 중국의 지위와 영향력을 확보하기 위해서도 미국의 양해와 협력이 필요하다는 것을 중국은 잘 알고 있는 것이다. 따라서 중국은 가급적 미국과의 갈등과 충돌을 회피하려고 노력하고 있다. 그럼에도 불구하고, 미국과 중국간의 관계는 탈냉전 이후 협력과 갈등이 교차되는 불안정한 공생관계의 양상을 보이고 있다. 이는 앞에서 지적한 바와 같이 부강한 중국의 등장에 따라 미국 사회 내에서 중국위협론이 확산되고 있고, 또한 중국 사회에서도 미국과의 관계에서 독립 자주의 입장을 견지해야 한다는 중화민족주의적 주장이 확산되고 있기 때문이다.

사실, 미국의 현실주의적 전략가들이나 일반 국민들에게 중국은 21세기 동아시아에서 미국에 도전할 수 있는 가장 분명한 경쟁 대상국이기 때문에 견제와 봉쇄의 대상이다. 그러나 동시에 중국과의 협력을 통해 미국이 획득할 수 있는 실리도 무시할 수 없기 때문에 중국에 대해 일방적인 견제나 전면적인 협력을 일관되게 추구하기는 어려운 여건이라고 하겠다. 특히, 경제적 차원에서 미국과 중국간의 교류 협력은 미국에게도 상당한 실리를 제공하고 있다. 이를테면, 미국과 중국간 교역량은, 중국 측 자료에 따르면, 2000년 현재 총 744.7억 달러에 이르며, 미국은 중국의 제2의 무역상대국이고, 중국은 미국의 4대 교역 상대국이다. 이와 같은 양국간 경제협력과 교류는 양국 경제발전에 필수적인 요소라는 점을 부인할 수 없다. 미국 내에서 약 30만 개의 일자리가 중국과의 교역관계로 창출되고 있고, 쌍무적 무역의 발전으로 총 1백만 개의 일자리가 만들어진다는 점을 고려할 때, 미국도 중국과의 경제교류를 통해 상

---

2) 서진영 외, 『중국의 대외관계: 동북아 신질서와 중국』(고려대학교 아세아문제연구소, 2000).

당한 실리를 얻고 있는 셈이다.

경제적 문제만이 아니라, 북한 핵문제나 캄보디아 문제와 같이 미묘한 국제적 갈등을 해결하는 과정에서도 중국의 협력과 동의를 얻지 않고 미국 단독으로 동아시아 지역의 평화와 안정을 유지할 수 없다는 점도 부인할 수 없다. 따라서 미국이 중국에 대한 일방적인 봉쇄 또는 견제 정책을 강행하기도 어렵고, 그렇다고 전면적인 협력관계를 유지하는 것도 어려운 것이 현실이다. 이미 미국 내부에서 중국과의 교류 협력으로 이익을 보는 집단과 손해를 보는 집단이 등장하여 이들간 갈등이 나타나고 있기 때문에, 중국과의 관계는 다양한 이익집단들간의 갈등을 반영하지 않을 수 없다. 따라서 미국의 대중국 정책은 견제와 협력이 교차되는 복합적 정책(a policy of "Congage", Contain plus Engage)의 양상을 띠지 않을 수 없는 형편이라고 하겠다.

일본과의 관계 역시 중·미관계와 같이 복잡한 양상을 보이고 있다. 탈냉전시대 동아시아에서 중국과 일본은 상호 협력과 경쟁, 그리고 갈등의 복잡한 3중주를 연출하고 있는 것이다. 이미 지적한 바와 같이 세계화시대에 중국과 일본 경제는 높은 상호의존성과 상호보완성을 바탕으로 상호 협력의 새로운 시대를 열어가고 있다. 하지만 전략적·외교적 차원에서 양국은 탈냉전시대 동아시아의 주도권을 놓고 상호 경쟁하고 견제하는 복잡한 모습을 보이고 있다. 여기에 양국의 역사 인식의 차이는 양자간 감정적 갈등과 충돌을 증폭시켜 양국관계를 더욱 복잡하고 불안정하게 만들고 있다.

그렇다면, 21세기 동아시아에서 중·일관계는 어떻게 전개될 것인가? 그것은 결국 양국의 정책적 선택에 따라 자주 갈등-경쟁-협력이 교차하는 복잡하고도 불안정한 양상을 띠면서 전개될 것이다. 양국 지도부와 국민 정서가 경제적 실리 추구를 중시하게 되면, 양국의 공동 이익이 양국의 역사 인식 차이와 전략적 경쟁관계에서 파생되는 갈등을 억제하는 방향으로 작용하게 될 것이다. 그러나 반대로 양국 지도부와 국민정서가 현실주의적 힘의 정치무대에서 자국의 영향력 확대를 추구하려 한다거나, 민족주의적 정서에 매몰된다면 중·

일 갈등은 심화될 것이고, 중·일관계의 긴장은 동아시아의 안정과 발전에도 영향을 미칠 것이다.

이처럼 중·일관계는 협력과 갈등을 반복하면서 불안정한 모습으로 전개될 것이지만, 냉전시대와 같은 적대적 관계로 악화되지는 않을 것이다. 왜냐하면 상호 협력을 통해서 미국-일본-중국의 실리를 극대화할 수 있다는 사실을 이들 모두가 잘 알고 있기 때문에 누구도 이들의 기본적 협력을 훼손시킬 수 있는 패권적 요구를 강제하려고 하지는 않을 것이다. 이러한 점에서 탈냉전과 세계화는 냉전시대와 달리 구조적으로 각국이 평화 공존을 선호하면서 각자에 대해 '합리적이고, 실리적이며, 절제 있는 방침(有理, 有利, 有節 方針)'을 견지하도록 유도한다고 하겠다.3)

2. 부강한 중국의 대(對)아시아 정책

건국 이후 중국의 대외정책은 여러 차례에 걸쳐 심각한 시행착오와 극적 반전을 거듭하면서도 나름대로 '독립 자주의 외교노선'을 모색하였다. 특히, 소련과 미국 등 초강대국과의 애증 관계를 경험하면서 중국의 대외정책은, 국가의 안전과 발전, 그리고 영향력의 확대라는 기본 목표를 실현하기 위해 점차로 주변 강대국과의 마찰과 갈등보다는 상호 협력을 통해 독립자주의 외교를 추진하는 방향으로 발전해 왔다고 할 수 있다.4) 탈냉전시대가 본격적으로 전개되면서 중국은 미국과의 협력을 강조하면서도 미국의 일방주의와 패권주의를 경계하

---

3) 陳向陽, "冷靜與全面審視中日關係 切忌因小失大,"『人民日報』(2005/04/22) 참조.
4) 과거 중국 외교의 성과, 특히 1949년 이후 중국 외교의 성과에 대해 개괄적으로 소개한 것으로는 劉華秋, "中國百年外交的啓示,"『求是』 1期 (2001/01/01) 참조.

고, 독자적이고 자율적인 외교 영역을 확보하려고 노력하였다. 따라서 중국은 탈냉전시대 국제질서의 특징을 평화와 발전이 지배적이며, 경제적 세계화가 확산되고, 국제질서의 다극화가 진행되고 있음으로 규정하면서 모든 나라와의 관계 개선을 모색하는 이른바 동반자 외교와 전방위 외교를 적극적으로 추진하였다.

중국 외교에서 말하는 동반자관계란 국가간 상호존중과 호혜평등의 원칙 하에 공통의 정치, 경제적 이익을 추구하되 제3국을 겨냥하지 않는 외교관계를 의미한다. 다시 말해, 동반자관계는, 특정한 국가를 적대국가로 설정하고 상호 부조를 선언한 동맹관계와 구별되면서도 상호 호혜적 관계를 모색하는 의미를 내포하고 있다고 할 수 있다. 물론, 중국이 말하는 동반자관계에도 여러 가지 유형이 있다. 이를 테면, 근본적인 이해 충돌이 없고, 공동의 전략적 목표와 이익을 추구하는 전략적 동반자관계(러시아와의 관계)에서부터, 현재에는 근본적 이해관계의 충돌과 갈등이 있으나 앞으로 동반자관계로 발전해야 한다는 의지가 표현되어 있는 건설적 동반자관계(미국과의 관계) 등 여러 가지 형태가 있다는 것이다. 이러한 측면에서 중국은 탈냉전시대에 동맹관계를 더 이상 유지하고 있지 않으며, 거의 모든 주요 국가들과 동반자관계를 발전시키려고 하고 있다.

이처럼 중국은 거의 모든 주요 국가들과 동반자관계를 모색하면서도 세계무대에서 상당 기간 대단히 조심스러운 입장을 견지하였다. 특히 천안문 사태 이후 미국과 서방세계에서 중국에 대한 인식이 악화되고, 중국위협론이 확산되자 덩샤오핑은 서방세계의 경각심을 촉발시키지 않고, 실리추구를 극대화하기 위해 이른바 '도광양회'의 정책노선을 강조하였다. 도광양회 노선이란 1989년 천안문 사태와 동구 및 소련 등 사회주의권의 대변혁, 그리고 미국과 서방세계의 대중국 압력에 직면하여 덩샤오핑이 제시한 대외정책의 기본 방향으로, 그것은 "냉정히 관찰하고, 현실 기반을 튼튼히 하며, 침착하게 대처하고, 기회를 기다리면서 앞장서는 일을 피할 것"(冷靜觀察, 穩住陣脚, 沈着應付, 韜光養晦

……決不當頭)으로 요약되는 중국의 방어적인 대외정책 가이드라인이었다.5)

이러한 방어적인 외교노선에 따라 덩샤오핑-장쩌민 시대에 중국은 대체로 미국이나 다른 강대국과의 정면 대결이나 충돌을 회피하려고 노력하였다. 따라서 중국은 내정불간섭의 원칙을 강조하면서 다른 나라의 문제에 개입하는 것을 회피하려고 하였다. 그 결과 중국은 가급적 자국이익과 직접 관련되지 않는 국제문제나 지역문제에 대해서는 개입하지 않으려 하였고, 주권국가로서의 독자성을 강조하면서 자국의 이익만 극대화하려는 성향을 보였다. 중국의 이러한 소극적이고 이기적인 외교정책에 대하여 당연히 강대국으로서의 책임과 의무를 방기하는 무임승차 행위라는 비판이 제기되었다.6)

사실, 중국의 경제발전으로 국제사회에서 중국의 역할에 대한 기대가 높아지고, 국내적으로도 중국의 역량에 대한 자신감을 어느 정도 회복하면서 소극적 대외정책 노선에 대한 비판의 목소리가 확산되고 있었다. 그럼에도 불구하고, 장쩌민을 중심으로 한 제3세대 지도부는 여전히 조심스러운 대외정책 노선을 견지하였다. 중국 경제의 고도성장과 중화민족주의적 정서의 확산으로 중국의 적극적 역할을 요구하는 견해도 많이 제기되었지만, 제3세대 지도자들은 서방세계와 주변 국가들이 제기하고 있는 중국위협론을 경계하여 신중한 외교정책 노선을 견지하려고 하였다. 따라서 장쩌민 시대에도 덩샤오핑 시대와 마찬가지로 강대국으로서 중국의 책임과 역할보다는 개발도상국으로서 중

---

5) 천안문 사태 이후 중국의 '신외교전략'은 "전반적으로 '수비형'— 그 전략적 내용은 '평화수호', '평등협상'을 위주로 하며 또 '아니다'라는 뜻의 '불'(不)자에서 두드러지고 있다 — 不結盟, 不稱霸, (內政)不干涉, 不當頭」 등으로 표출되고 있다고 지적한 것으로는 李映周,『중국의 신외교전략과 한중관계: 鄧小平의 평화와 발전론』(나남, 1998), p 61, pp. 193-94 참조.
6) 이들은, 특히 국제레짐에 대한 중국의 입장이 양면성과 최대-최소원칙(maxi-mini principle)의 특징을 가진다고 비판한다. 다시 말해, 국제사회에 적극적으로 참여하면서도 국제기구와 규범에 대하여 의구심을 가지는 양면적 태도를 견지하고 있고, 권리와 혜택은 최대한으로 누리고, 의무와 책임은 최소한으로 지려는 무임승차론적 태도를 견지하고 있다는 것이다. 이러한 주장에 대해서는 Elizabeth Economy, "The Impact of International Regimes on Chinese Foreign Policy-Making," in David Lampton ed., *The Making of Chinese Foreign and Security Policy in the Era of Reform* (Stanford University Press, 2001), pp. 230-253 참조.

국의 이익을 강조하는 경향이 많았다.

그러나 1990년대 이후 중국은, 지속적 경제발전, 국내정치의 안정, 그리고 중·미관계의 개선 등으로 자신감과 안정감을 회복하였고, 국제사회에서 적절한 역할을 추구해야 한다는 의견이 권력 엘리트 내부에서도 제기되기 시작하였다.7) 사실, 중국은 이미 대부분의 국가들부터 강대국으로 인정받기 시작하였다. 중국은 국제사회에서 때로는 경계의 대상이 되기도 하였지만, 강대국으로서 책임 있는 역할과 기능을 수행해 주기를 바라는 기대도 확산되기 시작하였다. 특히, 경제적 차원에서 중국 경제는 개발도상 국가의 경제이면서도 세계경제, 특히, 아시아 지역경제에 상당한 영향을 주는 경제대국으로 인정받았고, WTO 가입과 동시에 이른바 선진국 클럽이라는 G8 회의에도 초청되어 참가하게 되면서 강대국으로서 중국의 지위와 역할에 대한 요구를 외면하기 어렵게 되었다.8)

이처럼 중국에 대한 외부 세계의 인식이 제고되면서 중국 내부에서도 책임 있는 강대국으로 중국의 역할을 수행해야 한다는 주장이 제기되었다. 특히 중화민족주의적 성향을 반영하고 있는 후진타오를 중심으로 한 제4세대 지도부

---

7) 장쩌민 정권 후기에 중국은 안정적 국제질서를 형성하기 위한 '대국'의 책임을 강조하기 시작하였고, 대국들간의 동반자 외교를 실천하기 시작하였다. 1997년 중국은 이미 미국과 건설적 동반자관계를, 그리고 러시아와는 전략적 동반자관계를 정립하고 강대국간의 협력을 추구하면서 대국으로서 중국의 역할과 기능을 재정의하려고 하였다. 이처럼 중국이 장쩌민 시대 후기에 이미 덩샤오핑의 소극적 외교에서 벗어나 대국외교를 추구하기 시작했다는 견해에 대해서는 H. Lyman Miller and Liu Xiaohong, "The Foreign Policy Outlook of China's "Third Generation" Elite," in David M. Lampton ed., *The Making of Chinese Foreign and Security Policy in the Era of Reform* (Stanford University Press, 2001), pp. 123-150 참조.

8) 이처럼 중국의 경제력이나 종합국력은 객관적 기준에 입각하면 여전히 제한적이고 개발도상 국가의 수준임에도 불구하고 강대국으로 인식되는 데에는 역사적으로 강대국으로 인정받았다는 점, 최근의 급속한 경제발전, 그리고 핵과 미사일 등 군사적 역량과 군사력 투사능력 등의 배경적 요인이 작용했다는 견해에 대해서는 Avery Goldstein, "Great Expectations-Interpreting China's Arrival," in Michael E. Brown, Owen R. Cote, Jr., Sean M. Lynn-Jones and Steven E. Miller eds., *The Rise of China : A International Security Reader* (Cambridge Mass: The MIT Press, 2000) 참조.

가 중국 정치 전면에 등장하면서 중국의 대외정책은 과거의 소극적 실리외교인 '도광양회' 외교에서 벗어나 강대국으로서 책임과 역할을 수행하는 '화평굴기'(和平崛起) 외교를 모색하게 되었다. 화평굴기 외교는, "세계 평화의 호기를 이용해 자신을 장대하게 하고, 자신의 발전을 통해 세계 평화를 옹호한다"는 표현에도 반영되어 있는 것처럼 중국은 평화로운 과정을 통해 강대국으로 등장할 것이며, 동시에 부강한 중국은 세계 평화에 기여할 것이라는 중국 나름의 자부심을 반영한 것이고, 동시에 강대국으로서 책임과 의무를 추구할 것이라는 후진타오-원자바오체제의 외교노선을 상징하는 것이라고 할 수 있다.9)

이러한 중국의 대외정책 변화는 중국의 대아시아 외교와 대한반도정책을 통해 보다 구체적으로 나타나기 시작하였다. 다시 말해, 중국은 인도와 베트남 등 과거 적대적 관계에 있었던 아시아 국가들과 적극적으로 화해와 협력관계를 모색하고 있으며, 중국의 폭발적인 경제력 신장을 바탕으로 아시아 주변 국가들과의 교역 및 교류관계를 대폭적으로 확대·심화시키고 있다. 특히,

---

9) "평화적으로 일어남(和平崛起)"이라는 뜻을 가진 '화평굴기론'이 처음으로 제기된 것은 2002년 말로, 당시 중앙당교 상무부 교장이었던 정비젠(鄭必堅)이 개혁개방논단의 대표 자격으로 미국을 방문하여 미국 내 전문가들과의 대담 중에 중국위협론을 논박하고 평화로운 중국의 발전을 강조하기 위한 사용되었다. 정비젠은 2003년 11월에 개최된 보아오(博鰲) 아주 포럼에서 "중국의 화평굴기 신노선과 아세아의 미래"라는 연설에서 다시 화평굴기론을 제기하였다. 그러나 화평굴기론이 제대로 주목되기 시작한 것은 2003년 10월 원자바오 국무원 총리가 미국 방문 시 하버드 대학에서 행한 강연에서 언급하면서부터였다. 원자바오는 이 연설에서 "중국은 발전도상의 대국이다. 우리의 발전은 외국에 의존할 수 없고 반드시 자기 역량을 바탕으로 한 위에서 가능하다. (…) 중국이 평화적으로 일어나 발전하는 길의 중요성은 여기에 있다"고 하였다. 그 이후 2004년 3월 14일 제10차 전국인민대표대회 2차 회의 폐막 뒤 연 기자회견에서 원자바오 총리는 평화적 굴기론을 다시 설명한다. 그의 설명의 요점은 중국이 "세계 평화의 호기를 이용해 자신을 장대하게 하고, 자신의 발전을 통해 세계 평화를 옹호한다"는 것과 "중국의 일어남은 누구도 방해하거나 위협하지 않을 것"이라는 것이었다. 이와 동시에 그는 "중국은 현재 패권국가가 되려는 의도가 없으며, 앞으로 강대해지더라도 영원히 패권국가가 되려 하지 않을 것"이라고 강조하였다. 이런 원자바오 총리의 설명 이외에도 후진타오 주석이 두 번에 걸친 연설레서 화평굴기론을 언급했고, 『人民日報』(2004/02/17)와 『解放軍報』(2004/04/05) 등은 사설을 통해 '화평굴기론'을 해설하기도 하였고, 2004년 4월 23일자 『環球時報』는 "和平崛起, 中國發展之路"라는 제목의 특집을 실기도 하였다.

1990년대 후반 이후 중국은 아시아 국가들과의 개별적인 쌍무적 관계뿐만 아니라 다자적 관계에도 적극적으로 참여하여 공동 이익과 공동 안보를 모색하고 있다. 이를테면 중국은 APEC은 물론이고, ASEAN＋3, ARF 등 아시아 지역의 경제·안보 관련 다자기구에 적극적으로 참여하고 있을 뿐만 아니라, 중국, 러시아 및 중앙아시아 국가들로 구성된 상하이 협력기구(SCO)도 주도적으로 운영하고 있다.

이처럼 중국이 아시아 각국을 상대로 적극적인 경제외교, 안보외교를 추진하면서 동시에 북한 핵문제 등 민감한 사안에 대해서 책임 있는 조정자로서의 역할을 수행함으로써 아시아 지역에서 중국의 영향력은 급속히 확장되고 있다. 이에 따라 일부에서는 미국이나 일본의 영향력이 축소되고 있는 반면에 아시아에서 중국의 영향력이 확산되고 있다는 점에 주목하기도 한다.10) 사실, 탈냉전시대 중국의 영향력은 비약적인 경제발전과 더불어 정치·외교적인 차원에서도 확대되고 있다. 특히, 아시아에서 중국의 영향력 확산은 이제 더 이상 부인할 수 없는 사실이 되고 있다. 그런데 아시아에서 중국의 영향력 확대가 반드시 미국이나 일본의 영향력 축소를 수반하는 것이 아니라는 점에 유의할 필요가 있다. 중국은 미국이나 일본을 희생하여 영향력을 확대하고 있는 것이 아니다. 오히려 미국이나 일본과의 협력적 관계를 통해서 자국의 경제발전을 지속적으로 달성하고, 동시에 정치적 영향력도 증대시키려 하고 있는 것이다. 이러한 점에서 제로섬 게임이 지배하던 과거 냉전시대의 국제관계와 윈-윈 게임 (win-win game)이 가능한 탈냉전시대의 국제관계가 차이가 있다고 하겠다.

---

10) 동아시아 지역에서 중국의 영향력 확산과 이에 따른 강대국간 미묘한 세력관계 변화에 대해서는 David Shambaugh, "China Engages Asia: Reshaping the Regional Order," *International Security*, 29:3 (Winter 2004/05), pp. 64-99; Robert G. Sutter, *China's Rise in Asia: Promises and Perils* (New York: Rowman & Littlefield Publishers, Inc., 2005); David M. Lampton ed., *Major Power Relations in Northeast Asia* (Japan Center for International Exchange, 2001) 참조.

3. 중국의 대(對)한반도정책 : 등거리 실리외교

개혁개방 이후 중국은 남북한에 대하여 점차로 등거리 실리 외교를 추구하고 있다. 과거 혈맹관계라는 특수한 지위를 부여했던 북한과의 관계는 전통적 우호협력관계로 조정되었고, 한국과의 관계는 1998년 김대중 대통령의 중국 방문 이후 선린우호관계에서 협력적 동반자관계로 한 단계 격상되어 중국은 사실상 남북한에 대해 등거리 외교를 실현하고 있는 것이다.11)

사실 중국에게 있어서 탈냉전시대의 북한은 골치 아픈 문제이고 부담이 되고 있다는 것을 부인할 수 없다고 하겠다. 중국은 미국과 협력적 관계를 견지하고, 동아시아의 안정과 발전을 담보해 내려는 중국의 국가이익의 차원에서, 미국과 날카롭게 대립하면서 동아시아의 안정과 평화를 교란하고 있는 북한의 도전적 자세가 부담이 되고 불만의 대상이 되고 있다는 사실을 숨기지 않고 있다.

북한에 대한 중국의 이러한 불만과 비판이 여과 없이 드러나 물의가 빚어진 일이 있었다. 지난 2004년 8월에 저명한 학술 전문지 『전략과 관리』(戰略與管理)에 톈진(天津) 사회과학원 대외경제연구소 연구원 왕중원(王忠文)의 "새로운 각도에서 북한 문제와 동아시아 정세를 면밀히 관찰한다"라는 제목의 논문이 게재되었는데, 논문에서 왕중원은 자연재해와 인민들의 생활고가 극심한데도 세습체제를 유지하기 위해 극좌정책과 억압정책을 계속하고 있으며, 중국의 정치적 지지와 경제원조에도 불구하고 조금도 감사를 표시하지 않는다고 김정일 국방위원장과 북한을 혹독하게 비판하였다. 이와 같은 격렬한 공개 비판에

---

11) 중국은 수교국과의 양자관계를 긴밀도에 따라 단순 수교관계-선린 우호관계-동반자관계-전통적 우호 협력관계-혈맹관계의 5단계로 구분하고 있다고 한다. 이런 구분 방식에 따르면 북한은 과거에는 혈맹관계의 특별대우를 받았지만, 탈냉전 이후 전통적 우호관계로 한 단계 하향 조정되었고, 반면에 한국은 선린우호관계에서 동반자관계로 한 단계 상향 조정되었다고 할 수 있다.

대해 북한은 강력하게 항의하였고, 이에 따라 중국 당국은 『전략과 관리』를 정간시키는 조치를 취하였다. 이 일화는 북한에 대한 중국 사회의 인식이 과거와 달라지고 있고, 북한을 일방적으로 지지했던 여론을 더 이상 찾아보기 힘들게 되었음을 보여주는 사례라 하겠다.12)

그렇다고 중국 정부가 북한의 전략적 중요성을 간과하고 있는 것은 아니다. 중국의 전략적 완충지역으로서 북한의 가치는 여전히 중요하고, 중국의 장기적 국가이익을 위하여 한반도의 평화와 안정 유지가 필수적이며 한반도의 안정과 평화를 유지하기 위해서는 북한의 안정이 전제되어야 한다는 점에서 중국은 북한에 대한 지원을 계속하고 있다. 사실, 현재 중국은 경제적으로나 정치적으로 북한에 대해 거의 유일무이의 후원국가로서 역할을 계속하고 있다. 이미 잘 알려진 바와 같이 중국은 북한의 제1 교역 대상국으로, 2004년 말 현재 북한의 대외무역에서 중국과의 교역이 차지하는 비중이 50%를 넘어서고 있다. 또한 북한의 경제개혁과 개방을 촉구하면서 중국 기업인들이 활발하게 북한에 투자하고 있다.13) 무엇보다도 중국은 북한의 어려운 경제 여건을 고려하여 상당한 규모의 경제 원조를 제공하고 있다. 특히 구소련 붕괴 이후 중국은 북한에 대한 식량과 에너지 지원을 꾸준히 주도하고 있는데, 북한 소요 식량의 1/3과 에너지의 1/4 정도가 중국의 지원으로 제공된다고 한다. 에너지의 경우 북한의 수입

---

12) 王忠文, "從新的角度密切關注朝鮮(北韓)問題與東北亞局勢," 『戰略與管理』 第4期(2004년 8월) 참조. 이 논문의 내용과 그로 인한 정치적 파장에 대해 상세히 소개한 신문 기사로는 "〈戰略與管理〉開罪金正日被勒令停刊," 『多維新聞』(2004/09/21); "北京著名外交期刊『戰略與管理』雜誌遭停刊," 『大參考』 第2394期(2004/09/21) 참조. 이외에도 중국 내부의 언론매체들이 제기하고 있는 북한 비판의 논조에 대해서는 "Chinese News Media Critical of North Korea," *New York Times* (Feb. 13, 2005) 참조.
13) 코트라(KOTRA)의 『중국의 대북 투자 열기, 그 의미는?』이라는 보고서에 의하면 중국의 대북 투자는 지난 2003년 130만 달러에 불과했으나 2004년에 8천 850만 달러를 넘은 것으로 추정되고 있다. 그런데 언론의 주목을 받지 못한 소규모 투자를 포함하면 중국의 대북 투자규모는 1억 달러를 넘을 가능성이 있다고 한다. 또한 북한과 중국간 교역도 늘어나 2004년 북-중 무역은 13억 8,521억 달러로 전년 대비 35.4%가 증가했다고 한다. 이러한 사실에 대해서는, 『조선일보』(2005/02/15) 참조.

원유의 약 70~90%가 중국이 관리하는 송유관을 경유하여 제공되고 있기 때문에 이 분야에서 중국에 대한 북한의 의존도는 대단히 높다고 하겠다.

이처럼 중국은 북한에 대한 지원을 계속하면서 북한에 대한 영향력을 확대하고 있으면서도 동시에 한국과의 폭발적인 교역 관계를 바탕으로 한·중관계를 전략적 동반자관계로까지 발전시키려 하고 있다. 1992년 한·중 수교 이후 한국과 중국은 정상회담의 빈번한 개최를 비롯해서 양국간 행정부, 의회, 정당, 언론 등 주요 정책 분야의 지도자들의 상호 교환방문이 실현되면서 전면적인 협력체제를 형성하고 있으며, 경제적 측면에서도 교역과 투자 등 모든 분야에서 폭발적인 상호 협력을 실현하고 있다. 2003년 현재 중국은 한국의 2대 교역 대상국이며 우리의 최대 수출 대상국이고, 한국은 중국의 3대 교역 대상국이며, 투자의 측면에서는 2001년 이후 중국은 한국의 제1의 직접투자 대상국으로 부상하였다.

1980년 한·중간 교역은 0.4억 달러에 그쳤고, 한국의 전체 무역액에서 차지하는 비중은 0.1%에 불과했었다. 그러던 것이 1990년에는 28.5억 달러 (2.1%)로 증가했고, 2003년에는 579.4억 달러(15.5%)로 급증했다. 특히 2003년 대중국 수출 실적은 전년 대비 119.5억 달러 증가한 약 357억 달러로 우리나라 총수출에서 18.4%를 차지함으로써, 중국은 미국(17.6%)을 제치고 최대의 수출 대상국으로 부상했다. 한편, 2003년 총수출(1,943.3억 달러)의 전년대비 증가분 318.6억 달러 중 대중국 수출 증가분은 119.5억 달러로 전체 수출에 대한 기여율이 37.5%(홍콩을 포함할 경우 약 50%)에 달한다는 통계에서 알 수 있듯이 한국 경제의 대중 의존도가 심화되고 있는 것도 사실이다.

한·중간 교류는 비단 경제 분야에만 국한된 것은 아니고, 인적 교류 역시 폭발적으로 증가하고 있다. 인적 교류의 경우 1998년 금융위기 여파로 일시적으로 감소했지만, 1999년 이후 매년 20%를 상회하는 급증 추세에 있다. 이제 중국은 우리 국민이 가장 많이 방문하는 국가이며, 상호 방문자수 역시 한국관광공사에 따르면 2002년 현재 3,770만여 명으로 일본 방문자수(약 418만 명)에 이어 제2위가 되었다. 또한 중국 자료에 의하면, 2003년 말 현재 중국 내 한국 유학생은 3만 5천여 명으로, 중국 내 전체 외국인 유학생의 45.5%를 차지하여 한국 유학생 수가 중국 내 외국인 유학생 중 1위를 기록하기도 하였다.

    이와 같은 한국과 북한의 중국 쏠림 현상은 한반도와 중국의 지리적·경제적·문화적 상호보완성을 고려할 때 어느 정도 예견될 수 있는 것이었다. 그러나 탈냉전과 세계화가 진행되면서 중국은 경제적 차원에서뿐만 아니라 정치·안보적인 차원에서도 한국과 북한 모두에게 대단히 중요한 존재가 되고 있다. 한반도의 긴장 완화와 평화 정착뿐만 아니라 북한의 안정적 개혁과 개방을 유도하기 위해서도 중국과의 협력이 절대적으로 필요하다는 인식이 확산되면서 중국은 단순한 경제협력의 대상이라는 차원을 넘어 한반도의 미래를 위한 협력의 동반자로 부상하고 있는 것이다. 중국에 대한 이러한 긍정적이고 적극적인 인식은 우리 국민들과 여론 주도층 사이에 나타나고 있는 중국에 대한 호감도에서도 확인할 수 있다. 각종 여론조사에서 이미 중국은 미국을 제치고 '앞으로 가장 중시해야 할 나라'로 꼽히고 있으며, 미국-일본-중국 등 세 나라에 대한 국가 호감도 조사에서도 중국에 대한 호감도가 가장 높게 나타나고 있다. 이러한 경향을 반영하여 일부에서는 20세기가 한·미동맹의 시대였다면, 21세기는 한·중 협력을 바탕으로 한반도의 안정과 번영, 그리고 평화통일의 시대를 열어가야 함을 주장하고 있다.

4. 우리에게 중국은 무엇인가

21세기 부강한 중국의 등장은 이제 현실의 문제로 다가오고 있다. 앞에서 지적한 바와 같이 중국은 비약적인 경제발전을 기초로 경제대국, 군사대국, 정치외교 대국으로 등장하고 있다. 중국은 자국의 등장이 과거 강대국의 등장과 달리 '평화적'이라는 점에서 '중국적 특색'이 있다고 주장하고 있고, 이러한 주장에 어느 정도 합리적 근거가 있다는 점에서 중국의 부상은 우려할 일은 아니라고 할 수 있다.

다시 말해 중국의 발전은 상당기간 안정적인 대외환경에 의존해 있고, 특히, 미국을 비롯한 서방세계와의 협력적 관계에 기초하고 있기 때문에 중국은 기본적으로 미국과 서방세계가 주도하는 현재의 '국제체제의 변화보다 국제체제 내부에서의 변화'('changes in an international system' rather than 'change of an international system')를 모색하고 있는 현상유지 세력이라고 할 수 있다.14)

이러한 점에서 중국은 동아시아와 한반도에서 상당 기간 평화와 안정을 담보하는 역할을 수행할 것이라고 예측할 수 있다. 다시 말해 중국은 한반도의 평화와 안정이 깨지는 것을 방지하기 위해 노력할 것이라는 점에서 중국의 등장을 긍정적으로 평가할 수 있다는 것이다. 이러한 중국의 긍정적 역할은 북한 핵문제의 '평화적 해결'을 위한 노력으로 표출되기도 하고, 동아시아 전체의 경제협력과 안정적인 안보환경을 보장하기 위한 다자간 협력 메커니즘을 구축하는 과정에서 주도적 역할을 하게 될 것이다. 게다가 부강한 중국의 등장은 미국과 일본의 일방적 영향력에 일정한 견제 기능을 수행하면서도 이들을 적대화하지 않고 공동협력의 틀을 마련하려고 할 것이라는 점에서 동아시아 신질서 형성에 긍정적으로 기여하게 될 것이다.

그러나 중국의 장기적 전략목표는 중국의 변방지역인 한반도(남북한)에서 미국이 압도적인 영향력을 구축하는 것을 저지하고, 가급적 남북한 모두에서 친중국 정권이 등장하도록 노력하는 것이기 때문에 중국은 남북한 모두를 대상으로 적극적인 '개입과 확대'(engagement and enlargement) 정책을 추진할 것으로 보인다. 이러한 중국의 정책이 반드시 우리의 국가이익과 충돌하는 것은 아니지만, 남북한에 대한 중국의 적극적 정책은 미국의 대한반도정책 변화와

---

14) Robert Gilpin, *War and Change in World Politics* (Cambridge and New York: Cambridge University Press, 1981), p. 208.

맞물리면서 한국의 대외정책에 '위험과 기회'로 작용하게 될 것이다. 만일 미국이 중국과 협력적 관계를 지속하고, 북한의 '변화 가능성'에 대해 긍정적으로 평가하게 된다면, 미국과 중국은 남북한의 평화 공존 체제를 지지하게 될 것이고, 한반도에는 남북한에 대한 강대국의 교차승인과 남북한의 평화공존과 경쟁의 시대가 도래할 수 있을 것이다.

그러나 미국과 중국의 관계가 불안정한 가운데 한국이나 북한, 또는 남북한이 모두 중국과의 협력을 강조하면서 미국과 일본을 소외시키려고 한다면 한반도와 동아시아는 갈등과 분열의 소용돌이로 휘말릴 가능성이 크다고 하겠다. 특히, 한국과 일본, 중국 등에서 확산되고 있는 민족주의적 정서가 배타적 국가-민족 이익을 고집하는 대외정책의 형태로 표출된다면, 한국과 중국, 그리고 북한의 민족주의가 내포하고 있는 강렬한 반미-반일 정서는 한·미-중·미-중·일관계를 악화시키는 요인으로 작용하게 될 것이다.

그러나 앞에서도 여러 차례 지적한 바와 같이, 중국을 비롯한 세계 각국이 모두 실리적인 경제발전을 중시하고, 이념과 체제의 차이보다는 상호 호혜적인 공동 발전을 추구하려 할 것이기 때문에 동아시아 국가간 '문명충돌' 가능성도 있지만, 동시에 '공동발전'의 기회도 증가하고 있다고 할 수 있다. 이러한 점에서 부강한 중국의 등장은 한반도문제의 평화적 해결을 위한 역사적 '기회'를 제공할 것이라고 추론할 수 있다. 왜냐하면 탈냉전과 부강한 중국의 등장에 따라 냉전시대에 고착된 동북아시아 세력관계가 이완될 여건이 마련되고 있고, 이러한 세력 관계의 이완기는 한반도에 새로운 질서가 등장하는 계기로 작용하게 되기 때문이다.

특히, 동아시아 질서의 변화를 추동하는 주역인 중국 자신이 앞에서 지적한 것처럼 기존 질서의 혁명적 변화보다는 안정과 평화를 통한 점진적 변화를 지향하기 때문에 세력관계의 이행기에 흔히 발견되는 불안정성과 불투명성도 상당히 통제될 수 있다는 점에서 중국의 '평화적 궐기'는 한반도문제의 평화적 해결을 실현할 수 있는 '기회'를 제공할 것이라고 기대할 수 있다.

제11장

북·중관계 : 후진타오 중국과 북한 핵문제

> 중국의 대한반도정책이 변하고 있다. 중국의 변화는 최근 북한 핵문제에 대한 중국의 정책 변화에서 나타나고 있다. 과거에는 한반도 비핵화 원칙을 강조하면서도 북한 핵문제에 대해 소극적인 태도를 보이던 중국이 북한 핵문제의 해결책을 모색하기 위한 다자 회담을 성사시키기 위해 적극적으로 북한을 설득하기도 하고, 때로는 강압적 방식으로 압력을 행사하기도 하고 있다. 이러한 중국의 변화는 북한 핵문제에 국한된 것이 아니라 후진타오 체제의 등장과 더불어 중국이 모색하고 있는 대국외교의 반영이라는 점에서 주목할 필요가 있다. 즉, 지난 26년간 급속한 경제발전과 국력 증진을 바탕으로 자신감을 회복한 중국이 대외정책에서도 과거의 소극적이고 이기적인 태도에서 벗어나 책임 있는 강대국으로 행동하고 또 대접받기를 원하고 있다는 것이다. 북한 핵문제는 바로 이러한 중국의 강대국 외교를 시험하는 첫 번째 사례라 할 것이다.

1. 문제의 제기

지난 2003년 10월 중국은 다시 한번 북한 핵문제와 관련된 외교적 성과를 내외에 과시하였다. 중국의 우방궈(吳邦國) 전인대 상무위원장이 평양을 방문하여 김정일 위원장과 면담한 후, 북한 핵문제 해결을 모색하는 6자회담 재개에 대한 북한의 합의를 이끌어냈기 때문이다.[1] 북한 핵문제를 다자회담의 틀 안에서 해결해야 한다는 미국의 주장에 대하여 그동안 북한은 북·미 양자 협상을 고집하면서 다자회담 형식에 완강하게 반대해왔다. 그런데 중국이 나서 북한으로 하여금 3자회담에 이어 6자회담에도 참석하도록 하였고, 6자회담이 난관에 봉착 표류하면서 6자회담 재개에 대해 부정적인 입장을 표명하던 북한을 다시 설득하여 회담장으로 복귀하도록 한 것도 어찌되었든 중국의 영향력을 확인시켜주는 사례라 하지 않을 수 없다.

이처럼 중국이 북한 핵문제 해결을 위해 적극적 중재자로 나서고 있는 이유는 무엇인가? 중국은 언제부터, 그리고 왜 북한 핵문제에 대해 적극적 중재자 역할을 자임하고 나서고 있는가? 이는 중국의 대한반도정책의 변화를 반영하는가? 이러한 질문을 제기하는 까닭은 중국이 최근 북한 핵문제에 대해 과거와는 달리 상당히 적극적으로 접근하고 있기 때문이다. 과거 중국은 한반도 비핵화 원칙을 강조하면서도 북한 핵문제에 대하여 소극적인 태도를 견지했었는데, 2차 북한 핵 위기가 발생한 이후 중국의 태도는 과거 1차 북한 핵 위기 때와는 사뭇 달라졌다는 것이다. 북한 핵문제의 해결책을 모색하기 위한 다자회담을 성사시키기 위해 중국은, 한편으로 미국은 물론이고 한국이나 일본 등 한반도 주변 관계 국가들과 긴밀히 협의하는 데 앞장서기도 하고, 다른 한편으로는 다자회담 형식에 대해 부정적인 북한을 설득하기 위해 때로는 북한에 대한 지원을 약속하기도 하고, 때로는 강압적 방식으로 압력을 행사함으로써, 결국 북한이 3자회담과 6자회담에 참석하게끔 유도하는 데 성공했던 것이다. 이처럼 과거와 다른 중국의 '변화'의 배경은 무엇인가? 중국의 '변화'는 북한 핵문제에 국한된 일시적 현상인가, 아니면 후진타오 정권이 등장하면서 구체화되고 있는 중국의 대한반도정책과 대외정책 일반의 변화를 반영한 것인가?

---

1) 중국의 국영 신화통신사와 『인민일보』는 2003년 10월 30일자 기사에서 우방궈 전인대 상무위원장과 북한의 김정일 조선로동당 총비서의 회담에서 6자회담을 계속한다는 데 양국이 원칙적으로 동의했다고 발표함으로써, 그동안 북한의 불투명하고 회의적 태도로 인해 6자회담 재개 여부가 불투명했던 상황이 상당히 개선되었다는 평가를 받았다. 김정일 총비서와 우방궈 상무위원장의 회담 내용에 대한 기사, "金正日會見吳邦國 雙方原則同意繼續六方會談," 『人民日報』(2003/10/30) 참조.

이런 문제에 대답하기 전에 먼저 최근 북한 핵문제를 둘러싸고 전개되고 있는 몇 가지 외교적 특이 사례에 주목할 필요가 있다.

특이 사례 1 2003년 2월 2일자 『뉴욕타임즈』는 칸 기자(Joseph Kahn)의 북한 핵문제에 대한 중국의 반응을 기사로 다루면서, 미국의 부탁에도 불구하고 북한 핵문제 해결을 위해 성의를 보이지 않고 무관심한 중국, 자신의 이익 추구에만 매몰하는 소극적이고 이기적 중국의 외교를 비판하였다. 그러나 2003년 8월 30일자 『뉴욕타임즈』는 같은 기자의 "한국 문제 협상에 임하는 중국"(China at Korea Talks: Taking Diplomacy Upstage)라는 제목의 장문의 기사를 게재하고, 6자 회담을 성사시키기 위해 중국이 적극적으로 노력했다고 중국의 역할을 높이 평가함으로써 불과 6개월 만에 중국에 대해 상반되는 평가를 하고 있음을 보여주었다.[2]

특이 사례 2 부시 행정부 출범 당시 부시 대통령은 물론 부시 행정부의 군사·안보 전략가들은 중국을 21세기 미국의 전략적 경쟁자로 경계했었고, 대만에 대한 호의적 태도를 숨기지 않았다. 그러나 2003년에는 부시 대통령을 비롯한 파월(Colin L. Powell) 국무장관과 켈리(James A. Kelly) 차관보 등 미 행정부 지도부가 모두 나서 중국의 적극적인 중재로 6자회담이 성공하게 되었다면서 공개적으로 중국에 감사하고, 중국의 역할을 높이 평가하였다. 심지어 파월 국무장관과 켈리 차관보는 공개적으로 미·중관계가 1972년 닉슨의 중국 방문 이후 31년의 역사 중 이보다 더 좋을 수 없을 정도라고 공언하기도 하였다.[3]

---

[2] Joseph Kahn, "To China, North Korea Looks Radioactive," *New York Times* (Febuary 2, 2003)와 "China at Korea Talks: Taking Diplomacy Upstage," *New York Times* (August 30, 2003) 참조.
[3] 파월 국무장관은 지난 2003년 9월 5일 조지워싱턴대학 엘리어트 국제대학원에서의 연설에서 부시 정부하에서 중·미관계는 2001년 4월 정찰기 충돌사건이라는 예기치 않은 사태로 갈등과 긴장이 고조된 상태에서 시작되었지만, 점차로 양국관계가 개선되어 현재로는 1972년 닉슨의

특이 사례 3 | 이처럼 중국과 미국은 한편에서는 북한 핵문제를 해결하기 위해 공동의 노력을 기울이고 있고, 다른 한편에서 미국은 이른바 대만문제와 관련하여 하나의 중국 원칙을 준수할 것이며 대만의 독립을 지지하지 않는다는 입장을 명백하게 밝혔는데, 이로써 미국이 중국을 측면에서 지원하게 된 셈이다. 이처럼 부시 정부가 천수이볜 정권의 국호 변경, 국민투표제 도입, 그리고 대만독립 추진에 대해 경고하고 나서자 대만은 즉각적으로 미국과 중국간 '북한 핵문제와 대만문제의 교환 음모론'을 제기하면서 경계하고 있으며, 천수이볜 총통은 공개적으로 대만이 중국의 지방정부도 아니지만, 미국의 주정부도 아니라면서 주권국가로서 필요한 조치를 취해 나갈 것이라며 강력 반발하고 있다.4)

이상의 사실을 근거로 북한 핵문제에 대한 중국의 정책 변화 시점을 찾아본다면, 대체로 2003년 2월 이후라고 추론할 수 있다.5) 북한 핵문제를 둘러싸

중국 방문 이래 가장 좋은 관계를 유지하고 있다고 공언하였다. 그는 이것이 9·11사태 이후 미국의 세계전략 변화 때문만도 아니고, 인권과 민주주의에 있어서 중국과의 견해 차이를 간과하고 있기 때문이 아니라, 미국이 부강한 중국의 등장을 인정하고, 또 중국이 강대국으로서의 책임을 다하면서 미국과 협력하려 하기 때문이라고 주장하였다. 이러한 미국과 중국간의 전략적 협력이, 북한 핵문제 해결을 위한 미국과 중국의 상호 협력에 반영된 것이고, 이러한 관점에서 미국이, 6자회담을 성사시키기 위해 노력한 중국의 리더십 역할에 대한 감사를 천명한 것이다. 이런 파월의 연설 내용은 인터넷에서 볼 수 있다. *Remarks at The Elliott School of International Affairs* by Secretary Colin L. Powell, George Washington University (http://www.state.gov/secretary/rm/2003/23836.htm); 또한 켈리 차관보 역시 상원 외교위원회에서 부시 정부하에서의 중·미관계를, 근래에 보기 드물 정도로 좋다고 확인하면서 6자회담이 성사되는 과정에서도 중국의 역할이 대단히 중요했다고 지적하고, 반테러전쟁에서 이라크전쟁에 이르기까지 미국과 중국의 국가이익이 중첩되는 분야가 많다고 증언하였다. 이런 켈리의 상원 외교위 증언에 대해서는 James A. Kelly, Assistant Secretary for East Asian and Pacific Affairs, *Testimony before the Senate Foreign Relations Committee* (September 11, 2003). http://www.state.gov/p/eap/rls/rm/2003/24004.htm에서 전문을 볼 수 있다.

4) 2003년 10월에 천수이볜 총통은 미국 『워싱턴포스트』지와의 인터뷰에서, 대만은 대만의 길을 갈 것이라면서 "대만은 어떤 나라의 한 개의 성이 아니고, 또한 다른 나라의 다른 주도 아니다", 그리고 미국의 압력에 굴복하지 않겠다고 선언하였다. 이러한 천수이볜의 인터뷰 기사에 대해서 John Pomfret, "Taiwanese Leader Condemns Beijing, 'One China' Policy : Chen Dismisses Fears In U.S. of Rising Tension," *Washington Post* (Oct. 6, 2003) 참조.

고 과거와 달리 적극적인 개입 방침을 표방하고 있는 중국의 정책 변화는 북한 핵문제에 국한된 것이 아니라, 후진타오 체제의 등장과 더불어 중국의 대외정책 일반에서 정책방향의 변화를 반영하고 있으며, 이러한 중국의 변화가 앞으로 21세기 한반도와 동아시아 정세에 상당한 영향을 미칠 것이라는 점에서 예의 주시할 필요가 있다. 따라서 중국의 대한반도정책 변화의 배경을 좀 더 신중히 분석하고, 중국의 변화가 한반도와 동아시아의 미래에 어떠한 영향을 미칠 것이며, 우리는 이에 어떻게 대응해야 할 것인지를 검토해 보려는 것이 이 글의 문제의식이다.

이러한 문제의식에서 출발하여 이 글에서 필자가 주장하려는 것은 다음과 같다.

북한 핵문제에 대한 중국의 정책 변화는 이제 부인할 수 없는 사실이며, 그러한 변화는 중국의 국내외적 정책 환경의 변화에서 비롯된 것이다. 즉, 지난 20여 년간의 개혁개방의 성과로 중국은 엄청난 속도의 경제발전과 국력 증진을 실현하였고, 그런 중국의 성공은 한편으로 중국위협론을 촉발하기도 하였지만, 다른 한편으로는 중국 내부에서 자신감의 회복과 더불어 강대국으로서 책임과 역할을 수행해야 한다는 인식도 확산시키고 있다. 따라서 중국은 대외정책에서도 과거의 소극적이고 이기적인 태도에서 벗어나 책임 있는 강대국으로 처신하고 대접받기를 원하게 되었고, 북한 핵문제는 바로 이러한 중국의 강대국 외교를 과시하고 실험하는 첫 번째 사례가 되었다는 것이다.

이와 같은 주장을 위해 이 글 2절에서는 후진타오 체제의 등장과 정책 성

---

5) 앞의 뉴욕 타임지의 칸 기자의 기사를 근거로 북한 핵문제에 대한 중국의 정책변화 시점을 추론해 본다면 2003년 2월 2일자 기사가 발표된 이후라고 할 수 있지만, 일부에서는 그보다 앞선 시점, 즉 북한이 NPT 탈퇴를 선언한 2003년 1월부터 북한 핵문제에 대한 중국의 정책이 변화했다고 주장한다. 이러한 주장에 대해서는 朱鋒, "中國朝核政策的變化與發展,"『中國戰略』(2004/08/09) 참조. 그러나 여러 가지 정치적 조건을 고려하면, 2002년 11월의 제16차 당대회, 그리고 2003년 3월 제10차 전인대를 통해 공식 출범한 후진타오-원자바오 체제가 등장한 이후, 다시 말해 2002년 11월부터 2003년 3월 사이가 정책변화의 시점임을 추론할 수 있다.

향을 개괄적으로 분석하고, 3절에서 후진타오 체제의 대외정책을 과거 덩샤오핑-장쩌민 시대의 그것과 비교하여 간단히 검토해 볼 것이다. 그리고 4절에서 대만과 한반도문제에 대한 중국의 인식 변화를 살펴보면서, 북한 핵문제에 대해 중국이 적극적인 개입 정책으로 변화하게 된 요인을 나름대로 분석하고, 5절에서 향후 중국의 대한반도정책의 방향을 짐작해 보면서 우리의 대응방안을 간단히 제안해 보려고 하였다.

2. 후진타오 체제의 등장과 정책노선

(1) 후진타오 체제의 등장과 특징

지난 2002년 11월 제16차 당대회에서 예상했던 대로 장쩌민 총서기와 제3세대 지도부가 전원 퇴진하고, 후진타오를 중심으로 한 제4세대가 당 지도부 전면에 등장하였다. 또한 2003년 3월 제10기 전체인민대표대회에서도 역시 예상했던 것처럼 장쩌민 국가 주석이 임기만료로 퇴진하고, 1998년 이후 국가 부주석을 역임하고 있던 '준비된 국가 주석 후보' 후진타오 총서기가 정식으로 국가 주석으로 선출되었으며, 주룽지 총리가 물러나고 원자바오 신임 총리를 중심으로 한 제4세대 내각이 구성되었다.[6]

---

[6] 2002년 11월의 중국공산당 제16차 당대회와 2003년 3월의 제10기 전인대에서의 인사 개편 내용을 다각적으로 분석한 것으로는 Li Cheng and Lynn White, "The 16th Central Committee of the Chinese Communist Party: Hu Gets What?," *Asian Survey*, 43:4 (Jul/August, 2003), pp. 553-597; H. Lyman Miller, "The 10th National People's Congress and China's Leadership Transition," *China Leadership Monitor*, No. 7 (Summer 2003); 박두복, "중국 제10기 全國人民代表大會 결과 분석,"『외교안보연구원 주요 국제문제 분석』(2003.03) 참조.

물론 2002년 16차 당대회와 2003년의 제10기 전인대에서 선임된 당과 국가기구의 지도부가 완전히 후진타오 체제로 구축된 것은 아니다. 우선 장쩌민 전 주석은 여전히 당과 국가의 중앙군사위원회 주석직을 유지하면서 '반퇴'(半退)의 모습을 견지하고 있었고, 후진타오를 중심으로 하는 제4세대 지도부에도 장쩌민 계열의 인물들이 상당수 포진하고 있기 때문에 후진타오 시대가 본격적으로 시작되었다고 선언하기에는 아직 이른 감이 있었다.

사실, 당의 최고 정책 결정 기구인 정치국 상무위원 9명 중 5명이 장쩌민 계통 인사 가운데 발탁되었고, 2003년 3월에 새로 구성된 원자바오 중심의 신내각 부총리 4명 가운데 3명이 장쩌민 계열로 분류될 만큼 장쩌민 시대의 후광이 상당히 남아 있었다. 그럼에도 불구하고 인사 이동의 폭과 그 내용은, 사실상 상당한 권력 이동이 있었다고 판단하기에 충분했기 때문에 제3세대를 중심으로 한 장쩌민 시대는 실질적으로 퇴장하고 있으며, 제4세대를 대표하는 후진타오 시대가 열리고 있는 것은 더 이상 부인할 수 없었다. 이를 증명이나 하듯 2004년 11월 제16기 4중전회에서 장쩌민은 그동안 보유하고 있던 마지막 직책인 군사위원회 주석직도 후진타오에게 이양하였는데, 이로써 후진타오가 당과 국가, 그리고 군부의 최고 직위를 장악하여 명실상부한 후진타오 시대가 시작되었음을 보여주었다. 그렇다면 장쩌민 시대에서 후진타오 시대로의 권력 이양의 특징은 무엇이며, 후진타오를 중심으로 한 제4세대 지도부는 어떠한 성향을 보이고 있는가?

특징 1 | 제도화된 권력 이행

장쩌민 체제에서 후진타오 체제로의 권력 이행의 가장 주요한 특징 중의 하나는 그것이 중국에서 처음으로 시도된 제도화된 권력 이양이었다는 사실이다.[7] 사실 당헌과 헌법에서 정해진 규정과 방식에 따라서 최고 권력자의 은퇴와 계승이 정상적으로 진행된 것은 이번이 처음 있는 일이다. 사실, 마오쩌둥 시대 이후 여러 차례 최고 권력의 승계 기회가 있었지만, 류샤오치(劉少奇)에서부터 자오쯔양(趙紫陽)에 이르기까지 모두 승계에 실패했으며, 장쩌민의 경우는 정상적인 과정을 거쳐 최고 권력자로 선출된 것이 아니라, 천안문 사건이라는 비정상적인 상황에서 비정상적인 방식에 따라 총서기와 국가 주석 직에 선정되었기 때문에 후진타오의 경우와 구별된다.

그러나 장쩌민에서 후진타오로의 권력 이양은 당헌과 헌법에서 정한 임기제와 은퇴제가 적용되었으며, 사전에 미리 예고되고 준비된 권력 이양의 절차를 밟아 구체화되었다는 점에서 주목된다. 이를테면 후진타오는 1992년에 최연소 정치국 상무위원으로 선출되고, 1998년에 국가 부주석으로, 그리고 1999년에는 중앙군사위원회 부주석으로 선출됨으로써 내외에 준비된 후계자로 선포된 것이나 다름없었고, 장쩌민의 퇴진은 두 번 이상 국가 주석의 연임을 금지한 헌법의 임기 규정과 70세 이상인 경우나 2기 이상 당의 최고 정책결정 기구인 정치국원으로 선임될 수 없다는 당 내부의 은퇴 규정을 적용할 때 불가피한 것이기 때문에 장쩌민의 퇴진과 후진타오의 승계는 사실상 오래 전부터 예상되고 준비된 것이었다고 해도 과언이 아니다.[8]

다만 중국 내외에서 의문을 가졌던 것은 과거에 헌법과 당헌에 따라 최고 권력자의 교체가 실제로 실현된 경험과 관행이 없었기 때문이다. 과연 장쩌민이 당헌과 헌법을 준수하여 총서기와 국가 주석 직을 후진타오에게 모두 내어줄 것인지, 그렇지 않으면 다른 편법을 사용하여 권력 승계 절차를 왜곡하거나, 또는 권력 이양을 하더라도 후진타오가 아닌 장쩌민 직계 세력에게 권력

---

[7] 장쩌민에서 후진타오로의 권력 이양을 '준비된 지도부 승계'(planned leadership succession)로 분석한 글로는 H. Lyman Miller, "The Succession of Hu Jintao," *China Leadership Monitor* (Winter 2002) 참조.

[8] 1982년 헌법에서 정한 주요 국가 지도자들의 임기제한, 그리고 당 지도부의 연령제한을 규정한 당 내규에 대한 설명은 H. Lyman Miller, "The Sixteenth Party Congress and China's Political Processes," in Gang Lin and Susan Shirk eds., *The Sixteenth CCP Congress and Leadership Transition in China, Asian Program Special Report*, Woodrow Wilson International Center for Scholars, No. 105(September, 2002), pp. 10-14 참조.

이양을 시도하려는 것은 아닌지 여부에 대하여 여러 가지 억측이 제기되었다. 그러나 결국 당헌과 헌법의 규정에 따라서 정상적이고, 예고되었던 그대로 권력 승계가 진행됨으로써 중국 정치의 정상화, 제도화, 투명화가 한층 제고되었다고 하겠다.

특징 2 | 대폭적인 인사 개편을 통한 실질적 권력 교체

앞에서 언급한 것처럼 2002년 11월의 제16차 당대회와 2003년 3월의 제10기 전인대에서 당과 국가 지도부에 대한 대폭적인 인사 개편이 실현되어 사실상의 정권 교체의 의미를 충분히 구현하였다고 할 수 있다. 실제로 2002년 11월의 제16차 당대회에서 처음으로 중앙위원으로 선임된 신임 중앙위원의 비율은 비교적 높은 61%였다. 물론 이 정도의 신임 중앙위원 선출만으로 다른 시기보다 더 많은 인적 교체가 추진되었다고 주장할 수는 없다. 문화대혁명이라는 대혼돈의 시기를 거치면서 대부분의 당권과 중앙위원들이 숙청된 이후 소집된 1969년 제9차 당대회에서 신임 중앙위원 비율은 역사상 가장 높은 81%를 기록했으며, 이는 그야말로 혁명적 엘리트 교체를 실증하는 것이었다. 그러나 이런 예외적 상황을 제외한다면, 제16차 당대회의 신임 중앙위원 비율 61%는 중국식 정권 교체의 효과를 산출할 만큼의 대폭적인 인사 개편이라고 할 수 있다.9)

이와 같은 높은 엘리트 교체 현상은 당의 지도부 개편에서만 있었던 것은

---

9) 1956년의 8기 중앙위원회에서 지난 2002년의 16기 중앙위원회까지의 신임 중앙위원 선출 비율은 각각 60%(1956), 81%(1969), 35%(1973), 43%(1977), 60%(1982), 63%(1997), 61%(2002)이었다. 1956년에서 2002년까지의 중앙위원회 구성 변화에 대한 통계자료는 필자의 홈페이지(http://www.eastasianstudies.org/main_source.html#g)와 Li Cheng and Lynn White, "The 16th Central Committee of the Chinese Communist Party: Hu Gets What?," *Asian Survey*, 43: 4 (Jul/August, 2003), p. 560 참조.

아니다. 2003년 3월의 제10기 전인대의 신임 대표 구성과 전인대를 이끌어 나갈 지도부 구성에서도 신임의 비율이 비교적 높은 편이었다. 즉, 제10기 전인대 대표단의 약 70%가 신인으로 구성되었고, 주요 국가 기구의 간부진 구성에서도 상당한 물갈이가 단행되었다는 것이다. 특히, 당과 정부의 고위직에 대한 대폭적인 인사 개편이 단행되었다. 이를테면 25명의 당 중앙 정치국원 중에 16명이 새로 선임되었고, 9명의 정치국 상무위원 중에서 후진타오를 제외하고 무려 8명이나 새로 선출된 신인으로 채워졌으며, 8명의 서기국 서기 중 7명이 신임이었고, 대부분의 당 중앙위원 소속 기관장 역시 신임이 다수를 차지하였다.

행정부 쪽에서도 국무원의 부총리 4명 전원이, 국무위원 5명 전원이 신임이었고, 제10기 전인대에서 새롭게 구성된 국무원의 국무원 부장(장관) 28명 중에서 18명이 신임이었다. 지방 당과 정부 지도자들에 대해서도 상당한 인사 개편이 단행되었다. 즉, 31명의 성급 당 서기 중에서 11명, 31명의 성장 중에서 15명이 신임으로 임명되었다. 다시 말해, 당과 정부의 고위직에서 장쩌민 시대의 인물들에 대한 대대적인 인적 교체가 실현되었다는 점에서 실질적인 정권 교체가 진행되었다고 할 수 있다.[10]

특징 3 | 전면적 인사 개편과 지도부의 세대 교체와 전문화의 확대

앞에서 지적한 바와 같이 2002년 제16차 당대회와 2003년 3월의 제10기 전인대에서 추진된 인사 개편은 당과 국가기관 인사의 절반 이상이 개편되는 전면 개편이었다. 또한 장쩌민 시대를 이끌었던 제3세대 지도부가 거의 모두 퇴진하고, 제4세대가 전면에 포진했을 뿐만 아니라, 차차기를 기대할 수 있는

---

[10] 제10기 전인대에서 선출된 지도부에 대해서는 H. Lyman Miller, "The 10th National People's Congress and China's Leadership Transition," *China Leadership Monitor*, No. 7 (Summer 2003) 참조.

제5세대가 등장하기 시작한 세대 교체의 인사 개편이었다. 사실, 2002년과 2003년 초에는 앞에서도 언급한 것처럼 당과 정부의 고위직에 임기제한과 더불어 연령제한을 비교적 엄격하게 적용하여 세대 교체를 단행했기 때문에 후진타오 체제의 당 중앙위원과 주요 당 지도부는 그야말로 연부역강(年富力强)한 연령구조를 갖추게 되었다.11)

이처럼 대폭적인 세대 교체를 통해 등장한 후진타오 중심의 제4세대 지도부는 과거 장쩌민의 제3세대 지도부와 마찬가지로 고도의 전문교육을 받은 기술관료 중심의 지배구조를 견지하고 있었다. 당 중앙위원의 평균 교육수준 통계에서 알 수 있는 것처럼, 제16차 당대회에서 구성된 중앙위원들 중 전문대학 이상의 교육을 받은 중앙위원들의 비율은 지금까지 가장 높은 98.6%를 기록하였다. 이것은 결국 거의 모든 중앙위원들이 전문대 이상의 교육을 받은 엘리트들이라는 점, 그리고 그들의 교육 배경을 분석해 볼 때 거의 대부분이 전문적 기술교육을 받았다는 점에서 전문 기술관료의 지배구조가 한층 더 공고화되었음을 보여준다.

그러나 후진타오 시대의 지도부는 장쩌민 시대의 지도부와 다른 점도 보이고 있다. 장쩌민 시대는 전통적인 기술관료라고 할 수 있는 엔지니어와 자연과학 분야의 전문기술의 교육배경이 중심이 되었지만, 후진타오 시대에는 시대적 변화를 반영, 경제, 경영, 행정, 법률 등의 교육배경을 가진 고급 지식인들의 비율이 증대하여 기술관료 교육배경이 다양화되는 추세를 보이고 있다는 것이다.

---

11) 일부 자료에 의하면, 제16차 당대회에서 중앙위원 등을 선출하는 과정에서 당조직부는 연령제한 규정을 비교적 엄격하게 적용했다고 한다. 즉, (1) 중앙위원으로 재선임되기 위해서는 몇몇 예외적 경우를 제외하고는 64세 이하여야 하고, (2) 장관(부장)과 지방 당정 간부 중에서 신임 중앙위원으로 선임될 수 있는 연령은 62세 이하여야 하며, (3) 차관(부부장)이나 부성장의 경우는 57세 이하여야 한다는 것이다. 이런 연령제한에 대한 것은 Li Cheng and Lynn White, "The Sixteenth Central Committee of the Chinese Communist Party," *AS* 43:4 (July/August 2003), pp. 564-565 참조.

특징 4 | 지방 배경 지도자들의 대거 진출과 중앙과 지방의 세력균형

제16차 당대회에서 구성된 중앙 당 지도부의 또 다른 특징 중 하나는 과거 다른 시기보다도 지방 당과 지방정부의 행정 경험이 풍부한 관료들이 대거 중앙 지도부에 진출했다는 점이다. 리청(李成)의 분석에 따르면, 31개 성급 지방 당정 간부, 즉 성 당위 서기와 성장 62명 전원이 16기 중앙위원 정위원으로 선출되었고, 제16기 정치국원 25명 중에서도 군 출신 3명을 제외한 22명의 민간인 출신 중 20명이 지방 당과 정부 책임자로 근무한 경험이 있다고 한다. 이러한 분석을 통해 리청은 지방 당정 간부 출신이 실질적으로 중앙 당 지도부의 주류를 형성하게 되었다고 주장하였다.12)

이처럼 지방 경험이 풍부한 간부들의 중앙 지도부 진출을 계기로 중앙정부와 지방정부간의 균형을 유지할 수 있었지만, 발전된 연해안 지방과 낙후된 내륙 지방간의 불균형은 여전히 심각한 문제로 남아 있다. 당과 정부의 권력 구조에서 여전히 연해안 지방 출신이 내륙 지역 출신보다 과다 대표되고 있는 것은 사실이다. 그러나 후진타오 총서기가 간쑤(甘肅)성과 티베트(西藏) 등 낙후 지역에서 장기간 근무한 경력을 배경으로 내륙 지방 세력을 대변하려고 함으로써 균형발전론이 어느 정도 정치적으로 힘을 얻게 되었다고 할 수 있겠다.13)

---

12) 이러한 주장을 뒷받침하는 통계에 대해서는 Li Cheng, "A Landslide Victory for Provincial Leaders," *China Leadership Monitor*, No. 5 (Winter 2003) 참조.
13) 일부에서는 후진타오 국가주석과 쩡칭훙(曾慶洪) 부주석 체제는 어떤 의미에서는 내륙 지방의 이익을 대변하고 있는 후진타오와 장쩌민 계열의 상하이방 출신으로서 발전된 연해안 지방의 이익을 대변하는 쩡칭훙간의 경쟁과 협력에 의하여 운영된다고 주장하기도 한다. 이러한 주장에 대해서는 Cheng Li, "Emerging Patterns of Power Sharing: Inland Hu vs. Coastal Zeng?," in Gang Lin & Susan Shirk eds., *The 16th CCP Congress and Leadership Transition in China*, Woodrow Wilson Center's Asia Program, No. 105 (September 2002), pp. 28-34 참조.

(2) 장쩌민 시대의 유산과 후진타오 체제의 과제

그렇다면 2002년 11월의 제16차 당대회 이후 새로 구성된 후진타오 중심의 신지도부가 당면한 문제는 무엇인가? 무엇보다도 덩샤오핑과 장쩌민 시대의 경제발전 제일주의적 개혁개방정책이 만들어 낸 '성공의 위기'에 대응하는 것이 제일의 과제라고 할 수 있다. 즉, 덩샤오핑과 장쩌민의 대담한 개혁개방정책을 계기로 중국은 역사상 유례없는 고도성장을 기록하면서 사회적으로 매우 다양하게 분화되고 있으며, 또한 비약적인 경제발전을 성취함으로써 중국인들의 자긍심도 제고되었다. 그러나 다른 한편으로는 성장 일변도와 불균등 발전 전략은 계층적·지역적 불평등과 부정부패에서 비롯되는 갈등과 대립, 긴장이라는 심각한 부작용을 낳았고, 신지도부는 바로 이를 해소하지 않으면 안 된다는 것이다.[14]

이미 잘 알려진 바와 같이 중국은 지난 25년간의 대담한 개혁개방정책으로 역사상 유례를 찾기 힘들 정도의 비약적인 경제발전을 달성하였고, 인민생활 개선에도 기여하였다. 그러나 압축적인 고도성장 과정에서 계층적·지역적 불평등과 부정부패의 만연, 사회적 계층 분화와 갈등의 증가 등 정치사회의 불안요인을 양산하기도 하였다. 사실, 최근 세계은행의 보고서에서도 지적되고 있는 것처럼, 빈부격차의 증대는 점차 중국 사회의 안정을 위협할 정도로까지 악화되고 있다.[15] 따라서 후진타오 체제는 덩샤오핑과 장쩌민 시대의 긍정적 유산인 경제발전을 지속적으로 추진하면서도, 국내적으로는 압축성장이 낳

---

[14] 중국 개혁개방의 '성공'과 그 성공의 이면에 쌓여가고 있는 부작용과 갈등에 대해서는 서진영, "개혁정치의 역설과 중국적 사회주의의 미래," 『동아시아연구』 제11호(2005년 12월), pp. 9-30 참조.

[15] 후안강(胡鞍鋼)에 의하면, 불평등 정도를 측정하는 지니계수는 중국의 경우 1980년대 초 0.28이었던 것이, 1995년에는 0.38로 증가했으며, 1999년에는 0.437이라는 위험 수준으로까지 악화되었다고 한다. 그는 이러한 추세라면, 지니계수가 2020년에는 0.474까지 상승할 수 있다고 우려하고 있다. 이와 같은 세계은행과 후안강 교수의 경고에 대해서는 "關注世界銀行 中國經濟報告: 訪胡鞍鋼教授-貧富差距擴大值得警惕," 『人民日報』(2003/10/03) 참조.

은 부작용을 극복할 수 있는 지역적·계층적·분야별 균형발전 전략을 추진하지 않을 수 없고, 국제적으로도 성숙하고 책임 있는 강대국으로서의 역할을 모색해야 하는 과제를 안고 있다고 하겠다.

(3) 후진타오 체제의 정책 방향

앞에서 지적한 바와 같이 후진타오 체제는 덩샤오핑과 장쩌민 시대의 업적을 계승하면서도 개혁개방 시대가 낳은 이른바 '성공의 위기'에 대응해야만 하는 과제를 안고 있다. 다시 말해서 지속적인 경제발전을 추진하면서도, 국내적으로는 계층적·지역적 불균형을 시정하고, 아래로부터의 다양한 요구에 부응해야 하며, 국제적으로는 부강한 중국의 등장에 대한 국제사회의 경계심을 억제하는 동시에 책임 있는 강대국으로서의 역할을 찾아가야 한다는 것이다.

이런 국내외적인 과제와 관련하여 후진타오는 집권 초기부터 애민(愛民)·위민(爲民)·부민(富民)·친민(親民)을 표방하면서 서민 대중을 위한 정치를 약속하였다.16) 예를 들어 후진타오는 당 총서기에 선임된 직후 신임 당 지도부와 더불어 농촌혁명의 마지막 성지라고 할 수 있는 허베이성(河北省) 시바이포(西柏坡)를 방문한 자리에서 인민 대중을 위한 중국혁명의 정신을 계승하여, 성실하고 소박하게 생활하며 대중들을 위해 전심전력으로 봉사할 것을 다짐하였고,17) 연이어 산시성(陝西省)과 네이멍구(內蒙古) 등 낙후된 농촌지역을 시찰하면

---

16) 후진타오 체제가 서민 대중을 위한 정치체제임을 강조한 것으로는 후진타오 체제 출범 6개월을 기념한 『인민일보』 논설, "愛民·爲民·富民·親民 : 政府的 赤誠民衆情懷,"『人民日報』(2003/09/23) 참조.
17) 뉴욕에서 발간되는 중국어 신문인 『둬웨이신원왕』(多維新聞網)은 중국신문을 인용하여 후진타오가 총서기에 선출된 이후 구(舊)혁명성지 등을 순방하고 있다고 전하고 있다. 이를테면 2002년 11월 총서기로 선출된 직후에는 '혁명성지' 허베이 시바이포를, 그리고 2003년에는 강서지방을 시찰하던 중 유명한 징강산(井岡山)을 등반하고 징강산 정신을 찬양하였다는 것이다. 이는 자신의 권력의 정통성을 확인하는 것이기도 하지만, 동시에 혁명시대의 순수한 정신으로 돌아가 부강한 신중국 건설을 내외에 다짐하는 상징적 행사이기도 하다. "胡錦濤江西考

서 인민들과 고락을 같이하는 모습을 연출했다.

또한 지난 2005년 10월 4~8일에 개최한 제16기 5중전회에서는 '11차 5개년 규획'을 심의·통과시키면서 새로운 균형 발전 전략을 제시하기도 하였다. 즉, 덩샤오핑의 선부론(先富論) 이후 지금까지 추진해 왔던 경제발전 제일주의와 불균등 발전 전략을 종결하고, 종합적이고 균형적인 공동부유의 발전 전략으로 전환해야 하며, 분배·환경·복지 등을 함께 고려하여 균형 발전을 통한 조화사회를 건설할 것을 목표로 해야 한다고 선언하였다.[18]

이처럼 후진타오 정권은 국내정치에서 경제발전 제일주의와 불균등 발전 전략에서 균등 발전과 조화사회 건설을 강조하는 방향으로 변화하기 시작했고, 대외정책에서도 장쩌민 시대의 소극적·방어적 실리외교인 '도광양회' 외교에서 '화평발전론'에 기초하여 책임 있는 강대국을 지향하는 '대국외교'를 지향하기 시작했다는 것이다.

3. 후진타오 체제의 대외정책 : 도광양회에서 화평발전론으로 변화

도광양회(韜光養晦) 전략은 1989년 천안문 사태와 동구 및 소련 등 사회주의권의 대변혁, 그리고 미국과 서방세계의 대중국 압력에 직면하여 덩샤오핑이 제시한 대외정책의 기본 방향으로, "냉정히 관찰하고, 현실 기반을 튼튼히 하며,

---

察拒登井岡山,"『多維新聞網』(2003/09/03) 참조.
[18] 제16기 5중전회에서 심의·통과된 "제11차 5개년 규획안" 전문, "中共中央關于制定國民經濟和社會發展第十一個五年規劃的建議(2005年10月11日中國共産黨第十六屆中央委員會第五次全體會議通過)"는 『人民日報』(2005/10/18) 참조. 그리고 "제11차 5개년 규획안"의 성격과 특히, 발전 전략의 전환에 대해서는 "十一五規劃, 從先富向共富轉彎,"『人民日報』(2005/10/25) 참조.

침착하게 대처하고, 기회를 기다리면서 수세에 힘쓰고, 앞장서는 일을 피하면서 때가 되면 움직인다"는 28자 지침을 의미하는 것이며, 기본적으로 국내외적인 체제위기에 직면하여 신중하고 방어적인 대외정책을 권고한 내용이라고 할 수 있다.19)

이처럼 방어적인 대외정책을 강조하게 된 데에는 장기적으로 중국의 발전을 실현하기 위해서는 국제정세의 안정과 평화가 필요하고, 무엇보다도 미국 및 서방세계와의 장기적인 협력관계 유지가 필수적이라는 전략적 판단이 배경으로 작용하고 있었다. 이에 따라 덩샤오핑-장쩌민 시대의 중국은 대체로 미국이나 다른 강대국과의 정면 대결이나 갈등을 피하려고 의식적으로 노력하였고, 내정불간섭의 원칙을 강조하면서 중국 내정에 대한 서방세계의 간섭도 배제하려고 했으며, 동시에 중국이 다른 나라의 문제에 개입하는 것도 회피하려고 하였다. 따라서 중국은 자국의 이익과 직접 관련되지 않는 국제 문제나 지역 문제에 대해서는 개입하지 않고 초연한 입장을 견지하려고 하였다. 이처럼 중국이 세계화시대에 있어서도 주권국가로서의 독자성을 강조하면서 자국의 실리만 극대화하려는 성향을 보여 왔기 때문에 일부에서는 중국의 이러한 소극적이고 이기적인 외교정책을 강대국으로서의 책임과 의무를 방기하면서 국제사회에 무임승차하려는 행위라고 비판하기도 하였다.20)

---

19) 덩샤오핑의 도광양회 등 28자 지침에 대해서는 楊成緖, "鄧小平外交思想淺議," 『光明日報』(2004/08/09); 夏立平, "重要戰略机遇期與韜光養晦, 有所作爲戰略方針," 『國際問題論壇』(2004/12/19); 叶自成, "關于韜光養晦和有所作爲," 『中國國際關係研究網』(2005/05/30)을 참조. 그리고 '도광양회'와 함께 덩샤오핑-장쩌민 시대 중국의 소극적 외교 지침이라고 할 수 있는 4불정책은 동맹을 맺지 않고, 패권을 추구하지 않으며, 내정불간섭 원칙을 지키고, 우두머리가 되려고 하지 않는다(不結盟, 不稱霸, 內政 不干涉, 不當頭)라는 네 가지 아니요(不)를 의미하는데, 이와 같은 덩샤오핑-장쩌민 시대의 수비형 외교정책에 대해서는 李映周, 『중국의 신외교전략과 한중관계: 鄧小平의 평화와 발전론』(나남, 1998), p. 61, pp. 193-194 참조.
20) 이들은 특히 국제 레짐에 대한 중국의 입장이 양면성과 최대-최소원칙(maxi-mini principle)이라는 특징을 가지고 있다고 비판하고 있다. 다시 말해 중국이 국제사회에 적극적으로 참여하면서도 국제기구와 규범에 대해서는 의구심을 가지는 양면적 태도를 견지하고 있고, 권리와 혜택은 최대한으로 누리고, 그러나 의무와 책임은 최소한으로 부담하려는 무임승차적 태도를 견지하고 있다는 주장이다. 이러한 주장에 대해서는, Elizabeth Economy, "The Impact of

특히, 중국의 비약적 경제발전의 결과 국제사회에서 중국의 역할에 대한 기대가 높아지고, 국내적으로도 중국의 역량에 대해서 일정 정도 자신감이 회복되어 중국의 국제적 지위와 영향력을 제고해야 한다는 주장이 제기되면서, 기존의 소극적 대외정책 노선에 대한 비판이 확산되었다. 그럼에도 불구하고 1990년대까지도 장쩌민을 중심으로 한 제3세대 지도부는 여전히 덩샤오핑 시대의 신중하고도 소극적인 대외정책 노선을 견지하였다. 중국 경제의 고도성장과 중화민족주의적 정서의 확산으로 중국의 적극적 역할을 요구하는 내외의 주장도 많았지만, 제3세대 지도자들은 서방세계와 주변 국가들이 제기하고 있는 중국위협론을 경계하여 실용적이고 실리적인 외교정책 노선을 견지했던 것이다. 따라서 장쩌민 시대에는 강대국으로서의 책임과 역할보다는 개발도상국으로서 이익을 강조하였고, 미국과의 관계 개선을 중시하면서도 국제사회의 '평화와 안정, 공동번영', 그리고 '반패권주의'를 강조하면서 거의 모든 나라와 우호 협력관계를 추구하는 전방위 외교, 동반자 외교를 추구하였다.

(1) 9·11 이후 중미관계와 중국의 대외정책

앞에서 언급한 것처럼 탈냉전시대에 중국의 대외정책의 기조는 평화와 안정, 발전을 강조하고, 미국의 패권주의와 강권정치를 경계하면서도 전략적인 측면에서는 미국과의 관계 개선을 가장 중시하는 것이었다. 사실, 덩샤오핑 이후 중국의 지도부에게 미국과의 관계 개선은 중국 발전에 있어 가장 중요한 전제조건이었다. 중국의 개혁개방과, 경제발전을 지속적으로 추진하기 위해서 상당기간 미국의 협력이 거의 절대적으로 필요하다는 데 이론이 없었기 때문에

International Regimes on Chinese Foreign Policy-Making," in David Lampton ed., *The Making of Chinese Foreign and Security Policy in the Era of Reform* (Stanford University Press, 2001), pp. 230-253 참조.

중국 지도부는 일관되게 중·미관계 개선을 위해 노력하였다. 따라서 미국과의 관계에서 중국의 자존심과 이익이 부분적으로 훼손되는 경우에도 더 큰 국익을 위해 인내심을 발휘하여 중·미관계를 개선하고자 노력한 측은 중국이었다.

이를테면, 1978년 말 중·미 국교 정상화 협상 과정에서 대만문제에 대한 미국의 불분명한 태도에도 불구하고 덩샤오핑은 카터 행정부와 중·미 국교 정상화에 합의했고, 대만에 대규모 무기 판매를 감행한 레이건 행정부에 대해서도 1982년 공동성명을 통해 앞으로 더 이상 대만에 대한 무기 판매를 확대하지 않겠다는 약속을 받고, 중·미관계가 악화되는 것을 방지하려고 하였다. 이처럼 미국의 역대 행정부가 대만문제에 대해 의도적으로 불분명한 태도를 견지하고 있다는 사실을 반복적으로 확인하면서도 중국 정부는 대만문제로 인하여 중·미관계가 악화되는 것을 방지하려고 노력하였다.[21]

이처럼 중국은 기본적으로 중·미관계를 견지하려고 지속적으로 노력하였지만, 미국의 대중정책은 복잡하고도 변덕스러운 것이었다. 미국은 여러 가지 국내외적 요인으로 인하여 때로는 중국위협론을 강조하는 보수파가 등장하여 중국에 대한 견제와 봉쇄 정책을 추진하다가, 때로는 중국포용론을 주장하면서 중국과의 협력을 모색하는, 협력과 견제의 이중적이고 불안정한 태도를 보이기가 일쑤였다. 현재의 부시 행정부도 초기에는 중국을 전략적 경쟁자로 규정하고 중국에 대한 경계심을 숨기지 않았고, 대만에 대해 대규모 무기 판매를 단행함으로써 중국을 면전에서 모욕하기도 하였다. 그러나 부시 행정부의 중국경계론은 미국에 대한 9·11테러 이후 급변하게 되었다.

9·11 이후 미국의 대외정책이 반테러 전쟁을 중심으로 재편되면서 중국위협론보다 중국과의 협력을 강조하게 되었다는 것은 이미 잘 알려진 사실이

---

[21] 1972년 닉슨-키신저 팀의 미·중관계 개선, 그리고 1978년 말 미·중 국교 정상화, 그리고 그 이후 역대 미국 행정부와 중국 정부의 복잡한 협력과 갈등의 협상 과정을 서술한 것으로 국교 정상화 협상 당시 『LA타임즈』의 기자이자 칼럼니스트였던 James Mann의 저서, *About Face: A History of America's Curious Relationship with China, From Nixon to Clinton* (1998/2000)을 참조.

다. 미국의 입장에서 테러와의 전쟁이 무엇보다도 우선시되는 것은 당연하였고, 반테러 전쟁을 수행하기 위해 중국의 협력이 필요하였기 때문에 대중국 정책도 그런 차원에서 재조정될 수밖에 없는 것이었다. 사실, 아프가니스탄 전쟁에서 이라크전쟁에 이르는 미국의 반테러 전쟁 과정에서 중앙아시아에서 미국이 군사 활동을 전개하는 것에 대하여 중국의 암묵적 묵인과 지원이 필요하였고, 또한 북한 핵문제와 같은 대량살상무기의 확산 금지를 효과적으로 추진하기 위해서도 중국의 협력이 필요하다는 점을 미국은 인정하지 않을 수 없었다. 특히 이라크전쟁의 경우는 동맹국가들, 이를테면 독일이나 프랑스도 이라크에 대한 미국의 무력공격을 격렬하게 비판하고 나서는 마당에 유엔 안보리 상임이사국인 중국의 '절제된 반대'에 대하여 미국은 내심 감사할 수도 있었을 것이다. 여기에 중국 경제의 고도성장으로 세계 경제와 미국 경제에서 중국 경제가 차지하는 중요성을 감안할 때 중국과 협력관계를 유지하는 것이 미국의 국익을 위해서 유익하다는 판단이 섰을 것이다.

클린턴 행정부는 이미 1990년대 후반 이후 중국의 WTO 가입, 올림픽 유치 사업, 그리고 대만 독립 반대 원칙 등에 있어서 중국과 합의하고 중국과의 전략적 협력관계를 공고히 하려고 했었다. 부시 행정부도 9·11테러 이후 중국과의 협력을 강조하였다. 이러한 부시 행정부의 우호적인 정책에 부응하여 중국은 미군이 아프가니스탄 전쟁을 이유로 중앙아시아 국가들에 진주, 주둔하면서 군사작전을 전개하는 것을 용인하였고, 이라크전쟁에 대해서도 미국의 입장을 고려하여 '절제된 반대'를 표명하면서 묵시적으로 부시 행정부의 입지를 지원하였으며, 미국 정부의 반테러전쟁의 명분을 적극 옹호하고, 핵과 미사일 확산 방지에 적극 협력할 것을 공개적으로 표명하였다.[22] 북한 핵문제

---

[22] 중국 정부도 역시 (러시아, 프랑스, 독일 등과 마찬가지로) 이라크전쟁에 대한 반대 입장을 표명했지만, 중국 정부의 성명이나 중국 지도부의 발언을 살펴보면 미국의 패권주의를 직접 공격하는 것을 자제하였고, 전체적으로 유엔을 통한 해결을 강조하는 '절제된 반대 의견'을 견지했다는 것을 알 수 있다. 이와 같은 중국의 '절제된 반대'와 중국 정부가 이를 미국과의 협력을 확대하는 기회로 활용하고 있다는 견해에 대해서는, 필자의 홈페이지 "정세와 이슈"란에 올린

해결에서도 과거와 달리 적극적으로 나서는 것도 이러한 중국의 변화된 입장을 반영하고 있는 것이라고 할 수 있다.

물론 이러한 중국 정부의 입장은 단기적으로는 반테러전쟁의 명분을 이용해서 중국 당국이 평소 골치 아프게 생각해 왔던 중국 내 이슬람 근본주의자들의 분리 독립운동을 탄압할 수 있는 빌미를 잡으려는 의도에서 나왔다고 할 수도 있다. 그러나 중국이 반테러전쟁이나 대량살상무기 확산 방지 운동에서 미국과 협력하는 것은 한편으로 미국과의 협력 확대를 통해 미국과 서방세계에서 제기되고 있는 중국위협론을 완화시키면서, 동시에 중국의 지속적 경제발전과 국력 증강을 추진하여, 마침내 강대국으로서 중국의 역할과 영향력을 인정받으려는 의도를 담고 있다고 추론할 수 있다. 또한 중국은 궁극적으로는 대만문제의 평화적 해결 과정에서 미국의 이해와 협력을 담보해 낸다는 전략목표도 가지고 있다고 하겠다.

(2) 후진타오 체제와 중국의 강대국 외교 : 화평발전론

이미 앞에서 여러 번 지적한 바와 같이 1990년대 이후 중국의 지속적 경제발전, 국내정치의 안정, 그리고 중·미관계의 개선 등으로 중국에 대한 국내외의 인식이 변화하기 시작하였다. 사실, 중국은 이미 대부분의 국가들부터 강대국으로 인식되기 시작하였고, 그에 따라 중국위협론과 같이 중국을 경계하는 인식도 확산되었지만, 동시에 강대국으로서 책임있는 역할과 기능을 수행해 주기를 바라는 기대도 높아졌다. 특히, 경제적 차원에서 중국 경제는 여전히 개발도상 국가 수준이면서도 세계 경제, 특히, 아시아 지역 경제에 상당한 영향을 주는 경제대국으로 부각되었고, WTO 가입과 동시에 이른바 선진국 클럽

논문, "이라크전쟁과 중미관계"(http://www.eastasianstudies.org/technote/read.cgi?board=SITUATION_ISSUES&y_number=6&nnew=2) 참조.

이라는 G8회의에도 초청받아 참가하게 되면서 강대국으로 중국의 지위는 국제적으로 공인받게 되었다.

이처럼 중국에 대한 외부 세계의 인식이 제고되면서 중국 내부에서도 기존의 국제질서에 대한 도전과 불만을 강조하면서 현상 타파를 지향하는 혁명적 국가의 이미지를 완전히 벗어버리고, 다른 나라들과 협력하면서 공정한 국제질서를 형성해 가는 책임 있는 강대국으로서 역할을 모색하는 방향에서 보다 적극적인 대외정책을 추진해야 한다는 주장이 제기되었다. 특히 1989년 천안문 사태와 소련 및 동구 사회주의권의 붕괴가 초래한 심각한 체제위기에서 벗어나 중국이 역사적으로 그 유례를 찾아 볼 수 없을 정도의 고도성장을 기록하고, 정치적으로도 안정을 회복하면서 장쩌민 체제는 덩샤오핑 시대의 소극적이고 조심스러운 도광양회의 대외정책에서 벗어나 점차로 적극적이고 긍정적으로 국제사회에 참여하고 나름대로 역할을 확대하는 유소작위(有所作爲)와 화평굴기론(和平崛起論)의 대외정책으로 전환하려고 노력하였다.23)

물론 이런 장쩌민 후기의 대외정책 기조의 변화는 1990년대 이후 고도성장의 실현, 그리고 그러한 경제발전과 성공의 산물로 확산되기 시작한 중국사회의 자신감을 반영하는 중화민족주의의 정서를 반영한 것이기도 하다. 따라서 이러한 중화민족주의적 정서에는 미국에 대해 "'아니오' 라고 말할 수 있는 중국"(中國可以說不)이라는 표현으로 표출되는 반미주의적 성향과 함께, 국제사회로부터 강대국으로서 인정도 받고 합당한 대우도 받아야 한다는 인식 역시 형성되고 있었다고 하겠다.24)

---

23) 장쩌민 시대 후기에 도광양회의 대외정책에서 유소작위의 대외정책으로 중점이 변화했다는 주장에 대해서는 "中國外交重點已從「韜光養晦」轉向「有所作爲」," 『人民日報』(2004/02/29) 참조. 그리고 장쩌민 정권 후기에 중국은 안정적 국제질서를 형성하기 위한 '대국'의 책임을 강조하기 시작하였고, 대국간 동반자 외교를 추진하기 시작했다는 주장에 대해서는, H. Lyman Miller and Liu Xiaohong, "The Foreign Policy Outlook of China's 'Third Generation' Elite," in David M. Lampton ed., *The Making of Chinese Foreign and Security Policy in the Era of Reform* (Stanford University Press, 2001), pp. 123-150 참조.
24) 미국에 대하여 비판적인 중화주의 정서에 대해서는, 宋强, 張藏藏, 喬邊, 『中國可以說不 :

이처럼 비약적인 경제발전을 바탕으로 국제사회에 책임 있는 강대국으로 등장하고, 그에 합당한 역할과 대우를 요구하기 시작한 것이 장쩌민 시대 후기라고 할 수 있지만, 보다 구체적으로 대국외교를 모색하기 시작한 것은 후진타오 시대부터라고 하겠다. 비약적 경제발전 시대를 대표하는 중국의 제4세대와 제5세대 지도부는 덩샤오핑과 장쩌민이 대표하는 제2세대와 제3세대 지도부와 비교할 때 국제사회에의 참여에 대하여 더 적극적이고 긍정적인 모습을 보여주었다. 따라서 바로 이들이 화평굴기론을 내세우면서 강대국으로서 중국의 의무와 권리를 수행하고, 국제사회의 평화와 안정, 그리고 공동 번영을 실현하기 위하여 대국외교를 적극적으로 추진해야 한다고 주장하기 시작하였던 것이다.25)

이미 지적한 바와 같이 후진타오-원자바오 체제가 등장하면서 본격적으로 제기된 화평굴기론은 중국의 일어남(崛起)을 기정사실로 선언하면서도 중국의 등장이 과거의 강대국들의 사례와 다르다는 점을 강조하고 있다. 다시 말해 과거 강대국의 등장 과정은 독일이나 일본 제국의 등장이 그러했듯이 대부분 전쟁과 갈등을 수반하는 것이었지만, 강대국으로서 중국의 등장 과정은 평화적이라는 점에서 여느 역사적 사례와 다르다는 것이다. 이러한 측면에서 원자바오 총리는 2003년 10월 미국 방문 시 하버드 대학에서 행한 강연에서 중국은 개발도상의 대국이며, 중국은 "세계 평화의 호기를 이용해 자신을 장대하게 하고, 자신의 발전을 통해 세계 평화를 옹호한다"고 주장하면서 현재에도 미래에도 중국은 패권국가가 되려고 하지 않는다고 강조하였다.

중국의 이론가들은, 중국의 발전은 과거 제국주의 국가들과는 달리, 다른 나라들의 희생을 바탕으로 추진될 수 없고, 자신의 자원과 역량을 통해서만 달성할

冷戰後時代的政治與情感抉擇』(北京: 中華工商聯合出版社, 1996)을 참조. 1990년대 후반 중국 사회에 등장한 중화민족주의에 대해서는 Peter Hays Gries, *China's New Nationalism: Pride, Politics, and Diplomacy* (University of Californial Press, 2004) 참조.

25) 중국의 종합국력이 부단히 제고되면서 중국인들 사이에서 점점 더 국제적 권리와 의무에 대한 인식이 확산되고 있다는 주장에 대해서는, 崔啓明, "中國應有怎樣的對外心態," 『環球時』 (2003/09/19), 『人民日報』(2003/09/22) 참조.

수 있기 때문에 중국은 팽창과 전쟁이 아니라 평화적 협력을 통해서만 발전을 이룩할 수 있다는 점에서 과거의 강대국과 다른 평화적 굴기의 길을 갈 수 있다고 주장한다. 따라서 정비젠(鄭必堅)과 같은 개혁 이론가들은 "평화와 굴기는 모순되는 것처럼 보이지만 실제로는 통합이 가능하다"면서 "지금까지 역사상 대국의 등장은 기존 국제질서의 교란과 평화에 대한 위협을 초래하는 것이었지만, 중국의 대두는 이런 (과거 국제정치의) 법칙을 깨뜨릴 것"이라고 주장하고 있다.26)

이처럼 중국에서 한편으로는 평화와 굴기는 서로 모순되는 것이 아니며, 중국의 발전 경험도 그러하고, 중국이 강대국으로 등장하는 과정도 평화적이라고 주장하고 있지만, 다른 한편에서는 화평굴기론이 평화보다는 중국의 굴기에 주목하게 함으로써 중국위협론을 촉발시키고 있다고 비판하기도 한다. 이를테면 중국 외교학원 우젠민(吳建民) 원장은 공개적으로 덩샤오핑의 '도광양회' 외교를 포기하는 것은 중국에게 '재난'을 초래하는 잘못된 것이라면서 강력 반발하였다. 우젠민 원장에 따르면 덩샤오핑의 도광양회 외교정책이 더 이상 시대의 요구에 부응하지 못한다는 도광양회 과시론(過時論)은 단견이며, 중국이 부강한 국가 건설을 이룩하려면 앞으로 최소한 100년간은 더 신중하고 실리적인 외교정책을 추구해야 한다고 한다. 그렇다고 중국이 앞으로도 소극적인 도광양회 정책에 안주해야 한다고 주장하고 있는 것은 아니다. 우젠민은 덩샤오핑의 도광양회론을 견지하면서도 '문제가 있으면 적극적으로 개입해 문제를 풀어가는' 유소작위를 병행함으로써 도광양회와 유소작위를 중국 외교의 양대 기본 전략으로 삼아야 한다고 역설하였다.27)

이처럼 도광양회론의 폐기와 화평굴기론에 대한 비판 의견이 제기되자 중국 지도부는 2004년 4월 이후 화평굴기라는 용어를 더 이상 사용하지 않고,

---

26) 鄭必堅, "中國崛起: '三大戰略'應對'三大挑戰,'" 『人民日報: 海外版』(2005/06/22); "Int'l experience vs. Chinese characteristics," *People's Daily* (July 18, 2005) 참조.
27) 도광양회의 포기를 강력 비판한 글은 吳建民, "抛弃'韜光養晦'會把中國引向災難," 『人民日報』(2005/09/20) 참조.

화평발전이라는 개념으로 중국의 대외정책 노선을 설명하였다.28) 특히, 2005년 9월 후진타오의 유엔 60주년 기념 연설을 계기로 중국 지도부는 중국이 국내외에서 추구하는 목표는 조화로운 세계[和諧世界]를 수립하는 것이며, 국제적 차원에서 조화 사회를 구축하기 위해 중국이 추구하는 대외정책노선은 화평발전(和平發展)이라고 강조하였다.29)

그렇다면 화평발전 노선이란 무엇인가? 화평발전 노선이란 중국의 독립자주(獨立自主)와 평화공존(和平共處), 그리고 전면적 우호관계(全方位友好)의 기본 원칙을 견지하는 외교정책 노선이고, 그것은 결국 평화적인 방식과 과정을 통해 중국의 발전을 실현하는 것이며, 중국의 발전을 통해서 세계 평화와 공동번영에 기여하는 것이라고 한다. 중국 정부는 이와 같은 내용의 신외교정책 노선을 보다 구체적으로 설명한 『중국의 화평발전 노선』(中國的和平發展道路)이라는 백서30)를 처음으로 발표함으로써 화평발전 정책노선이 후진타오 정권이 추구하는 장기적 정책 노선이라는 점을 명백히 하였다. 여기서 중국 정부는 화평발전 노선이 중국의 현대화 건설의 필연적 결과이며, 중국 역사문화와 전통의 필연적 선택이고, 동시에 오늘의 세계발전의 필연적 추세라고 주장하면서 중국의 발전이 결국 세계에 '위협'이 아니라 거대한 '기회'라는 점을 강조하였다.

---

28) '중국개혁개방논단'의 정비젠 이사장이 2003년 11월 중국 하이난(海南)섬에서 개최된 보아오(博鰲) 아주 포럼(BFA; boao Forum for Asia)에서 "중국의 화평굴기 신노선과 아시아의 미래"라는 주제로 기조연설을 하면서 화평굴기론을 처음으로 공식 제기한 이래로 앞에서 언급한 것처럼 2004년 2월 전후로 후진타오 주석과 원자바오 총리도 화평굴기론을 강조했었다. 그러나 2004년 4월 이후 최고 지도자들의 연설문에서 화평굴기라는 용어는 더 이상 언급되지 않았고, 그 대신 평화와 발전이라는 개념이 사용되었다. 화평굴기라는 용어 사용의 이 같은 변화과정에 대해서는 Robert L. Suettinger, "The Rise and Descent of 'Peaceful Rise'," China Leadership Monitor, No. 12(Fall 2004) (http://www.chinaleadershipmonitor.org/20044 /rs.pdf); "和平崛起, 中國發展之路," 『環球時報』(2004/04/23) 참조.
29) 후진타오 주석의 유엔 60주년 기념 연설과 중국의 화평발전 외교정책노선에 대해서는 "和平外交政策的新闡述," 『人民日報』(2005/09/23) 참조.
30) 전문은 다음 사이트를 참조. http://politics.people.com.cn/GB/1026/3965180.html.

4. 후진타오 체제의 대만정책과 한반도정책

위에서 간략히 설명한 바와 같이 중국은 비약적인 경제발전에 힘입어 국제사회에서 책임 있는 강대국으로 행동하고, 또한 인정을 받고자 한다. 바로 이러한 중국의 대외정책 기조의 변화를 대만문제와 북한 핵문제에 대한 중국의 정책 변화에서도 찾아 볼 수 있다. 왜냐하면 대만문제와 북한 핵문제는 중국으로서는 그야말로 핵심적인 이해관계가 달려 있는 중대한 문제이기 때문에 이러한 핵심적 문제에 대한 '정책 변화'는 그만큼 의미심장한 변화일 수밖에 없기 때문이다. 그렇다면 대만문제와 북한 핵문제에 대해 중국의 정책 기조는 어떻게 변화하고 있는가?

(1) 대만문제에 대한 중국의 정책 변화

이미 잘 알려진 바와 같이 중국은 대만문제에 대해서는 지극히 예민하면서도 다소 폭력적인 반응을 보여 왔다. 중국은 대만문제에 대한 평화적 해결을 선호한다고 하면서도 지금까지 여러 차례 무력을 동원, 대만을 위협하는 일도 서슴지 않았던 것이다. 대만문제는 기본적으로 중국 국내 문제이기 때문에 외국의 개입을 용인할 수 없으며, 또한 중국이 필요하다고 판단되면 언제든지 무력도 행사할 수도 있다는 점을 강조하기 위해 여러 차례에 걸쳐 무력시위를 감행했던 것이다.

이를테면 지난 1996년 3월, 대만 최초의 직선제 총통선거를 앞두고 당시 리덩후이 총통이 대만의 국제적 위상을 높이고 대만의 자주 독립성을 고취하는 언행을 하면서 '하나의 중국 정책'에 도전을 하고, 미국 정부가 중국의 강력한 반대에도 불구하고 리덩후이 총통에게 개인자격으로 미국을 방문할 수 있게 하는 비자를 발급하자, 중국은 대만 해협에서 미사일 발사 훈련을 포함한 대규모 군사훈련을 단행하기도 하였다. 또한 1999년에는 리덩후이 총통이 다시 대만과 대륙의 관계를 특수한 국가 대 국가의 관계라고 하면서 이른바 양국론을 주장하고, 2000년 3월에 예정된 대만 총통선거에서 대만 독립을 당 강령으로 내세우고 있는 민진당(民進黨)의 약진이 예상되자 중국은 대만의 독립이나 이탈을 경고하면서 대규모 군사훈련을 준비하고 전쟁불사의 협박을 하기도 하였다.

이처럼 중국은 다른 국제정치 이슈에 대해서는 앞에서 지적한 바와 같이 '도광양회'를 강조하면서 신중하고 소극적인 태도로 일관하면서도 대만문제에 대해서만은 예외적으로 대단히 과민하게 반응하였다. 그러나 2004년 대만 총통선거를 앞두고 민진당의 천수이볜 총통이 다시 중국을 자극할 수 있는 대만 독립 카드를 들고 나왔을 때, 즉 중화민국의 헌법 개정과 국호 변경, 그리고 궁극적으로 대만 독립을 선언할 수 있다면서 하나의 중국 원칙에 정면으로 도전하고 나섰음에도 불구하고 중국의 반응은 과거와 달리 신중했다. 과거처럼 무력을 동원하여 대만을 위협하기보다는 시간은 중국 편이라는 관점에서 인내심을 가지고 양안간의 교류 협력 확대를 강조하고, 평화적으로 대만문제의 해결을 추구한다는 입장을 견지하였던 것이다.

물론 중국은 대만 독립 문제에 대한 중국의 원칙적 입장은 전혀 변화가 없다는 점을 내외에 천명하였다. 다시 말해 대만이 독립하려고 한다면 중국은 주저 없이 무력으로 이를 저지할 것이라는 점을 강조하였고, 이런 중국의 정책의지를 재확인하는 차원에서 2005년 3월 14일, 제10기 전국인민대표대회(全人代) 제3차 회의는 〈반분열국가법〉을 통과시켰다. 이처럼 중국의 입장에서 대만문제란 중국 국내 문제이고, 따라서 대만문제를 해결하는 과정에 미국 등 외국의 개입을 용납할 수 없으며, 무력을 포함한 모든 수단을 강구할 권리가 있다는 점은 시종 일관된 자세였다. 따라서 1950년대 이후 지난 1996년까지도 중국은 평화적 해결 방법을 강조하면서도 실제로 무력을 동원, 대만을 위협하는 행동도 병행하였던 것이다. 그런데 최근에 들어와 대만 독립을 공개적으로 지지하는 민진당과 천수이볜 총통의 도전에도 불구하고 과거와 달리 무력 동원 방식의 위협을 자제하는 경향을 보이고 있는 것이다.

중국이 이처럼 대만문제에 대해 점진적이고 평화적 해결 방안을 선호한다는 점을 내외에 과시하는 배경에는 과거와 같은 무력 동원 방식의 강압 외교가 오히려 리덩후이나 천수이볜 등 대만 독립파의 정치적 입지를 살려주는 역효과만을 산출했다는 반성이 자리하고 있다고 할 수 있다. 그러나 동시에 이러한 태도는 중국 경제의 역동적인 발전이 계속되고, 중국과 대만의 상호 교류가 지속되면, 결국 대만 경제는 중국 경제에 통합될 것이며, 자연스럽게 경제통합이 정치통합으로 연결될 수 있을 것이라는 자신감의 발로라고 할 수도 있다. 더구나 미국이 대만문제에 관한 한 현상 유지를 선호하고 있으며, 대만 독립에 대한 미국의 반대 원칙을 분명하게 확인해 주고 있는 조건에서 중국의 강경방침은 오히려 역효과를 산출할 것이라는 판단이 섰기 때문이라고 할 수도 있다.31)

사실 대만에 대한 중국의 강경정책은 미국을 비롯한 주변 국가들에게 중국위협론을 자극하는 역효과만을 산출했다고 할 수 있으며, 따라서 무력적 방법보다는 대만과의 교류 협력의 확대 심화를 통해 양안간의 평화적 통일을 실현하는 것이 오히려 중국의 국익에 도움이 된다고 판단하게 되었던 것이다. 이런 판단에 도달하게 된 데에는 고도성장을 계속하는 중국의 자신감과 대만 독립

---

31) 미국 행정부는 클린턴에서 부시 행정부에 이르기까지 중국과 대만의 관계에 대해 '하나의 중국' 원칙을 지지하며, '대만 독립'을 반대한다는 입장을 여러 차례 반복해서 확인했지만, 동시에 대만문제의 '평화적 해결' 원칙을 강조하고, 대만 방어를 위한 무기 판매를 허용하는 전략적 모호성을 견지하기도 하였다. 그런데 최근 부시 행정부가 대만문제에 대해 보다 전향적인 입장을 표명했다는 보도가 나오고 있다. 특히, 2003년 10월 방콕에서 개최된 APEC 정상회담에서 이루어진 부시 대통령과 후진타오 주석의 정상회담에서, 부시 대통령은 중국의 후진타오 주석에게 미국은 "독립을 향한 대만의 움직임을 지지하지 않는다"(don't support Taiwan moving toward independence)고 언급하여, 대만 독립을 지향하는 어떤 움직임에도 미국이 지지하지 않는다는 점을 명확히 했다는 주장이 있다. 이런 주장에 대해 "美國不支持'台獨'的政策表述更明確," 『人民日報』(2003/10/24) 참조.

에 대한 미국의 분명한 반대가 전제되어 있으며, 동시에 대만문제의 평화적 해결 원칙에 대한 중국과 미국의 묵시적 양해에 기초하고 있는 것이라는 추론이 가능하다. 따라서 대만 독립파의 입장에서는 탈냉전시대 동북아시아의 세력개편 과정에서 북한과 북한 핵문제와 대만문제를 둘러싸고 미국과 중국간 빅딜이 오가고 있는 것이 아니냐는 의구심을 당연히 제기할 수 있다고 하겠다.

(2) **북한과 북한 핵문제에 대한 중국의 인식 변화**

이와 같이 대만문제에 대한 미국과 중국의 인식과 접근 방식에서 미묘하지만 의미 있는 변화가 감지되고 있는 것처럼 한반도문제, 특히 북한과 북한 핵문제에 대한 중국 내의 인식과 접근 방식에서도 과거와 다른 점이 감지되고 있다. 즉, 혈맹국가인 북한의 특수성을 인정하고, 북한의 입장을 일방적으로 옹호하던 과거의 태도에서 벗어나 점차로 북한을 부담으로 인식하고, 북한과 북한 핵문제를 좀 더 객관적인 입장에서 접근하려고 할 뿐만 아니라, 중국의 국가이익의 틀 안에서 북한 문제를 해결해 보려는 입장을 드러내고 있다는 것이다.

이처럼 중국의 대한반도정책이 탈이데올로기 성향을 보이기 시작한 것은 어제 오늘 시작된 것이 아니다. 이미 잘 알려진 바와 같이 개혁개방이 본격적으로 추진되면서 중국은 한국과 접촉을 시작했고, 천안문 사태 이후 덩샤오핑의 남순강화를 계기로 개혁개방을 확대 추진하면서 중국은 전방위(全方位) 외교의 일환으로 한국과의 국교 정상화를 성사시킴으로써 남북한에 대한 등거리 외교시대를 열었다고 하겠다. 따라서 1992년 한·중 수교 이후 중국과 북한의 관계는 혈맹관계를 강조하면서 일방적으로 북한을 지지했던 냉전시대의 한반도정책에서, 체제와 이념의 편향성이 제거되고 국가이익이 중시되는 현실주의적 성향의 대한반도정책이 추진되면서 중국과 북한간에 갈등과 긴장 국면이 조성되기도 하였다.

그러나 중국과 북한은 그 지정학적인 위치로 볼 때 현실적으로 상호의존적인 '순망치한'(脣亡齒寒)의 관계에 있기 때문에 중국과 북한은 모두 국익을 위해 갈등과 긴장을 봉합하고 관계 개선을 추진하지 않을 수 없었다. 북한의 입장에서는 정치적으로나 경제적으로 중국이 거의 유일한 지원 국가이며, 실제로 중국은 북한에게 상당한 양의 식량과 에너지를 지원하고 있고, 또 국제무대에서 북한의 입장을 지지해 주는 국가이기 때문에 중국과의 마찰을 지속시킬 수 없는 입장이었다. 또한 중국의 입장에서도 북한은 중국의 주요한 변방지역에 위치한 완충국가라는 점에서 안보적 이유만으로도 북한의 안정이 필요하다고 판단하고 있기 때문에 중국은 북한에 대한 지원을 중단할 수 없는 입장이었다.

따라서 북한 핵문제가 제기된 이후에도 중국은 한반도와 북한 핵문제와 관련하여 ① 한반도에서의 평화와 안정 유지, ② 한반도 비핵화 관철, ③ 외교와 대화의 방식을 통한 북한 핵문제 해결 등의 3가지 기본원칙을 강조하면서도 북한을 지나치게 자극하거나 궁지에 몰 수 있는 대북 압박정책에는 반대하였다. 중국이 북한의 행태에 대해 불만을 가지고 있고, 북한을 부담으로 인식하면서도 내심 북한의 붕괴 가능성에 대하여 상당한 우려를 가지고 있는 것도 사실이었다. 북한이 붕괴될 경우 촉발될 수 있는 대규모 난민문제도 심각하지만, 한반도 전체가 미국이나 서방세계의 영향력에 편입되는 것도 중국으로서는 대단히 심각한 위협 요인이 될 것이므로 가급적 중국은 한반도의 현상 유지를 선호하는 경향이 높다고 하겠다.32)

따라서 중국은 북한 핵문제에 대하여 한편으로 한반도의 비핵화 원칙을 강조하면서도 북한의 입장을 이해하려는 태도를 견지하였다. 사실 중국 사회에서는 북한 핵문제에 대해 북한에 동정적인 여론이 형성되어 있었고, 중국 정부가 북한 핵문제 해결을 위해 미국과 협의하는 과정에서도 여전히 북한 핵문제에 대한 미국의 강경정책을 비판하는 경향이 강했다. 다시 말해 북한 핵문제는 북

---

32) 북한의 붕괴 가능성을 경계하고 현상 유지적 한반도의 안정을 추구하는 중국의 대한반도정책에 대해서는, Samuel S. Kim, "The Making of China's Korea Policy in the Era of Reform," in Lampton (2001) ed., *op. cit.*, pp. 371-408 참조.

한의 주권 문제이기 때문에 미국이 간여할 문제가 아니며, 북한은 미국의 대북한 압살정책에 대항하기 위해 어쩔 수 없이 방어적 목적에서 핵무기 개발을 선언하지 않을 수 없었다는 북한의 해명을 지지하는 경향이 많았다는 것이다.33)

그러나 최근 북한과 북한 핵문제에 대한 중국 사회의 인식구도에 의미심장한 변화가 발생한 것이 아닌가는 의구심이 들 만한 북한에 대해 비판적 견해들이 나타나고 있다. 다시 말해 북한의 입장을 지지하고 북한에 대해 동정적이었던 종전의 태도에서 벗어나 점차로 북한에 대해 비판적으로 접근하고, 북한을 부담으로 인식하는 경향이 나타나고 있다는 것이다. 아직은 일부 지식인과 여론 주도층에서 제기하는 것이지만, 중국 정부의 내부 정보에 접근할 수 있는 위치에 있는 전문가들도 한반도 핵위기와 동북아 안보 불안의 주요 요인으로서 미국의 위협과 함께 북한 정권의 책임도 지적하는 견해를 제시하고 있다는 점에서 의미심장한 변화의 기류가 감지되고 있다고 하겠다.

지난 2003년 7월 27일, 한국전쟁 휴전 50주년을 기념하는 대규모 반미집회가 평양에서 개최되고, 제2의 한국전쟁을 대비해야 한다는 북한의 강력한 반미운동이 전개되고 있었다. 그 와중에, 중국 여론 매체를 종합적으로 다루는 인터넷 첸룽(千龍)의 한국전쟁과 중국의 참전에 대한 대담 프로에 나온 인민대학의 스인홍(時殷弘) 교수는 "한국전쟁은 북한 지도부가 스탈린 지지하에 일으

---

33) 중국이 북한 핵문제 해결을 위해 미국과 긴밀히 협력하고 있다는 시점에도 중국의 관영 매체인 신화통신사의 뉴스를 분석하면 여전히 북한 측의 논리와 입장을 그대로 전달하는 기사가 많다는 계량 분석 결과가 있다. Maochun Yu, "Chinese Media Commentary on North Korean Nuclear Issue," US-China Economic and Security Review Commission, Research Papers(http://www.uscc.gov/researchpapers/2000_2003/reports/71403.php)를 참조. 중국의 중국사회조사소(SSIC)가 지난 6월 9일에 베이징과 상하이 등 중국 6대 도시에서 주민 1천명을 전화 인터뷰 방식으로 조사한 여론조사 결과에 의하면 북한의 핵 개발 문제와 관련하여 조사 대상 중 54%가 북한의 핵 개발을 지지한다고 응답을 했고, '북한 핵문제가 원만히 풀리지 못하고 전쟁이 발생할 경우에 중국이 다시 제2차 항미원조(抗美援朝) 전쟁에 참여하는 것에 찬성하는가'라는 설문에 57%의 중국인들이 찬성했다고 한다. 이러한 여론조사 결과에 대해서는, 中國社會調査所(SSIC), 東民 王星, "中國公衆對美朝核危機看法的調査"(http://www.chinasurvey.com.cn/ freereport/northkorea.htm)를 참조.

킨 전쟁"이라고 규정한 뒤 "한국전쟁에 중국이 참전한 것은 북한과 소련에 의해 이끌린 것으로 …… 명백한 착오"였다고 주장하였다. 스인홍 교수는 "중국이 한국전쟁에 참전해 경제가 크게 악화됐고 미국과 격렬히 대치함으로써 대만 통일의 기회를 놓쳤다"며 "중국은 (막대한 희생을 치렀지만) 매우 귀찮은 이웃을 얻었을 뿐"이라면서 중국의 국익을 위해서, 특히 대만과의 통일을 위해서도 "북한 핵문제로 한반도에서 전쟁이 일어나더라도 중국은 개입하지 말아야 한다"고 주장하였다.[34]

또한 지난 2003년 9월에는 중국사회과학원의 세계경제정치연구소가 발간하는 『세계경제와 정치』(世界經濟與政治)라는 잡지에 중국과 북한의 우호동맹조약 중에서 중국의 군사 개입을 의무화하는 조항을 삭제하고, 한반도에서 전쟁이 발생하더라도 중국이 참전하지 않을 것이라는 점을 명백히 하는 것이 북한 핵문제 등 한반도 위기를 해결하는 데 기여할 것이라고 주장한 논문이 발표되었다. 중국사회과학원의 선지루(沈驥如) 국제전략연구실 주임은 "동북아시아의 안전을 유지하기 위한 당면 급무"(維護東北亞安全的當務之急)라는 논문에서 북한이 공격받을 경우 중국이 반드시 군사 원조를 하도록 규정한 1961년의 '조·중(朝中) 우호협력 및 상호원조 조약'을 개정해야 하는 이유로 "중국은 새 안보 개념에 따라 이미 군사동맹을 (중국의 정책) 선택지에서 포기했고, 북한의 핵 개발에 찬성하지 않는다는 입장을 이미 표명한 바 있다"고 주장하였다. 따라서 선지루 주임은 "(북한 핵문제로) 북한과 미국간에 전쟁이 벌어져도 (북한 지원을 위해 중국이) 군대를 파견하기는 어렵다"고 주장하면서 1961년 상호 방위조약을 개정해야 한다고 강조하였다.

특히 선지루 주임은 1961년의 조·중 조약 개정에 대해 북한과 의견 일치

---

[34] 평양에서의 한국전쟁 휴전 50주년 기념식과 반미 데모 등에 대해서는 "朝鮮戰爭休戰50周年前に, 北朝鮮は反米姿勢むき出し," 『讀賣新聞』(2003/07/27) 참조. 그리고 7월 28일자 첸룽의 대담프로에서 한 스인홍 교수의 주장에 대해서는 "中, 남북 충돌해도 참전 말아야," 『중앙일보』(2003/07/29) 참조.

를 보지 않더라도 제2의 한국전쟁에 중국이 참전할 수 없다는 중국의 입장 표명이 필요한 이유로 "조약의 존재가 북한으로 하여금 잘못된 판단을 하도록 하는 근거가 되는 사태를 피할 수 있기" 때문이라고 지적하면서, "이제 중국 정부는 북한에 조약 개정을 공식 제기해야 할 때가 됐다"고 강조하였다. 더구나 그는 "핵문제를 둘러싼 북한과 미국간 교착상태가 계속되면 북한에 핵무기를 개발할 시간을 주게 된다"고 주장하면서 한편으로 "북·미 대화와 다자협의를 통해 북한에 핵 개발 포기를 촉구하면서 또 한편으로는 미국이 강경론으로 치닫지 않도록 설득해야 한다"고 주장하였다. 이러한 점에서 선지루 주임이 중국 정부가 북한 핵문제를 유엔 안전보장이사회가 다루는 데 반대하고 있으나 '관계 당사국의 노력에도 불구하고 문제가 해결되지 않을 경우 유엔이 해결에 나서는 데 반대해서는 안 된다'며 경제제재와 무력에 의한 강제조치 가능성까지 언급한 부분도 주목할 만한 내용이라고 하겠다.[35]

이처럼 중국 내부에서 북한과 북한 핵문제에 대해 과거와 다른 입장을 공공연히 표출하기 시작한 것은 한반도문제에 대한 인식이 과거와 달라졌다는 배경도 작용하고 있지만, 동시에 북한의 핵무기 개발이 단순한 대미 협상용이 아닐 수도 있다는 점이 확인되면서부터라고 할 수 있다. 다시 말해 북한이 단순한 협상용이나 방어용으로 핵무기 개발을 위협하고 있는 것이 아니라 실제로 핵무기를 보유하려고 한다면, 이는 중국의 안보이익에 대하여 직접적인 위협을 초래할 수도 있음을 인식하게 되면서 중국의 입장이 달라지기 시작했다는 것이다. 사실 북한의 핵 보유가 현실화된다면, 그것은 결국 한국과 일본의 핵무장을 틀림없이 촉발할 것이고, 특히 대만의 핵무장을 자극할 수 있기 때문에, 중국의 입장에서는 북한 핵문제를 방관하거나 방치할 수 없을 것이라는 주장이 설득력을 얻고 있다. 따라서 중국 내부에서 북한 핵문제를 '미국의 문제'라고 방관하지 말고, '중국의 문제'라는 관점에서 적극적인 해결책을 모색해

---

[35] 沈驥如, "維護東北亞安全的當務之急: 制止朝核問題上的危險博奔," 『世界經濟與政治』 (2003年) 第9期(http://www.iwep.org.cn/wep/200309/shenjiru.pdf) 참조.

야 한다는 주장이 제기되고 있고, 결국 북한 때문에 중국의 국익이 훼손될 수 없다는 논리도 강조되고 있는 것이다.

다시 말해서 중국의 입장에서는 대만문제가 가장 중요한 문제이며, 대만문제를 해결하는 과정에서, 그리고 중국의 국가적 과제인 지속적인 경제발전을 추진하기 위해서는 미국과의 협력관계가 긴요한데, 북한 핵문제로 인하여 미국과의 관계가 손상을 입게 되는 사태는 방지해야 한다는 것이다. 과거 한국전쟁에 참전함으로써 중국은 불필요하게 미국과 대립하게 되어 국제사회에서의 고립을 자초하였고, 대만과의 통일이 저지된 쓰라린 과거의 잘못을 재연하지 않아야 해야 하며, 따라서 현 단계에서 중국이 북한 핵문제를 평화적으로 해결할 수 있도록 적극적으로 노력하는 것이 중국의 국익에도 충실히 요구되는 것이라는 주장이 점점 더 힘을 얻고 있다고 하겠다.36)

(3) 후진타오 체제와 중국의 대한반도정책 변화

앞에서 지적한 바와 같이 중국의 대한반도정책은 후진타오 체제가 공식 출범하기 이전에 이미 변화의 조짐을 보이고 있었다. 돌이켜보면 1992년 한·중 수교 이후 이미 중국은 냉전시대와는 다른 남북한 등거리 외교시대를 준비하였고, 한국과의 교류 협력이 증대되면서 중국과 북한의 '특수관계'는 변질되었다고 하겠다. 따라서 장쩌민 시대에 중국은 북한을 일방적으로 지지했던 입장에서 '북한의 당과 정부가 제기하고 있는 합리적 주장과 제안을 지지'한다는 보다 객관적 입장으로 전환하였고, 북한의 독자성을 인정하면서도 조심스럽게 북한에 대해 개혁과 개방, 미국과의 관계 개선을 권고하였다.37)

---

36) 이런 견해에 대해서는 鄭永年, "朝鮮問題是美國的還是中國的？." 中國社會調査所(SSIC), "中國公衆對美朝核危機看法的調査"(http://www.chinasurvey.com.cn/freereport/northkorea.htm) 참조.
37) 이러한 입장 변화는 지난 2001년 장쩌민 국가주석의 북한 방문 과정에서 표출되었다. 다시

그러나 장쩌민 시대에도 여전히 중국과 북한의 순망치한의 전략적 상호의존성을 인식하고 있었기 때문에, 그리고 중국의 대외정책도 도광양회를 표방하는 소극적 정책노선을 견지하는 것이었기 때문에 북한과 북한 핵문제에 대해 중국은 적극적 자기 의견을 제시하려 하지 않았다. 중국은 비록 북한이 중국의 개혁개방을 비판하고, 미국과의 대결국면을 조장하여 한반도의 불안이 조성되는 것에 대해 불만을 가지고 있었지만, 북한 체제의 붕괴를 초래할 수도 있는 북한에 대한 지나친 제재나 압박에는 반대하였고, 북한사회의 안정을 유지하기 위해 에너지와 식량 등 경제 지원을 제공하였으며, 국제무대에서 북한의 입장을 옹호하려고 노력해왔다. 북한 핵문제 해결 과정에서도 미국과 국제사회가 중국이 나서주기를 요청했지만, 그때마다 중국은 한반도의 비핵화 원칙을 지지하며, 북한 핵문제로 한반도의 불안과 긴장이 다시 고조되는 것을 원치 않는다고 하면서도 북한에 대한 중국의 영향력이 제한적이라는 이유로 소극적으로 대응했었다.

그러나 이러한 중국의 태도가 2003년을 전후로 변화하고 있는 것이 확인되었다. 그것은 북한 핵문제가 현실적으로 더 이상 간과할 수 없는 급박한 당면 문제로 등장했기 때문이기도 하지만, 앞에서 지적한 바와 같이 북한과 북한 핵문제에 대한 중국 지도부 내부의 인식 역시 변화했기 때문이라고 할 수 있다. 특히 후진타오 체제가 등장한 2002년 11월 이후 대만문제와 북한 핵문제

말해 당시 장쩌민 주석이 북한 측 인사들과 회견하면서, "중국은 남북한 대화와 관계 개선, (한반도의) 자주적이고 평화적인 통일을 지지하고, 조선노동당과 정부가 제시한 모든 합리적 주장과 건의를 지지한다"고 역설하는 대목이 있는데, 여기서 왜 장쩌민 주석은 북한에 대한 전면적인 지지를 표명하지 않고, '합리적 주장과 건의를 지지 한다'는 조건을 달았는가 하는 문제가 제기되었다. 당시 필자는 이것을 북한에 대한 간접 경고라고 해석하였다. 즉, 중국은 북한의 모든 주장을 일방적으로 지지하는 것이 아니라 북한의 주장 중에서 합리적 주장과 건의는 지지하지만, 북한에 대한 중국의 무조건적인 지지를 기대하지 말라는 경고도 내포된 언급이라는 것이었다. 2001년 장쩌민의 북한 방문에 대한 필자의 견해에 대해서는 필자의 홈페이지 "정세와 이슈"란에 올린 "江澤民 주석의 북한 방문과 북·중 정상회담"을 참고할 것 (http://www.eastasianstudies.org/technote/read.cgi?board=SITUATION_ISSUES&y_number=4&nnew=2).

는 잠재적 폭발력을 가진 문제로 인식되었으며, 중국의 새로운 지도부의 새로운 외교노선을 시험해 보일 수 있는 문제로 인식되면서 후진타오 총서기가 전면에 나서서 정책변화를 진두지휘하는 모습을 보였다.

    2004년 4월 총통선거를 앞두고 대만 독립 카드로 도박을 하고 있는 천수이볜 대만 총통의 도전에 대해 후진타오는 대만 공작조 조장직을 장쩌민으로부터 인계 받아 직접 진두에서 대응정책을 모색하기 시작하였다. 후진타오는 과거와 마찬가지로 대만 독립이라는 위험한 도박을 하는 천수이볜의 '모험주의'를 경계하고, 경고하면서도 장쩌민 시대와는 달리 직접적인 무력 행사로써 위협하지 않고 신중하게 대응하고 있다. 이와 동시에 북한 핵문제가 심각한 국면으로 악화되기 시작하면서 후진타오는 북한 (핵)위기관리를 위한 영도소조를 새로이 구성 운영하면서 북한 핵문제에 대한 적극적 대응 방안을 모색하기 시작했다.38) 과연 후진타오가 조장을 맡고 있다는 북한 (핵)위기관리 영도소조가 어떻게 구성되어 있으며, 어떠한 정책을 어떻게 결정하고 있는지 아직 알려진 바가 없지만, 2003년 3월 이후 북한 핵문제에 대한 중국의 입장은 과거와 분명히 다르게 표출되고 있는 것이 사실이라고 하겠다.

    앞에서 이미 언급한 바와 같이 중국은 북한 때문에 중국의 국가이익을 더 이상 훼손할 수는 없다는 입장을 분명하게 보여주고 있다. 다시 말해서 북한 핵문제로 한반도 주변의 안정이 파괴되고, 전쟁이 재발되는 위험성을 그대로 방치할 수 없으며, 중국이 다시 미국과 대결하는 상황에 말려 들어가는 것도 용납할 수 없고, 북한 문제로 중국의 경제발전과 부국강병, 대만과의 통일이라는 중국의 장기적 국가이익이 손상되는 일을 용인할 수 없다는 것을 분명히 할 필요가 있다는 것이다.

---

38) 2003년 3월 후진타오 총서기가 조장이 되어 북한 핵 위기에 대응하기 위한 영도소조가 구성 운영된다는 정보에 대해서는, Samuel Kim, "China and North Korea in a Changing World," in Woodrow Wilson International Center for Scholars: Asia Program Special Report #115 (September 2003), *Uneasy Allies: Fifty Years of China-North Korea Relations*, p. 11 (http://www.wilsoncenter.org/topics/pubs/asia_rpt115b.pdf) 참조.

따라서 중국의 후진타오 정부는 북한 김정일 위원장에게, 2003년 8월의 6자회담이 개최되기 이전에 "끊임없는 전쟁 준비를 중단하고, 허약한 경제를 건설하는 일에 집중하라고 충고했다"고 한다. 후진타오 주석은 자신과 중국의 원로 세대는 전통적으로 북한과의 밀접한 동맹관계를 중시하지만, 중국의 입장에서 한반도의 비핵화를 보장하기 위해 국제사회와 협력하는 것 이외의 다른 선택이 없다는 점도 시사하면서 3가지 제안을 했다고 한다. 즉 첫째, 북한이 경제자립 확보를 위해 노력하고, 둘째, 중국식 개방정책을 추진하며, 셋째, 대량살상무기(WMD) 프로그램을 중단함으로써 주변국들과 관계 개선을 한다면 중국이 앞장서서 북한의 안보를 국제적으로 보장해 줄 것이고, 북한 발전을 적극적으로 지원하겠다는 내용의 제안을 했다는 것이다. 이런 후진타오의 제안은 중국 인민해방군 쉬차이허우(徐才厚) 총정치부 주임, 중국 외교부 다이빙궈(戴秉國) 수석부부장과 왕이(王毅) 부부장 등의 대북 외교사절을 통해 직접 북한 지도부에 전달되었고, 그 결과 북한이 6자회담에 나오게 되었다는 것이다.[39]

이처럼 중국이 과거와는 달리 북한 핵문제에 대해 중국의 입장을 보다 분명하게 전달했을 뿐만 아니라, 북한으로 하여금 중국이 권고하는 방향으로 행동하도록 유도하는 과정에서도 과거와는 달리 설득과 병행하여 다소 거친 압력 수단 사용도 서슴지 않았다. 이를테면, 중국은 2002년 10월 양빈(楊斌) 구속 사건에서 그랬던 것처럼 북한의 체면이나 사정을 고려하지 않고 거칠게 자국의 견해를 관철시킬 수도 있다는 점을 암시했고, 비록 기술적 이유라고는 하지

---

[39] 후진타오의 이런 제안에 대해서는 CNN 방송이 먼저 보도하였고, 그것을 중국의 공식 매체인 『인민일보』가 해외 외신으로 받아 보도하는 형식으로 발표함으로써 간접적으로 확인되었다. CNN 방송 보도 내용은, Willy Wo-Lap Lam, CNN Senior China Analyst, "Time to act, China tells N. Korea," *CNN*(August 25, 2003), 원문은(http://edition.cnn.com/2003/WORLD/asiapcf/east/08/24/willy.column/index.html). 또한 이 방송보도를 받아, 『인민일보』(2003/08/27)는 "美國媒體：胡錦濤三條建議促成六方會談"라는 제목의 기사로 그 내용을 소개함으로써 정보를 간접 확인하였다.

만, 3일 동안 북한에 대한 오일 공급 파이프라인을 폐쇄하여 경제적 제재 수단도 행사할 수 있다는 점을 암시했다.40) 이러한 경제적 제재 가능성뿐만 아니라 일부에서는 북한에서의 정권 교체 가능성 및 정권 붕괴 가능성에 대해 검토하고, 비상대책 마련에 들어갔다는 주장도 제기되고 있다.41) 물론 이런 주장의 진위를 현재 모두 확인할 수는 없지만, 실제로 중국 정부는 북한과의 국경지역에서 공안을 철수시키고 인민해방군의 실제 병력을 배치하고 있다는 점을 인정함으로써 만일의 사태에 대비하고 있다는 추론을 뒷받침해 주었고, 스인홍 인민대 교수와 같이 정부에 가까운 일부 전문가들도 북한의 붕괴가 반드시 중국에게 불리한 것만은 아니라는 주장을 공공연히 제기하고 있다는 것은 주목할 만한 일이라고 하겠다.42)

---

40) 지난 2002년 9월 21일, 북한은 〈신의주특구기본법〉을 발표하고 신의주를 야심적인 경제특구로 발전시키는 계획을 본격적으로 추진하기 시작하였다. 따라서 북한은 〈신의주특구법〉의 공포와 동시에 신의주특별행정구 초대 행정장관으로 당시 화훼사업과 부동산 사업 등으로 중국 제2의 거부로 알려진 네덜란드 화교 출신 양빈(39)을 임명한다고 전격적으로 발표하여 세상을 놀라게 하였다. 그러나 양빈이 신의주 초대 행정장관에 정식으로 취임하기 직전에 중국 랴오닝(遼寧)성 선양(瀋陽) 공안당국은 뇌물 공여와 사기 등 경제범죄 혐의로 양빈을 전격 구속하였다. 양빈의 구속으로 북한의 신의주특구 계획은 중대한 차질에 봉착한 것은 말할 것도 없고 국제적으로 큰 망신을 당했는데, 북한과 중국 사이에서 양빈 사건과 같은 해프닝이 발생한 배경에서 북한과 중국의 깊은 상호 불신을 읽을 수 있었다. 그러나 중국과 북한이 외형적으로 혈맹관계를 자랑하면서도 내심으로 깊이 서로 불신하고 있다는 것은 새삼 놀랄 일이 아니다. 역사적으로 보면 한국전쟁 이후 혈맹관계를 자랑하면서도 북한과 중국은 불편한 긴장관계를 견지하였고, 그러한 불편한 관계가 오늘에 이르기까지 계속되고 있다고 하겠다. 이런 중국과 북한 사이의 불편한 관계에 대해서는 지난 2003년 7월 29일 한국전쟁 휴전 50주년 기념하는 윌슨 센터 주최의 학술회의, "불편한 동맹국: 북한과 중국 관계 50년"(Uneasy Allies: Fifty Years of China-North Korea Relation)에서 발표한 Chen Jian, Samuel S. Kim, Hazel Smith의 발제문을 참고할 수 있다. *Woodrow Wilson International Center for Scholars: Asia Program Special Report*, #115 (September, 2003) (http://www.wilsoncenter.org/topics/pubs/asia_rpt115b.pdf) 참조.

41) David Lampton, "China: Fed Up With North Korea?," *Washington Post* (2003/06/04) (http://www.washingtonpost.com/wp-dyn/articles/A10491-2003Jun3.html) 참조.

42) 스인홍 교수의 주장은 의미심장한 것이었다. 그는 북한의 붕괴로 한국 중심의 한반도 통일정부가 수립되면 한국은 자연히 미국과 일본보다 중국에 접근하게 될 것이며, 한반도에서 미군이 철수하고 미국 영향력이 감소됨으로써 중국의 영향력이 증대할 것이기 때문에 북한 붕괴가 중국의 장기적 국가이익에 오히려 도움이 될 수도 있다고 주장한다. 이와 같은 논리를 비롯하여 최근 중국 사회

이처럼 최근 중국은 과거와는 달리 북한을 매우 공공연하게 압박하고 있다. 중국의 목표는 한반도의 비핵화를 실현하는 것이며, 이를 위해 중국은 우선 북·미 협상을 고집하는 북한을 다자회담의 틀로 이끌어 내야 한다고 판단하고, 전형적인 '채찍과 당근' 전략을 구사하면서 북한을 압박하였다. 한편으로 중국은 북한의 안보를 보장해 주고, 북한에 대한 경제 지원을 제공하면서 동시에 경제제재와 군사적 압박 전략까지도 구사하면서 북한의 변화를 요구하고 있는 것이다. 이러한 중국의 적극적 개입 노력으로 북한은 일단 3자회담과 6자 회담에 응했고, 그리고 우여곡절을 경험하고는 있지만, 일단 북한은 중국이 제안한 것처럼 6자회담의 틀 안에서 북한 핵문제를 해결하려고 노력하고 있는 중이라고 할 수 있다.

5. 결론: 21세기 중국의 대한반도정책과 우리의 대응

앞에서 지적한 바와 같이 북한과 북한 핵문제에 대한 중국의 정책 변화는 후진타오 체제가 등장하기 이전부터 나타나기 시작했다. 그러나 결국 중화민족주의적 성향이 강한 제4세대를 대표하는 후진타오 체제가 등장하면서 중국의 강대국 외교가 본격적으로 시작되었고, 중국의 책임 있는 대국외교의 첫 번째 시험 과제는 북한 핵문제를 해결하는 것이었다. 따라서 중국은 과거와 달리 북한 핵문제를 6자회담이라는 다자협상의 틀 안에서 해결하기 위해 적극적으로 개입하고 관련 당사국들을 설득하고 있는 것이다.

내부에서 북한을 재평가하는 기류에 대해서는 『워싱턴포스트』 기사 "China Views N. Korea as Risk," *Washington Post* (2003/08/27)(http://www.washingtonpost.com/wp-dyn/articles/A52469-2003Aug27.html) 참조.

다시 말해 북한의 전략적 중요성에도 불구하고 주권국가로서 북한의 자율성을 존중할 수밖에 없다는 이유로 북한 핵문제에 대해 소극적인 입장을 견지했던 과거의 중국정책과는 달리, 중국은 이제 적극적이고 직접적으로 자국의 이익과 입장을 표명하고 있으며, 또 그것을 관철시키려고 노력하고 있다는 것이다. 앞에서 지적한 바와 같이 중국은 한반도의 비핵화를 강조하면서도 북한 핵문제를 해결하기 위한 구체적 방안에 대해서는 북한과 미국의 직접 협상을 통한 해결을 지지했던 종전의 태도와는 달리 미국의 주장을 반영하여 다자회담을 통한 접근 방식을 지지한다는 입장을 분명히 하고 있을 뿐만 아니라, 중국이 앞장서서 북한의 참여를 유도하고 있다. 특히, 중국은 북한의 참여를 실현시키기 위해 외교적 수단뿐만 아니라 다소 거친 강압적 압력 수단도 사용하면서 북한을 압박하고 있으며, 그 과정에서 중국은 경우에 따라 북한의 정권교체도 고려할 수 있다는 식의 노골적 협박까지도 행사하고 있다.

이러한 중국의 정책 변화는 북한 핵문제를 해결하는 과정에서 미국과 협력관계를 유지하는 것이 중국의 국익에 도움이 된다는 판단에서 비롯된 것임은 재언할 필요도 없다. 이는 특히, 대만문제에서 미국의 양해와 협력을 확보하기 위해서 중국은 북한 핵문제에서 미국과 협력하는 것이 중요하다는 대단히 구체적이고 직접적인 국익 판단에 근거하고 있는 것이라고 추론할 수도 있다. 동시에 지난 한국전쟁 당시 중국이 범했던 과오를 반복해서는 안 된다는 판단도 작용하고 있는 것 같다. 즉, 1950년 한국전쟁 당시 중국은 소련의 압력과 북한의 유인으로 참전했다가 미국과 치명적인 대결구조를 형성하였고, 그로 인해 장기간 국제사회에서 고립을 자초하여 대만과의 통일의 기회를 상실했을 뿐만 아니라, 소련에 대한 일방적 의존 심화 등 값비싼 대가를 지불했다는 과거에 대한 반성에서 다시는 북한 때문에 대만과의 통일 과업이 희생되는 정책적 오류를 회피해야 한다는 의식이 작용하고 있다는 것이다.

또한 중국의 대북한 정책 변화에는 지난 10여 년간 중국의 남북한 등거리 외교의 성과에 대한 나름대로의 긍정적 판단도 작용하고 있다고 추론할 수 있다. 지난 1992년 한·중 국교 정상화 이후 한·중관계는 그야말로 역사상 그 유례를 찾아 볼 수 없을 정도의 속도와 깊이를 가지고 발전하고 있다.[43] 그 결과 한국과 중국 사이에는 단순한 경제적 상호의존성만 증대한 것이 아니라, 국민 정서상 상호 이해도와 호감도도 급속히 높아지고 있다. 이제 한국 국민들에게 중국은 미국보다 더 친밀하고 선호하는 국가로 인식되고 있고, 중국 국민들에게도 한국은 다른 이웃나라보다 더 친근한 이웃으로 인식되고 있다는 사실이 여러 조사를 통해 확인되고 있다. 특히, 한국과 중국 국민들은 일본과 미국에 대한 경계심을 공유하고 있기 때문에 정서적인 측면에서도 상당히 접근할 수 있는 여지가 많다고 하겠다. 이러한 점에서 앞에서도 지적한 바와 같이 중국 내 일부 전문가들은 한국 주도의 한반도 통일이 반드시 중국에 불리하지 않다는 가설을 제기하면서 북한과 미국에 대해 한국 카드를 적극적으로 활용할 것을 주장하기도 하였다. 다시 말해 중국은 한국과의 친밀한 우호관계를 과시하여 북한뿐만 아니라 미국도 견제할 수 있다는 주장이다. 실제 미국의 한반도 전문가들 사이에서는 한·중관계가 지나치게 급속도로 발전하면서 미국이 소외되고 한·미동맹 관계가 이완되는 것을 우려하는 견해가 제기되고 있기도 하다.

이러한 점에서 21세기 한반도 주변 국가들의 관계는 과거의 동맹관계와 상당히 다른 양상으로 변질되어 나타나게 될 것이며, 개별 국가들은 철저하게 자국의 국가이익에 따라서 합종연횡을 시도하게 될 것이다. 이를테면, 중국은 앞으로 보다 더 분명하게 자국 중심의 국가이익에 따라서 남북한 등거리 외교를 확대 추진할 것이 틀림없고, 그리고 그것은 당분간 미국과의 협력관계를 유지하고 한국과의 동반자관계가 훼손되지 않는 범위에서 전개될 것이라고 추

---

43) 지난 10여 년의 한·중 수교의 업적에 대해서는 필자의 "한중수교 10년 : 회고와 전망," 『동아시아연구』 제5호(고려대학교 BK21 동아시아교육연구단, 2002년 9월), pp. 9-15를 참조. 이 논문은 필자의 홈페이지 "서진영 교수의 중국정치연구실"에서 찾을 수 있다. http://www.eastasianstudies.org/technote/read.cgi?board=SITUATION_ISSUES&y_number=5&nnew=2.

론해 볼 수 있다. 이러한 측면에서 중국은 궁극적으로 미국과 협력하여 북한 핵문제를 평화적으로 해결하는 데 기여하면서, 대만문제의 평화적 해결 과정에서 미국의 도움을 요청할 것이며, 동북아시아 전체의 세력개편 과정에서 '이익상관자'(stakeholder)로서의 역할과 영향력을 요구할 것이다.

이처럼 한반도와 동아시아 국제정치에서 중국의 영향력과 역할이 증대되면서 기존의 세력관계에 변화가 발생하는 것은 불가피한 일이라고 하겠다. 다시 말해 강대국으로서 중국의 등장은 북·중관계의 변화를 초래할 뿐만 아니라, 간접적으로 한·중관계의 변화와 동시에 한·미관계 및 한·일관계의 변화로도 연결될 것이라는 점에 유의할 필요가 있다는 것이다. 즉, 냉전시대에 형성되었던 중국과 북한의 동맹관계가 변질되고 있는 것처럼, 한·미-한·일 동맹관계도 재조정될 것이기 때문에 어느 정도 동아시아 전체에 유동성과 불안정성이 계속될 것이라고 예측할 수 있다. 이와 같은 상황에서 우리는 새로운 환경에서 어떻게 한·미동맹 관계를 유지하면서도 중국과의 협력 분야를 확대 심화하고, 북한의 개혁개방을 유도하여 한반도의 안정과 평화를 담보할 수 있는가, 그리고 궁극적으로 동아시아 안보와 경제발전을 위한 미국-중국-한국의 협력적 동반자관계를 구축해 나갈 수 있을 것인가를 모색해야 할 것이다.

제12장

한·중관계 : 수교와 전면적 동반자관계의 발전

> 수교 이후 한·중관계는 모든 분야에서 폭발적으로 발전했다. 그 이유는 지리적 근접성과 문화적 동질성, 그리고 경제구조의 상호보완성이 크기 때문이라고 할 수 있지만, 그에 못지않게 21세기 동아시아와 한반도 정세에 대해 양국이 공유하고 있는 전략적 공동인식이 중요한 요인으로 작용했다. 이러한 관점에서 이 단원에서는 1992년 한·중 수교의 배경과 한·중 수교 이후 현재까지의 교류협력의 성과, 그리고 앞으로의 과제와 문제점 등을 점검해 본다

1. 한·중 수교와 밀월관계의 시작

2007년 8월 24일이면 한·중 수교 15주년이 된다. "10년이면 강산도 변한다"는 말도 있듯이 15년이라는 세월이 길다고 하면 긴 시간이지만, 수천 년간 지속된 양국의 역사적 관계를 고려하면 15년은 그다지 긴 시간은 아니다. 그러나 불과 15년도 채 되지 않은 기간 동안 한국과 중국은 모든 분야에서 폭발적인 속도로 교류·협력관계를 확대, 심화, 발전해 가고 있다. 그런 과정에서 한국전쟁 이후 형성된 양국의 적대관계는 빠르게 청산되었고, 양국관계는 수교 단계의 '선린우호관계'에서 '합작 동반자관계'로, 그리고 최근에는 '전면적 합작 동반자관계'로 발전하고 있다.[1]

이처럼 양국관계가 전례 없이 빠른 속도로 발전할 수 있었던 것은 무엇보다도 지리적 근접성과 더불어 오랜 역사를 통하여 축적된 문화적 동질성, 그리고 경제구조의 상호보완성이 크기 때문이라고 할 수 있다. 그러나 그에 못지않게 21세기 동아시아와 한반도 정세에 대해 양국이 공유하고 있는 전략적 공동인식이 중요한 요인으로 작용했다고 하겠다.

　다시 말해 한국과 중국은 기본적으로 탈냉전시기 동아시아와 한반도의 안정과 평화, 공동번영에 공동의 이해관계를 가지고 있기 때문에 15년도 되지 않는 짧은 시기에 폭발적인 상호 협력관계를 발전시킬 수 있었고, 앞으로도 상당기간 그런 전략적 공동이익에 기초한 협력관계를 계속 발전시켜 나갈 수 있을 것으로 예측할 수 있다. 이런 관점에서 아래에서는 1992년 한·중 수교의 배경과 한·중 수교 이후 현재까지의 교류협력의 성과, 그리고 앞으로의 과제와 문제점 등을 간략히 살펴보고자 한다.

---

1) 1992년 8월 24일 한국과 중국의 공식 수교를 선언하는 짤막한 공동성명에서 중국 측은 한·중관계를 '선린우호관계'라고 표현했지만, 1998년 11월 11일 김대중 한국 대통령의 중국 방문을 계기로 수교 6년의 성과를 평가하면서 '21세기를 지향하는 한·중 합작 동반자관계를 건립하자(建立面向21世紀的中韓合作伙伴關係)'고 하였고, 2000년 10월 주룽지 총리의 한국 방문 시 김대중 대통령과의 회담에서 양국 지도자들은 한국과 중국의 동반자관계를 전면적 합작관계로 한 단계 격상시키는 데 동의했다(中韓合作伙伴關係推向全面合作的新階段)고 발표했다. 그리고 2003년 노무현 대통령의 중국 방문과 양국 정상회담을 계기로 양국은 '미래를 향한 전면적 합작 동반자관계의 건립'을 강조하게 되었다. 이처럼 한·중수교 이후 양국관계를 기술하는 외교적 용어의 변화와 관련해서는 2002년까지는 鄭成宏, "中韓關系十年回眸,"『中國網』(08/24)(http://www.china.com.cn/chinese/2002/Aug/193651.htm)을 참조하고, 2003년의 한·중 정상회담과 관련된 공동성명에 대해서는 "中韓發表聯合聲明 建立中韓全面合作伙伴關系,"『人民日報』(2003/07/09) 참조.

2. 한·중 수교의 배경: 탈냉전시대의 전략적 대응

1992년 8월 24일 한국의 이상옥(李相玉) 외무장관과 중국의 첸치천(錢其琛) 외교부장이 베이징에서 "외교관계 수립에 관한 공동성명"에 서명함으로써 한국과 중국은 한국전쟁 이후 계속되었던 적대적인 관계를 공식 청산하고, "주권 및 영토보존의 상호존중, 상호불가침, 상호 내정불간섭, 평등과 호혜, 그리고 평화공존의 원칙에 입각하여 항구적인 선린우호 협력관계를 발전시켜" 나가기로 약속하였다. 1992년의 한·중 수교는 1990년 6월 4일의 한·소 국교 정상화와 1991년의 남북한 유엔 동시가입 등과 더불어 한반도에서도 탈냉전시대가 본격적으로 전개되기 시작했음을 국내외에 확인시켜 주는 역사적 사건이었다. 그렇다면 이러한 역사적 사건의 배경과 동인은 각각 무엇인가?

(1) 한·중 수교: 한국의 동인

지난 2002년 8월 24일, 한·중 수교 10주년을 기념하는 좌담회에서 필자는 1990년대 초 한국이 한·중 수교를 적극적으로 추진했던 배경과 그 역사적 의미를 다음과 같이 술회하였다.

> "한·중 수교 당시 우리 목표는 모스크바와 베이징을 통해 평양에 가자는 야심찬 것이었다. 목표가 컸던 만큼 우려했던 부분도 있었으나 상당 부분 의도대로 성과를 거뒀다. 정치적 동인(動因) 못지않게 중요한 것은 거대 중국 시장에 대한 신화였다. 우리는 이를 적절히 활용, 한국 경제의 출구를 마련했다. 냉전시대 우리에게 중국은 없었다. 그러나 수교 이후 '잃어버린 세계'를 복원하는 데 성공했고 문화·역사적 관계를 복원했다. 전체적으로 한·중관계만큼 10년이라는 짧은 기간 동안 급진전된 사례를 세계 역사상 찾아볼 수 없다고 평가한다."[2]

이미 잘 알려진 바와 같이 1990년대 초 한국은, 한강의 기적으로 세계에 알려진 고도 경제성장의 업적, 88올림픽의 성공적 개최, 그리고 평화적 방식에 의한 민주주의로의 이행 성공 등으로 축적된 자신감을 바탕으로 이른바 북방정책을 적극적으로 추진하였다. 북방정책은 소련과 중국 등 사회주의 국가들과의 관계 개선을 통해 궁극적으로 남북한 평화공존과 평화통일을 실현한다는 야심적인 프로젝트였다고 할 수 있는데, 북방정책의 역사적 배경은 1972년 7·4 남북공동성명과, 7·4 남북공동성명을 정책적으로 뒷받침하기 위해 이른바 공산권 국가들과의 접촉 및 교류 협력을 허용한 1973년 6월 23일의 '평화 통일에 관한 특별 성명'으로 거슬러 올라갈 수 있지만, 북방정책이 본격적으로 추진되기 시작한 것은 1998년 2월 노태우 정부가 출범하면서부터라고 할 수 있다.

　당시 노태우 정부는 중국과 소련에서 전개되고 있는 혁명적 개혁개방정책으로 촉발된 탈냉전적 상황에 자극을 받아 냉전시기에 우리에게 적대적이었던 소련과 중국 등 이른바 '공산권 국가들'과의 국교 정상화를 적극적으로 추진하였다. 물론 당시 우리의 북방정책이 추구하는 목표는 '모스크바와 베이징을 돌아 평양으로 가는 것'이었으며, 궁극적으로 남북한의 평화공존과 평화통일을 실현하는 것이었다. 이런 점에서 1990년에 우리 정부는 소련과의 국교 정상화를 마침내 성사시키고, 1991년에 남북한 유엔 동시가입을 관철시키는 데 성공했기 때문에, 모든 역량을 중국과의 국교 정상화에 집중했다고 할 수 있다.

　물론 우리가 중국과의 국교 정상화를 적극적으로 추진한 배경에는 이러한 정치적 동인만 작용했던 것은 아니다. 남북한 유엔 동시가입, 북한의 동맹국인 소련과 중국에 접근하여 관계 정상화를 실현함으로써 마침내 남북한의 평화공존과 주변 강대국들의 남북한에 대한 교차승인을 실현시킨다는 1970년대 이후 우리가 추진해 온 대북정책과 통일정책의 밑그림을 완성시키기 위해서 중국과의 국교 정상화를 반드시 실현시켜야 한다는 정치 외교적·전략적 고려가

---

2) 한·중 수교 10년 : 전문가 좌담 "한·중관계를 말한다," 『경향신문』, 2002/08/24) 참조.

주요 요인이었던 것은 사실이지만, 이와 더불어 거대 중국 시장에서의 경제적 이익이라는 동인도 무시할 수 없는 것이었다. 당시 우리 경제는 여러 가지 차원에서 새로운 출로가 필요한 시기였다. 지난 시기 우리 경제는 베트남전쟁 특수에 이어, 중동 특수로 연결되면서 급성장하고 있었는데, 1980년대 후반 이후 우리 경제의 또 한번의 도약을 실현하기 위해서는 새로운 시장 개척이 요구되었던 것이다. 이러한 상황에서 중국의 거대시장은 결코 간과할 수 없는 것이었다.

이런 정치경제적 이해관계가 한·중 수교의 중요한 동인으로 작용한 것은 틀림없지만, 여기에 보이지 않는 또 다른 기대감도 상당히 긍정적으로 작용하였다. 우리와 같은 분단국가에 사는 사람들의 입장에서 소련과 중국과의 관계정상화란 어떻게 보면 냉전으로 잃어버린 반쪽의 세계를 되찾는 것이고, 정상적 역사로의 복원을 의미하는 것이었다. 특히, 중국은 우리 역사에서 오랫동안 불가분의 존재였다. 좋은 의미에서든 나쁜 의미에서든 중국과 한국의 역사는 긴밀한 상호 연관성을 가지고 발전해 왔지만, 근대화과정에서 중국과 한국은 제각기 다른 길을 걷게 되었고, 1950년 한국전쟁 이후 중국과 한국은 대립과 단절의 불행한 역사를 공유하게 되었던 것이다. 따라서 한국과 중국의 국교정상화는 한국전쟁 이후의 대립과 단절의 역사를 청산하는 것이며, 어떻게 보면 1894년 청일전쟁 이후 계속된 비정상적인 역사적 단절을 뛰어넘어 잃어버린 역사를 복원하는 것이기도 하였다.

(2) 한·중 수교: 중국의 동인

이미 앞에서도 지적한 바와 같이 중국의 대한반도정책도 개혁개방이 본격적으로 추진되면서 변화하기 시작했다. 특히, 1980년대에 중국의 개혁파 지식인들을 중심으로 사회주의 국가인 북한과 전혀 다른 방식으로 현대화와 경제발전에 성공한 한국 사례에 대한 관심이 생기게 되었다. 이런 가운데 1983년 중국

민항기 납치사건과 1985년 중국 어뢰정 사건 등의 돌발적 사건을 처리하는 과정에서 그동안 국교 관계가 없었던 양국 정부가 처음으로 비공식적 차원이지만 정부간 교섭에 나서게 되었고, 특히 중국 민항기 처리과정에서 양국은 정식으로 국호(대한민국과 중화인민공화국)를 사용한 외교문서를 교환함으로써 1992년 국교 정상화로 가는 사전 정지작업을 할 수 있었다.3)

이와 같이 1980년대에 중국 정부가 비공식적인 차원이지만 한국 정부와 접촉, 교섭할 수 있었던 것은 두말할 것도 없이 중국 지도부의 승인이 있었기 때문이다. 특히, 개혁개방의 총설계사로 알려진 최고 지도자 덩샤오핑은 이미 한·중관계에 대해 긍정적인 견해를 가지고 있었다고 한다. 한·중 수교 당시 중국 외교부 장관을 역임했던 첸치천에 의하면, 덩샤오핑은 1985년 4월에 한·중관계에 관해 언급하면서 "중한 관계 발전은 우리에게 필요하다. 첫째로는 장사할 수 있어 경제에 좋고, 둘째로는 한국과 대만의 관계를 단절시킬 수 있다"고 평가했다는 것이다. 또한 덩샤오핑은 1988년에도 여러 차례 외국 인사를 만날 때 "중국으로서는 한국과의 관계 발전이 이익만 있고 손해는 전혀 없다"고 지적하면서 한·중 국교 정상화는 경제적인 측면에서 양국에 모두 이

---

3) 한·중 수교 이전 한국과 중국 정부가 접촉하지 않을 수 없었던 것은 1933년의 중국 민항기 사건과 1985년 중국 어뢰정 사건이 발생했기 때문이다. 중국 민항기 사건이란 1983년 5월 5일 중국 민항기가 춘천에 불시착하는 사고가 발생하여 처음으로 우리나라와 중화인민공화국이 정부 차원에서 교섭을 하게 되었고, 마침내 민항기 처리과정에서 양국은 정식으로 국호(대한민국과 중화인민공화국)를 사용하는 외교문서를 교환하게 된 사건을 말한다. 그리고 1985년 3월 23일에 우리나라 영해인 서해지역에서 중국 어뢰정이 표류 중이고, 이 어뢰정을 추적하여 중국 함대가 우리 영해까지 침범해 들어오는 사건이 발생했는데, 당시 우리 정부는 미국과 일본을 통해 중국 정부에게 우리 영해에 들어온 중국함대의 퇴각을 요구했고, 우리 해군은 중국 어뢰정을 우리 쪽으로 예인했다. 이와 같은 사건이 발생하자 중국은 우리에게 어뢰정과 승무원 전원의 조기 송환을 요구했다. 그런데 대만 정부는 어뢰정 승무원들이 중국을 탈출해서 대만으로 망명하기 위한 선상 반란을 시도했으므로 당연히 선상반란에 가담한 승무원들은 대만에게 인도해 줄 것을 요구했다. 그러나 당시 우리 정부는 앞으로 중국과의 관계를 고려하여 고민 끝에 국제법과 정치적 판단에 따라 어뢰정은 물론이고 시신을 포함해서 모든 승무원들을 중국 정부에 인도함으로써 중국 측에 유리하게 처리했고, 이는 간접적으로 한·중 국교 정상화에 기여했다고 할 수 있다. 이러한 내용은 당시 외교부 동북아 담당 과장이었던 김석우의 저서, 『남북이 만난다 세계가 만난다』(고려원, 1995)를 참조.

롭고 정치적으로 중국의 통일에 유리하다고 역설했다고 한다.

따라서 덩샤오핑은 원래 생각했던 것 보다 더 빨리, 그리고 더 넓게 한국과의 경제, 문화 교류를 발전시키라고 독려하였고, 한국과 중국의 관계 개선은 대만에 대해서나 일본에 대해서, 미국에 대해서, 그리고 한반도의 평화와 안정에 대해서뿐만 아니라 동남아에 대해서도 중요한 의미가 있는 전략적 문제라고 강조했다는 것이다. 이처럼 한·중관계 개선에 적극적이면서도, 덩샤오핑은 한·중 국교 정상화는 대단히 미묘한 문제이므로 신중하게 처리하지 않으면 안 된다고 경고하면서 반드시 조선의 양해를 얻어야 한다고 주문했다는 것이다.4)

이와 같은 덩샤오핑의 지도에 따라 "중국은 다년간의 금기를 깨고, 국제적 다자간 활동에서 한국 관련 업무에 대한 제한을 풀었으며, 쌍방 대표단에 대표단간 왕래를 해마다 넓혀나기 시작했다"는 것이다. 이를테면 중국은 1986년 한국에서 개최된 아시안게임과 1988년 서울 올림픽에 수백 명의 체육 대표단을 파견, 참가하게 했는가하면, 1990년 베이징에서 열린 제11회 아시안게임에는 한국 대표단이 북한과 더불어 참가했다. 그런데 한국과 중국의 교류와 협력은 APEC과 같은 다자간 국제회의나, 아시안게임이나 올림픽대회와 같은 체육 분야에 국한된 것이 아니었다.

중국과 한국의 관계 개선에 대한 양국 지도부의 의지가 확인되면서 경제협력 분야에서도 괄목할 만한 성과가 나타나기 시작했다. 1980년 한·중 교역 규모는 0.4억 달러에 불과했지만, 1984년에는 이미 당시 중국과 북한의 교역량인 4억 9,800만 달러에 근접한 4억 3,400만 달러로 증대하였고, 88서울올림픽 직후인 1989년에는 31억 달러로 급증하였으며, 1991년에는 약 58억 달러로 대폭 상승하여, 1991년 현재 이미 한·중 교역량은 북·중 교역량의 10배 가까이 되었다.5) 이와 같이 놀라운 속도로 증가하는 한국과 중국의 무역 규모를 고려하여

---

4) 한·중 수교의 배경과 덩샤오핑의 견해에 대해서는 錢其琛, 『外交十記』(北京: 世界知識出版社, 2003), pp. 151-152 참조.
5) Samuel S. Kim, "The Making of China's Korea Policy in the Era of Reform," in David

양국 정부는 무역사무소를 개설하고, 간접 무역 방식을 직접 무역 방식으로 전환하기로 합의하였다.6) 이와 같이 한국과 중국간 무역량이 급성장하면서 간접 무역 방식의 문제점이 부각되었고, 민간 차원의 무역 대표부 설치 필요성이 제기되었다. 따라서 1990년 10월에 중국 국제상회와 대한무역진흥공사가 민간 차원의 무역사무소 개설에 합의하였고, 이듬해인 1991년 초 베이징과 서울에 각기 무역 대표부를 설립, 활동에 들어감으로써 양국관계는 새로운 국면으로 돌입하였고, 양국의 국교 정상화가 임박했음을 내외에 과시하게 되었다.

이와 같이 한국과 중국은 모두 1980년대 후반, 특히 1988년 서울올림픽을 계기로 다방면의 교류와 협력 확대에 적극적이었다. 특히, 북방정책을 표방하면서 출범한 노태우 정부는 1990년의 소련과의 국교 정상화, 1991년 남북한 유엔 동시가입에 이어 임기 안에 한·중 수교를 실현함으로 북방정책을 매듭지으려고 노력하였다.7) 그러나 중국은 민간 차원에서 한국과 교류·협력을 확대하는 데에는 적극적이면서도 한국의 수교 협상 요구에 대해는 '정경분리 원칙'을 내세우면서 한발 빼는 모습을 연출하였다. 중국 측은 양국의 교류·협력이 확대 발전하면 자연스럽게 국교 정상화로 이어질 것이라면서도 1991년 말과 1992년 초까지 수교 문제에 대해서는 '아직 시기가 성숙하지 않았다'면서 유보적인 태도를 견지하였다.

M. Lampton ed., *The Making of Foreign and Security Policy in the Era of Reform* (Stanford University Press, 2001), p. 377.

6) 1991년 무역사무소 설치 합의에 이르는 협상 과정과 1992년의 국교 정상화 과정에 대해서는 이병국, 『한·중 경제교류 현장론: 무역에서 외교에 이르는 길(1978~1992)』(나남, 1997) 참조. 『한국경제신문』 조사자료 실장 등을 역임한 언론인 이병국 씨는 자신이 직접 취재하고 인터뷰한 내용을 근거로 1978년 이후 한·중 무역관계에서 1992년 국교 정상화에 이르는 과정을 기록하였다. 특히 제6장에서는 1991년 무역사무소 설치 합의에 이르는 협상 과정을, 그리고 제7장에서는 1992년 국교 정상화 과정에 대하여 상세히 기술하였다.

7) 1990년 말 한국 외무장관에 취임하여 한·중수교 협상 과정을 진두지휘한 이상옥은 회고록에서 노태우 정부의 북방정책을 완성하기 위해 다각적으로 중국과 접촉, 한·중수교 의사를 타진했으며, 협상을 진행했다고 기술하고 있다. 이상옥, 『전환기의 한국외교: 이상옥 전 외무장관 회고록』(서울: 도서출판 삶과 꿈, 2002) 참조.

이런 중국의 유보적 태도는 전통적인 동맹국가인 북한과의 관계를 의식한 것이기도 했지만, 동시에 중국 내 보수파들의 반감도 반영된 것이라고 추론할 수 있겠다. 1989년 천안문 사태를 계기로 중국의 국내정치에서 후야오방과 자오쯔양 총서기가 이끌던 개혁파 세력의 예봉이 꺾이고, 현존 사회주의 질서의 유지를 강조하는 보수파들의 영향력이 확대된 상황에서 분단과 냉전의 상징으로 알려진 한국과의 관계 개선을 추진하는 일은 아무래도 민감한 정치 이슈가 아닐 수 없었을 것이다. 따라서 경제적·실리적 차원에서 한국과의 교류·협력을 확대하는 것에는 반대하지 않지만, 정부 차원에서 국교 정상화 협상을 추진하는 것은 부담으로 인식되는 분위기였다.

그러나 정치적 '부담'에도 불구하고 중국이 한국과 국교 정상화 협상에 적극적으로 나서게 된 배경에는 실리적인 이유도 있었겠지만, 1989년 천안문 사태 이후 안팎의 도전에 직면했던 중국 지도부의 전략적 판단도 작용했다고 하겠다. 이미 잘 알려진 바와 같이 덩샤오핑을 중심으로 한 중국 지도부는 1989년의 천안문 사태와 소련 및 동구 사회주의권의 대변혁, 그리고 미국 및 서방세계의 대중국 압박에도 불구하고 개혁개방의 후퇴가 아니라 오히려 개혁개방을 확대·심화하기로 한 전략적 결단을 내외에 천명하기 위해 1992년 2월 이른바 '남순강화'(南巡講話)를 발표한다.[8]

이를 계기로 중국 지도부는 국내정치 분야에서는 사회주의 시장경제를 표방하면서 자본주의와 시장경제적 요소를 더욱 과감하게 수용, 개혁정치의 심

---

8) 덩샤오핑은 1992년 1월 18일부터 2월 21까지 선전(深圳), 주하이(珠海), 상하이(上海)를 시찰하면서 개혁개방 정책의 확대를 촉구했는데, 이때 덩샤오핑이 행한 주요 발언으로는 ① 개혁개방을 통한 경제발전이 중국의 유일한 활로이며, ② 계획과 시장은 사회주의와 자본주의를 구별하는 기준이 아니고, ③ 80년대 초 상하이를 경제특구로 지정하지 않은 것은 본인의 불찰이며, ④ 경제특구와 주강 삼각주가 20년 내 아시아의 네 마리 용(龍) 수준으로 발전하기를 희망한다는 것 등이었다. 이러한 발언 내용을 정리하여 발표한 것이 이른바 덩샤오핑의 '남순강화'(南巡講話)이다. 이런 덩샤오핑의 남순강화를 계기로 중국 지도부 내부에서 기존 사회주의 노선을 견지하려는 보수파의 영향력이 후퇴하고, 천안문 사태 이후 다시 중국은 본격적인 개혁개방 정책을 추진하게 된다.

화를 추구하였고, 대외정책에서도 미국 및 서방세계와의 관계 개선 및 주변 국가들과의 외교관계 개선을 위하여 총력을 기울였다. 덩샤오핑은 앞에서 지적했던 바와 같이 미국 등 서방국가에 대해서는 스스로 몸을 낮추고 신중하면서도 실리를 추구하는 도광양회(韜光養晦) 정책을 주문하면서도 미국과 서방세계의 대중국 압박에서 탈출하기 위해 중국의 주변 국가들과의 외교 관계 개선을 강조하였다.

특히, 중국은 과거 여러 가지 이유로 불편한 관계를 유지했던 국가들, 이를테면, 인도와 인도네시아, 베트남 등 아시아 주변 국가들과 관계 개선을 적극적으로 추진하였다. 예를 들어 1990년 8월 중국은 23년 만에 인도네시아와 국교 정상화에 합의하였고, 1991년 11월에는 베트남과의 관계 정상화에, 그리고 12월에는 인도와의 관계 개선을 발표하였다. 이런 아시아 주변 국가에 대한 전방위 외교의 일환으로 1992년 8월 24일 한국과의 국교 정상화에 전격 합의했다고 하겠다.

(3) 한·중 수교: '1석 4조'의 전략적 결정

이상에서 살펴본 바와 같이 한·중 수교에 대한 중국의 결정은 경제적 상호 호완성이 대단히 높은 두 나라의 실리적이고 호혜적 이해관계를 고려한 측면도 있었지만, 그와 동시에 천안문 사태 이후 미국과 서방세계의 대 중국 견제 정책에 대응하면서도 개혁과 개방을 확대·심화하려는 중국의 전략적 결정을 반영한 것이라고 하겠다.

이와 같은 중국의 의도는 1988년에 덩샤오핑이 한국과의 관계 개선은 중국에게 불리할 것이 전혀 없다고 단언한 배경에서도 엿볼 수 있었지만, 더 구체적으로는 첸치천 외교부장의 한·중 수교와 관련된 비공개 보고서를 통해서 확인할 수 있었다. 첸치천 외교부장은 당 중앙위원회 외교 영도소조에 제출한 비공개 보고서에서 한·중 수교는 중국에게 '1석 4조'의 이익이 있다고 역설하였다. 첸치천 부장은 보고서에서, 한국과의 수교를 통해 중국은 ① 한국과 대만의 외교 관계 단절을 요구, 관철시킴으로써 대만의 외교적 고립을 증대시킬 수 있고, ② 한국과의 경제협력을 확대하여 중국의 경제발전에 기여하게 할 수 있으며, ③ 북한의 끝없는 원조 요구 등을 억제할 수 있을 뿐만 아니라, ④ 미국의 통상 위협에 대해서도 한국 카드는 중국의 교섭력을 높일 수 있다는 점에서 네 가지 유리함이 있다고 주장하였다는 것이다.[9]

이처럼 한·중 수교는 중국에게 여러 가지로 유리한 점이 많았지만, 북한의 반발에 대한 우려 때문에 중국은 적극적으로 국교 정상화를 추진할 수 없었다. 그러나 1990년 6월 소련이 한국과의 국교 정상화에 전격 합의하였고, 1991년에는 남북한의 유엔 동시가입이 실현되었으며, 1991년 12월에는 '남북 사이의 화해와 불가침 및 교류·협력에 관한 합의서'가, 그리고 1992년 1월에는 '한반도의 비핵화에 관한 공동선언'이 발표됨으로써 한·중 수교를 추진하는 것에 대한 북한의 반발도 상당히 중화될 수 있는 여건이 조성되었다. 이에 따라 중국은 1991년 11월경부터 본격적으로 한·중 수교를 추진하기 시작했다고 한다.

그러나 중국은 한국이 먼저 수교 협상을 제안할 때를 기다려 수교 협상을 본격화하는 외교적 수순을 밟았다. 첸치천 부장의 회고록에 따르면, 1991년 11월 서울에서 개최된 제3차 아·태 경제협력체(APEC) 외무장관회의에 처음으로 중국 대표로 참석하게 되었는데, 노태우 한국 대통령이 첸치천 부장을 청와대로 초청하여 접견하는 자리에서 먼저 한·중 수교를 제의했다는 것이다. 첸 부장에 따르면, 당시 노태우 대통령은 임기가 1년여밖에 남지 않아서 마음이 초조했던 것으로 보였다면서 첸 부장을 접견한 자리에서 곧바로 양국관계 정상화 문제를 거론했다는 것이다. 그리고 이튿날인 11월 13일 이상옥 외무장관과

---

9) 한·중수교와 관련한 첸치천의 비공개 보고서 내용에 대해서는 Samuel S. Kim, "The Making of China's Korea Policy in the Era of Reform," in David M. Lampton ed., *The Making of Foreign and Security Policy in the Era of Reform* (2001), p. 382 참조.

의 조찬에서도 다시 양국 수교 문제가 거론되었다고 한다. 이와 같은 한국 측 수교 협상 제안에 대해 첸 부장은 아직은 민간 방식의 교류와 협력이 좋고, 수교 문제에 대해 직답을 주지 않으면서도 앞으로 계속 접촉하고 대화하자면서 중국 속담 '물이 흐르는 곳에 도랑이 생긴다는 뜻의 수도거성(水到渠成)'을 언급하여 국교 정상화 문제에 대한 중국의 긍정적 입장을 간접 전달했다는 것이다.10)

이처럼 1991년 11월 한국 방문 시 한·중 국교 정상화 협상 제안을 받고 귀국한 후 첸치천 부장은 본격적으로 한·중 수교를 성사시키기 위한 정지 작업에 착수하였다. 특히, 1992년 4월 유엔 아·태 경제사회이사회(ESCAP) 제48차 연례회의가 베이징에서 열렸는데, 그는 이 회의에 참석차 베이징을 방문한 이상옥 한국 외무장관과 단독 회동을 가지고, 한·중 수교를 위한 본격적인 협상을 전개하기로 했다고 한다. 1992년 4월 이후 양국은 차관급을 대표로 하는 실무 협상단을 구성, 서울과 베이징을 오가며, 구체적인 수교 협상을 진행했는데, 수교 협상은 별다른 진통 없이 순조롭게 진행되었다고 한다. 한국과 중국의 수교 협상 과정에서 예상했던 것과 같이 대만문제가 약간의 난관으로 떠올랐지만, 1992년 6월 말 개최된 3차 협상회의에서 한국이 중국이 요구하는 3가지 조건, 즉, 대만과 단교하고 대만 정부와 맺은 조약을 무효화하며, 서울의 대만 대사관을 철수시킨다는 조건을 수용함으로써 수교 협상이 시작된 후 2개월 만에 사실상 타결되었다는 것이다.

이와 같이 한국과 중국의 협상 과정은 비교적 신속하고 용이하게 진행되었지만, 역시 한·중 수교의 제일 큰 난관은 북한의 양해를 받아 내는 일이었다. 첸 부장에 의하면 중국 정부는 한국과의 수교 협상이 본격적으로 시작되기 이전부터 한국 문제에 대한 중국의 입장을 북한 측에 설명하고 북한의 이해를 확보하려고 노력했다고 한다. 중국은 1988년에 한국과의 직접 교역을 실현하기 위해 민간 무역사무소 개설을 검토했고, 이에 대한 북한 고위층의 이해와

---

10) 錢其琛, 『外交十記』, pp. 144-149 참조.

양해를 구했다고 한다. 따라서 1988년 11월 북한의 김영남 외상이 중국을 방문했을 때 첸치천 외교부장이 직접 "중국이 남한과 민간 무역대표부 개설을 검토하고 있다"고 알렸고, 1989년 하반기 김일성 주석의 중국 방문 시 장쩌민 총서기가 김일성 주석과 이 문제를 논의했다는 것이다. 그리고 1990년 9월 김일성 주석이 선양을 방문해 장쩌민 총서기와 2번째로 만난 자리에서 중국 정부는 다시 이 문제를 거론, 김일성 주석의 양해를 받아냈다고 한다.[11]

그리고 남북한의 유엔 동시가입 문제에 대해서도 1991년 5월 리펑(李鵬) 총리가 북한을 방문하여 "올해 유엔총회 기간 중 한국이 다시 유엔 가입을 시도한다면 중국은 계속 반대하기가 어렵다"는 입장을 전달하였고, 첸치천 외교부장은 1991년 6월에 평양을 방문하여 김일성 주석과 면담하는 자리에서 남북한 동시 유엔 가입 절차를 상세히 설명하고 북한의 우려를 풀어주었다고 한다. 이와 마찬가지로 한국과의 국교 정상화 교섭 과정에서도 중국은 주요 단계마다 북한에게 중국의 입장을 설명하고 이해를 구하였다. 이를테면, 한국과 국교 정상화 교섭을 본격적으로 시작하면서 1992년 4월 양상쿤(楊尙昆) 당시 중국 국가 주석은 김일성 주석의 80돌 생일 축하연에 참석하여 "중국이 한국과 수교를 고려하고 있다"고 전했고, 한·중 수교 성사 한 달 전인 1992년 7월에 첸치천 외교부장이 직접 평양으로 가서 김일성 주석을 면담하고, "국제 정세와 한반도 정세 변화를 통해 중국과 한국이 수교 회담을 진행할 시기가 이미 성숙했다고 판단했으며 …… 이러한 중국의 판단과 결정에 대해 북한의 이해와 지지를 기대한다"는 내용의 장쩌민 당시 총서기의 뜻을 구두로 전달했다는 것이다 한다. 김일성 주석은 이런 중국 측의 통고에 대해 짧게 이해한다는 뜻을 표명하고 곧 자리를 떠남으로써 깊은 불쾌감과 좌절을 표현했다고 한다.[12]

---

[11] 앞의 책, p. 152 참조.
[12] 한·중 수교 문제에 대한 중국의 입장을 북한에 설명하고 이해를 구하는 과정에 대해서는 첸치천의 회고록 『外交十記』, pp. 152-160 참조.

3. 한·중 수교와 양국관계의 비약적 발전

앞에서 지적한 바와 같이 한국과 중국은 지리적 근접성과 역사·문화적 유사성이 있는데다가 경제적 상호보완성도 대단히 높고, 탈냉전시대에 한반도의 평화와 안정에 대한 전략적 공동이익을 가지고 있기 때문에 1992년 수교 이후 한·중관계는 모든 분야에서 그야말로 폭발적인 확산·발전하고 있다. 수교 10여 년 만에 '21세기를 향한 전면적인 동반자관계'로 발전한 한국과 중국의 상호 협력관계를 간단히 소개하면 다음과 같다.

(1) 정치·외교, 그리고 군사 분야의 상호 교류와 협력

1992년 8월 24일 한·중 국교 수립 직후부터 양국은 1년에 1회 이상 정상회담을 개최하고 양국의 관심사항을 폭넓게 논의하였다. 1992년 9월 당시 한국의 노태우 대통령이 중국을 방문하여 최초의 정상회담이 개최된 이후 2005년 11월까지 총 18회의 양국 정상회담이 개최되었고, 양국 정상회담의 의제도 경제협력 분야에서 외교·안보 분야로까지 확대되었다.13) 그런데 총 18회의 정상회담 가운데 양국 정상이 직접 상대방 국가를 국빈 방문해 실현된 정상회담은 총 6회이고, 그 중에서 한국 대통령이 중국을 방문, 정상회담을 한 횟수는 4회이고, 중국 최고 정치지도자인 국가주석이 한국을 방문, 정상회담이 개최된 횟수는 2회였다.

한국은 1992년 국교 수립 직후 당시 노태우 대통령이 중국을 방문하여 양상쿤 당시 중국 국가주석, 장쩌민 총서기 등과 정상회담을 갖고, 주로 경제

---

13) 한국과 중국의 고위인사교류현황에 대한 자료는 주중한국대사관이 제공하는 자료에 근거하였다. 한국대사관의 자료는 2005년 5월의 한·중 정상회담까지 총 17회이지만, 2005년 11월의 한·중 정상회담을 필자가 추가, 총 18회의 정상회담을 대상으로 하였다.

문제를 중심으로 양국의 협력문제를 논의했으며, 1994년 3월에는 김영삼 대통령이 중국을 방문하여 이루어진 정상회담에서는 산업협력위원회 설치 등의 폭넓은 경제협력방안과 더불어 북한 핵문제와 한반도 비핵화 문제와 같은 외교·안보 문제에 대해서도 논의되기 시작하였다.14) 그리고 1998년 11월 김대중 대통령의 중국 방문을 계기로 양국은 한·중관계를 '선린우호관계'에서 21세기를 지향하는 '협력 동반자관계'로 한 단계 격상시키는 데 합의하였다.15) 그리고 2003년 7월에는 노무현 대통령이 중국을 방문하여 후진타오 주석과의 정상회담을 통해 '전면적 협력 동반자관계' 구축에 합의하였는데, 이 자리에서 북한 핵문제의 평화적 해결 방식 등이 논의되었고, 한국이 대만문제에 대한 중국의 입장을 지지하는 등 양국관계는 경제문제뿐만 아니라, 정치·외교·안보 현안에 대해서도 폭넓게 논의하는 수준으로 발전하였다.16)

이처럼 한국은 한·중 국교 수립 이후 역대 대통령(노태우-김영삼-김대중-노무현)이 각기 1회씩 중국을 국빈방문하고 4회의 정상회담을 가졌지만, 중국은 1995년 11월에 장쩌민 주석이 중국 국가주석으로는 처음으로 한국을 방문하여 김영삼 대통령과 정상회담을 갖고, "양국은 지리적 인접성, 문화적 유사성이라는 튼튼한 기초 위에서 평화공존의 원칙에 입각해 우호관계를 발전시켜나갈 것"이라고 선언하고, 한국과 중국은 "일본의 계속되는 과거사 망언에 대해 깊이 있게 논의했다"고 밝히기도 하였다.17) 그리고 2005년 11월 후진타오 주석이 한국을 국빈 방문한 자리에서 후진타오 주석은 북한 핵문제를 포함해 한국

---

14) 1994년 3월 김영삼 대통령의 중국 방문과 정상회담 내용에 대해서는 "오늘 한·중 정상회담/북핵-경협 집중논의," 『조선일보』(1994/03/28) 참조.
15) 김대중 대통령은 1998년 3월, 중국을 방문하고 한·중 정상회담을 개최한 후 가진 공동기자회견의 모두발언에서 이번 한·중 정상회담의 최대 성과는 '21세기의 한·중 협력 동반자관계'를 설정하고 공동성명 형식으로 문서화한 것이라고 자평하였다. 1998년 3월의 한·중 공동성명 전문과 김 대통령의 기자회견 내용에 대해서는, 『동아일보』(1998/03/13) 참조.
16) 2003년 7월의 노무현 대통령 중국 방문과 노무현-후진타오 정상회담의 공동성명 내용에 대해서는 "中韓發表聯合聲明 建立中韓全面合作伙伴關係," 『人民日報』(2003/07/09) 참조.
17) 1995년 11월에 개최된 한·중 정상회담에 대해서는 "호혜-평등의 동반자 재확인… 한·중 정상회담 의미," 『조선일보』(1995/11/14) 참조.

정부의 '평화와 번영 정책'을 평가하고, 한국은 "하나의 중국 원칙을 적극적으로 존중한다"면서 양국의 '전면적 협력 동반자관계'가 경제협력분야에 국한된 것이 아니라 외교·안보영역에서도 '전면적 협력 동반자관계'로 발전할 수 있도록 노력한다는 점을 분명히 하였다.[18]

이처럼 양국 정상들은 상호 방문을 통해 정상회담을 개최하는 것 이외에도 양국 정상이 모두 참여하는 주요 국제회의에서 양국이 개별적인 정상회담을 가지는 경우도 많았다. 2005년 중순까지 총 18회의 정상회담 중 앞에서 언급한 양국 정상의 상호 방문을 통한 정상회담 6회를 제외한 12회가 그러하다. 이를테면, 2004년 11월 칠레 산티아고에서 개최된 APEC 정상회담을 계기로 노무현 대통령과 후진타오 주석은 별도의 정상회담을 가지고, 북한 핵문제의 평화적 해결이 긴요하다는데 인식을 같이하고, 차기 6자회담의 조기 개최와 실질적 진전을 위해 새로운 각오로 적극 협력해 나가기로 했음을 공동성명을 통해 발표하기도 하였고, 2005년 5월 5일에는 모스크바에서 개최된 '제2차 세계대전 승전 60주년 기념회담'을 계기로 노무현 대통령과 후진타오 주석이 개별 정상회담을 가졌다.

이처럼 한국과 중국은 1992년 이후 거의 매년 1회 이상의 정상회담을 개최하면서 양국관계의 폭발적인 발전을 조율하면서 점차로 경제 중심의 협력관계를 외교·안보 분야에서의 '전면적인 협력 동반자관계'로 확대 발전시켰다. 물론 이런 양국관계의 발전이 정상회담을 통해서만 추진된 것은 아니다. 정상회담보다 오히려 실무적인 차원에서 양국간 접촉이 훨씬 더 활발하다. 예를 들어 1991년 10월 제1차 한·중 외무장관 회담을 개최한 이후 2005년 9월 제60차 유엔총회에 참석한 한·중 외교부 장관들은 미국 뉴욕에서 제56차 한·중 외무장관 회의를 기록하기도 하였다. 이처럼 외교 분야에서 실무 장관들이 자주 회담을 가지고 현안문제를 협의하지만, 동시에 정상회담과 별도로 총리

---

[18] 2005년 11월의 노무현-후진타오 정상회담에 대한 공동성명은 "中韓聯合公報(全文)," 『人民日報』(2005/11/17) 참조.

급 고위 지도자들의 회의 역시 이루어지고 있고, 의회, 정당, 사법부의 대표자들도 자주 상호 교환방문하고 있다.

이러한 정부 차원의 공식 교환방문에서 특히 주목되는 부분은 1998년 이후 군 고위 인사의 교환 방문이 실현되었다는 것이다. 사실 한·중관계는 경제 및 외교 분야에서는 활발한 교환 방문 외교가 진행되었지만, 군사 분야에서의 협력은 대단히 민감한 문제로 인식되어왔던 것이 사실이다. 따라서 1992년 수교 이후 1993년 12월에 한국 측이 무관부를 설치하고, 1994년 3월에 중국 무관부가 교환 설치되었지만, 군 고위층들의 방문은 억제되었다. 그러던 것이 1998년 8월 슝광카이(熊光楷) 중국군 총참모부 부총참모장이 이끄는 중국 군사대표단이 한국을 방문하였고, 1998년 11월 우리 해군 순항 훈련부대가 홍콩에 기항하면서 양국간 군사 교류가 급물살을 타기 시작하였다. 1999년 8월 한국의 조성태 국방장관이 국방장관으로서는 처음으로 중국을 방문하였고, 그에 대한 답방의 형식으로 2000년 1월에는 츠하오톈(遲浩田) 중국 국방부장이 한국을 방문하였다. 이후에도 양국 고위 군사지도부의 상호 방문은 지속되고 있다.

물론 군사 분야에서의 교류·협력은 다른 분야에 비하여 상당히 뒤처진 것은 사실이다. 그러나 양국관계가 국교 수립 당시에는 경제 분야의 협력에 초점을 두고 발전하기 시작했지만, 협력관계가 급속도로 외교·안보 분야에까지 확대, 심화하고 있는 점과 군사 분야에서도 점차 상호 협력을 모색하고 있다는 점은 여러 가지로 시사하는 바가 많다고 하겠다.

(2) 경제·통상 관계의 비약적 발전

한·중 수교 이후 가장 놀라운 속도로 발전한 것은 역시 경제 분야라고 할 수 있다. 양국 경제는 정치체제와 이념의 차이에도 불구하고 높은 상호의존성을 가지고 있었기 때문에 경제 외적인 장애 요인들에도 불구하고 급속도로 호혜적인 관계로 발전하였다. 1992년 수교 당시 63억 7천 달러에 불과했던 양국의 총교역량은 수교 직후 폭발적인 증가 추세를 보이면서 IMF사태 이전까지 30% 내외의 꾸준한 증가세를 보였다. 이런 한·중간 교역의 폭발적 증가 추세는 1998년 한국의 금융위기로 잠시 감소했지만, 1999년 이후 다시 증가하기 시작하여 2004년 현재 한국과 중국의 교역량은 아래 표에서 알 수 있듯이 793.5억 달러로 증가하였다. 1992년 수교 당시에 비하여 약 12.5배 늘어난 셈이다.

〈표 12-1〉 한중 교역량(1992~2004)[19]

(단위: 억 달러)

	1992	1993	1996	1997	1998	2000	2001	2002	2003	2004
수 출	26.5	51.5	113.7	135.7	119.4	186.1	181.9	237.5	351.1	497.7
수 입	37.2	39.3	85.3	101.2	64.8	128.0	133.0	174.0	219.1	295.8
교 역 액	63.7	90.8	199.0	236.9	84.2	314.1	314.9	411.5	570.2	793.5
무역수지(%)	-10.7	12.2	28.4	34.5	54.6	58.0	48.9	63.5	132.0	201.9

출처: 한국의 관세청 통계를 중심으로 재구성한 것.

그렇다면 양국간 교역액의 급증 현상이 의미하는 것이 무엇인가? 우선 한국의 입장에서 2004년 현재 중국은 한국의 최대 교역 대상 국가이며, 최대 수출 대상 국가이며, 최대 무역흑자를 기록한 국가가 되었다. 중국의 입장에서도 한국은 홍콩을 제외하면 미국과 일본에 이어 중국의 제3의 무역 대상국이 되었다. 아래의 〈표 12-2〉 한국과 중국의 5대 교역국(2004년 기준)은 바로 교역 관계의 관점에서 중국과 한국이 서로에게 얼마나 중요한 경제협력 동반자인가를 잘 보여준다고 하겠다.

---

[19] 1990년대 한·중 교역 통계는 서진영, "한·중수교 10년: 회고와 전망,"『동아시아연구』제5호 (2002), p. 12; 2001년 이후 통계는 주중한국대사관 제공, "한·중 교역 통계"(2005년 7월) 참조.

<표 12-2> 한국과 중국의 5대 교역국 (2004년도 기준)

한국의 5대 교역국 (2004년)

순위	국명	교역액 (무역수지)	수출	수입
1	중국	793.5(201.9)	497.7	295.8
2	미국	716.2(140.6)	428.4	287.8
3	일본	679.0(-244.0)	217.5	461.5
4	홍콩	214.0(148.6)	181.3	32.7
5	대만	171.6(25.4)	98.5	73.1

중국의 5대 교역국 (2004년)

순위	국명	교역액 (무역수지)	수출	수입
1	미국	1,696.3(802.7)	1,249.5	446.8
2	일본	1,678.9(-208.6)	735.1	943.7
3	홍콩	1,126.8(890.8)	1,008.8	118.0
4	한국	900.7(-344.3)	278.2	622.5
5	대만	783.3(512.3)	135.5	647.8

출처: 관세청과 해관 자료; 주중한국대사관이 제공한 "한·중 경제 관련 주요 통계"(2005년 10월).

사실 중국은 홍콩을 포함하면 2002년부터 이미 미국을 제치고 한국의 최대 수출 시장으로 부상하였다. 홍콩을 제외하고도 2004년 한국의 대중국 수출은 497.7억 달러였고, 이는 우리나라 총 수출액의 19.6%를 차지하는 것이다. 여기에 홍콩을 포함하면 중국과 홍콩 시장은 우리나라 총수출의 27%를 차지하는 그야말로 명실상부한 한국의 제1위 수출시장이라고 하지 않을 수 없다. 이처럼 중국은 한국의 최대 수출시장이면서 동시에 최대의 무역흑자를 가져다주는 교역 상대국이라는 점에서 우리 경제에 대한 중국 경제의 기여도는 대단히 높다고 하겠다. 2004년 우리나라 전체 무역수지는 294.2억 달러인데, 2004년 대중국 무역흑자는 위의 표에서 확인할 수 있는 바와 같이 201.9억 달러였다. 다시 말해 우리나라 대중국 무역흑자가 전체 무역 수지의 68.7%를 차지한 것이다.

이처럼 중국은 우리의 제1의 수출시장이고, 무역흑자를 제일 많이 촉발시켜주는 국가이지만, 동시에 2002년 이래 중국은 우리의 최대 투자 대상국이기도 하다. 한국의 대중국 투자는 1992년 271건, 2억 600만 달러에서 2004년 말 현재 누계 11,369건에 109.7억 달러를 기록하여 투자 건수와 투자액에서 각각 42배와 53배 성장하여 우리의 최대 해외 투자국이 되었고, 우리의 해외 투자 중 중국 투자가 차지하는 비중은 무려 40%에 이르고 있다. 이처럼 한국의 대중국 직접투자가 급증하면서 한국은 2004년 기준으로 중국에 직접투자한 국가 중에서 실질적으로 제1의 투자국가가 되었다. 아래의 〈표 12-3〉에서 알 수 있는 것처럼, 중국에서 가장 많은 직접투자를 한 순위에서 홍콩과 버지니아 제도가 1, 2위를 차지했지만, 잘 아는 바와 같이 홍콩은 중국의 일부이고, 버지니아 제도는 다국적 자본이기 때문에 제대로 된 국가들 중에서 한국이 중국에 가장 많은 직접투자를 한 국가인 것이다.[20]

〈표 12-3〉 중국에서의 직접투자 순위

(단위 : 억 달러)

순위	2004년			
	국가명	건수	계약액	실행액
1	홍콩	14,719	501.38	189.98
2	버지니아제도	2,641	193.96	67.30
3	한국	5,625	139.11	62.48
4	일본	3,454	91.62	54.52
5	미국	3,925	121.65	39.41
	전체 투자액	43,664	1,534.79	606.30

출처 : 주중한국대사관 제공의 "한·중 경제 관련 주요 통계"(2005년 10월).

이상에서 간략히 살펴본 바와 같이 한·중 수교 이후 한국과 중국은 경제적으로 대단히 긴밀한 상호 호혜적 관계를 발전시켰다. 한국의 입장에서 중국은 이제 미국이나 일본보다 더 큰 수출 시장이며, 해외 투자지역으로 부각되고 있으며, 중국과의 경제교류는 한국 경제 전반의 활력을 불어 넣고 있다. 물론 중국의 무서운 추격에 위협을 느끼고 있는 분야도 점차로 증가하고 있고, 양국은 해외 시장에서 치열한 경쟁 대상자가 되고 있는 것도 사실이지만, 양국 경

---

[20] 대중국 직접투자액에 대한 통계자료는 주중한국대사관 제공의 "한·중 경제 관련 주요 통계"(2005년 10월); 주원, "주요 경제현안: 한·중 경제교류의 새로운 파라다임,"『현대경제연구원』(2005년 5월 12일) 참조.

제는 상호 경쟁과 상호 협력을 통해 발전할 수 있는 여지가 더 많기 때문에 상당 기간 양국의 경제력 협력관계는 지속될 것이며, 양국의 경제협력은 경제 이외의 분야에서의 협력 확대에도 상당 부분 기여할 수 있을 것이다.

(3) 폭발적인 인적 교류

앞에서 한국과 중국은 수교 이후 비약적인 경제교류 확대를 기록했다고 했는데, 경제교류에 못지않게 양국의 인적 교류도 폭발적으로 증가하였다. 아래의 표가 보여주듯이 2004년 현재 중국을 방문하는 한국인들은 233만 5천 명을 돌파, 드디어 중국은 우리 국민이 제일 많이 방문하는 국가가 되었다.

〈표 12-4〉 한중 인적교류 현황(1992~2004)

(단위: 만 명)

	1992	1997	1998	1999	2000	2001	2002	2003	2004
방중 한국인	4.3	58.4	48.4	82.0	103.3	129.7	172.2	156.1	233.5
방한 중국인	8.7	21.4	21.1	31.7	44.3	48.2	53.9	51.3	62.7
합계	13.0	79.8	69.5	113.7	147.6	177.9	226.1	207.4	296.2

출처: 한국관광공사.

위의 〈표 12-4〉에서 알 수 있는 바와 같이 한국과 중국의 상호 방문자의 수는 수교 당시와 비교할 수 없을 정도로 대폭 증가했다. 2004년 상호 방문자의 수가 296.2만 명을 돌파, 수교 당시의 13만 명보다 무려 23배가량 증가했다. 물론 1998년의 한국의 금융위기와 2003년의 사스(SARS) 파동의 영향으로 상호 방문자의 수가 감소되기도 했지만, 그 이외의 시기에는 큰 폭으로 증가했다. 특히, 1999년 이후는 그 수가 매년 20%이상 급증하여 2003년 이후 중국은 한국의 최다 방문국이 되었다. 아래의 〈표 12-5〉에서 알 수 있듯이 2004년 현재 총 출국 한국인은 883만 명이고, 이중 중국을 방문한 한국인은 233만 명으로 총 출국자의 26.5%를 차지하여 일본을 큰 차이로 따돌리고 중국이 한국인이 제일 많이 방문하는 국가가 되었다.

〈표 12-5〉 방문국별 한국인 출국 현황(2004년 기준)

(단위 : 만 명, %)

순위	방문국	출국 한국인 수	증가율	비중
1	중 국	233	48.8	26.5
2	일 본	157	9.9	17.8
3	태 국	75	31.1	8.5
4	미 국	63	-7.6	7.1
5	필리핀	38	28.7	4.3
총 계		883	24.5	100.0

출처 : 한국관광공사.

이와 같은 인적 교류의 급증 현상 중에서 특히 주목되는 것은 중국에 유학하는 한국 유학생이 엄청난 속도로 증가하고 있다는 점이다. 한·중 수교 직전인 1991년 베이징의 한국 유학생은 100여 명에 불과했지만, 수교 10년 만에 약 150배 증가하여 2001년 현재 중국의 한국 유학생은 약 2만 2천 명이며, 이미 외국인 유학생 중 제일 많은 수를 나타내고 있었다.[21]

그런데 중국 교육부 산하 국가유학기금관리위원회 자료에 따르면, 2003년 말 현재 중국 내 한국 유학생은 3만 5,353명으로, 전체 외국인 유학생(7만 7,715명)의 45.5%를 차지하고 있는 것으로 집계되었고, 대학 본과에 수학 중인 학생만 따져볼 경우 등록된 전체 유학생(2만 4,616명) 중 한국인 학생은 1만 2,898명(52.1%)으로 절반을 넘었다고 한다. 어학연수 등 비학위 과정에 등록된 연수생

---

[21] 한·중수교 10년간 유학생들 증가 등 인적 교류에 대한 간단한 통계자료는 "[資料] 中韓建交10周年-綜述 : 中韓合作伴關系全面發展," 『新華社』(2002/08/20); 그리고 주한중국대사인 李濱 대사와의 인터뷰, "建交十年 感懷萬千 – 訪駐韓大使李濱," 『人民日報』(2002/08/22) 참조.

중 한국인은 전체 연수생(5만 3,099명)의 47.7%인 2만 5,169명이었고, 국가별로는 한국에 이어 일본(1만 2,765명), 미국(3,693명), 베트남(3,487명), 인도네시아(2,563명)의 순이라고 한다.22)

4. 21세기 한·중관계 : 과제와 전망

앞에서 살펴본 바와 같이 한국과 중국은 수교 이후 그야말로 세계에서 그 전례를 찾아 볼 수 없을 정도로 짧은 기간 동안에 전면적인 협력관계로 발전하였다. 두 나라의 지리적 근접성이나 문화·역사적 동질성, 그리고 경제적 상호보완성을 고려한다면 이와 같은 양국관계의 폭발적 발전이 전혀 예상치 못했던 바는 아니다. 따지고 보면 중국과, 한국 또는 한반도는 모든 면에서 불가분의 상호 관계를 형성할 수밖에 없기 때문에 일본 식민지 시대와 냉전시대의 인위적 단절이 오히려 비정상적이었다는 점에서 한·중 국교 정상화는 그야말로 양국관계의 정상화를 실현하는 계기가 되었다. 게다가 한국과 중국은 중국과 미국 및 일본과는 달리 상당기간 상호 전략적 경쟁자로 인식하지 않을 수 있는 관계이기 때문에 양국 국민들 사이에 비교적 높은 호감도를 발견할 수 있다.

최근 한국-일본-중국 동북아시아 3개국들 국민들이 상대국에 가지는 호감도 조사를 보면, 중국에 대한 한국인들이 가지는 국가 호감도도 높지만, 한국에 대한 중국인들의 호감도도 아주 높은 편이라는 사실을 알 수 있다.23) 또

---

22) 2003년 말 기준 중국에 온 외국인 유학생에 대한 통계자료는 중국 교육부 산하 국가유학기금관리위원회가 2004년 2월 발표한 『2003年全國來華留學生統計摘要』(http://csc.edu.cn/gb/downloaddoc/2004/2003lhtj.doc)를 참조.
23) 이를테면, 한국의 MBC와 중국 동방위성TV가 공동으로 시행한 한·중 여론조사에서 한국인에게 중국과 일본 양국에 대한 친근감을 묻는 질문에 중국인에 대해 친밀하게 느낀다는 긍정

다른 여론조사에 따르면, 한국인들에게 중국은 미국이나 일본보다 더 중요한 나라로 인식되고 있다. '경제적 측면에서 한국이 앞으로 가장 중시해야 할 나라'로 중국이라고 응답자한 사람(61.6%)이 미국이라고 응답한 사람(26.2%)보다 2배 이상 많았고, 외교 안보적인 측면에서도 중국을 가장 중시해야 한다는 응답(48.3%)이 미국을 중시해야 한다는 의견(38.1%)보다 높았다. 국가 선호도 조사에서도 중국에 대한 선호도는 미국에 대한 선호도보다 높았다.24) 이러한 여론을 반영하여 일부 정치인들은 앞으로 미국보다 중국을 중시하는 대외관계를 추구해야 한다고 주장하기도 하였다.25)

그렇다고 한국과 중국이 언제까지나 상호 협력적인 관계를 견지해 갈 수 있다는 것은 아니다. 이미 한국과 중국은 상호보완적이고 호혜적인 측면과 더불어 상호 경쟁적이거나 갈등적인 측면도 있다는 사실을 보여주고 있다. 이를테면, 양국 사회 내부의 민족주의 정서가 확산되면서 양국 사이에 고구려사를 중국의 소수민족사로 볼 것인가, 또는 한국 역사의 일부로 볼 것인가와 같은 '역사문제' 등 미묘한 갈등의 소지들이 잠복해 있다. 또한 한·중간 경제교류가 급속도로 진행되면서 예상치 못했던 갖가지 무역 분쟁도 그만큼 증가하고, 중국 경제의 비약적 발전과 더불어 한국 경제의 대중 의존도가 높아지면서 한국 사회에서도 '중국위협론'이 제기되고 있는 실정이다. 게다가 탈북자 문제와 같이 미묘한 정치적 이슈에 대하여 양국간 이견이 노출될 수도 있으며, 파룬궁 문제에 대한 시각과 달라이라마 초청 문제, 그리고 인권과 민주화에 대한 시각

적 답변은 50.5%에 달했지만, 일본인에 대해서는 불과 17.9%만이 친근감을 느낀다고 대답했다. 중국인 역시 한국에 대해서 친밀하게 느낀다고 대답한 사람이 전체의 79.0%였지만, 일본에 대해서는 25.0%만이 친밀감을 느낀다고 답했다. 이러한 조사 결과는 "한국인, 일본보다 중국에 더 친밀감," 『동아일보』(2005/08/13) 참조.
24) 코리아리서치센터(KRC)의 조사에 대해서는 "경제 측면 中 중시해야: 62%," 『동아일보』(2004/05/02) 참조.
25) 2004년 한국의 17대 총선 직후 초선 당선자 138명을 대상으로 대외정책에서 최우선으로 고려해야 할 나라를 조사한 결과 중국(55%)이 미국(45%)을 제치고 '가장 중요한 나라'로 꼽힌 데 이어 열린우리당 자체 조사에서도 당선자 130명 가운데 63%가 '최우선 외교통상 상대국'으로 중국을 꼽았다는 보도가 있었다. "정치권 '脫美親中' 조짐," 『동아일보』(2004/05/03) 참조.

등에서 심각한 견해 차이를 보일 수도 있다.

따라서 중국과 한국의 양국 국민들이나 일부 정치인들은 각기 상대방에 대해 호감을 가지고 있고, 상대방을 중요한 동반자로 인식하고 있는 것은 사실이지만, 동시에 앞에서 인용한 중국 중시 여론을 보여준 코리아리서치센터(KRC)의 동일한 조사에서 중국이 중요하다고 인정하면서도 중국을 '한국의 경제적 파트너'(43.1%)라기보다는 '경쟁하는 라이벌'(51.9%)로 보는 응답이 많았고, 10년 안에 중국 제품이 한국 제품의 품질을 앞설 것이라는 응답도 78.7%에 달해 경계심도 큰 것으로 나타났다. 또한 한·중 수교 12년을 맞아 실시된 KBS 여론조사는 마침 고구려사 문제로 한·중 갈등이 표면화 된 이후에 실시되었기 때문인지 "중국에 대한 호감도" 조사에서 '좋아한다'(40.4%)보다 '좋아하지 않는다'(58.2%)라는 응답이 더 높게 나타났으며, 중국을 동반자가 아닌 경쟁자로 인식하는 대답도 79.8%에 달했다.26)

이처럼 한국과 중국에 대한 호감도는 양국간 현안의 성격에 따라서 수시로 변화될 수 있는 것이고, 양국 사이에는 정치·안보·경제문제 이외에도 역사문제와 같이 미묘한 감정적 충돌과 갈등, 그리고 경쟁을 촉발시킬 수 있는 많은 위험 요인들이 잠복해 있다. 그러나 한국과 중국은 장기적 차원에서 상호 호혜적이고 보완적인 측면이 경쟁과 갈등의 측면보다 더 크기 때문에 상당기간 양국의 협력적 동반자관계가 계속될 수 있을 것이다. 특히, 다음과 같은 구조적 요인이 양국의 전면적 협력 동반자관계의 발전을 추동하는 요인이라 할 수 있다.

첫째, 중국과 한국의 전면적 동반자관계를 추동하는 힘은 역시 경제라고 할 수 있다. 두 나라는 모두 탈냉전과 세계화시대에 부응하여 체제와 이념 경쟁보다는 경제발전과 실리추구를 강조하고 있고, 한국과 중국은 세계 경제의 분업체제에서 상당히 높은 상호보완성을 가지고 있기 때문에 상당기간 양국은

---

26) KBS의 여론조사 결과에 대해서는 "KBS 여론조사 : 중국은 동반자 아닌 경쟁자," 『한겨레신문』(2004/09/11) 참조.

협력적 동반자관계를 발전시킬 수 있다. 중국의 압축 성장으로 한국과 중국의 기술 격차가 좁혀지고 있고, 따라서 상호 경쟁적 요인이 증가하고 있는 것도 사실이다. 그러나 양국 경제의 보완성은 앞으로도 상당 기간 계속될 수 있고, 또 양국은 상호보완관계를 통해 경제적으로 윈-윈(win-win) 게임을 유지해 나갈 수 있기 때문에 상당 기간 양국의 전면적 협력 동반자관계는 계속될 수 있을 것이다.

둘째, 두 나라가 전면적 동반자관계를 발전시킬 수 있는 배경에는 공통의 세계관, 공통의 국가 발전관이 있다. 중국과 한국은 모두 대외정책에서 패권을 추구하지 않으며, 탈냉전과 세계화란 시대적 여건에 부응하여 가능한 모든 역량을 (국내)경제발전에 집중하려 하고 있다. 이러한 점에서 중국은 앞에서도 언급했듯이 '도광양회'와 '평화발전론'을 제기하면서 패권을 추구하지 않을 것을 기회가 있을 때마다 강조하고 있는 것이다. 사실, 중국은 최소한 21세기 중반까지는 강대국간 패권경쟁보다는 중국의 경제발전과 전면적 '샤오캉'(小康) 사회의 실현에 더 관심을 집중하려 할 것이다. 한국도 역시 탈냉전시대를 맞이하여 미국 일변도의 외교정책에서 벗어나 모든 나라와 동반자관계를 추구하면서 자국의 실리를 극대화하려고 할 것이기 때문에 한국 스스로 소(小)패권국가를 지향하지 않을 것이며, 동시에 미국이나 일본의 패권 추구에 부화뇌동하려 하지도 않을 것이다. 따라서 동아시아에서 미국과 일본, 중국의 경쟁에서 한국이 상대적 자율성을 유지할 수 있다면, 한국과 중국은 전략적 차원에서도 상당기간 협력적 동반자관계를 지속할 수 있을 것이다.

셋째, 양국은 각자에게 제일 주요한 역사적 과제인 통일 문제에서 있어서도 전략적 이해가 일치하고 있으며, 이런 암묵적 합의를 바탕으로 한국과 중국은 상당기간 전략적 동반자관계를 발전시킬 수 있다. 사실 북한과 대만문제는 한반도와 동북아시아의 세력균형을 깨트릴 수 있는 대단히 미묘하고도 폭발력을 갖는 문제이다. 그런데 대만과의 평화적 통일 그리고 북한의 안정적 변화를 통한 한반도문제 해결의 유도라는 점에서 한국과 중국의 전략적 이해가 일치하고 있다. 다시 말해 남북한의 상호 협력과정을 통해 평화적인 통일에 도달한다는 점에 한국과 중국은 전략적 합의점에 도달할 수 있고, 동시에 대만문제에 대해서도 한국은 '중국은 하나'라는 원칙에 합의한 바가 있고, 또한 대만문제의 평화적 해결 원칙에 동의하고 있다는 점에서 한국과 중국은 북한 문제와 대만문제를 해결하는 과정에서 상당기간 전략적 상호 협력을 할 수 있는 것이다.

이와 같이 한국과 중국은 경제적 실리, 대외정책의 기본 노선, 그리고 평화통일의 추구라는 점에서 높은 전략적 보완성을 가지고 있기 때문에 한·중관계는 구조적으로 협력적 관계로 발전할 수 있다. 그러나 한·중관계를 지속 발전시킬 수 있는 구조적 요인도 한국과 중국의 지도부들에 의하여 현실화되어야 한다는 점에서 한국과 중국의 미래는 이들 두 나라 정치 지도자들의 역량에 달려 있다고 하겠다.

제13장

중·미관계와 한반도

> 탈냉전과 부강한 중국의 등장으로 한반도를 둘러싼 강대국간 세력 관계의 재편이 예상되는 가운데, 중·미관계의 변화가 한반도 운명에 어떻게 투영되었는가를 네 가지 역사적 사례를 통해 개괄해 본다.

1. 중·미관계와 한반도의 운명

이미 여러 번 강조했듯이 탈냉전과 부강한 중국의 등장은 한반도를 둘러싼 강대국의 세력 개편을 가속화한다는 의미를 가지고 있다. 특히, 남북한 모두에게 결정적인 중요성을 가지는 외세인 중국과 미국의 세력 관계 개편은 한반도의 미래 운명과 직결되었다는 점에서 주목하지 않을 수 없다. 앞으로 중국과 미국의 관계가 어떻게 변화할 것이며, 그런 중·미관계의 변화가 한반도 운명에 어떻게 투영될 것인가?

이런 문제에 대한 나름대로 해답을 찾기 위해 한국전쟁 이후 중국과 미국의 관계가 한반도문제에 어떤 영향을 어떻게 주었는지 몇 가지 역사적 사례를 중심으로 살펴보려고 한다. 즉, 1950년 한국전쟁, 1972년 중·미 화해와 남북한 공동성명 발표, 1992년 중·미 갈등과 한·중 수교, 2000년 6월 15일의 남북정상회담 실현과 중·미관계, 그리고 중·미관계와 북한 핵문제 해결 과정을 간단히 살펴보면서 부강한 중국의 등장이 한반도 주변지역에서 중국과 미국의 세력균형에 어떻게 영향을 줄 것인지, 그리고 상호 경쟁적이고 상호 협조적인 중·미관계가 한반도문제 해결 과정에서 어떤 영향을 줄 것인지 검토해 보고자 한다.

2. 중·미관계와 남북한: 네 가지 역사적 사례

(1) 한국전쟁과 미국과 중국의 전략 목표

한국전쟁에 대한 기록들이 공개되면서 한국전쟁은 김일성이 기획하고, 스탈린과 마오쩌둥의 동의를 받아 추진된 것이며, 이 과정에서 김일성은 미국의 개입 가능성이 별로 높지 않다는 점을 들어 미국과의 대결을 우려하는 스탈린을 설득했다는 사실이 밝혀졌다.[1] 그런데 한국전쟁과 관련하여 의문이 완전히 해소되지 않고 여전히 쟁점으로 남아 있는 부분이 한국전쟁 발발에 대한 미국과 중국의 대응이다. 미국의 경우 1950년 6월 25일 한국전쟁이 발발하기 이전에는 소극적인 자세를 견지하다가 한국전쟁 발발 직후에 단호하고도 신속하게 군사적 개입을 결정함으로써, 사실상 미국의 의도에 대해 김일성과 스탈린의 오판을 유도했다는 오해를 받게 된 이유는 무엇인가? 그리고 중국의 경우 건국한 지 채 1년도 안 된 상태에서 스탈린의 소극적인 대응과 달리 세계 최강의

---

[1] 이런 점에 대해서는 Sergei N. Gorncharov, John W. Lewis, Xue Litai eds., *Uncertain Partners: Stalin, Mao and the Korean War* (Stanford University Press, 1993) 참조.

미국과 군사적 대결을 감행하기로 결단을 내린 배경은 무엇인가?[2]

이와 같이 미국과 중국이 한반도 분쟁에 적극 개입하게 된 동기와 배경에 대해서는 여러 가지 추론이 가능하겠지만, 한 가지 확실한 것은 미국과 중국이 전후 동아시아 질서 재편 과정에서 한반도가 차지하는 전략적 중요성을 인식했다는 점이다. 미국은 한국전쟁을 동아시아에서 공산주의세력의 팽창정책의 일환이라고 인식했고, 따라서 이를 저지하지 못한다면 자국의 영향력을 일본에서도 유지하지 못할 지도 모른다는 위기감에서 적극적인 개입정책으로의 전환을 결정했다고 추론할 수 있다. 또한 중국은 미국의 협력도 필요하지만, 소련 일변도 정책을 선언하는 것이 중국의 안보와 발전에 유리하다고 판단했을 뿐만 아니라, 동아시아에서 중국의 입지를 확보하기 위해서는 미국과의 대결이 불가피하다고 판단하고 있었기 때문에 한국전쟁에 적극적으로 개입하기로 결정했다고 하겠다.

이러한 점에서 전통적으로 대륙세력과 해양세력이 교차하는 전략적 요충지인 한반도가 어느 한 세력에 의해 일방적으로 지배되는 것을 저지해야 한다는 것이 미국과 중국의 전략가들이 공통적으로 추구한 최소 목표였다면, 최대 목표는 역시 한반도에서 자신의 영향력을 극대화하는 것이었다. 바로 이러한 최대 목표 때문에 미국과 중국은 각기 한번씩 38선을 돌파해서 한반도 전역에 대한 군사적 점령을 시도했다고 하겠다. 그러나 그것이 실패로 돌아간 이후에 미국과 중국은 현상 유지적인 휴전선에 합의하게 되었던 것이다.

결국 한국전쟁을 통해서 미국과 중국은 상대방의 최대 전략목표와 최소

---

[2] 중국이 안보상의 위기 때문에 수동적인 입장에서 한국전쟁에 참전했다는 주장도 있지만, 그보다는 중국의 적극 참전론을 주장한 학자들도 많다. 이러한 주장에 대해서는 Chen Jian, *China's Road to the Korean War: The Making of the Sino-American Confrontation* (Columbia University Press, 1994); 姚旭, "미국에 대항하고 조선을 지원한 현명한 정책: 중국인민지원군이 출국하여 참전한 30주년을 기념하여,"『中蘇研究』8:4 (1984/5, 겨울), pp. 213-235; Hao Yufan and Zhai Zhiha, "China's Decision to Enter the Korean War: History Revisited," *The China Quarterly*, 121 (March 1990), pp. 94-115 참조.

전략목표에 대해 명확하게 인식하게 되었고, 한반도에서의 세력균형의 중요성을 인정하게 되었다. 즉, 한반도에서 어느 한 세력이 일방적으로 독점적인 영향력을 구축하려고 한다면 그것은 결국 전쟁을 촉발하는 위험성이 있다는 점을 확인했다는 것이다. 이러한 점에서 한국전쟁으로 미-중간의 냉전적 대결구도가 형성되었고, 남북한의 분단과 대결이 심화되었지만, 동시에 한국전쟁은 한반도문제 해결 과정에서 무력에 호소하는 흡수통일 방식의 위험성을 보여주었고, 한반도에서 평화와 안정은 관련 국가들의 세력균형을 통해서만 유지될 수 있다는 점을 교훈으로 남겼다고 하겠다.

(2) 1972년 미·중 화해와 7·4 남북공동성명

1950년 한국전쟁 이후 1972년까지 미국과 중국은 냉전적 대결 구도를 형성했던 것은 잘 알려진 사실이다. 중국은 소련이 주도하는 소련-중국-북한의 북방 삼각동맹 관계의 한 축으로서, 그리고 미국은 미국-일본-한국의 남방 삼각동맹 관계의 주도 국가로서 대결구도가 형성되었던 것이다. 이러한 대결구도하에서 중국은 1961년 중국과 북한간의 우호동맹조약을 바탕으로 북한과 특수 관계를 형성했고, 한국 역시 미국과 안보 동맹관계를 맺음으로써 중국에 대해 적대적인 태도를 견지하지 않을 수 없었다. 그러나 이런 대립구도는 중·소분쟁이 격화되고, 미국과 중국이 전략적 협력관계를 모색하기로 합의한 1972년 상하이 공동성명을 계기로 재편되지 않을 수 없었다.

1972년 상하이 공동성명은 베트남전쟁 이후 아시아 정세에 대한 미국과 중국의 전략적 이해가 상호보완적일 수 있다는 사실을 반영하고 있었다. 중국의 입장에서는 중·소 갈등이 마침내 1969년 3월 전바오다오(珍寶島) 유혈 무력 충돌을 야기할 만큼 악화되면서, 소련의 '사회-제국주의'의 위협으로부터 중국 자신의 안전보장을 확보하기 위해 미국과의 적대적 관계를 개선해야 할 필요성을 절감하고 있었다. 또한 미국의 입장에서도 베트남전쟁의 종결 이후 아시아에서 소련의 영향력 확대를 견제하기 위해서 중국과의 협력이 필요하였다. 이처럼 양국의 전략적 이해관계가 합치되면서 1972년 2월의 닉슨 대통령의 중국 방문과 역사적인 상하이공동성명의 발표가 실현되었던 것이다.3)

 1972년 상하이 공동성명에서 미국과 중국은 이념과 체제의 차이에도 불구하고, 영토주권의 존중과 내정불간섭의 원칙 등을 기초로 양국의 국교 정상화를 실현시키는 것이 양국의 국익에 부합된다고 합의하였다. 따라서 미국은 미국과 중국의 국교 정상화를 실현하기 위해 그동안 중국이 주장해왔던 중국은 하나이며 대만은 중국의 일부라는 점을 인정하고, 대만문제의 평화적 해결이라는 전제조건하에 점진적으로 대만과의 관계를 청산하겠다고 약속하였다. 이러한 상하이 공동성명의 내용은 한국전쟁 이후 미국이 앞장서서 철저하게 국제사회에서 배척해 왔던 중화인민공화국을 중국을 대표하는 유일 합법정부로 인정한 것일 뿐만 아니라, 소련을 견제하기 위해 미국의 중요한 전략적 파트너로 삼는다는 그야말로 충격적인 것이었다. 따라서 상하이 공동성명으로 대표되는 중국과 미국의 관계 변화는 한반도 주변정세에도 중대한 변화를 예고하는 것이었다.

 물론 미국과 중국은 상하이 공동성명에서 각기 자국의 동맹국가인 한국과 북한의 입장을 지지하고, 기존의 동맹관계를 견지할 것을 분명히 선언했지만, 미국과 중국의 화해는 남북한 모두에게 기회와 위기를 동시에 제공하는 것이었다. 특히 베트남과 대만에서 미국의 후퇴가 분명해지면서 북한은 한반도문제를 민족 대단결과 자주의 원칙에 입각해서 평화적으로 해결할 수 있는 유리한 기회가 성숙되고 있다고 판단했다. 반면 한국은 미국과 중국의 화해로 조성된 새로운 국제환경을 위기로 인식하면서 그러한 위기에 적극적으로 대응하기

---

3) Jonathan D. Pollack, "The Opening to America," in Dennis Twitchett and John K. Fairbank eds., *The Cambridge History of China: Vol. 15; The People's Republic, Part 2: Revolution within the Chinese Revolution, 1966-1982* (Cambridge University Press, 1991), pp. 402-472; James Mann, *About Face: A History of America's Curious Relationship with China, From Nixon to Clinton* (Vintage Books, 1998) 참조.

위해서 남북의 대화와 협력을 강조하지 않을 수 없었다.

이처럼 서로 완전히 상반된 의도를 가졌지만, 미국과 중국의 화해와 협력으로 형성된 기회와 위기에 대응하기 위해 남북한 당국은 1971년 8월에 이산가족의 재결합을 논의하기 위한 남북한 적십자회담을 개최하기로 합의했고, 1972년 7월 4일에는 미·중 비밀외교의 형식을 본떠 남북한 밀사의 접촉과 방문을 통하여 한반도 통일을 위한 3대 원칙에 합의했다고 발표했다. 이에 따라 한반도에서도 남북화해와 통일을 위한 일대 변화가 발생할 수 있다는 기대감이 높아지게 되었다. 그러나 상하이 공동성명 이후 미국과 중국의 관계가 양국의 국내외적 장애요인으로 교착상태에서 헤어나지 못하고, 또 미국과 중국의 화해에도 불구하고 한반도의 냉전구도가 근본적으로 변화될 정도의 대변화를 초래하는 것이 아니라는 것이 확인되면서, 남북한은 7·4 공동성명에서 합의한 한반도 통일을 위한 3대 원칙을 각기 다르게 해석하기 시작했고, 곧 과거와 같은 상호 비방과 대립 관계로 복귀하였다. 오히려 남북한 당국자들은 미국과 중국의 화해로 일시적으로 조성된 '착잡한 국제정세'의 변화를 정권과 체제의 안정성 확보를 위한 국내 체제정비를 강행하는 계기로 삼았다.[4] 즉, 북한은 1972년 12월에 사회주의 헌법을 채택하고 김일성의 '주체사상'을 헌법 규범화하면서 수령제 국가를 본격적으로 건설하기 시작하였고, 한국은 같은 해 10월에 유신헌법을 제정하여 박정희 대통령의 종신 집권을 보장하는 유신체제를 건설하기 시작하였다.

이처럼 미국과 중국의 화해는 일시적으로 한반도 냉전구도의 변화 가능성을 제기하고, 그에 따라 남북한 당국자들이 대화와 협력을 모색했지만, 남북한

---

[4] 1971년 11월에 개최된 당 중앙위원회 제5기 제3차 전원회의에서 김일성이 "국제정세에서 제기된 몇 가지 문제에 대하여" 보고한 내용을 전달하면서, 북한의 언론매체는 "김일성 동지의 보고는 착잡한 현 국제정세에 대한 가장 정확한 과학적 리론적 해답을 준 것"이라고 평가하였다. 여기서 알 수 있는 것처럼 중국과 미국의 비밀 교섭과 협상으로 한반도 주변의 '착잡한 국제정세'가 조성되었고, 이에 대해 내부적으로 대비하고 있었다는 것을 짐작할 수 있다. 『정치사전』(1973), pp. 842-843.

당국은 외부 환경의 변화에서 파생된 '기회와 위기'를 남북한 화해와 평화 통일의 기회로 발전시키지 못하고, 오히려 자신들의 체제정비와 권력의 공고화를 위해 활용함으로써 남북한의 대립과 이질화가 오히려 더욱 확대 심화되는 결과를 낳고 말았다.

(3) 미·중 갈등과 한·중 수교

1972년 미국과 중국의 화해로 일시적이나마 추진되었던 남북한의 대화와 협상은 앞에서 지적한 바와 같이 남북한의 국내 체제정비로 끝나면서 한반도의 냉전체제는 오히려 강고해지는 것 같았다. 이처럼 외부 환경의 변화에도 불구하고 남북한 내부의 변화가 수반되지 않으면 한반도 냉전구조의 변화가 실현되기 어렵다는 사실은 중·미 국교 정상화의 경우에도 다시 한번 증명되었다. 1979년 1월 미국과 중국이 정식으로 국교 정상화에 합의하고 전략적 협력관계를 추진한 1980년대에도 남북한의 대립과 갈등은 여전히 계속되었던 것이다.

그러나 중국의 개혁개방과 중·미 국교 정상화는 중국의 대한반도정책과 한·중관계의 변화를 촉발시키기 시작하였다. 이미 앞의 한·중관계에 관한 부분에서 자세히 설명했지만, 1983년 중국 민항기 납치사건을 계기로 중국과 한국은 비공식적인 차원에서 접촉을 개시했고, 점차로 양국의 교역도 활성화되기 시작하였다. 특히, 1988년 서울 올림픽을 계기로 한국과 중국의 교류와 협력은 다방면으로 증가·확산된 것은 잘 알려진 사실이다. 이처럼 중국은 개혁개방의 연장선에서 정경분리의 원칙을 적용하여 한국과의 교류·협력을 추진하면서도 전통적인 동맹국가인 북한의 반발을 의식하여 한·중 국교 정상화에는 소극적이었다. 한편, 1989년 천안문 사태와 그로 인해 촉발된 미국 및 서방세계의 대중국 제재조치를 극복하기 위해 중국은 전방위 외교를 적극적으로 추진하게 된다. 특히, 1992년 초 덩샤오핑의 남순강화를 계기로 보다 적극적인 개혁개방정책을 추진하면서 중국은 한국을 비롯한 주변 국가들과의 관계 개선을 적극적으로 추구하였다. 천안문 사태로 조성된 미국과 서방세계의 중국 견제를 돌파하고 개혁개방의 심화발전을 추구하는 중국과, 경제발전과 민주화를 통하여 축적된 자신감을 바탕으로 소련과 동구 및 중국 등 사회주의 국가들과의 관계 정상화를 추진하는 한국의 북방정책이 조응하면서 마침내 1992년에 한·중 국교 정상화 합의에 이르게 되었던 것이다.

이와 같이 중국이 1992년에 한·중 국교 정상화에 합의하게 된 배경에는 중국과 한국의 경제적 상호보완성이 높다는 실리적 이유도 작용했지만, 동시에 미국과 일본의 일방적인 대중국 견제 정책을 억제하려는 중국의 전략적인 의도도 작용했다고 할 수 있다. 다시 말해서 중국은 한국과의 관계 개선을 통해 미국과 일본이 일방적으로 주도하는 대중국 봉쇄정책망의 구축을 저지하려고 한 것이다. 사실, 이런 중국의 전략적 목표는 어느 정도 효력을 보이기 시작했다고 하겠다. 한국은 미국과의 동맹관계를 견지하면서도 중국과의 관계에서 어느 정도 상대적 자율성을 유지하려고 노력하고 있으며, 한반도문제 해결 과정에서 상당부분 한국과 중국의 전략적 협력관계가 형성되고 있기 때문이다.

이처럼 1989년 천안문 사태 이후 미국과 중국의 갈등과 긴장은 오히려 1992년 한·중 수교에 간접적인 촉진제의 역할을 한 것이 사실이며, 1991년 한·소 수교에 이어 1992년에 한·중 수교가 실현되고, 1991년 말에는 남북한 당국자들이 남북한 기본합의서에 서명하게 되면서 한반도의 냉전구조는 한국에게 유리한 국내외적 조건에서 해체될 수 있는 것처럼 보였다.

1992년의 이러한 상황은 1972년의 상황과 여러 가지로 대비되는 것이었다. 즉, 1972년 미국과 중국의 화해를 둘러싸고 조성된 '착잡한 국제정세'가 북한에게는 기회로, 남한에게는 위기로 인식되었다면, 1991년 한소 수교와 1992년 한·중 수교로 이어진 '혁명적인 국제정세'는 한국에게는 한국 주도의 북방외교를 추진하고, 평화통일을 실현할 수 있는 기회로 인식되었지만, 북한에게는 심각한 체제위기로 인식되었다. 따라서 이런 체제 위기를 극복하기 위해 북한은 결국 핵과 미사일 개발에 박차를 가하게 되고, 북한의 이러한 생존전략은 한반도문제의 평화적 해결방안에 대한 기대를 좌절시키고, 북한 핵문제를 촉발하면서 다시 한번 한반도에서 전쟁의 위기가 조성되는 상황으로 악화되었다.

(4) 미·중 협력과 남북한 정상회담, 그리고 6자회담

미국 클린턴 행정부의 대아시아 정책이 이미 잘 알려진 바와 같이 1994년을 전후로 이른바 '개입과 확장'(Engagement and Enlargement)으로 정리되면서, 미국은 중국과의 협력관계를 모색하고, 북한 핵문제에 대해서도 대화와 타협을 통한 해결방안을 모색하기 시작했다. 이러한 미국의 정책 전환으로 미국은 1994년에 제네바 합의를 통해 북한 핵문제를 해결할 수 있는 방안을 마련할 수 있었고, 1997년과 1998년에는 장쩌민 중국 국가주석의 미국방문과 클린턴의 중국 방문이 실현되면서 중국과 미국은 '건설적·전략적 동반자관계'를 지향할 수 있게 되었다.

물론 이러한 클린턴의 대중국 정책과 대북한 정책은 미국 내부에서 비판을 받기도 하였다. 특히, 중국의 천안문 사건 이후 미국 사회에서 제기되기 시작한 중국위협론이 확산되고, 미·중관계 개선에 대해 비판적 세력들이 의회를 주도하면서 미·중관계는 협력과 견제의 불안정한 관계를 보이고 있었다. 그럼에도 여전히 클린턴 행정부의 기본 정책 방향은 중국과의 협력관계를 기초로 동북아시아의 안전과 번영을 추구하는 것이 미국의 국익에 유리하다는 것이었다. 특히, 클린턴 행정부는 한반도문제와 관련하여 중국의 협력을 통해 북한의 개방·개혁을 유도함으로써 한반도의 냉전구도를 해체한다는 한국 김대중 정부의 전략 구상에 동의하고 있었다. 따라서 클린턴 행정부 후반기에 미국은 중국과 마찬가지로 한반도문제는 남북한 당사자들이 대화와 협상을 통해 긴장완화와 평화 공존의 길을 찾는 것이 중요하다는 점에 동의하였다. 결국 남북 대결보다 남북 평화공존을 현실로 받아들이는 데 남북한이 동의하고, 남북한 화해와 공존을 통한 한반도 냉전질서 개편에 대하여 미국과 중국이 간접적으로 지원하고 양해함에 힘입어 2000년 6월 분단 이후 최초의 남북한 정상회담이 실현되었고, 한반도문제의 평화적 해결에 대한 기대감이 다시 높아졌다.

그러나 2000년 6월의 남북한 정상회담의 성과에 대해 주변 강대국들은 모두 환영하고 지지한다고 선언하면서도 한반도 정세의 급격한 변화 가능성에 대해 복잡한 반응과 대응 자세를 보이고 있다. 특히 미국에서는 부시 행정부의 등장과 더불어 중국을 전략적 경쟁자로 인식하는 세력들의 영향력이 증대되었고, 한반도문제의 평화적 해결 과정에서 미국의 전략적 역할과 위상 변화에 대한 우려가 제기되면서, 남북한 관계 개선의 속도조절과 한·미·일 공조가 강조되기 시작하였다. 이와 같은 부시 행정부의 대북 강경정책과, 체제 위기에 직면한 북한의 핵무장에 대한 집념으로 다시 북한 핵 위기가 촉발됨으로써 남북정상회담으로 형성된 남북한의 화해와 협력 분위기가 후퇴하고, 한반도는 다시 전쟁의 위험성에 직면하는 것 같았다.

그러나 앞에서 설명한 것처럼 9·11사태 이후 미국의 세계전략이 변화하고, 중·미간 협력의 필요성이 제기되면서 협상을 통한 북한 핵문제의 해결 가능성이 제기되었다. 특히, 중국 스스로 책임 있는 강대국으로서 북한 핵문제 해결을 위해 일정한 역할을 할 필요가 있다고 생각하고 있었기 때문에 대화와 타협으로써 북한 핵문제를 해결하기 위한 6자 회담이 성사될 수 있었다. 당사국들은 2003년 8월 이후 2005년 9월까지 모두 4차례의 회담 끝에 한반도 비핵화를 위한 원칙과 해법을 제시하는 공동성명을 채택하는 데 성공했지만, 구체적 이행 방안을 두고 미국과 북한간의 날카로운 이견 때문에 교착 상태에서 벗어나지 못하고 있다.

3. 중·미의 상호 견제와 협력, 그리고 한반도

앞에서 우리는 미국과 중국의 경쟁과 갈등, 협력관계가 남북한 관계 변화에 어떻게 투영되었는가를 살펴보았다. 그 결과 대략 다음과 같은 시사점을 발견할 수 있었다.

첫째, 한국전쟁은 결국 어느 한 세력이 독점적으로 전략 요충지인 한반도를 장악하려고 했기 때문에 촉발된 것이라고 할 수 있다. 따라서 현재에도 한반도에서 어느 한 세력이 다시 독점적인 영향력을 확보하려 한다면 다른 세력의 격렬한 반발과 저항을 초래할 수 있다는 점에 유의할 필요가 있다. 이런 점에서 한반도의 평화와 안정은 당분간 주변 강대국과 남북한 등 관련 국가들의 세력균형과 이익의 균형에서 찾아야 한다는 교훈을 얻을 수 있다.

둘째, 한국전쟁 이후 상당기간 그랬던 것처럼, 미국과 중국의 대립과 갈등은 한반도의 분단과 대결을 심화시키는 요인으로 작용하였다. 따라서 탈냉전시대의 미국과 중국의 경쟁과 갈등이 한반도를 둘러싸고 신냉전적 상황으로 악화되지 않도록 노력할 필요가 있다. 결국 한국이나 북한이 모두 한반도 주변 강대국들의 패권 경쟁에 이용되지 않도록 할 필요가 있겠다. 특히 한국의 입장에서는 한·미동맹 관계의 신뢰를 훼손하지 않는 범위 내에서 미국과 중국의 전략적 갈등 요인이 되고 있는 문제들, 이를테면 MD 문제나 대만문제 등에 있어서 의도적으로 정책적 모호성을 견지함으로써 중·미간 갈등에서 상대적 자율성을 유지하는 것이 필요하다.

셋째, 한반도문제의 평화적 해결을 위해서는 동아시아 질서에 대한 미국과 중국의 기본적 공동인식과 협력관계가 전제되어야 하지만, 탈냉전시대에 미국과 중국 사이에 형성되고 있는 협력과 갈등의 복합적 관계는 우리에게 '기회의 창'을 제공할 수 있다는 사실에 주목할 필요가 있다. 앞에서 지적한 바와 같이 천안문 사태 이후 미국의 대중국 견제정책이 오히려 중국으로 하여금 정경분리 원칙을 포기하고, 한·중 수교를 적극 추진하도록 자극했다는 사실에서 확인할 수 있는 것처럼, 탈냉전시대의 미국과 중국의 경쟁과 갈등은 우리에게 또 다른 '기회의 창'을 제공할 수 있는 것이다. 그런데 우리가 그런 기회를 적극적으로 활용할 수 있으려면, 북한에게 우리의 기회가 그들에게 위기가 아니라는 점을 인식시키도록 해야 한다. 1991년의 한·소 수교와 1992년의 한·중 수교는 탈냉전시대가 준 역사적 기회를 활용한 우리 북방정책의 성과였지만, 바로 이런 성과는 북한의 체제위기로 인식되면서 남북한 관계가 오히려 파국을 맞게 되었다는 점에서 교훈을 찾아야 할 것이다.

21세기에 미국과 중국의 상호 경쟁과 견제는 한반도문제에서 미국이나 중국이 패권적 영향력을 행사할 수 없도록 서로의 역할을 상대적으로 축소시키는 경향이 있으며, 그 대신 남북한 당사자들의 역할이 확대될 수 있는 기회를 증가시키기 때문에 이런 역사적 기회를 활용하기 위해서는 무엇보다도 남북한 간의 신뢰 구축이 필수적이라고 하겠다. 다시 말해 탈냉전시대가 주는 기회를 남한이나 북한이 '흡수통일의 기회'로 이용하지 않을 것이라는 확신을 가질 필요가 있다는 것이다. 이와 같은 여건을 조성하기 위해 남북대화와 남북한에 대한 주변 강대국의 교차 승인을 적극적으로 추진할 필요가 있다.

넷째, 현재 중·미관계와 남북한 관계가 불안정한 이유는 체제와 이념이 다른 이질적인 국가들이 단기적 실리에 기초하여 관계 개선을 추구했기 때문이고, 그에 대한 국민적 지지 기반이 형성되어 있지 않기 때문이다. 따라서 중·미관계와 남북한 관계가 안정적으로 발전하기 위해서는 단기적이고 실리적 이익의 차원을 넘어서는 전략적 목표와 이익에 대한 합의 기반이 구축되어야 한다. 즉, 미국과 중국, 그리고 남한과 북한이 한반도의 평화와 번영이라는 목표에 동의하고, 이를 실천하는 구체적인 방안은 대화와 협상을 통해 모색될 수밖에 없다는 전략적 판단을 공유해야 한다는 것이다. 이런 점에서 중국과 미국, 남북한의 전략적 대화도 필요하지만, 6자회담과 같이 관련 당사국들이 모두 참여하여 대화와 타협을 모색하는 제도적 틀을 마련하는 것이 대단히 중요하다고 하겠다.

탈냉전시대의 미국과 중국 관계는 냉전시대와 같은 상호 대결과 갈등의 시대로 돌아 갈 수도 없지만, 탈냉전 초기의 밀월관계로 일관될 수도 없다는 것이 분명해지고 있다. 다시 말해 미국과 중국의 관계는 협력과 경쟁, 갈등이 교차하는 복합적 관계로 계속될 것이며, 그런 복합적인 중·미관계는, 한반도 문제에 대해 미국이나 중국이 일방적으로 개입, 패권적 영향력을 행사할 수 있는 가능성이 축소되고, 남북한 당사자 해결 원칙이 관철될 수 있는 여지가 증대된다는 것을 의미한다. 이러한 점에서 부강한 중국의 등장은 한반도문제에 대한 강대국의 개입 가능성을 축소하고 남북한 당사자의 협상과 타협을 통해 평화적 해결책을 모색해 볼 수 있는 '기회'를 제공한다고 할 수 있다.

제14장

결언 : '신조선책략'을 찾아서

냉전질서가 와해되고, 한반도 주변 강대국들의 세력관계가 재편되는 탈냉전시대의 한반도 상황을 흔히 구한말 19세기의 전환기와 비교하기도 한다. 미국 중심의 냉전질서에서 탈피하여 탈냉전·탈근대를 지향하는 21세기의 전환기적 국제정세가 팍스 시니카(Pax Sinica)의 세계질서가 쇠퇴하고 근대적 국제질서가 등장하는 19세기 전환기의 정세와 유사하다는 것이다.

그렇다면 이와 같이 문명의 이행기이며 동시에 강대국들의 세력관계가 재편되는 세기적 전환기에 우리에게 주어진 기회와 위험은 무엇인가? 19세기 조선은 중국이 지배하는 중화주의적 세계질서에서 벗어나 주권국가들간의 평등한 관계를 전제로 형성되었다는 근대민족국가체제로 이행하는 과정에서 대한제국의 주권과 독립, 그리고 번영을 실현할 수 있는 '기회'를 가질 수 있었지만, 동시에 중국의 종주권에서 독립된 대한제국을 자신의 영향권에 편입시키려는 제국주의 열강의 팽창정책의 희생물이 될 '위험'에도 그대로 노출되어 있었다.

이와 같은 기회와 위험은 21세기의 한반도에서 그대로 반복되고 있다. 탈냉전이라는 세기적 전환기에 팍스 아메리카나(Pax Americana)라는 미국 중심의 세계질서가 약화되고, 다원적 국제질서가 확립되는 과정에서 한반도의 남북한은 미국이나 여타 강대국으로부터 상대적 독립과 자율성을 확보하고, 남북한 당사자가 주도한 가운데 한반도의 평화통일과 번영을 달성할 수 있는 '기회'를 가지게 되었다. 그러나 동시에 남북한 모두 주변 강대국들의 이합집산과 자국 중심의 실리외교로 말미암아 '독립'도 '번영'도 모두 희생될 수 있는 '위험'에 노출되어 있다는 점에서 19세기와 21세기의 전환기적 공통점이 있다고 하겠다.

이러한 위험과 기회에 직면하여 우리의 선조들은 어떤 생존 전략을 모색했는가? 한반도 주변 정세의 대격변기에 직면한 19세기 지식인들의 생존전략을 엿볼 수 있는 것이 '조선책략'(朝鮮策略)이라고 한다면, 조선책략은 무엇이고, 그것이 주는 시사점은 어떤 것인가?

'조선책략'이란 1880년 김홍집(金弘集)이 일본 수신사로 일본을 방문하던 중 당시 일본에서 활약하고 있던 중국 청(淸)나라 외교관을 만나 국제 정세에 대해 논의하고 조선의 나아갈 길을 자문했던 대화 내용을 기술한 것이다. 조선책략의 기본 내용은 당시 조선을 위협하던 제정 러시아 세력을 견제하고 새로운 국제질서에서 살아남기 위해서는 '균세자강'(均勢自强)의 관점에서 친중국(親中國), 결일본(結日本), 연미국(聯美國)을 추진해야 한다는 것으로 요약될 수 있다. 다시 말해 중화주의 세계질서가 약화되고, 근대적 국제 질서가 등장하는 과도기에 조선의 생존 전략으로 중국과의 전통적 유대 관계를 견지하면서도(親中國), 신흥 근대화 세력인 일본과 교통하고(結日本), 미국의 지원을 확보하는 것(聯美國)이 바람직하다는 권고를 받았다는 것이다.1)

그런데 '조선책략'에서 제시된 방책을 제대로 실천도 해 보지 못하고, 19세기 조선이 망국과 식민지의 길로 전락하고 만 이유는 무엇일까? 그것은 무엇보다도 당시 우리 선조들이 '조선책략'의 기본 노선이라고 할 수 있는 균세(均勢)에도, 자강(自强)에도 실패했기 때문이라고 할 수 있다. 다시 말해 우리는 내부의 역량을 집결시켜 자강의 방책을 제대로 실천도 못했거니와, 동시에 주변 강대국들의 의도와 성향을 제대로 파악하지 못하고 그들의 선의에만 의존하거

---

1) '조선책략'의 원문 번역판으로는 黃遵憲, 조일문 역, 『朝鮮策略』(서울: 건국대학교 출판부, 1982)을 참조; 그리고 '조선책략'의 현대적 함의에 대해서는 하영선, "'21세기의 '조선책략',"『국가전략』 2:2 (1996) pp. 95-126 참조.

나 열강들의 표면적인 세력균형과 지원에 의존하여 대한제국의 독립과 주권을 지킬 수 있다고 생각했던 것이다.

이를테면, 당시 조선의 개혁적 지식인들은 수구적인 중국에 대해서는 형식적 유대관계만 유지하면서 개혁적인 일본과 개방적인 미국의 지원을 받아 대한제국의 독립과 발전을 달성할 수 있다고 생각하였다. 다시 말해 19세기 당시 많은 개혁적 지식인들은 일본 제국의 의도를 제대로 파악하지 못한 채 조선의 개혁을 위한 지원세력으로 일본과 교통하였고(結日本), 미국과 일본의 합작 가능성을 염두에 두지 않고 오히려 미국을 통해 일본의 영향력 확대를 견제하려고 했다(聯美國)는 점에서 19세기 생존전략이라고 할 수 있는 조선책략의 약점이 있었다고 하겠다. 바로 이런 뼈아픈 역사적 경험 때문에 해방 직후 민간에서 '미국을 믿지 말고, 소련에 속지 말라, 일본은 일어난다, 조선 사람아 조심해라'는 말이 유행했던 것이 아닌가 싶다.

그렇다면 19세기 전환기에 우리의 생존 전략으로 제시되었던 조선책략의 균세자강 노선은 폐기되어야 할 것인가? 물론 19세기와 21세기의 세계는 전혀 다른 세계이고, 우리의 처지도 완전히 다르기 때문에 19세기의 조선책략을 오늘의 세계에 그대로 옮길 수 없다는 것은 두말할 나위가 없다. 그러나 앞에서 지적한 바와 같이 19세기와 21세기는 모두 문명사적 이행기이며 한반도 주변 세력관계의 재편기라는 점에서 균세자강의 방안은 여전히 유효하다고 할 수 있다. 다만 주요 행위자들과 그들의 위치와 역할이 다르다는 점을 고려하고, 과거 실패의 교훈을 반복하지 않도록 하는 일이 중요하다고 하겠다.

중국 중심의 중화주의 세계가 몰락하고, 일본과 미국 중심의 근대적 국제질서가 등장하는 19세기 전환기의 조선책략의 균세자강 노선은, 중국과의 전통적 유대관계를 유지하면서도 일본 및 미국과의 우호관계를 통해 세력균형을 견지해야 한다는 것이었다. 그러나 21세기적 상황 즉, 미국과 일본 주도의 냉전적 국제질서가 약화되고 부강한 중국이 등장함으로써 가속화되고 있는 동아시아의 다원적 국제질서의 형성과정에서 미국과 일본, 중국과의 관계 설정을 어떻게 해야 하는 것인가 하는 것이 신(新)조선책략의 화두라고 할 수 있다. 특히, 21세기 신조선책략의 초점은 탈냉전과 부강한 중국의 등장에 따른 세력재편 과정에서 한·미동맹 관계와 한·중관계를 어떻게 설정할 것인가에 있다고 하겠다.

앞에서 중국의 개혁개방의 추진과 부강한 중국의 등장과 더불어 탈냉전시대에 한국과 중국은 전면적 협력관계로 발전하기 시작했다고 지적하였다. 이와 같이 중국의 등장은 냉전시대에 형성되었던 동아시아의 세력관계 재편을 촉진하고 있는 것은 사실이고, 이러한 변화과정에서 중국은 우리에게 대단히 중요한 존재가 되고 있다. 중국은 한국과의 높은 경제적 상호보완성 때문에 중요한 파트너로 인식되고 있을 뿐만 아니라, 한반도의 긴장완화 및 평화정착과, 북한의 안정적인 개혁개방으로의 유도를 위해서도 중국과의 협력이 절대적으로 필요하다는 인식이 확산되고 있다. 이에 따라 한국 사회에서 중국을, 단순한 경제협력의 대상국가의 차원을 넘어 미래를 위한 전략적 동반자로 인식하는 경향이 증가하고 있다.

이와 같은 중국에 대한 긍정적이고 적극적인 인식은 우리 국민들과 여론 주도층에서 발견할 수 있는 중국에 대한 호감도와 기대감의 상승에서 확인할 수 있다. 각종 여론조사에서 이미 중국은 미국을 제치고 '앞으로 가장 중시해야 할 나라'로 꼽히고 있으며, 미국-일본-중국 등 세 나라에 대한 국가 호감도 조사에서도 중국에 대한 국가 호감도가 가장 높게 나타나는 경우도 많이 있다. 이러한 경향을 반영하여 일부에서는 20세기가 한·미동맹의 시대였다면, 21세기는 한·중 협력을 바탕으로 한반도의 안정과 번영, 그리고 평화통일의 시대를 열어가야 한다는 주장을 제기하고 있다. 특히 탈냉전시대의 미국의 일방주의와 패권주의에 대해 비판적 견해가 증대·확산되면서, 한·미동맹 체제를 재조정하고 하고, 한반도에 대한 미국의 독점적 영향력을 억제하기 위해서라도 중국과의 전략적 유대관계를 강화·발전시킬 필요가 있다고 역설하기도 한다.

그런데 최근 중국에 대한 이러한 기대감을 경계하는 신중론도 제기되고 있다. 특히 중국 경제에 대한 위협감이 증대되고, 고구려사 문제 등을 통해 표출된 중화민족주의적 세계관에 대한 경계심이 촉발되면서 그동안 도외시해 왔던 부강한 중국에 대한 신중론이 강조되기 시작한 것이다. 사실 우리는 부강한 중국이 우리에게 제공할 수 있는 기회의 측면에 지나치게 매혹된 나머지, 우리 역사 속에서 반복적으로 되풀이 되었던 중국과 한반도간의 긴장과 갈등, 중국의 압박과 간섭을 애써 외면하려고 한 점이 있음을 부인할 수 없다. 다행히 우리 사회는 고구려사 논쟁 등의 체험을 통해 과거 역사적 경험을 객관적으로 재검토할 수 있는 기회를 가짐으로써 중국 기회론과 중국위협론이 균형을 모색할 수 있는 계기를 찾을 수 있었다. 이러한 점에서 필자는 21세기 신조선책략의 균세자강 방침을 다음과 같이 주장한 바가 있다.[2]

" …… 중국은 경제적 차원에서도 우리 경제와 상호보완적인 측면도 많지만, 동시에 경쟁적인 측면도 있다. 전략적으로도 현 단계에서 한반도의 안정과 북한과의 공존을 위해 중국과 협력해야 한다는 점에 이론이 없지만, 통일과정에 한국과 중국의 전략적 이해관계가 언제나 일치한다고 단언할 수는 없다고 하겠다. 이런 점에서 중국은 협력의 동반자임과 동시에 경계 대상이라는 점을 인식하고, 균세자강(均勢自强)의 지혜를 가지고 접근할 필요가 있다. 즉 미국 대신 중국이라는 단순한 양자택일의 접근보다는 미국과 중국을 활용하여 자강(自强)을 도모하는 성숙된 균형 감각을 견지할 필요가 있다는 것이다."

---

[2] 서진영, "기회의 땅, 위험의 나라 중국," 『뉴스메이커』 제585호(경향신문사, 2004/07/30).

참고문헌

1. 국문

Alex Callinicos, 김용학 역, 『역사와 행위』(*Making History: Agency, Structure and Change in Social Theory*)(교보문고, 1992).
김동성, 『중공대외정책론』(법문사, 1988).
김석우, 『남북이 만난다 세계가 만난다』(고려원, 1995).
김영신, 『대만의 역사』(지영사, 2001).
김웅진 외, 『정치학 조사방법: 재미있는 퍼즐 풀기』(서울: 명지사, 2000).
문흥호, 『13억 인의 미래: 중국은 과연 하나인가?』(당대, 1996).
박두복, "중국 제10기 全國人民代表大會 결과 분석," 『외교안보연구원 주요 국제문제 분석』 (2003.03).
박명림, 『한국전쟁의 발발과 기원 I, II』(나남, 1996).
서진영 외, 『중국의 대외관계: 동북아 신질서와 중국』(고려대학교 아세아문제연구소, 2000).
_____, "개혁정치의 역설과 중국적 사회주의의 미래," 『동아시아연구』 제11호 (2005년 12월), pp. 9-30.
_____, "기회의 땅, 위험의 나라 중국," <뉴스메이커> 제585호 (경향신문사, 2004년 7월 30일).
_____, "부강한 중국의 등장과 중국위협론, 그리고 한반도," 『한국과 국제정치』 제18권 제2호 통권 27호 (2002년 여름), pp. 1-27.
_____, "새로운 동북아 국제질서와 중국: 장쩌민시대 중국의 대외정책과 한반도문제를 중심으로," 서진영 편, 『중국의 대외관계』(2000).
_____, "중국의 정치적 현실주의와 대외정책," 우암 평화연구원 편, 『정치적 현실주의의 역사와 이론』(화평사, 2003), pp. 153-178.
_____, "중화인민공화국 헌법과 헌법 개정안의 내용과 성격," 『동아시아연구』 제8호 (고려대학교 BK21 동아시아교육연구단, 2004년 6월), pp. 9-40.
_____, "한중수교 10년-회고와 전망," 『동아시아연구』 제5호 (고려대학교 BK21 동아시아교육연구단, 2002년 9월).
_____, 『중국혁명사』(한울, 1992/2002).
_____, 『현대중국정치론』(나남, 1997).
姚旭, "미국에 대항하고 조선을 지원한 현명한 정책: 중국인민지원군이 출국하여 참전한 30주년을 기념하여," 『中-蘇硏究』 8:4 (1984/5, 겨울), pp. 213-235.
宇野重昭 外, 이재선 옮김, 『중화인민공화국』(現代中國の歷史: 1949-1985) (학민사, 1988).
이경숙, "중국 산업의 발전에 따른 위협 확대에 대비해야," 『산업경제정보』 제280호 (2005년 12월 1일).
이동률, "상호의존에 대한 중국의 인식과 대응 외교전략," 세종연구소 연구논문 99-09.
이병국, 『한중 경제교류 현장론: 무역에서 외교에 이르는 길(1978-1992)』(나남, 1997).

이상옥,『전환기의 한국외교: 이상옥 전 외무장관 회고록』(서울: 도서출판 삶과 꿈, 2002).
이영주,『중국의 신외교전략과 한중관계: 鄧小平의 평화와 발전론』(나남, 1998).
이웅현, ""새로운 역사교과서를 만드는 모임"과 한·일 관계," 고려대학교 BK21 동아시아 교육·연구단 학술회의, <동아시아의 정세와 전망> 발표 논문.
이종석,『북한-중국관계: 1945-2000』(중심, 2000).
이호철, "탈냉전과 중국의 동북아 정책: 세력균형, 민족주의, 상호의존의 결합,"『국가전략』 5:2 (1999).
정재호 편,『중국정치연구론: 영역, 쟁점, 방법 및 교류』(나남, 2000).
_____,『중국의 중앙-지방 관계론』(나남, 1999).
정종욱,『21세기 중국의 위상과 동북아 국제질서』(아주대학교, 1999).
조정남, "아시아 패권질서와 중·일관계," 서진영 외,『중국의 대외관계: 동북아 신질서와 중국』(고려대학교 아세아문제연구소, 2000), pp. 133-174.
주원, "중국경제에 대한 의존도 급증의 위험요인과 대응과제,"『현대경제』 No. 7 (2004년).
주중한국대사관 제공, "한·중 교역 통계" (2005.07).
_____, "한·중 경제 관련 주요 통계" (2005.10).
하영선, "'21세기의 '조선책략',"『국가전략』 2:2 (1996), pp. 95-126.
현대경제연구원, "주요 경제현안: 한중 경제교류의 새로운 파라다임," (2005년 5월 12일).
황병무·멜 거토브 공저,『중국 안보론: 인민해방군 역할의 분석』(국제문제연구소, 2000).
黃遵憲, 조일문 역,『朝鮮策略』(서울: 건국대학교 출판부, 1982).
『정치사전』(1973)

신문

"경제 측면 中 중시해야: 62%,"『동아일보』(2004/05/02).
"오늘 한·중 정상회담/북핵-경협 집중논의,"『조선일보』(1994/03/28).
"정치권 '脫美親中' 조짐,"『동아일보』(2004/05/03).
"中, 남북 충돌해도 참전 말아야,"『중앙일보』(2003/07/29).
"한·중 수교10년: 전문가 좌담 '한·중 관계를 말한다',"『경향신문』(2002/08/24).
"한국인, 일본보다 중국에 더 친밀감,"『동아일보』(2005/08/13).
"호혜-평등의 동반자 재확인... 한·중 정상회담 의미,"『조선일보』(1995/11/14).
"KBS 여론조사: 중국은 동반자 아닌 경쟁자,"『한겨레신문』(2004/09/11).

2. 중문

江澤民, "高舉鄧小平理論偉大旗幟, 把建設有中國特色社會主義事業全面推向二十一世紀—在中國共産黨第十五次全國代表大會上的報告,"『人民日報』(1997/09/21).
邱曉華, "對中國的統計數据持懷疑態度沒有道理,"『人民日報』(2002/04/17).

國務院 新聞辦公室,『2000年中國的國防: 白皮書』(北京: 2000/10/16).
_____,『2004年中國人權事業的進展』.
_____,『中國人權發展50年』.
_____,『中國的民族區域自治』(北京: 中華人民共和國國務院新聞辦公室, 2005.02).
唐正瑞,『中美棋局中的臺灣問題: 1969.1~1999.12』(上海出版社, 2000).
董云虎, ""人權"入憲: 中國人權發展的重要里程碑,"『人民日報』(2004/03/15).
劉小彪, "中日關係走向何方－學者的觀察與民間的憂思,"『人民日報』(2003/08/13).
李伯重, "中國經濟史研究的新趨勢,"『光明日報』(2000/09/1).
林治波, "中國是一個威脅嗎,"『人民日報』(2001/03/29).
馬立誠, "對日關系新思維－中日民間之憂,"『戰略與管理』2002年 第6期.
毛澤東 "關于正確處理人民內部矛盾的問題," (1957/02/27).
_____, "論十代關係,"『毛澤東選集』(人民出版社, 1971).
_____, "論人民民主專政,"『毛澤東選集』第4卷 (北京: 人民出版社, 1969).
謝慶奎, 燕繼榮, 趙成根,『中國政府體制分析』(中國廣播電視出版社, 1998).
孫哲, "中國外交政策: 制度變遷, 制定過程及決策特点,"『中國戰略』第1期 (2004/01/30).
宋強, 張藏藏, 喬邊,『中國可以說不－冷戰後時代的政治與情感抉擇』(北京: 中華工商聯合出版社, 1996).
時殷弘, "中日接近與'外交革命',"『戰略與管理』2003年 第2期.
沈驥如, "維護東北亞安全的當務之急: 制止朝核問題上的危險博奔,"『世界經濟與政治』2003年 第9期.
_____,『中國不當'不先生'－當代中國的國際戰略問題』(今日中國出版社, 1998).
楊成緒, "鄧小平外交思想淺議,"『光明日報』(2004/08/9).
梁守德 主編,『國際政治新論』(中國社會科學出版社, 1996).
余豐慧, ""地大物博"退出教科書意義深遠,"『江南時報』(2005/08/26).
倪樂雄, "中國復興是中日和諧的基礎,"『環球時報』(2006/01/28).
吳建民, "抛棄"韜光養晦"會把中國引向災難,"『人民日報』(2005/09/20).
王忠文, "從新的角度密切關注朝鮮(北韓)問題與東北亞局勢,"『戰略與管理』第4期 (2004.08).
劉江永, "如何看日本將終止對華政府資金合作,"『人民日報』(2004/12/5).
劉連第 編著,『中美關係的軌跡: 1993~2000年大事縱覽』(北京: 時事出版社, 2001).
劉華秋, "中國百年外交的啓示,"『求是』第1期 (2001/01/1).
張季風, "着眼大局加強中日經濟合作,"『人民日報』(2005/04/27).
錢其琛,『外交十記』(北京: 世界知識出版社, 2003).
鄭成宏, "中韓關係十年回眸,"『中國網』(2002/08/24).
鄭永年, "朝鮮問題是美國的還是中國的?," 中國社會調查所(SSIC), <中國公衆對美朝核危機看法的調查>.
鄭必堅, "中國崛起: '三大戰略'應對'三大挑戰',"『人民日報: 海外版』(2005/06/22).
鐘嚴, "論釣魚島主權的歸屬,"『人民日報』(1996/10/18).
朱夢魁, "爲何質疑中國繁榮,"『人民日報』(2002/05/10).
朱鋒, "中國朝核政策的變化與發展,"『中國戰略』(2004/08/9).

朱鎔基, "關于國民經濟和社會發展第十個五年計劃綱要的報告," 『人民日報』(2001/03/17).
中國國家留學基金管理委員會, 『2003年全國來華留學生統計摘要』
中國國務院 新聞辦公室, 『2004年美國的人權紀錄』.
中國現代化研究中心 中國現代化戰略研究課題組, 『2005中國現代化報告』(北京大學出版部, 2005).
中華人民共和國國務院新聞辦公室, 『《台灣問題與中國的統一》白皮書』(北京, 1993).
陳向陽, "冷靜與全面審視中日關系切忌因小失大," 『人民日報』(2005/04/22).
蔡定劍, 王晨光 主編, 『人民代表大會二十年發展與改革』(中國檢察出版社, 2000).
崔啓明, "中國應有怎樣的對外心態," 『環球時報』(2003/09/19), 『人民日報』(2003/09/22).
夏立平, "重要戰略机遇期與韜光養晦, 有所作爲戰略方针," 『國際問題論壇』(2004/12/19).
項懷誠, "關于2001年中央和地方預算執行情況及2002年中央和地方預算草案的報告," 『人民日報』(2002/03/6).
叶自成, "關于韜光養晦和有所作爲," 『中國國際關系研究網』(2005/05/30).
荊林波, "正確評价中國的經濟狀況," 『中國經濟時報』(2002/09/28).
洪朝輝, "中國特殊論 VS. 中國威脅論, 崩潰論和奇跡論," 『多維新聞』(2005/02/5).
『中國的和平發展道路 白皮書』

신문, 잡지, 자료집

"[資料] 中韓建交10周年 – 綜述: 中韓合作伴關系全面發展," 『新華社』(2002/08/20).
"<戰略與管理>開罪金正日被勒令停刊," 『多維新聞』(2004/09/21).
"1982~2003 五次大規模的機構改革," 『人民日報』(2003/03/6).
"江主席在日本擧行記者招待會 – 就訪日成果, 中日關系和台灣問題等回答了記者提問," 『人民日報』(1998/11/29).
"建交十年感懷萬千 – 訪駐韓大使李濱," 『人民日報』(2002/08/22).
"關注世界銀行中國經濟報告 – 訪胡鞍鋼教授 – 貧富差距擴大值得警惕," 『人民日報』(2003/10/03).
"金正日會見吳邦國雙方原則同意繼續六方會談," 『人民日報』(2003/10/30).
"美國媒體: 胡錦濤三條建議促成六方會談," 『人民日報』(2003/08/27).
"美國不支持'台獨'的政策表述更明確," 『人民日報』(2003/10/24).
"美日确定12項共同戰略目標首次提到台海問題," 『新浪新聞中心』(2005/02/20).
"北京著名外交期刊『戰略與管理』雜志遭停刊," 『大參考』 第2394期 (2004/09/21).
"渲染中國'軍事威脅' – 日本對我軍費指手畫脚爲'海外干預'戰略鋪路," 『環球時報』(2005/03/25).
"十一五規劃, 從先富向共富轉彎," 『人民日報』(2005/10/25).
"我國外長李肇星稱沒有日本援助中國也行," 『中國青年報』(2004/11/29).
"愛民・爲民・富民・親民 – 政府的赤誠民衆情懷," 『人民日報』(2003/09/23).
"外交部高官 – 我國正研究如何維護在伊利益," 『人民日報』(2003/04/10).
"外交部發言人答記者問 – 堅決反對美日發表涉及台灣問題的共同聲明," 『人民日報』(2005/02/21).
"外交部條約法律司司長談中國與隣國的劃界工作," 『人民日報』(2005/08/31).
"以史爲鑑開創未來 – 在日本早稻田大學的演講," 『人民日報』(1998/11/29).
"日本'頭雁'逐漸落伍亞洲進入大競爭時代," 『人民日報』(2001/05/30).
"日本新歷史教科書歪曲歷史," 『新浪新聞中心』(2005/03/25).
"日本政府通過新教科書篡改歷史必將自食其果," 『北京青年報』(2005/04/06).

"日本政府聲稱小泉正式參拜靖國神社不違憲,"『新浪新聞中心』(2005/10/25)
"日本經濟援助的由來,"『國際先驅導報』(2004/06/23).
"在祖國大陸賺錢卻支持'台獨', 豈有此理! 一張銘清: 我們不歡迎'綠色'台商,"『人民日報』(2004/05/31).
"從伊拉克戰爭解讀布什戰略,"『中國青年報』(2003/4/10).
"中共中央關于制定國民經濟和社會發展第十一個五年規劃的建議 (2005年10月11日中國共產黨
　　　第十六屆中央委員會第五次全體會議通過),"『人民日報』(2005/10/18).
"中俄邊境劃界內幕: 談了四十多年穩固千里疆界,"『環球時報』(2004/12/01).
"中日關系進入建交以來的寒冬期,"『人民日報』(2005/12/20).
"中日發表關于建立致力于和平與發展的友好合作伙伴關系的联合宣言,"『人民日報』(1998/11/27).
"中韓發表聯合聲明建立中韓全面合作伙伴關系,"『人民日報』(2003/07/09).
"中韓聯合公報(全文),"『人民日報』(2005/11/17).
"冼岩專稿: 中日關系當取何種視角 — 兼評'對日關系新思維',"『多維新聞』(2004/02/19).
"夏商周年代學的考古學基礎,"『光明日報』(2000/11/24).
"胡錦濤江西考察拒登井岡山,"『多維新聞網』(2003/09/03).
"和平崛起, 中國發展之路,"『環球時報』(2004/04/23).
"和平外交政策的新闡述,"『人民日報』(2005/09/23).
"過半中國民衆因日本不反省歷史對其沒有親近感,"『人民日報』(2004/11/25).
中國社會調查所(SSIC), 東民 王星, <中國公衆對美朝核危機看法的調查>.

3. 일문

『2001年度 通商白書』
毛里和子,『世界史 51: 現代中國政治を讀む』(山川出版社, 1999).
西村成雄 編,『現代中國の 構造變動 3 : ナジオナリズム ― 歷史 からの 接近』(東京大學出
　　　版會, 2000).
外務省,『平成17年版(2005年)外交青書』
宇野重昭 外,『現代中國の歷史: 1949-1985』(有斐閣, 1986).
田中明彦,『日中關係: 1945-1990』(東京大學出版會, 1991).
天兒慧 編,『現代中國の構造變動4: 政治-中央と地方の構圖』(東京大學出版會, 2000).
毛澤東, "東風は西風お壓倒する(1957.11.7),"『新中國資料集成』第5卷 (東京: 日本國際問題
　　　研究所, 1971).

신문, 잡지, 기타

"「中國に 親しみ」, 過去最低の38%內閣府世論調查,"『朝日新聞』(2004/12/18).
"小泉首相「日中關係, 心配はいらない」APECで言及,"『朝日新聞』(2005/11/18).
"新防衛計劃大綱を決定自衛隊の海外派遣 「本來任務」 に,"『朝日新聞』(2004/12/10)
"日中ガス田協議, 日本側は共同開發を初提案,"『讀賣新聞』(2005/10/01).

"朝鮮戰爭休戰50周年前に、北朝鮮は反米姿勢むき出し,"『讀賣新聞』(2003/07/27).
"中國が日本の最大貿易相手國に04年貿易統計,"『日本經濟』(2005/01/26).
"對中円借款「5年以內終了」提案政府が中國側に,"『朝日新聞』(2005/03/02).
"對中ODA, 數年内に「無償資金」打ち切りへ,"『讀賣新聞』(2004/12/12).
『今週の日本』(1984/04/16).
『讀賣新聞』(2001/7/6).
"蘇聯共産黨 指導部とわれわれとの意見の相違の由來と發展,"『中國大躍進政策の展開 : 資料と解説』下卷(東京: 日本國際問題研究所, 1974).
"レーニン主義萬歲,"『紅旗』(1960/4/16), 『中國大躍進政策の展開』下卷.

4. 영문

Bachman, David, "Structure and Process in the Making of Chinese Foreign Policy," in Samuel S. Kim ed., *China and the World: Chinese Foreign Policy Faces the New Millennium,* 4th edition (Westview Press, 1998), pp. 34-54.

Barnett, A. Doak, *China and the Major Powers in East Asia* (Washington, D. C.: Brookings Institution, 1977).

_____, *The Making of Foreign Policy in China* (Westview Press, 1985).

Bolt, Paul J., "Economic Ties Across the Taiwan Strait: Buying Time for Compromise," *Issues & Studies,* 37:2 (March/April 2001), pp. 80-105.

Burawoy, Michael, "Marxism as Science: Historical Challenges and Theoretical Growth," *American Sociology Review,* No. 55 (December 1990), pp. 775-793.

Burles, Mark and Abram N. Shulsky, *Patterns in China's Use of Force: Evidence from History and Doctrinal Writings* (Rand: MR-1160-AF, 2000).

Cabestan, Jean-Pierre, "Taiwan's Mainland Policy: Normalization, Yes; Reunification, Later," *China Quarterly,* 148 (December 1996), pp. 1260-1283.

_____, "The Relationship between the National People's Congress and the State Council in the People's Republic of China: A Few Checks but No Balances," *CEFC Working Paper,* No. 1 (July 2000).

Chang, Gordon G., *The Coming Collapse of China* (New York: Random House, 2001).

Chen, Jian, *China's Road to the Korean War: The Making of the Sino-American Confrontation* (Columbia University Press, 1994).

Chen, Jian, Samuel S. Kim, and Hazel Smith, Woodrow Wilson International Center for Scholars: Asia Program Special Report, #115 (September, 2003)

David Shambaugh, "China Engages Asia: Reshaping the Regional Order," *International Security,* 29:3 (Winter 2004/05), pp. 64-99.

Deng, Yong and Fei-Ling Wang eds., *In the Eyes of the Dragon* (Rowman & Littlefield, 1999).

Deng, Yong, "Research Note: The Chinese Conception of National Interests in International Relations," *China Quarterly*, 154 (June 1998).

Economy, Elizabeth and Michel Oksenberg eds., *China Joins the World : Progress and Prospects* (A Council on Foreign Relations Book, 1999).

Economy, Elizabeth, "The Impact of International Regimes on Chinese Foreign Policy-Making," in David Lampton ed., *The Making of Chinese Foreign and Security Policy in the Era of Reform* (Stanford University Press, 2001), pp. 230-253.

Fewsmith, Joseph, "China and the WTO: The Politics Behind the Agreement," *NBR Analysis*, 10:5 (The National Bureau of Asian Research, 1999).

Frank, Andre Gunder, *ReOrient: Global Economy in the Asian Age* (Berkeley: University of California Press, 1998).

Freeman Jr., Chas. W., "Preventing War in the Taiwan Strait," *Foreign Affairs*, 77:4 (Jul-Aug 1998).

Friedman edward and Barrett L. McCormick eds., *What If China Doesn't Democratize?: Implications for War and Peace* (New York: M.E.Sharpe, 2000).

Garnett, Sherman W., *Rapprochment or Rivalry: Russia-Chinese Relations in a Changing Asia* (Carneige Endowment, 2000).

Gill, Graeme, *The Origins of the Stalinist Political System* (Cambridge Univ. Press, 1990).

Gilpin, Robert, *War and Change in World Politics* (Cambridge and New York: Cambridge University Press, 1981).

Goldstein, Avery, "Great Expectations-Interpreting China's Arrival," in Michael E. Brown, Owen R. Cote, Jr., Sean M. Lynn-Jones and Steven E. Miller eds., *The Rise of China: A International Security Reader* (Cambridge Mass: the MIT Press, 2000).

_____, *Rising to the Challenge: China's Grand Strategy and International Security* (Stanford University Press, 2005).

Gong, Gerit W., *Taiwan Strait Dilemmas: China-Taiwan-U.S. Policies in the New Century* (Washington, D. C.: Center for Strategic Gong, and International Studies, 2000).

Gorncharov, Sergei N., John W. Lewis, and Xue Litai eds., *Uncertain Partners: Stalin, Mao and the Korean War* (Stanford University Press, 1993).

Gries, Peter Hays, *China's New Nationalism: Pride, Politics, and Diplomacy* (University of Californial Press, 2004).

Hamrin, Carol Lee and Suisheng Zhao eds., *Decision-Making in Deng's China* (M.E. Sharpe, 1995).

Hamrin, Carol Lee, "Elite Politics & the Development of China's Foreign Relations," in Thomas W. Robinson and David Shambaugh eds., *Chinese Foreign Policy: Theory and Practice* (Oxford, 1994), pp. 70-112.

Hao, Yufan and Zhai Zhiha, "China's Decision to Enter the Korean War: History

Revisited," *China Quarterly*, 121 (March 1990), pp. 94-115.
Harold Brown and Joseph Prueher, et. al.. *Chinese Military Power* (Council of Foreign Relations, 2003).
Hinton, Harold ed., *The People's Republic of China, 1949-1979: A Documentary Survey*, Vol. 2 (Scholarly Resources, Inc., 1980).
International Monetary Fund, *World Economic Outlook* (May, 1993).
John Pomfret, "Taiwanese Leader Condemns Beijing, 'One China' Policy: Chen Dismisses Fears In U.S. of Rising Tension," *Washington Post* (Oct. 6, 2003).
Johnston, Alastair I., "China's Militarized Interstate Dispute Behavior 1949-1992: A First Cut at the Data," *China Quarterly*, 153 (March 1998), pp. 1-30.
_____, "Thinking About Strategic Culture," *International Security*, 19:4 (Spring, 1995), pp. 775-793.
_____, *Cultural Realism: Strategic Culture and Grand Strategy in Chinese History* (Princeton: Princeton University Press, 1995).
Kahn, Joseph, "China at Korea Talks: Taking Diplomacy Upstage," *New York Times* (August 30, 2003).
_____, "To China, North Korea Looks Radioactive," *New York Times* (February 2, 2003).
Khalilzad, Zalmay, et. al., *The United States and Asia: Toward a New U.S. Strategy and Force Posture* (Rand: MR-1315-AF, 2001).
Kim, Samuel S., "Chinese Foreign Policy in Theory and Practice," in Saumel S. Kim ed., *China and the World: Chinese Foreign Policy Faces the New Millennium: Fourth Edition* (Westview Press, 1998), pp. 3-33.
_____, "The Making of China's Korea Policy in the Era of Reform," in David Lampton ed., *The Making of Foreign and Security Policy in the Era of Reform* (Stanford University Press, 2001), pp. 371-408
_____, "China and North Korea in a Changing World," in Woodrow Wilson International Center for Scholars: Asia Program Special Report #115 (September 2003), *Uneasy Allies: Fifty Years of China-North Korea Relations*
Kornai, Janos, *The Socialist System: The Political Economy of Communism* (Princeton University Press, 1992).
Lam, Willy Wo-Lap, CNN Senior China Analyst, "Time to act, China tells N. Korea," *CNN* (August 25, 2003).
Lampton, David M. ed., *Major Power Relations in Northeast Asia* (Japan Center for International Exchange, 2001).
_____, *The Making of Chinese Foreign and Security Policy in the Era of Reform* (Stanford University Press, 2001).
_____, "China's Foreign and National Security Policy-Making Process: Is It Changing and Does it Matter?," in David M. Lampton ed., *The Making of Chinese Foreign and Security Policy in the Era of Reform* (2001), pp. 1-36.
_____, "China: Fed Up With North Korea?," *Washington Post* (June 4, 2003)

Lardy, Nicholas R., *Integrating China into the Global Economy* (Washington D.C.: Brookings, 2002).

Lee, Kye Woo, "China's Accession to the WTO: Effects and Social Challenges," *China Perspective*, No. 33 (January/February 2001).

Li, Cheng and Lynn White, "The 16th Central Committee of the Chinese Communist Party: Hu Gets What?," *Asian Survey*, 43:4 (Jul/August, 2003), pp. 553-597.

Li, Cheng, "A Landslide Victory for Provincial Leaders," *China Leadership Monitor*, No. 5 (Winter 2003).

_____, "Emerging Patterns of Power Sharing: Inland Hu vs. Coastal Zeng?," in Gang Lin & Susan Shirk eds., *The 16th CCP Congress and Leadership Transition in China*, Woodrow Wilson Center's Asia Program, No. 105 (September 2002).

Lieberthal, Kenneth and David M, Lampton eds., *Bureaucracy, Politics, and Decision Making in Post-Mao China* (University of California Press, 1992).

Lieberthal, Kenneth and Michel Oksenberg, *Policy Making in China* (Princeton University Press, 1988).

Lieberthal, Kenneth, "Preventing a War Over Taiwan," *Foreign Affairs*, 84:2 (April, 2005).

_____, *Governing China: From Revolution Through Reform* (W.W. Norton & Company, 1995/2004).

Lilley, James R. and David Shambaugh eds., *China's Military Faces the Future* (American Enterprise Institute, 1999).

MacFarquhar, Roderick, *The Origins of the Cultural Revolution 2: The Great Leap Forward 1958-1960* (The Royal Institute of International Affairs, Columbia University, 1983).

Mann, James, *About Face: A History of America's Curious Relationship with China, From Nixon to Clinton* (New York: Vintage Books, 1998, 2000).

Miller, H. Lyman and Liu Xiaohong, "The Foreign Policy Outlook of China's "Third Generation" Elite," in David M. Lampton ed., *The Making of Chinese Foreign and Security Policy in the Era of Reform* (Stanford University Press, 2001), pp. 123-150.

Miller, H. Lyman, "The 10th National People's Congress and China's Leadership Transition," *China Leadership Monitor*, No. 7 (Summer 2003).

_____, "The Sixteenth Party Congress and China's Political Processes," in Gang Lin and Susan Shirk eds., *The Sixteenth CCP Congress and Leadership Transition in China*, Asian Program Special Report, Woodrow Wilson International Center for Scholars, No. 105 (September, 2002).

_____, "The Succession of Hu Jintao," *China Leadership Monitor* (Winter 2002).

Myers, Ramon H., "A New Chinese Civilization: The Evolution of the Republic of China on Taiwan," *China Quarterly*, 148 (December 1996), pp. 1072-1090.

Pollack, Jonathan D., "The Opening to America," in Dennis Twitchett and John K. Fairbank eds., *The Cambridge History of China, Vol. 15: The People's Republic, Part 2: Revolution within the Chinese Revolution, 1966-1982* (Cambridge University Press, 1991), pp. 402-472.

Qian, Qichen, "Will Fast Economic Growth Lead to External Expansion?," *People's Daily* (April 22, 2002).

Robinson, Thomas W. and David Shambaugh eds., *Chinese Foreign Policy: Theory and Practice* (Clearendon Press, 1995).

Robinson, Thomas W., "[In][ter]dependence in China's Post-Cold War Foreign Relations," in Samuel S. Kim ed., *China and the World: Chinese Foreign Policy Faces the New Millennium* (Westview Press, 1998), pp. 193-216.

_____, "China Confronts the Soviet Union: Warfare and Diplomacy on China's Inner Asian Frontiers," in Dennis Twitchett and John K. Fairbank eds., *The Cambridge History of China, Vol. 15* (Cambridge University Press, 1991), pp. 218-301.

Rohwer, Jim, "China on the Move," *Fortune* (Monday, May 14, 2001).

Ross, Robert S., *Negotiating Cooperation: The US and China, 1969-1989* (Stanford Universtity Press, 1995).

Segal, Gerald, "Does China Matter?," *Foreign Affairs*, 78:5 (September/October, 1999).

Shambaugh, David, "China's International Relations Think Tanks: Evolving Structure and Process," *China Quarterly*, 171 (September 2002), pp. 575-596.

Studwell, Joe, *The China Dream: The Quest for the Last Great Untapped Market on Earth* (New York: Atlantic Monthly Press, 2002).

Suettinger, Robert L., "The Rise and Descent of 'Peaceful Rise'," *China Leadership Monitor*, No. 12 (Fall 2004)

Sutter, Robert G., *China's Rise in Asia: Promises and Perils* (New York: Rowman & Littlefield Publishers, Inc., 2005).

Swaine, Michael D. and Ashley J. Tellis, *Interpreting China's Grand Strategy: Past, Present, and Future* (Santa Monica: Rand, 2000).

Twitchett, Dennis and John K. Fairbank eds., *The Cambridge History of China: Vol. 15; The People's Republic, Part 2: Revolution within the Chinese Revolution, 1966-1982* (Cambridge University Press, 1991).

Tyler, Patrick, "The (ab)normalization of U.S.-Chinese relations," *Foreign Affairs*, 78:5 (Sept./Oct. 1999), pp. 93-122.

U.S. Department of State, *2004 Human Rights Reports*

U.S. Defenselink, *Annual Report on the Military Power of the PRC*.

Vogel, Ezra F. ed., *Living with China: U.S.-China Relations in the Twenty-first Century* (W.W.Norton & Co., 1997).

Whiting, Allen S., "China's Use of Force, 1950-96, and Taiwan," *International*

_____, "Chinese Foreign Policy: Retrospect and Prospect," in Samuel S. Kim ed., *China and the World: Chinese Foreign Policy Faces the New Millennium* (Westview Press, 1998), pp. 287-308.

_____, "Forecasting Chinese Foreign Policy: IR Theory vs. the Fortune Cookie," in Thomas W. Robinson and David Shambaugh eds., *Chinese Foreign Policy: Theory and Practice* (Clearendon Press, 1995), pp. 506-523

World Bank, *Economic Trends in Developing Countries* (Washington D. C., 1993).

_____, *World Development Report 1996* (New York: Oxford University Press, 1996).

Yu, Maochun, "Chinese Media Commentary on North Korean Nuclear Issue," US-China Economic and Security Review Commission, Research Papers.

Zagoria, Donald S. ed., *Breaking the China-Taiwan Impasse* (Praeger, 2003).

_____, *The Sino-Soviet Conflict: 1956-1961* (Princeton: Princeton Univ. Press, 1962).

Zakaria, Fareed ed., "Does the Future Belong to China? A new power is emerging in the East. How America should handle unprecedented new challenges, threats and opportunities," *Newsweek International* (May 9, 2005).

Zhao, Quangsheng, *Interpreting Chinese Foreign Policy: The Micro-Macro Linkage Approach* (Hong Kong: Oxford University Press, 1996): 자오찬성 저, 김태완 역, 『중국의 외교정책: 미시·거시연계접근분석』(오름, 2001).

Zheng, Yongnian, *Discovering Chinese Nationalism in China: Modernization, Identity, and International Relations* (Cambridge University Press, 1999).

Zweig, David, *Internationalizing China: Domestic Interests and Global Linkages* (Cornell University, 2002).

신문, 잡지, 자료집

"On Khrushchev's Phoney Communism and Its Historical Lessons for the World," in Harold Hinton ed., *The People's Republic of China, 1949-1979: A Documentary Survey, Vol. 2* (Scholarly Resources, Inc., 1980), pp. 1270-1289.

"On the Historical Experience of the Dictatorship of the Proletariat," in Robert R. Bowie and John K. Fairbank eds., *Communist China 1955-1959: Policy Documents with Analysis* (Harvard Univ. Press, 1962), pp. 144-150.

"China Views N. Korea as Risk," *Washington Post* (August 7, 2003)

"Chinese Navy Buildup Gives Pentagon New Worries," New York Times (April 8, 2005).

"Chinese News Media Critical of North Korea," *New York Times* (February 13, 2005).

"East Asia Summit in the Shadow of Sharp Divisions," *People's Daily* (December 7, 2005).

"East Asian Summit Marked by Discord-New Group's Role Remains Uncertain," *Washington Post* (December 14, 2005).
"Economic Ties Binding Japan to Rival China," *New York Times* (October 31, 2005).
"Frozen China-Japan relations hold hopes," *People's Daily* (December 31, 2005).
"Int'l experience vs. Chinese characteristics," *People's Daily* (July 18, 2005).
"Looking at China's progress in the past five years," *People's Daily* (January 6, 2006).
"On Several Features of International Situation," *People's Daily* (April 3, 2002).
"Rumsfeld Warns of Concern About Expansion of China's Navy," New York Times (February 18, 2005).
"Two Major Trends in Today's World: Commentary," *People's Daily* (March 29, 2002).

5. 인터넷

서진영, "江澤民 주석의 북한 방문과 북-중 정상회담"
 (http://www.eastasianstudies.org/technote/read.cgi?board=SITUATION
  _ISSUES&y_number=4&nnew=2)
서진영, "이라크전쟁과 중미관계"
 (http://www.eastasianstudies.org/technote/read.cgi?board=SITUATION_
  ISSUES&y_number=6&nnew=2)
<中華人民共和國政府和日本國政府聯合聲明>
 (http://www.fmprc.gov.cn/chn/wjb/zzjg/yzs/gjlb/1281/1282/t5798.htm)
<中華人民共和國和日本國和平友好條約(1978/08/12)>
 (http://www.fmprc.gov.cn/chn/wjb/zzjg/yzs/gjlb/1281/1282/t5799.htm)
<小泉総理大臣年頭記者會見(平成18年1月4日)>
 (http://www.kantei.go.jp/jp/koizumispeech/2006/01/04press.html)
<政府開發援助(ODA)大綱>
 (http://www.mofa.go.jp/mofaj/gaiko/oda/index/seisaku/taikou.html)
<平成17年度以降に係る防衛計画の大綱について>
 (http://www.jda.go.jp/j/defense/policy/17taikou/taikou.htm)
James A. Kelly, Assistant Secretary for East Asian and Pacific Affairs, *Testimony before the Senate Foreign Relations Committee* (September 11, 2003) (http://www.state.gov/p/eap/rls/rm/2003/24004.htm)
Remarks at The Elliott School of International Affairs by Secretary Colin L. Powell, George Washington University
 (http://www.state.gov/secretary/rm/2003/23836.htm)

찾아보기

ㄱ

가이후 도시키(海部俊樹) 240, 241
갈등-협력-경쟁의 복합적 행동유형 124, 126
강한 국가-약한 국가 안보전략 138
건설적 동반자관계 318
경제발전 제일주의 31, 155, 341, 343
계통(系統) 81~83, 85, 335
고르바초프(Gorbachev, Mikhail) 145, 174, 178, 211~215, 217
고이즈미 준이치로(小泉純一郎) 250, 251, 256, 258, 262~264, 269~271
관료주의 정책 결정 모델 85, 86
광화랴오(光華寮) 재판사건 237
구동존이(求同存異) 162, 163
국가경제무역위원회 76
국무원 외사판공실(國務院 外事辦公室) 76, 93, 95
국민당 31, 228, 233, 274, 275, 277, 286, 299~301, 305, 306, 308
균세자강(均勢自强) 411, 412, 414
균형발전 340, 342

ㄴ

나카소네 야스히로(中曾根康弘) 237, 250
남순강화(南巡講話) 146, 217, 254, 356, 378, 403
닉슨 독트린 158
닉슨(Nixon, Richard) 34, 67, 143, 155, 162, 163, 165~167, 175, 231, 232, 235, 331, 401

ㄷ

다나카 가쿠에이(田中角榮) 232, 235
당-국가체제 15, 70, 71, 93, 145
대만관계법 169~171, 289
대만민족주의 299
대만화 275, 277, 278, 286, 296, 299, 300, 308
대외무역경제합작부 76, 77, 85, 96
대일관계 신사유(新思維) 267
대전략(grand strategy) 134~136, 138, 140~143, 148, 231
덩샤오핑(鄧小平) 15, 21, 32, 82~84, 86, 89, 104, 105, 107, 124, 125, 130, 143, 146, 155, 167, 169, 171, 174, 175, 178, 179, 190, 207, 210, 213, 215, 217, 235, 236, 239, 254, 283, 284, 318, 319, 334, 341~346, 349~351, 356, 375, 376, 378, 379, 403
도광양회(韜光養晦) 107, 146, 239, 318, 343, 349, 351, 354, 362, 379, 395
동반자 외교 113, 192, 318, 345
동반자관계 110, 147, 177, 183, 192, 227, 238, 244, 318, 368
등거리(실리)외교 234, 323, 356, 361, 367, 368

ㄹ

레이건(Reagan, Ronald) 171, 172, 175, 288, 346
롄잔(連戰) 301, 307
류샤오치(劉少奇) 326
류화추(劉華秋) 95
리덩후이(李登輝) 180~182, 275, 277, 278, 287, 289, 291, 295, 300, 306, 308, 353, 355
리덩후이의 6개 항목(李六点) 제안 287
리자오싱(李肇星) 256

리펑(李鵬)　83, 84, 94, 382
린뱌오(林彪)　69, 155, 161, 166, 206

ㅁ

마리청(馬立誠)　267
마오쩌둥(毛澤東)　15, 23, 31, 61, 62, 68, 69, 82, 83, 86, 88, 89, 92, 104, 105, 108, 128, 140~143, 148, 155, 157, 158, 160, 161, 166~168, 194, 198~200, 203~205, 207~210, 231, 232, 235, 283, 291, 335, 398
무라야마 도미이치(村山富市)　242, 245, 262
민주평화론　60
민진당(民進黨)　16, 275, 277, 292, 300, 304, 306~308, 354, 355

ㅂ

반분열국가법(反分裂國家法)　284, 298, 300~307, 354
반소 통일전선　233~235
반패권 통일전선　142, 194, 234
반패권주의　108, 110, 142, 143, 236, 345
부국강병론　100, 144
부시(Bush, George W.)　43, 114, 115, 179, 180, 182, 183, 290, 331, 346, 347, 406
부시(Bush, George)　178
북방정책　373, 377, 404, 408
북한 핵문제 16, 126, 298, 316, 322, 327, 329, 330~334, 347, 353, 356, 357, 359, 360, 362~364, 366, 369, 384, 385, 398, 405, 406
분구지도체제(分口指導體制)　80~83, 85, 92
불균등 발전전략　343
브레즈네프 독트린　159, 212

브레즈네프(Brezhnev, Leonid)　158, 159, 167, 206, 211
브레진스키(Brezezinski, Zbigniew) 169

ㅅ

4불(四不)정책　107, 146, 147
사토 에이사쿠(佐藤榮作)　231, 232
사회-제국주의　142, 143, 158, 160, 207, 400
3단계 발전 전략(三步走的 發展戰略)　32
3불(三不) 약속　289
3불(三不) 정책　182, 284
3통(通) 4류(流)　283, 284, 292
상무부　76, 77, 94~97, 187, 222
상하이 공동성명　153, 155, 162, 163, 165~167, 169, 170, 172, 175, 232, 283, 288, 400~402
상하이 협력기구(SCO)　322
샤오캉(小康)　32, 395
선부론(先富論)　343
선지루(沈驥如)　359
성공의 위기　341, 342
세계3분론　206
세대 교체　338, 339
센카쿠(尖閣)-댜오위다오(釣魚島)　236, 241, 242, 250, 265, 266, 299
소련 일변도　29, 129, 130, 141, 142, 157, 194, 199, 209, 228, 399
수정주의　90, 197, 198, 202, 204, 205, 207, 208, 210, 231
순망치한(脣亡齒寒) 북·중관계　357, 362
스인홍(時殷弘)　267, 358, 365
스즈키 젠코(鈴木善幸)　237, 243
스탈린(Stalin, Iosif)　128, 129, 196~198
신보수주의　101, 104~108, 154
신조선책략(新朝鮮策略)　413, 414
신좌파　101, 104~106, 108

ㅇ

아프가니스탄의 노새작전(the Afghan mules) 173
야스쿠니신사(靖國神社) 참배 237, 250, 261~263
양노철학(洋奴哲學) 90, 166
양대진영론 206, 209
양상쿤(楊尙昆) 382, 383
양안관계 284, 286, 287, 292, 293, 297~299, 301
연계이론 64
영도중심 정책 결정 모델 85, 86, 88, 90
옐친(Yeltsin, Boris) 214, 215, 217~219
오부치 게이조(小淵惠三) 243, 245
오자와 이치로(小澤一郞) 42
오히라 마사요시(大平正芳) 236, 254
왕단(王丹) 190
왕자샹(王稼祥) 88
왕중원(王忠文) 323
우방궈(吳邦國) 84, 329
우이(吳儀) 85, 269~271
우젠민(吳建民) 351
원바오(溫飽) 32
원자바오(溫家寶) 84, 147, 321, 334, 335, 350
웨이징성(魏京生) 190
유소작위(有所作爲) 349, 351
6자회담 329~331, 364, 366, 385, 405, 408
은퇴제 336
의존성-상호의존성-독립성 127
28자 지침 344
인민공사(人民公社) 199, 200, 203
일국양부제(一國兩府制) 285, 287
일국양제(一國兩制) 284~286, 287, 417
임기제 336

ㅈ

자오쯔양(趙紫陽) 237, 336, 378

자유주의 100~103, 105~109, 144
장제스(蔣介石) 31, 274, 275, 308
장징궈(蔣經國) 275, 277, 293, 308
장쩌민(江澤民) 82~84, 91, 93, 95, 100, 101, 104, 105, 110, 111, 146, 217~219, 241, 242, 244~246, 251, 285, 289, 319, 334~336, 338, 339, 341, 343~345, 349, 350, 361, 363, 382~384, 405
장쩌민의 8개 항목(江八点) 제안 285, 287
장쩌민의 중국공산당 제15차 당대회 연설 110
저우언라이(周恩來) 89, 90, 160, 161, 163, 166, 167, 231, 232, 235
전략문화 46, 48, 61, 62, 117, 122
전략적 동반자관계 182 216~218, 221, 223, 224, 260, 318, 325, 395
전략적 모호성 191, 288~290, 296, 355
전략적 힘의 배분(strategic configuration of powers) 135
전면적 동반자관계 394, 395
전면적 협력 동반자관계 384, 385, 394, 395
전문화 96, 98, 338
전바오다오(珍寶島) 156, 159~161, 206, 400
전방위(全方位) 외교 110, 179, 318, 345, 356, 379, 403
전인민국가론(全人民國家論) 203
정랭경랭(政冷經凉) 252
정랭경열(政冷經熱) 251
정부개발원조(ODA ; Official Development Assistance) 241, 254~256
정비젠(鄭必堅) 351
정청궁(鄭成功) 273, 274
제도화된 권력 이양 335
조국통일 6개 원칙 284
조선책략(朝鮮策略) 411, 412
조화사회 343
주룽지(朱鎔基) 84, 181, 182, 334
중·소 우호동맹조약 193, 228

중·소분쟁 58, 61, 158, 160, 162, 193~196, 204, 206, 207, 212, 219, 230, 400
중국위협론 26, 30, 33~36, 38, 40, 42, 45, 46, 60, 99, 101, 109, 116~118, 127, 147, 175, 176, 184, 216, 247, 258, 259, 313, 315, 318, 319, 321, 333, 345, 346, 348, 351, 355, 393, 405, 414
중국포용론 346
중앙영도소조(中央領導小組) 80, 81, 93
중앙외사영도소조(中央外事領導小組) 81, 93, 95, 96
중화민족주의 16, 20, 28, 34, 45, 100, 101, 103, 105, 106, 108, 109, 123, 249, 264, 268, 269, 272, 299, 300, 305, 315, 319, 320, 345, 349, 366, 414
중화제국(Pax Sinica) 136, 138~140
집단지도체제 정책 결정 모델 64, 85
쩡칭훙(曾慶紅) 84

ㅊ

차오스(喬石) 83, 84
천수이볜(陳水扁) 271, 275, 277, 292, 300, 303, 304, 307, 308, 332, 354, 355, 363
천윈(陳雲) 90
천이(陳毅) 89
첸치천(錢其琛) 45, 85, 372, 375, 379~382
최혜국(MFN; Most Favored Nation) 대우 179, 180, 188
7·4 남북공동성명 373, 400

ㅋ

카터(Carter, Jimmy) 167, 169, 171, 172, 346
켈리(Kelly, James) 331

클린턴(Clinton, Bill) 177, 180~182, 188, 289, 347, 405
키신저(Kissinger, Henry) 161~163, 166, 231

ㅌ

타산적 전략(calculative strategy) 148, 149
탕자쉬안(唐家璇) 85
투입-행위자-산출모델 50

ㅍ

파월(Powell, Colin) 331
팍스 아메리카나(Pax Americana) 138~140, 410
팡리즈(方勵之) 179, 190
펑더화이(彭德懷) 88, 200, 201
평화공존 5원칙 111, 314
평화와 발전을 위한 우호협력의 동반자관계 244~246
평화적 변화(和平演變) 전략 101, 104, 239
푸틴(Putin, Vladimir) 219

ㅎ

하시모토 류타로(橋本龍太郎) 242
한·중 수교 325, 356, 361, 370~372, 374, 376, 377, 379~383, 386, 389, 391, 394, 398, 403, 404, 407, 408
항구적 정상무역법(PNTR; Permanent National Trade Relations) 188
항일민족통일전선전략 141
해협교류기금회(海峽交流基金會) 293, 295
해협양안관계협회(海峽兩岸關係協會) 293, 295
현실주의 16, 46, 62, 100~103, 105~109, 117, 122, 123, 144, 248, 267, 268,

306, 315, 356
협력적 동반자관계　244~246, 323, 369,
　　　394, 395
호소카와 모리히로(細川護熙)　242
화궈펑(華國鋒)　237
화평굴기론(和平崛起論)　148, 321,
　　　349~351
화평발전론(和平發展論)　343, 348
후야오방(胡耀邦)　178, 237, 378
후진타오(胡錦濤)　84, 93, 95, 183, 219,
　　　250, 301, 304, 305, 320, 321, 330,
　　　333~336, 338~343, 348, 350, 352,
　　　361, 362, 364, 366, 384
흐루시초프(Khrushchyov, Nikita)　68,
　　　158, 196~198, 200~206, 209, 291